法治建设与法学理论研究部级科研项目成果

企业市场退出新问题及法律治理研究

郑曙光 著

ZHEJIANG UNIVERSITY PRESS
浙江大学出版社

目　　录

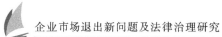

第一章 绪 论

　　企业市场退出中的新问题与法律治理之策是本课题研究的核心内容。引发对这一问题的思考,从而对这一思考进行较为体系化的研究、证成并形成结题报告,是课题申报者在近几年进行跟踪、反思、检视的结果性获得,也是一名法学理论工作者对现实问题所作的积极回应。

第一节　本选题的研究背景与研究意义

　　对法律相关问题的研究需要建立在对客观事实的意会以及对事实背景的全面把握之上。对企业市场退出问题的研究也需要倚仗相关研究背景,并在此基础上揭示出背景背后所深蕴着的本源性问题以及相关研究的意义。

一、研究背景

(一)近几年企业市场退出"质"与"量"的变化及其问题

　　基业长青乃是企业投资者与经营者的终极梦想,但现实社会竞争中的丛林法则却使绝大多数的中小企业很难成为"百年老字号"企业。它们中的大多数在历经各个生命周期后最终以消亡告终。并非所有的企业都能经历一个完美的生命周期,因此,企业"死亡"是寻常之事,会发生在企业设立后的任何阶段。[①]

　　从微观个体的角度而言,任何市场主体都会有一个市场退出的现实问题。一般认为,只有企业在经营中处于严重的不利地位,才不得不考虑退出,其实

[①]　韩夏、马浩:《企业死亡研究纵览》,载《外国经济与管理》2019 年第 6 期,第 71—73 页。

这是对企业市场退出的误解。在新经济蓬勃发展的年代,随着信息化、电子化、网络化的充分运用,市场环境瞬息多变,企业需要及时作出退出市场的决定,这有利于达到企业投资者利益的最大化。从这一认识视角去思考企业的市场退出,则应当将其理解为企业及时掌握时机所作出的主动作为。[①]

从宏观经济管理角度而言,企业退市制度是形成企业有进有退、市场良性循环的"助推器",使市场经济得以正常地新陈代谢;企业退市制度是发挥市场资源配置功能的"过滤器",能将市场中的资源通过价格机制的引导,流向业绩好、成长性高的行业和企业;企业退市制度是培育成熟理性投资群体的"培养皿",促使投资者根据审慎、理性的思考作出决策,并承担由此可能产生的风险;企业退市制度是加大企业债权人保护力度的"大盾牌",通过退市制度可促进债权获得公平受偿,从而有效地保护债权人的合法权益。

但是,从企业市场退出的大量个案呈现中,我们发现一个既普遍又特殊的社会现象,即近几年,企业这一市场主体在退出市场中的"质"与"量"方面发生了较大的变化,这一变化给企业死亡带来了较大的影响。

在企业市场退出"质"的方面,与 10 年前相比,相当一部分企业是没有开业过的企业,换言之,它们来到市场后,在市场里逛了几圈、热热身,就很快退市了。相关数据显示,未开业企业退出市场所占的比例约为全部企业退出量的 15%。这引发了我们深层次的思考:它们为何要进入市场,又为何那么急着要退出市场呢?因为,任何退市行为都将形成沉没成本。学理上而言,沉没成本是指市场主体已经投入而不可能收回或者得到补偿的成本,包括时间、金钱等成本。[②] 由此来看,未开业企业的相应行为不符合经济理性,现实中的状况显然与常理相悖。

在企业市场退出"量"的方面,与 10 年前相比,市场进入的数量很大,但市场退出的数量增速也很快。数据显示,我国市场主体总量从 2012 年的 5500万户增长到 2021 年 7 月底的 1.46 亿户。截至 2021 年上半年,全国共有154.62 万户企业注销退出市场,新设企业与退出(注销)企业的比例由商事制度改革之初的 4∶1 变为目前的 2∶1。[③] 如果按各类企业占市场主体 30% 的比例换算,在 2021 年上半年,全国就有 46.38 万户企业退出了市场。

① 施金亮、凌云:《企业退出时机和退出障碍浅析》,载《经济师》2008 年第 11 期,第 216 页。

② 汤吉军、郭砚莉:《沉淀成本、交易成本与政府管制方式》,载《中国工业经济》2012 年第 12 期,第 33 页。

③ 林丽鹏:《市场主体年均净增长超 1000 万户》,载《人民日报》2021-09-08,第 1 版。

这里的原因是多方面的,其中之一是,国家创投兴业政策的变化对每个市民、创业者产生了触动效应,但在心理适应与影响上存在着个体差异。就宏观政策考量,保持一定数量的市场主体是保证市场经济活跃度的重要基础。但是,仅仅在准入口中追求市场主体的"量"是不够的,还需要考虑进入市场的"质"。没有一定的"质"作基础,市场主体的生命力与成长性就不会太好,这些企业往往成为"长不大""长不好"的企业,最终又无情地被市场这一"无形之手"淘汰。

(二)近几年企业市场退出"易"与"难"的变化及其问题

企业退出市场远比准入市场复杂。我国长期以来推行普通注销制度,在企业解散事由发生后,需经过清算与注销等一系列复杂烦琐的程序才准许企业退市。这一制度有它的优点,能确保各类企业"净身离世",从而最大限度地保护国家利益(如国家税收)与债权人利益,但也会导致相当部分企业退市"难"(难以注销)、退市"贵"(退市成本大)。当"正道"通行受阻时,一部分企业就开始走"野道",在市场上就出现了众多的"僵而不死"企业、"解了不散"企业、"销了不亡"企业,其结果对企业的生态系统与市场秩序产生严重影响。

在由"难"转"易"的过程中,国家出台了简易注销制度。这项制度的核心是,针对个体工商户、未开业企业、债权债务已清结企业等,以投资者承诺为前提,不经清算程序即行注销,以提升企业市场退出的效率。

从哲学上思考,市场退出的"难"与"易"是相对的,其实质是一种制度新生中的"扬弃"现象;从事物的联系而言,企业设立与企业退出位于企业生命周期的一头一尾,通过对企业生长过程的解构,可以看出,无论是设立还是退出,都是私主体之间以及私主体与公权力部门之间互动的过程。

市场主体有准入,势必也会有市场退出。研究市场退出问题,不在于是否准许其退出,而在于确保公正的基础上如何使退出更富于效益,如何使"退"与"不退"的政策选项更合理可行。对持续处于停止经营状态(歇业)的市场主体采取一律驱逐出市的严厉监管措施,无疑增加了制度性的交易成本,这无论对于市场主体,还是整体经济发展而言,都是一种不经济的做法。

(三)近几年企业市场退出政策"立"与"改"的变化及其问题

为探索和完善企业市场退出机制,近几年来,从中央到地方进行了一系列改革探索。

2016年,国家工商行政管理总局开始探索企业简易注销机制,允许部分地区先行先试,对领取营业执照后具备简易注销条件的企业,可以允许其自主选择适用普通注销程序或简易注销程序。目前,这项改革已从地方实践转化为全国性制度予以推行。

2018年9月,上海市工商局等4个部门联合公布《关于进一步改革市场主体退出机制的意见》,针对多类企业全面推行简易注销登记,以切实解决企业注销过程中的"难点"与"堵点"问题。

2020年5月,贵州省发改委等13个部门联合印发《贵州省加快完善市场主体退出制度的工作计划》,以探索企业退市的市场化、法治化运行之路。

2020年7月,广东省市场监督管理局等9个部门联合印发《广东省深化市场主体退出制度改革实施方案》,以探索一条多种退出方式并举的企业退市之道。

2019年7月,国家发展改革委、最高人民法院等13个部门联合印发《加快完善市场主体退出制度改革方案》(发改财金〔2019〕1104号),确立了市场主体退出制度改革的基本原则。与此相联系,2020年6月,由国家市场监督管理总局拟定的《商事主体登记管理条例(草案)》向社会公开征求意见,其中对"强制退出""歇业登记"作出了规定。由此,在非破产退出机制方面,我国将形成以意思自治为核心原则的自行清算解散、简易注销等制度,以及以行政规制为基础的强制性市场退出机制。

2021年1月,中共中央办公厅、国务院办公厅印发《建设高标准市场体系行动方案》,其中第17条规定:"建立常态化退市机制。进一步完善退市标准,简化退市程序,畅通多元化退出渠道。严格实施退市制度,对触及退市标准的坚决予以退市,对恶意规避退市标准的予以严厉打击。"

值得关注的是,2021年9月,上海市人大常委会审议通过《上海市浦东新区市场主体退出若干规定》(以下简称《规定》),该《规定》直接开启了市场主体退出的地方性立法,并首次规定了强制除名(强制注销)制度。

国家的市场准入与市场退出政策无疑对企业退市具有"风向标"与"航标塔"的意义,对企业退市行为以及宏观治理方案产生了深刻的影响。但是,在我国现行的企业退市制度设计中,确实存在一些问题:其一,退市程序不够畅通,容易发生梗阻现象;其二,商事登记未建立歇业登记制度,缺乏足够友善的退出机制,导致企业死亡加速进行;其三,退市环节采取"一刀切"做法,未能很好地处理好公正与效率的关系,难以适应"宽进"形势下的市场监管模式。

在一个竞争的市场环境下,企业的进入与退出应遵循"优胜劣汰"的基本规律。让更有效率的企业在市场舞台上一展身手,让效率低下的企业逐步谢幕离台,这种企业市场进入与退出的常态化运行方式将为经济增长提供可持续的动力。完善的市场退出机制应为困境中的市场主体提供合理的退出之路,使之释放被自身占据的生产资源和要素,在价格规律的引导下,重新完成生产资源和要素的优化配置。

二、研究意义

（一）理论意义

1. 对企业法深化研究的意义

企业法是调整企业设立、运行与终止关系的法律规范的总称,企业退市是企业终止的另一种法律表述。企业退市行为错综复杂,远比企业法上的解散、清算、注销程序复杂。研究企业退市的起因和过程,可以增进对相关企业法问题的理解,有助于提升企业法的研究深度与研究广度。与之相对应的研究成果对规范企业退市行为具有理论指导意义。

2. 对经济法深化研究的意义

经济法上的市场主体制度是"国家（政府）""市场主体""社会中间层组织"三者有机运行的制度构架。

在以往经济法学的研究中,极少提及"僵尸企业""僵局企业""休眠企业""歇业企业"这些概念,也极少就企业的僵尸化行为、僵局状态、休眠行为、歇业行为对市场主体发展的影响进行深度研究,甚至没有将它们纳入经济法律制度规制的视野中进行考察。

将企业退市现象视作企业市场更替问题,引入经济法视野中去认识它、评析它,有助于拓展经济法学研究视域,形成一些具有创新性的研究成果。

3. 对市场监管模式创新理论构建的意义

近10年来,我国致力于市场监管模式的创新,其着力点是解决市场主体的"进（进入）""运（运行）""退（退出）"中的公平与效率问题,其中,"进"与"退"既是矛盾体,又是统一体,"进"的质与量会直接影响"退"的难与易。通过对企业退市行为的研究,有助于构建适合我国国情的市场监管创新理论,并在创新理论指导下,将"宽进严管"市场监管模式向纵深推进。

（二）实践意义

1. 改革方案促成上的意义

企业退市涉及退市条件、退市运行方式、退市法律后果及相应责任承担等诸多问题,如何把企业退市的自发性行为纳入法律预设的规范框架下进行,是一个全新的研究领域,其核心问题是构建出一套法治化运行框架体系。目前无论是在国内还是在国外,并没有固定的模式与成功的经验可供借鉴,故而需要结合本国国情进行改革方案的研判与筛选。

通过研究,在对企业退市行为进行类型化分析的基础上,提出相关治理对策与制度构架,为地方或全国性立法提供具有可操作性的政策建言,这对于推动国家层面的相关改革方案的形成具有特别重大的现实意义。

2. 法律制度构建上的意义

法律制度总是在若干项目标价值的追求中作出抉择,正如庞德所言:"价值问题虽然是一个困难的问题,它是法律科学所不能回避的⋯⋯在法律史的各个经典时期,无论在古代还是在近代世界里,对价值准则的论证、批判或合乎逻辑的适用,都曾是法学家们的主要活动。""即使是最粗糙、最草率的或最反复无常的关系调整或行为安排,在其背后总有对各种互相冲突和互相重叠的利益进行评价的某种准则。"①法律制度的最核心问题是法律构想在立法上得到体现,因此,对企业退市行为进行研究,不仅要关注相关问题的理论证成,更为重要的是关注法律制度的构建,使相关的立法构想能够通过成文法得到表达。

3. 政策工具供给上的意义

政策工具也称经济政策工具,通常由政策工具的名称、运行内容、实施要求等基本要素组成。现行经济法规大多是从经济政策转化而来,且当经济政策转化为经济法规后,经济法规仍保留着一些政策工具作为调整手段,如金融政策工具、产业政策工具、竞争政策工具、财税政策工具等。从经济政策工具入法的演进视角观察,政策工具的执行过程是一个由规范性文件向法律法规转换的过程,也是一个尝试、纠偏与学习的交互过程,需要一定时间的实践进行检验。

企业退市的法治化治理实际上也存在着如何选用针对性的政策工具以及如何将这些政策工具入法的问题。通过课题研究,把握政策工具入法的体系性设计要求,力求寻找出一些最具有调适作用的政策工具,确保这些政策工具在入法后发挥出对现实社会生活来说更好的调适能力。

---

① [美]罗·庞德:《通过法律的社会控制·法律的任务》,沈宗灵、董世忠译,商务印书馆1984年版,第55页。

第二节　本选题的研究现状与研究创新

市场经济是双向开放的系统经济,市场主体不仅要依法"入市",也要依法"退市"。作为市场主体中最为重要的企业组织,其退市中的法律问题远比入市复杂,也远比个体工商户、合作社等非企业类的市场主体退出市场行为来得复杂,因而引起国内外学者的关注与研究,并形成了一些研究成果。梳理国内外学者关于企业退市问题的研究文献与研究成果,对于提升本项选题的现实意义具有理论价值与实践价值。

一、国内外研究现状回眸与评析

（一）企业死亡研究成果综述

对相关研究文献进行分类考察可以发现,目前,理论界对企业设立、成长发展的研究文献数量相对较多,内容相对较广,但对企业失败和死亡等话题的兴趣则相对匮乏,对此类现象的研究也显得单薄,远远滞后于企业死亡与退市的客观现实。

关于企业死亡问题的研究,在近 40 年的研究实践中,学者们将死亡的类别区分为"过程型死亡"和"事件型死亡",并最终聚焦在事件型死亡(企业猝死)这一研究领域上。该方面研究,多从经济学、社会学、心理学的理论视角分析、解释企业失败和死亡现象,探究企业死亡的起因、经历过程、最后结果和产生的影响。一些研究文本从问题界定、理论视角和研究方法等多个层面对企业死亡和企业猝死的未来研究提出建设性的设想和建议,构建出一个企业死亡的研究框架。[①]

相对于企业死亡问题的研究,对企业退市研究的关注却相对薄弱。研究企业死亡与研究企业退市,二者有相关性,但更具差异性。研究企业死亡问题关注的是企业为什么会死,研究企业退市问题关注的则是企业如何死亡。在现有文献中,学者们对于企业退市的原因、途径、影响性的勾勒与分析是不足的。因此,如何借助多种研究方法全面精准地观察现实中导致企业退市的直接原因,进而分析其背后的动机和根源,是提升企业退市制度研究水准的

---

① 韩夏、马浩:《企业死亡研究纵览》,载《外国经济与管理》2019 年第 6 期,第 71—73 页。

关键。

(二)企业退市研究成果综述

1. 生命周期理论

生命周期理论主要见之于管理学领域,是借鉴生物学对生命过程的阐释提炼出来的。所谓企业生命周期,是指企业发展与生物发展具有相同的规律性,可以分为生命初期阶段、成长阶段和衰亡阶段若干个基本阶段。国外最著名的企业生命周期理论当属美国学者爱迪思的企业生命周期理论,为企业管理中克服成长与老化问题提出了系统的对策。[①] 我国也有学者提出类似的理论,如陈佳贵教授对企业生命周期和企业蜕变理论进行了探讨。[②] 企业生命周期理论解释了市场中的企业衰亡现象,因而成为企业退出市场的理论来源之一。但是也有学者质疑企业生命周期理论,认为这一理论强调了企业与人的相似性,却忽视了企业与人的本质差异,从而忽视了企业的另外一种可能,即可持续发展能力。尽管如此,企业生命周期理论依然可以作为市场退出机制的理论基础来加以考量。

2. 契约理论

现代经济学对企业的研究是基于产权理论与契约理论展开的,尤其是契约理论中的委托代理协议是解决市场信息不对称、提高激励的重要突破口。根据企业契约理论,经济学家认为,企业是由利益相关者通过一定的契约行为组合起来的,投资协议、公司章程、合伙协议等文件是企业契约的最常见方式。在经济学与法学相互融合的环境下,法学界也有学者将公司法纳入合同解释的范畴内加以研究。基于市场经济意思自治原则的要求,企业进入或退出市场都应当以其自主性、自治性为基础,通过预设的协议或章程作出明确规定,并以协议或章程给予约束,这对于提高企业退市的质量与效率起到很好的保障作用。企业退市中完成注销登记,也可解释为商事登记制度契约属性中强制缔约义务的具体体现。当企业通过商事登记获得主体资格和经营资格确认的同时,也意味着其必须遵循商事登记规则,有序退出市场。商事登记所创建的市场退出通道在保证商事主体有序退出的同时,也向市场传递了相关信息,

---

① 伊查克·爱迪思:《企业生命周期》,赵睿等译,中国社会科学出版社 1997 年版,第 96 页。
② 陈佳贵:《关于企业生命周期的探讨》,载《中国工业经济丛刊》1988 年第 2 期,第 13 页。

8

这是维护市场安全的重要措施。①

3. 宏观调控理论

在国内,学者汪小娟比较早地考察了国有企业的能力过剩、退出与退出援助型政策问题。她认为,产业转移、区域转移和企业制度的改革是解决国有企业退出的有效途径,援助退出企业应当成为今后相当长时期内我国产业政策的重点。但援助型退出政策应当慎用,只有当问题涉及面广和依靠市场机制进行调整难以奏效时,采用援助型退出政策才有充足的理由;②学者王怀宇、马淑萍在考察了美、日、欧等市场经济体的相关途径后得出企业退出的两大类型:一类是以政府不直接介入为特点的市场化退出机制,通常采取企业自愿性的企业注销、终止、破产以及资本退出等途径,另一类则是以政府直接干预的非市场化退出机制,通常利用财政、税收、金融、产业政策、推进海外转移等手段促使企业退市或强迫企业退出;③学者刘庆飞在其著作中提出,企业退市中最易发生的主体是中小企业,因而,为避免中小企业"未长先衰"现象,应以中小企业的发展需求为基础采取促进政策,针对中小企业"创业""成长""衰退与关闭"三个不同阶段,甄选更为有效的应对措施。④ 学者唐婧针对金融机构倒闭破产引发的经济和法律问题作了探讨,提出了防范对策。⑤

但是,对现有研究文献进行分析,针对当前经济常态下面临的企业退市的新问题,从法学上进行系统性和应对性的研究还显得不足。

4. 市场规制理论

在不少西方工业化国家中,以减少失业、谋求公平和保持社会稳定为理由存在的退出援助政策被广泛应用。在日本战后的经济发展过程中,产业调整援助政策的应用十分引人注目。在一些论述日本产业政策的专著中,有关产业调整援助政策的内容与主导产业发展政策的内容分量相当。

这一领域的研究成果有:学者菲利普·夏皮尔(Philip Shapira)(2001)从

---

① 刘训智:《商事登记制度中的市场退出机制研究》,载《无锡商业职业技术学院学报》2015 年第 5 期,第 15 页。

② 汪小娟:《国有企业的能力过剩、退出及退出援助政策》,载《经济研究》1995 年第 2 期,第 48 页。

③ 王怀宇、马淑萍:《产能过剩背景下企业退出政策体系的国际经验研究》,载《发展研究》2014 年第 1 期,第 22 页。

④ 刘庆飞:《经济转型背景下的中小企业促进法研究》,北京大学出版社 2012 年版,第 121 页。

⑤ 唐婧:《论我国金融机构破产若干法律问题的思考》,载《许昌学院学报》2012 年第 3 期,第 147 页。

分析美国佐治亚州中小企业的发展情况出发,研究了美国扶持中小企业的政策系统,并就中小企业退市政策作了展开性评析;明格森(Jean-Paul Mingasson)(2004)研究了欧盟支持中小企业发展的工业政策;福岛久一(2002)对中小企业政策进行了国际性比较;凯博瑞(Shohei Kaibori)(2001)研究了转轨国家中小企业的发展和政策支持;金(Chuk KyoKim)(2005)研究了韩国中小企业的发展政策。[①]

二、研究创新

(一)选题研究的技术路径

1. 以常态经济下企业退市行为为切入点

当前常态经济以经济增速保持在合理运行区间、政府出组合拳去产能过剩与杠杆化,以及防范经济风险与金融风险为重点。因此,近几年所出现的围绕宽进而引发的异常退市问题、僵尸企业处置问题、僵局企业司法"解而不散"问题、金融业企业退市问题都成为理论与实务界需要解决的问题。本项研究以常态经济下企业退市行为为研究重点,针对性寻找直接影响退市行为的基本问题,进而提出针对性的治理对策。

2. 以问题引领下的系统化治理政策构建为展开点

本项研究侧重于问题导向,以近几年来在我国业已产生的企业退市乱象为分析的原点,在调研的基础上去认识问题,进而分析问题产生的原因,再在此基础上提出解决问题的对策,并以系统化的治理政策构建为解决问题的重点。

3. 以经济法学相关理论为研究的主线

本项选题就其研究内容而言,属于经济法学领域中的市场主体法分支,将经济法学中的系统共治理论、促进与规制理论、干预与协同理论直接应用于课题研究中。

在研究中重点关注以下问题:一是如何将企业退市中的规制、自治有机结合,彰显规制与促进相结合的经济法法治观;二是如何将企业退市监管中的强制与包容相结合,处置与激活相结合,彰显包容审慎的监管精神,在市场退出

---

① 欧阳峣:《中国支持中小企业发展的政策和服务体系研究》,中国社会科学出版社 2009 年 5 月版,第 5 页。

与企业营业维持之间找到平衡;三是如何从法治中国的大背景下去检视与构建相应制度体系,从制度运行特色上体现出中国方案与中国智慧。

(二)研究获得的结论性意见

1.在企业退市制度体系构建上的建言

构建企业退市制度,应注重因"企"制宜。无论是僵尸企业、僵局企业退市还是金融业企业退市,都应结合各类企业的实际情形制定相应的退市制度。只有施策的针对性才能确保实施过程的精准性。

构建企业退市制度,应坚持分类施策。对于各类企业退市,应强化企业自愿与行政强制相结合、普通注销与简易注销相融合、非破产清退与破产清算相对接。

构建企业退市制度,还应以公平和效率为导向。坚持公平导向,才能确保各利益主体权益的实现,从而维护社会稳定;坚持效益导向,才能畅通退市环节,减少退市成本。

构建公正、便捷相结合的退市制度。核心问题是要建立起自治与强制相结合、自律与他律相对接的退市运行体系。在非破产清算的企业退出机制上,应以清算后注销为主要的市场退出方式,将行政主导为主要特征的强制退出方式作为必要补充。

2.在企业退市政策性工具运用上的建言

企业退市是一项系统性工具,可供选择的退市政策有援助型政策、强制型政策、激励型政策等。应通过政策组合拳,达到精准共施的效果。

现行法对企业退市采取比较僵化的手段,导致对"病态"企业友善不足。应完善企业退市的缓冲机制,通过建立企业休眠制度、歇业登记制度,保障具备一定条件的企业通过歇业登记,准许其存续。

现行法对企业退市采取比较软化的手段,导致应退而未退的乱象。应完善企业退市的强制机制,通过构建强制清算制度与强制注销制度,有效清退"死亡态"企业。

现行法对企业退市采取比较单一的处置政策,导致"复活态"企业难以产生。应建立企业退市激活机制,通过鼓励企业间的兼并、股权转让与回购等途径来盘活企业,促成企业起死回生,从而保持企业生态系统健康运行。

3.在企业退市立法完善上的建言

在企业退市过程中,最为核心的内容是企业清算与债务清偿。目前,对于非破产企业的清算,相关制度散落于各个法规中,系统性、体系性不强。更有其者,退市中的企业债务清偿处于无法可依状态,导致债务清偿不公现象的发生,影响营商环境建设。建议制定"企业清算与债务清偿法"以确保企业退市依法运行。

"企业清算与债务清偿法"应强化与其他法规的和谐、安定相处。在清算制度构建上,破产清算制度由《破产法》作出规定,非破产清算制度应由"企业清算与债务清偿法"作出明文规定。在债务清偿制度构建上,通过立法,区分债权类别,明确债权分配顺位。

4. 在企业退市运行程序规范上的建言

畅通的市场退出程序与开放的市场准入机制同样重要。[①] 企业退市应有正当程序要求。无论是自愿型退市,还是强制型退市,均应建立起退市的运行程序体系。

在企业退市的运行程序上,应以"企业法"所确立的"解散→清算→注销"为基本程序,并应结合企业退市中的各种类型,对"清算"程序作具体化的规定,确保清算程序得以有效推进,从而使企业退市得到实质化推动。通过清算的程序正义,实现市场主体终止的公平结果。

一套完整科学的退市程序制度,包括申请或请求程序、决议程序、异议程序、时效与救济程序、决定程序等。周延的程序不仅为相关主体提供了明确可操作的指引,同时也能够防止权力恣意行使。

退市程序的设定需要重点关注两个方面的利益衡平。一是债权人利益的保护,二是诚信投资者利益的保护。

第三节　本选题的研究内容与研究方法

研究内容是对所要研究的问题进行的系统性构建。如何构建研究内容是深化问题研究的基本途径,而研究方法是揭示问题本质的基本手段与工具。在研究选题确定后,构建合理的研究内容,并确定科学的研究方法,是保障课题研究高质量完成的关键性工作。结合本课题研究目标,应当着力构建出与研究内容相适应的研究构架与研究方法,这是本课题研究活动中需要关注的重要问题,也是体现对课题思考成熟的重要标志。

---

① 王伟:《非正常经营企业强制性市场退出机制研究——优化营商环境背景下的行政规制路径》,载《行政法学研究》2020年第5期,第53—67页。

一、研究内容

（一）研究内容框架设定的基本特点

本课题以当前常态经济背景下企业退出这一社会现象为研究起点,以近几年企业退市中发生的若干新问题为突破口,具体研究企业退出的成因、退市中的问题症结、退市行为的法律治理、退市制度的法律构建,在此基础上提出和完善退市对策和政策建言。

在研究内容框架设定上,试图体现以下三方面的研究特点。

（1）呈现总分框架。在八个方面研究内容设计中,既有总体性的概括,又有分项性的阐析,其中书稿中的第二章与第九章为总体论述,而第三章至第八章为分项阐析。通过总分框架结构,尽可能实现研究体系内的闭环运行与研究体系外的开放融通。

（2）体现点面结合。课题围绕新常态下的"僵尸企业""僵局企业""金融业企业"退市问题而展开,在错综复杂的运行体系中找准问题症结所在,采取"点"与"面"结合的理论分析框架。"点"为问题的抽象,"面"为问题的具象。"点"要论述的是某一"状态企业"退市行为中的新问题及其成因,以及针对性的法律治理手段与途径;"面"要探索的是特定时期企业退市乱象的总体性问题,以及法律治理的基本路径与实施对策。

（3）反映证成过程。观察问题,看到病症是前提,找准病根是根本。针对种种企业退市乱象,着眼于从发现问题、分析问题,再到提出解决问题的政策建言,作为研究的技术路径,力求呈现整个研究的证成过程。比如,当市场准入门槛降低后,那些因冲动型投资行为而设立的企业如何退市;因去过剩产能而导致的僵尸企业如何处置;通过司法程序解散的公司,"解而不散"又如何从制度上劝导其退市;金融业企业经营亏损或违法经营,面临众多金融消费者,又如何做到"退"而不乱。所有这些新问题都需要予以审视,并力求在书稿中反映对问题研究的证成过程。

（二）研究内容综述

1. 企业退市与法治化治理

研究企业退市领域的法律治理,对于完善企业组织制度以及市场主体的监管制度具有理论与实践意义。如果说市场准入带来的是市场利好的话,那么,企业退市带来的将是沉重的社会负担。通过对企业退市意涵与相关概念的厘定,对企业退市乱象与社会危害进行分析,进而明确企业退市与相关者利益博弈的处理方法,以及企业退市法律治理的重点与对策。

2. 放宽准入条件对企业退市的影响

自 2014 年商事登记制度改革以来,放宽市场准入成为商事登记制度改革的新走向,其改革效应在于激发投资热情。但与此相对应的是,冲动型的非理性投资行为随之增多,从而带来退市的新问题。通过分析放宽市场准入条件对企业退市的影响,进而寻求在新情势下构建起科学合理的企业退市制度,对于提升市场监管能力、完善监管体制具有理论与实践意义。

3. 僵尸企业市场退出的新问题及其法律治理

在当前产能过剩和去杠杆化背景下,如何治理僵尸企业已成为理论与实务界所关心的热点问题。僵尸企业市场退出的难点问题在于僵尸企业的认定、僵尸企业退出的方式等,因而需要通过研究,在深入分析僵尸企业成因、处置难点的基础上提出依法处置僵尸企业的政策筛选与治理对策,形成僵尸企业市场退出的制度体系。

4. 僵局企业司法"解而不散"的新问题及其法律治理

2005 年修改后的《公司法》确认了司法解散作为公司退出的一个路径,但经过近 10 年的实践,日益显现出实际运作中"解而不散"的新问题。本项研究的重点放在司法解散退市的立法政策适应面不足问题、司法解散中解散程序与清算程序的对接问题、司法解散退市行为中的清算人责任问题,在此基础上,探索"司法解散"的退市规则与治理路径。

5. 金融业企业市场退出的新问题及其法律治理

金融业企业与其他企业相比有其特殊性。在我国金融法律政策中,对金融业企业的市场准入与市场退出均需设定特殊规则。近几年来,金融业呈现多业态繁荣的同时,金融业企业在退市过程中暴露出许多新问题,给金融市场稳定带来风险。本项研究在对金融业企业退市的特殊要求作出分析的基础上,重点探讨了金融业企业退市与金融消费者利益保护机制的安排与构建,以及金融业企业退市的特别程序要求。

6. 企业退市的简易注销程序制度评述

简易注销程序以全体投资人的自我承诺为核心,以诚信推定、背信严惩为保障措施,是实现企业高效率、低成本市场退出的一项制度创新。自 2015 年始,企业简易注销登记改革应运而生,在地方实践积累经验后,发展为全国普遍推行的做法。由于简易注销制度在全国推行时间较短,作为一项商事登记制度改革的重大创新,仍需要在政策环境、法律制度上给予其有效的规范与促进。本项研究的重点放在简易注销制度的适应性与可操作性,简易注销制度与一般性注销程序的差异性与对接性,简易注销程序制度的体系化构建与立法完善。

7. 企业退市中的执转破制度衔接问题

构建执、破制度衔接机制的目的在于打通强制执行程序转化为破产程序的关隘,以期改善"执行难"情形并有效清退市场中的问题企业。然而,现实中破产制度和强制执行制度表现出"强弱"判然的不对称性,导致实际执行中出现诸多问题。本项研究的重点放在执、破衔接机制的制度构造及现实困境,企业退市中执、破衔接机制的制度化建构,以及企业退市中执、破衔接机制的法治化实现。

8. 企业退市中的债务清算与债务清偿立法研究

企业市场退出应以清算完成与债务清偿了结为前提,目前存在的主要问题是企业债务未清理、清偿即实施退市,严重影响债权人、员工、国家多方利益。造成这一问题的深层次原因之一在于我国在这一领域的立法不甚完善。我国现行企业法、破产法等法律法规,虽从不同的角度和层面对市场主体退出问题做了相应规范,但由于至今尚未制定一部企业清算与债务清偿法,关键性制度缺失,导致规范构建的整体化、功能性受到削弱。本项研究在对企业清算与清偿进行概念厘定的基础上,着手对当前企业清算与清偿立法现状进行梳理,进而提出企业清算与清偿的立法原则与法技术构造方案。

二、研究方法运用

(一)哲学思辨法

哲学的精神是思辨,思辨是一种对所思的至少两种对立因素的不断考量并作出定义与结论的过程。在思辨活动中,将概念、思辨、判断串联起来,一方面考虑现实需要什么样的概念,另一方面考虑概念对应什么样的现实。

在从论点到论证,从论证到结论的过程中,采用哲学的基本理论与原理进行思辨式的认证与分析,可以提升对相关问题认证的质量。哲学中的对立与统一、量变与质变、过程与结果、原因和结果、必然与偶然、现象与本质、社会存在与社会意识等基本原理都对本选题研究有一定的应用价值。

比如,在本项目研究中,对于企业退市乱象存在的深层次原因是什么、如何治理,哲学思辨中的社会存在与社会意识原理可以提升我们对相关问题的认知能力;如何从企业退市乱象(现象)中梳理出本质性的东西,哲学思辨中的现象与本质原理可以帮助解决这一问题;企业退市中各类非理性的退市行为,将给整个社会带来哪些影响,哲学思辨中的过程与结果原理能够证成问题的因果性。

(二)比较分析法

比较分析法是对事物或者问题进行区分,以认识其差别、特点和本质的一种辩证逻辑方法。在资料不多,还不足以进行归纳和演绎推理时,运用比较分析法更具有价值。哲学家康德曾说过:"每当理智缺乏可靠论证的思路时,类比这个方法往往能指引我们前进。"①

对企业市场退出的理论研究,既涉及对企业死亡问题的研究,也涉及对企业退市问题的研究。对企业死亡问题的研究,涉及的研究视域侧重于企业死亡的原因追寻,而对企业退市问题的研究则更多的是对企业死亡的过程性问题的思考,即面对无法回避的死亡情形,如何让企业死得更有尊严和效率。前者属于经济学、管理学研究的问题,而后者则属于企业法学、市场监管法学领域研究的问题。从不同学科、不同视域进行比较分析,使研究内容更加丰富且具有立体性,研究后得出的结论将更富于现实合理性。因此,比较分析法不失为研究方法中一项较为重要的方法。

本课题的比较分析法的运用主要体现在以下方面。

(1)通过对国内外企业法人退市的成因与相关劝导政策、援助政策、惩戒政策的比较,检视我国现有制度的不足与问题,进而在借鉴国外经验及结合国情的基础上提出问题和完善构想。

(2)通过对现行常态经济条件下企业退市行为与过去长时期形成的企业退市行为的比较,寻找当前企业退市行为的新特点,从而为针对性地完善退市制度提供现实基础。

(3)通过对现行立法中企业退市制度的比较,以及与企业退市相关的清算制度与清偿制度差异性的比较,为企业退市法律制度的构建提供更具有针对性、可行性的运作方案。

---

① [德]康德:《宇宙发展史概论》,上海外国自然科学哲学著作编译组译,上海人民出版社1972年版,第147页。

（三）实证分析法

实证分析法是建立在样本分析、数据分析、案例分析、随机访问、实地调研基础上的一种研究方法。它较好地排除了主观价值判断所可能产生的研究结论偏差，其目的在于揭示各种社会现象的本质联系。

实证研究方法的优势主要体现在以下三个方面：一是坚持因果规律。此为基本前提，有利于提升实证研究的逻辑可靠性。二是坚持归纳主义的原则。注重从广泛的经验中总结出规律性的东西，以提升实证研究的普遍适用性。三是坚持价值中立的原则。由于实行中立的价值判断，从研究立场上提升了研究结论的客观性和科学性。

本课题研究以现阶段我国企业退市的个案研究和法律适用现状的调研为蓝本，实证研究企业退市的类型化问题，以及企业退市的制度供给对退市的影响等问题。为开展实证研究，课题组广泛调研了市场监管部门、司法仲裁机构，还采访了一定数量的企业，以此取得了用于观察、试验的相关数据，并以经验检验方法，提出相关政策建言。

（四）文献研究法

文献研究法是通过阅读、检索、分析、整理有关文献材料，全面、准确地研究某一问题的方法。

在选定课题方向后，根据研究需要进行检索，确定查找文献的范围和深度是必要的。它可以加深对所研究课题原创性与学术前沿性的理解，同时还可以完善自己的知识结构，从而将整个研究推向更高的研究境地。

在本课题研究中，我们力图借鉴现有文献成果，界定企业退市的内涵，论述企业退市的理论依据。通过文献研究法的运用，我们对现有学术成果作出进一步的拓展，使研究成果立在他人的肩膀上得到创新，并在此基础上探索各类新产生的问题的解决之道。

德国学者考夫曼曾言，"法律是透过语言被表现出来的"。"法律也是一个'世界'，或者也可以说，当法律'被使用'、被实现，通常将两个世界相联系：一个与法有关的日常真实的世界，与一个以应然规范为内容的法律世界。最终通过法律的实现，使应然与实然相联结。"[①]法律世界是由规则、制度所串联起来的现实境界。诚如另一学者所言，"制度提供人类在其中相互影响的框架，

---

① ［德］阿图尔·考夫曼：《法律哲学》，刘幸义译，法律出版社2011年版，第12页。

使协作和竞争的关系得以确定,从而构成一种社会经济秩序"。①

当我国经济走向新常态,企业退市面临新问题,需要理论工作者进行研究应对时,我们所做的工作就是在分析问题的基础上,完成研究证成,提供相应的研究分析成果,并希冀在企业退市的法治化治理实务中得到应用。故衡量课题的真正使命不在于结题与否,而在于被社会认可并予以践行。

---

① ［美］道格拉斯·诺思:《经济史上的结构和变革》,厉以平译,商务印书馆 1992 年版,第 195 页。

第二章　企业退市与法律治理

　　企业的市场准入与退出是一个企业从出生到消亡的必经之路。有关企业退市的法律政策既要关注企业的维护与稳定，又应关注企业退出的有效与及时。当企业应当退市而不能及时、有效退市时，必然会影响市场的稳定、健康发展。目前，在涉及企业退市的理论上，对于何谓退市，如何退市，鲜有系统性的界定与阐述，在实践运作层面存在诸多退市乱象。因此，研究企业退市领域的法律治理，对于完善企业组织制度以及对市场主体的监管制度，具有理论与实践意义。

第一节　企业退市意涵与相关概念厘定

　　概念是解析现象的范式，也是分析问题的基础。当我们研究企业退市这一社会现象或社会问题时，首要的工作是明确企业退市的意涵。通过对企业退市概念作出厘定，并对与企业退市相关性行为进行比较分析，就能更好地认识企业退市制度的核心问题。

一、企业退市意涵

（一）企业退市的内涵厘定

　　企业退市，是指企业退出市场经营行为或丧失市场经营资格与市场主体资格的一种社会现象。理解企业退市这一社会现象，可以从以下方面进行认识。

　　其一，企业退市是与企业进入相对应的一个概念。企业进入也称企业市场准入，是指企业筹办人向登记机关提出设立申请，对符合设立条件的，登记机关准予登记,取得法人资格和经营资格。企业退市则是退出市场,在经过一系列的程序后,停止生产经营活动、终结债权债务关系、关闭经营场所,最终失去市场经营资格与市场主体资格。

其二,企业退市是市场经济的必然现象。市场经济是在价值规律引导下,通过价格机制和竞争机制实现资源配置的经济体制,其本质是鼓励优胜劣汰的竞争,推动市场发展与社会进步。市场机制反映在市场主体上,包括市场准入、市场交易和市场退出三个部分。[①] 从生态系统论思考,有生就有死,有进入就有退出。市场退出是运用市场系统组成要素之间的相互作用,推动主体退出市场生态系统的过程和方式。市场退出具有系统性、干预性和市场自发性的特征。[②]

其三,企业退市是市场主体资格消亡的过程与结果。市场退出是对企业不再从事经营活动,并终结债权债务行为的通俗表述方式,并非严格意义上的法律术语,与法律上所指的公司解散和撤销、关闭均存在一定差异,其实质意义就是指市场主体资格消亡的过程及其结果。[③] 它既表现为过程与方式,也表现为最终结果。市场退出包括"法庭内"退出与"法庭外"退出两种方式。[④]

(二)企业退市的基本特征

1. 市场交易行为之终止

这是从企业退市的最直接表征来认识的。企业退市最直接的表征就是停止生产经营活动,消费者无法在市场中获得该企业的商品或服务。

企业退市后,与市场交易的各种关系应当一并处理完毕,以保障消费者、投资者、合作者的合法权益。如果企业在退市后,仍然没有退出市场交易行为,那么其行为很有可能构成非法经营,应按照非法经营的相关规定予以追责。因此,企业退市须以退出市场交易行为为必要。

2. 清算与注销程序之了结

这是从企业退市的基本过程来认识的。从严格意义上讲,企业退市是一

---

① 中国政法大学破产法与企业重组中心课题组:《完善市场主体退出制度的路径选择与制度构建》,载《中国市场监管研究》2019 年第 6 期,第 5—7 页。

② 中国政法大学破产法与企业重组中心课题组:《完善市场主体退出制度的路径选择与制度构建》,载《中国市场监管研究》2019 年第 6 期,第 5 页。

③ 庞继英、张建华:《金融机构市场退出问题研究》,中国金融出版社 2008 年版,第 12 页。

④ 李曙光:《论我国市场退出法律制度的市场化改革》,载《中国政法大学学报》2017 年第 3 期,第 7 页。

个"解散→清算→注销"的完整性过程,清算和注销程序是企业退市的必经程序,没有完成清算和注销程序,企业就无法实现真正的退市。

因此,完成清算与注销程序是企业退市的基本特征,一个企业完成清算与注销程序后才能够按真正的退市予以认定。

3. 市场主体资格之丧失

这是从企业退市的直接法律后果来认识的。企业开展生产经营活动需要以取得营业执照为前提。对于既需要取得企业法人主体资格又需要取得经营资格的企业而言,其在失去经营资格后,企业法人资格依然存在,因此还需要对企业法人资格予以注销。失去经营主体资格与企业法人资格是企业退市的基本特征之一。

有些企业本不想退市,但行政主管部门作出吊销营业执照、关闭企业的行政处罚,或作出撤销登记的行政处理,这意味着该类企业已失去了经营能力,企业法人资格应当在完成注销程序后消灭。因此,企业退市应关注市场主体是否履行了注销程序这一问题。

4. 市场主体重构之实现

这是从企业退市的社会属性来认识的。在企业退市过程中,一些企业完成了退市的所有阶段,最终顺利地退出市场,实际上释放了被该企业所占用的市场资源,实现了市场资源的重新配置。也有一些企业通过与其他企业的并购行为,完成了市场要素的重组,实现了市场主体的重构。如果这一过程无法顺利进行,僵化、瘫痪的企业继续存在,会降低市场组织的运营效率和阻碍企业健康发展。

因此,推进企业死亡的相关制度建设具有很强的社会政策含义。[①]人们对市场退出这一现象的关注不仅仅在于退出是否具有合理性,更在于退出的行为、方式和结果是否具有正当性与效率性。

(三)企业退市的类型划分

1. 自愿型退市与强制型退市

自愿型退市是指企业自愿退出市场,主动到登记机关办理注销登记,使企业丧失经营资格和主体资格的类型。自愿型退市的发生事由多种多样,如发生经营中的突发性行为导致企业无法继续存续而申请退出交易市场,或企业

---

① 韩夏、马浩:《企业死亡研究纵览》,载《外国经济与管理》2019 年第 6 期,第 71—73 页。

经营亏损、资不抵债申请破产，或经营期限届满、出现章程规定的解散事由而解散等。自愿型退市出于企业的主观意愿，具有自觉性和主动性之特点。有一种观点认为，企业退市均是在企业处于严重的经营不利情势下才不得不考虑退出，其实这是对企业市场退出的误解。在当下新经济时代，信息化、电子化以及网络化致使市场环境瞬息变化，企业在快速的环境变化中需要及时作出退出市场的决定。所以对于企业而言，市场退出时机的把握非常重要，这有利于退出企业的利益最大化，也能实现股东利益最大化。研究数据表明，大多数企业的退市是自愿型退市。[①]

强制型退市是指企业因出现违反法律法规、侵害他人合法权益、资不抵债等情形，而被行政机关或司法机关取消相应的市场经营资格而被迫退出市场，如被判决司法解散、被吊销营业执照、被宣告破产、被撤销公司等。强制型退市，在多数情形下是企业的违法或违规经营行为造成的。当该退市条件成就时，企业已知或未知退市后果而故意不作或错失退市行为，被相关行政机关或司法机关强制清退出市场。

2. 主体退市与产品（劳务）退市

主体退市是指企业作为一个市场主体被消亡而退出市场。企业只有在办理完成注销登记后才真正退出市场。如果没有办理注销登记，其主体资格仍然存在，就不是法律意义上的企业退出。

产品（劳务）退市是指企业主体还存续，但某类产品（劳务）由于停止了生产、经营活动不再进入市场，或存在严重质量问题而被限制、禁入市场。产品（劳务）退出市场行为不直接影响统计学意义上的市场主体数量，但会影响企业的生产经营规模或市场交易规模，以及相应的产业结构。

3. 惩罚型退市与非惩罚型退市

惩罚性退市是指企业出现违反法律法规、侵害他人合法权益等情形，被行政机关或司法机关取消、剥夺相应的市场经营资格而最终退出市场。如被吊销营业执照、被责令停业等。惩罚性退市与强制性退市有一定的相似之处，两者都不是出于企业自身的意愿，而是属于被动退出情形。两者的差异性在于，首先，惩罚性退市具有制裁性，以惩戒违法为目的；其次，强制性退市的范围要广于惩罚性退市，如被宣告破产、司法解散公司，属于强制性退市，却不属于惩罚性退市。

① 施金亮、凌云：《企业退出时机和退出障碍浅析》，载《经济师》2008 年第 11 期，第 217 页。

非惩罚性退市是指企业退出并不是因为行政机关或司法机关对其的惩罚,而是出于企业自愿或其他非惩罚性原因,如申请破产、经营期限届满、出现章程规定的事由而解散等。非惩罚性退市包括企业自愿退市,也包括企业被宣告破产等强制性退市。

4. 上市公司退市与非上市公司退市

退市这一概念还被广泛应用于上市公司中。上市公司退市是指上市公司由于未满足交易所有关上市交易标准而主动或被动终止上市交易的情形,即将一家上市公司变为非上市公司。上市公司退市有强制退市、主动退市和重组类退市之分,它有复杂的退市程序。目前,上市公司退市已形成多元化的退出渠道和出清方式。

中国证监会在 2014 年 11 月发布的《关于改革完善并严格实施上市公司退市制度的若干意见》(第 107 号令,以下简称《退市意见》)中首次明确了重大违法强制退市的相关标准和程序。2018 年 7 月,证监会修订了《退市意见》,进一步完善了相关规则。2018 年 11 月,沪深交易所制定并发布了《上市公司重大违法强制退市实施办法》等相关配套规定,其中年报造假规避退市和"五大安全"重大违法具体标准为本次规则所明确、细化解释的内容。

2020 年 12 月,沪深交易所发布退市新规①,这一堪称"史上最严"的退市新规,通过推动退市"常态化"来倒逼上市公司规范运作、合规经营,旨在让"有死有生"的自然生存法则成为塑造资本市场生态的"金科玉律"。

鉴于上市公司退市与一般理解的企业退市的概念存在差异,本章讨论的退市是企业退市,即企业作为市场主体退出市场行为,不讨论上市公司退市问题。

5. 破产式退市与非破产式退市

破产式退市也称"法庭内"退出,是根据《企业破产法》所规定的破产清算而最终被宣告破产并退出市场。近几年破产式退市得到较大发展,其发生的根本性原因与国家积极推进实施破产制度相关。破产式退市由于是在司法主导下完成的,因而退市行为相对规范,退市后留下的后遗症相对较少。但破产

---

① 这些新规有:上交所正式发布的《上海证券交易所股票上市规则》《上海证券交易所科创板股票上市规则》《上海证券交易所风险警示板股票交易管理办法》及《上海证券交易所退市公司重新上市实施办法》;深交所正式发布的《深圳证券交易所股票上市规则》《深圳证券交易所创业板股票上市规则》《深圳证券交易所交易规则》及《深圳证券交易所退市公司重新上市实施办法》。以上统称为"退市规则"。

式退市也存在实施的制度成本较大、效率较低等问题。

非破产式退市也称"法庭外"退出，是通过自愿解散、强制解散等解散情形，并依法办理注销手续所实施的退出方式。在非破产式退市中，我国存在的主要问题是多元化非破产退出机制匮乏，退市手段显得过于单一，且尚未建立多层次、精细化的歇业登记、强制除名、强制注销等退出制度。加之缺乏相应的缓冲或替代机制，企业往往会处于无法经营但也无法退出的非正常状态。

在理解破产式退市与非破产式退市时，应当正视我国当前面临的困境。一方面，大部分资不抵债企业应按破产程序退出市场，但却未启动破产程序，破产制度未能发挥其应有的社会调整作用。另一方面，一些企业虽不存在资不抵债情形，但已处于强制解散状态，营业资格已被剥夺，但出于种种原因仍停留在市场，没有实现实质意义上的市场退出。

二、相关概念厘定

（一）企业退市与市场主体退市

在我国，市场主体类型较多，既包括企业，也包括其他非企业类市场主体，如个体工商户、经济合作社等。就商事登记机关提供的数据看，截至2020年，我国现有的市场主体为1.3840亿户，其中企业类的市场主体4331.4万户[①]，约占31.3%。这表明，企业退市与市场主体退市是一组既有联系又有区别的概念。

虽然企业主体在市场主体中仅占31.2%，但企业主体比起其他市场主体具有更为重要的功能：其一，企业主体是典型的市场主体。市场主体的特点是营利性，营利性在企业中体现得最为明显。其二，企业主体是成熟的市场主体。以公司制为代表的企业形态是现代企业的标志，在治理结构、委托—代理、激励—约束、责任承担等方面均有一套科学有效的管理制度与运行机制，这是其他市场主体无法相提并论的。其三，企业主体是最具社会影响性的市场主体。企业在自身获得利益、为社会进步作出贡献的同时，它的负外部性也客观存在，因此，法律要求企业承担社会责任。据此而论，在市场主体退市制度构建中，应重点关注企业退市制度建设。从一定意义上说，企业退市制度建立了，其他市场主体的退市问题也可迎刃而解。

[①] 资料来源于国家市场监督管理总局综合规划司：《2020年全国市场主体发展基本情况》，发布时间：2021-06-11。http://www.samr.gov.cn/zhghs/tjsj/202106/t20210611_330716.html。2021年6月20日访问。

（二）企业退市与企业解散

企业解散是指依法成立的企业，因发生法定或者章程规定的解散事由而停止生产经营活动，最终消灭法人资格的行为过程。企业解散与企业退市存在明显的差异。

第一，两者发生的事由不同。企业解散事由是指出现了法定解散事由、章定解散事由以及约定解散事由。就其原因而言，既有企业经营上的原因（如资不抵债），也有经营管理层上的原因（如企业僵局），还有经营后果获得法律的否定性评价上的原因（如违法经营被处罚）。企业退市的事由是企业失去存续资格的基本条件，具体条件根据不同的企业情形有所差异。

第二，两者的程序不同。企业解散是企业退市的必经程序之一，企业退市相较企业解散而言程序更加烦琐。企业退市过程包含解散、清算、注销等法律行为和程序，一个企业最终走完了注销程序才算退市。

第三，两者的法律后果不同。企业解散只表明该企业丧失继续经营能力，但主体资格依旧存在。如果该企业具备法人资格，那么解散只不过是从营业性法人向清算法人转化。只有当企业完成了退市行为的全过程，该企业主体资格才终止。

（三）企业退市与企业注销

企业注销是指企业解散后，依法向登记机关申请注销登记，经登记机关办理注销登记，企业法人资格终止或经营资格终止（针对非法人企业）。企业注销与企业退市有明显差异，不能等同。

其一，两者的内涵不同。企业注销所要解决的问题是企业法人资格或经营资格的消灭，而企业退市针对企业的市场进入而言，它要回答的问题是企业在市场上的生存性（是存续还是清退）以及法律对该企业生存与否所作出的评定。从严格意义而言，企业退市不是商事组织法上的概念与制度，它是市场准入法上的概念与制度。

其二，两者的程序不同。企业注销是企业退市的必经程序，也是企业退市的最后程序，而企业退市是集解散、清算、注销为一体的过程性行为。

（四）企业退市与企业歇业

企业歇业按现行《公司法》《企业法人登记管理条例》规定，是指企业领取企业法人营业执照后，满6个月没有开展经营活动或者停止经营活动超过1年的情况。企业歇业也被形象地称为"企业休眠"。

企业歇业与企业退市在内容设定上具有差异性。

第一,主观意愿不同。企业歇业是企业决定暂停经营活动,其直接后果是让企业"休眠"起来。"休眠"是否为法律所准许,关键要区分是单纯休眠还是空壳性休眠,如属单纯性休眠,虽暂停经营活动,但仍准许企业存续。企业退市则不同,企业退市是企业退出市场走向消亡的过程,暂停经营活动的后果是最终退出市场。

第二,两者的程序不同。企业歇业通常在结清税款、履行完其他义务后向登记机关申请歇业登记(或歇业备案)即可,而企业退市则需要经过解散、清算、注销等法律行为和程序。

第三,两者的法律效果不同。企业歇业后,可以恢复经营,办理歇业期间虽不得以企业名义从事经营活动,但企业的主体资格仍然存在。[①] 企业退市的目标是最终取消主体资格,不能再恢复营业。

第四,申请次数不同。企业歇业可以多次申请,但企业退市后,一次性申请注销,达到退市条件的,该企业即终止,无须再次申请退市。

实际上,近半年来,我国基于疫情处置而对中小微企业采取的系列扶持政策,大多具有对单纯休眠企业政策便利的性质。但这项单纯性休眠政策目前未被立法确认,在未来的企业歇业制度构建中,还需要进一步明确化与体系化。[②]

(五)企业退市与企业死亡

"企业死亡"(death)也称企业消亡(mortality/dying)、解体(dissolution),通常与企业失败(firm failure)和企业退出(firm exit)相关。

企业死亡,是指企业这一经营实体(业务单元或公司整体)在名义和实质上的同时消失,它是一个结果性评价而不是一个严格的法律概念,具有概念的不确定性。现实生活中,企业会呈现一种"类似死亡"的状态,例如,名义上存在而实质上已消失,或名义上消失但实质上还存在。具体表现为,处于"僵尸"状态(zombie firms)、"半死亡"(semi-death)状态或者"准死亡"(quasi-death)状态。这些"类似死亡"的现象,有的经过战略调整和规划可以"起死回生"。例如,百年柯达(Kodak)经历相关业务被并购和重组后,最终虽然走出破产保

① 黄海燕:《歇业登记制度:如何规范休眠公司存续——商事登记改革下的思考》,载《中国流通经济》2020年第11期,第116页。
② 郭慧阳:《单纯休眠公司长期存续制度研究》,载《中国市场监管研究》2020年第6期,第29—31页。

护,但实质上已经是另外一家企业,不复往日辉煌。①

如果"企业死亡"最终是以企业办完注销登记为结果,那么与此相对应的法律概念应是"企业终止"。

企业退市与企业死亡不是同一的概念。企业死亡是实施企业退市行为的结果,而企业退市是清退企业出市的过程性工作。在退市政策设计中,未必都得让"病态"企业走向死亡。国家通过采取宽容性政策(如歇业登记)、产业政策(企业重组)的设计与运用,未必最终将"病态企业"都推向死亡,能通过"拯救"手段起死回生的,应尽可能促成企业再生。

第二节　企业退市乱象与社会危害

企业设立、清退是一个企业从出生到消灭的必经程序,实行企业退市能够更好地发挥市场在资源配置中的作用,减少不必要的资源浪费,同时也能提高正常运行的企业参与市场竞争的积极性,实现优胜劣汰,还能够进一步保障市场秩序的安全、稳定,推动市场持续、健康发展。但是,目前企业退市实践中存在诸多乱象,不仅不利于市场的发展,还产生了一系列的社会危害。

一、企业退市乱象

(一)企业退市的随意性

1. 未进行解散程序即退市

企业退市应以企业解散为前提,只有企业启动了解散程序,才有可能走向最终的市场退出。但现实社会中,相当一部分企业既不进行歇业登记,也不实施解散程序。今天还好好在组织生产经营活动,明天则一声令下,全员停工,业务活动停止,并关起了企业大门。

2. 未办理清算即退市

在退市过程中,按现行法律规定,除因企业合并、分立而解散可以不作清算外,存在其他解散事由的均需进入清算过程。因此,完成必要的债权债务清理是企业退市活动中的重要事项。但现实情况为,相当一部分企业在未进行

---

① 韩夏、马浩:《企业死亡研究纵览》,载《外国经济与管理》2019 年第 6 期,第 71—73 页。

债权债务清算的情形下,即向商事登记机关办理注销登记。

据我们调查,在未进行债权债务清算的情形下实施退市的,大多以提供虚假的清算报告为办理注销的依据。由于清算行为的不真实,导致债权人权益、劳动者权益得不到保护,而投资者却虚增了剩余财产分配数额的结果。

3. 未办理注销即退市

我国《企业法人登记管理条例》第 20 条规定,企业法人歇业、被撤销、宣告破产或者因其他原因终止营业,应当向登记主管机关办理注销登记。企业决定停止生产经营活动,应当去登记机关办理注销登记,这既是企业退市应当履行的法定义务,又是我国企业法人登记管理制度的要求。

注销程序具有社会公示价值,通过注销公示,让社会公众能够及时准确地识别。一些企业未办理注销登记即退市,社会公众无法识别其为正常经营性企业还是已退市企业。

目前,很多企业在退市时并不会主动办理注销登记,而是等待因不参与年度经营信息申报而被市场监管部门吊销营业执照。这些企业对注销制度没有正确认识,混淆了吊销与注销制度的意义及性质。[1]

国家市场监督管理总局的统计数据显示,以 2017 年度年报为例,全国应当报送年报的企业为 2565.64 万户,已报送公示的为 2355.48 万户,年报公示率达 91.81%,比 2016 年高出 0.67 个百分点[2];2018 年度应当报送年报的企业 3258.43 万户,已报送公示的为 2980.47 万户,年报公示率为 91.47%。[3]这表明,其中相当一部分企业以不再申报年报来进行退市,如果让这些企业一走了之,那么,未办理注销登记的企业将越来越多,进而破坏社会信用体系,危害市场健康、稳定发展。

(二)企业退市的恶意性

1. 逃废债务而退市

企业退市,从表面上看是企业无法继续经营所致,但探究其深层次的原因,是一些企业以退市为手段达到逃避债务的目的。为了逃避债务,在企业退

---

① 李曙光:《浅析我国市场退出法律制度的市场化改革》,载《中国市场监管研究》2017 年第 6 期,第 17 页。

② 余颖:《今年企业年报率年报公示率达 91.81%》,载中国经济网:http://www.ce.cn/xwzx/gnsz/gdxw/201807/30/t20180730_29890181.shtml,2021 年 3 月 13 日最后访问。

③ 赵文君:《2018 年度全国企业年报公示率为 91.47%》,载中华人民共和国中央人民政府网:http://www.gov.cn/xinwen/2019-08/08/content_5419852.htm,2021 年 3 月 13 日最后访问。

市时不但不进行清算程序与注销程序,反而以"金蝉脱壳"的形式将企业的财产转移到新设立的企业中,以形成所谓的新设立企业与原有企业的"隔火墙"。为达到逃废债务的目的,有的企业在退市时,通过隐瞒企业真实情况、提供虚假材料,最终完成注销登记。对这一类企业,仅凭行政机关对其吊销营业执照起不到惩处的作用,还会成为其逃避债务的工具。

如果对这种为逃废债务而退市的行为不进行有效监管,就可能会有更多的企业使用这种手段,以谋取更大的利益,扰乱市场秩序,破坏社会信用体系。[①]

2. 规避责任而退市

企业有债务就会有相应的责任。在目前对公司普遍推行认缴资本制的情形下,为了获取社会公众的信任,一些公司往往申报虚高的注册资本且并不实缴。其结果是,当公司负有巨额债务后,公司股东在认缴出资的范围内、在认缴的期限内承担责任的问题会相应产生。为避免责任承担,一些自然人设立的有限公司就玩起这样的戏法,将股东变更为原股东的年迈父母或其他年迈的亲属。在他们看来,即使公司的责任落实到股东身上,因为股东年事已高,法院即使判其承担责任也无法真正承担起责任。在此基础上,让企业仍漂浮在市场经济的汪洋大海中,既不解散,也不清算,更不谈注销,名义上企业还存续,实际上企业已退市。

3. 满足非法利益而退市

企业不进行主动注销的原因有很多,可能是欠缴税费、逃避债务,也可能是规避出资不实或抽逃出资的风险。目前常见的有以下几个方面。

(1)为获得土地征收与附属物拆迁补偿而退市。当政府愿意给企业重新安置新地块、希望该类企业存续时,一些企业投资者不愿继续存续而选择退市,退市时又不办理相应的注销手续,将企业退市的责任转嫁给政府部门。

(2)为获得设备淘汰财政补贴而退市。当地政府部门为落实国家高质量发展要求,推进生态产业发展,对高耗能、高污染的企业进行整治。整治通常以设备淘汰更换或企业解散的措施进行,政府部门根据企业实际给予一定的财政资金补贴。在退市时一些企业选择的是企业解散,却又不办理注销退市,其结果是企业投资者取得了政府的财政支持,却又不依法去处置企业债务,将企业存在的问题外部化,将相关责任推给政府部门。

---

① 魏磊:《浅谈市场主体退出机制的重建》,载《工商行政管理》2016 年第 8 期,第 27 页。

（3）编报某一事实而选择退市。因一些情势变更、不可抗力上的原因（如疫情影响、水灾影响、地震影响等），一些企业伺机大做文章，关闭企业经营大门，对外称企业已无能力继续经营，对内又不实施解散、清算、注销等相关退市工作。

（三）企业退市的滥用性

1. 以营业执照被吊销为借口

吊销营业执照是一项严厉的行政处罚。按照相关规定，营业执照被吊销应满足三个基本条件，即：企业未依法报送年度报告、通过登记住所（经营场所）无法取得联系、最近六个月没有纳税申报记录或因没有开展生产经营或自行停业导致经营收入为零（已向税务机关报告停业的除外）。

实施吊销处罚有严格的程序规定，必须做到事实清楚、证据确凿、适用依据正确、程序合法、处罚适当。市场监管部门将依据《行政处罚法》《市场监督管理行政处罚程序暂行规定》等相关规定，做好立案、调查、取证、审核、决定等工作。实施吊销处罚，通常会设置救济条款，给予被吊销企业陈诉和申辩的机会。当事人对吊销决定不服，还可以申请行政复议或者提起行政诉讼。

一些企业却反其道而行之，将错就错，不但不反思违法事实与后果，反而以营业执照被吊销无法从事生产经营活动为借口选择退市。2016 年，我国市场监督管理部门吊销营业执照的企业数量为 41.1387 万户，但吊销后本期注销的企业数量为 22790 户，注销企业占吊销营业执照企业数量的比例仅为 5.5%。[①] 其实，营业执照被吊销，只是解散的一种法定情形，并非企业退市的结果。实践中，大量的企业负责人、投资者对注销制度的关注不够，混淆了吊销与注销的意义及性质，甚至认为两者只要择一即可。[②]

2. 滥用简易注销程序

简易注销程序主要针对那些没有开展经营活动的企业、没有债权债务的企业而推行。但在现实经济生活中，符合上述情形的企业毕竟是少数。

对于众多的已经开展过经营活动，且有债权债务的企业，应当按照普通程序办理注销手续。但是，一些企业因欠缴税费、固定资产难以清理、债务纠纷

---

① 张钦昱：《僵尸企业出清新解：强制注销的制度安排》，载《法学杂志》2019 年第 12 期，第 33 页。

② 李曙光：《浅析我国市场退出法律制度的市场化改革》，载《中国市场监管研究》2017 年第 6 期，第 17 页。

等问题,按照普通清算程序难以办出注销登记,遂采取一些欺骗的手段,以简易注销程序予以办理。滥用简易注销程序既不符合简易注销制度的设置原意,也将引起滥用的严重后果。

3. 以虚假材料进行注销

有的企业在退市时,并不是严格按照法律规定来提供客观、真实的申报材料,而是通过隐瞒企业真实情况、提供虚假材料,最终完成注销登记。这在"兄弟型"关联企业中尤为明显。当一个企业对外有债务后,甚至处于司法强制执行程序之际,企业投资者拟采取"弃企"手段,将原企业的场地、人员、业务都转入新设立的企业中。这种"兄弟型"关联企业存在着人格混同现象,扰乱市场秩序,破坏社会信用体系。[①]

4. 滥用经营信息申报制度

自2014年起,我国将多年来实施的企业年检制度调整为企业年度经营报告制度。这一制度变革赋予市场主体更大的经营性权利,也强化了市场主体的信息公开义务,扩大了对市场主体的监管范围。与企业年度报告制度相对应的是企业经营异常名录。纳入经营异常名录的主要目的不在于直接处罚,限制企业的商事能力和交易权利,而在于借助名录对企业信用信息的负面评价,督促企业尽快履行信息公示义务。[②] 但对于无意经营且无意清算的企业而言,是否被列入经营异常名录并没有那么重要。其结果是当市场监管部门作出吊销营业执照处罚后,这些企业自以为退市了。因此,对于此类企业实施经营异常名录制度远远不够,而应当依职权建立强制注销制度,以达到净化市场、维护交易安全的目的。

二、企业退市乱象的社会危害

(一)对相关者利益的影响与损害

企业投资者、经营者、职工、消费者、债权人甚至企业所在地社区构成企业的利益相关者群体,企业经营好坏、企业是存续还是最终退市,直接影响各方主体的利益。

如果企业退市是采取不正当的手段进行的,企业就逃避了税收、债务、合同义务以及劳动者工资保险费用的承担,对企业投资者、经营者而言"节省"了

---

① 魏磊:《浅谈市场主体退出机制的重建》,载《工商行政管理》2016年第8期,第27页。
② 王展:《"僵局公司"市场退出机制改革》,载《特区经济》2020年第1期,第40页。

不少资金,但是却侵害了债权人、劳动者、企业合作者以及国家的利益。这种行为,不仅不利于社会和谐稳定,而且因容易激化社会矛盾而提高了社会治理成本。

要使企业退市中的各种利益得以均衡实现,法律规制的重点应在于企业方。这是因为,与企业方相比,债权人、消费者和其他合作者处于信息不对称的弱势地位,它们不了解或不完全了解企业真实经营状况。如果一个企业已处于退市计划或退市的实际运行阶段,却不遵守退市的相应规则,其他经营者、债权人、消费者和其他合作者继续与该企业进行交易,极有可能造成经济损失,这势必加大交易的风险,不利于市场经济的稳定。

(二)对营商环境建设的影响与损害

优化营商环境是加快建设现代经济体系,推动经济高质量发展的重要途径。企业退市制度建设是营商环境建设的重要内容。消除企业退市乱象,进而优化营商环境,促进经济发展,已成为我国社会之共识。

在市场退出领域,世界银行的营商环境评价指标体系非常关注破产法框架体系、债权人利益保护、程序效率和成本、重整价值等市场退出中的关键因素。

企业退市乱象的存在,阻碍了营商环境优化的进程。从我国营商环境的实际状况来看,目前与企业退出相联系的问题主要集中在:部分领域改革尚不彻底,部分企业经营行为并不规范,破产流程过于繁杂。它不仅影响了营商环境的整体改善,还成为掣肘我国新时代完善社会主义市场经济体制的障碍。

就部分领域改革不彻底而言,主要是垄断行业的市场化改革有待进一步深化;市场歧视问题的改革(非公有制经济和中小微企业在要素获取、准入许可、经营运行、政府采购和招投标等方面的不公平问题)有待进一步深化;行政效率偏低和行政成本较高的问题尚需进一步重视。

就企业经营行为不规范而言,主要是指企业在设立、运行、终止方面存在一定的随意性,企业契约精神与商业诚信有待提升。这其中包括企业退市中所存在的问题。企业退市必须与优化营商环境相适应,不能让企业退市乱象成为营商环境优化的障碍。

破产流程过于繁杂主要是指破产制度的便捷性不强,破产成本过高,破产周期过长,影响了企业的市场退出效率。

在营造"市场化、法治化、国际化"营商环境的目标指引下,按照法治化总体要求,对标国际营商环境的前沿标杆,是进一步优化营商环境的必然要求。构建企业解散、清算、注销有机链接,自愿与强制退出有机结合,行政、司法、社会协同治理的企业退市制度,成为推进我国企业制度法治化的重要途径。

（三）对公平与效率市场秩序的影响与损害

在退市上,多数企业是完成了解散程序,但没有很好地去履行清算与注销程序。其结果是,部分企业利用原先的营业执照、合同章和单位公章对外仍从事着各种业务交易活动,甚至实施违法犯罪活动,不但扰乱了市场秩序,还增加了市场交易的风险和隐患,直接对社会安全与市场秩序造成损害。

让僵化、瘫痪的企业继续存在于市场,不采取有效的监管政策进行市场出清,则企业随时都会有倒闭的风险。处理不好,因债务挤兑还会引发银行收贷风险,影响员工就业,甚至直接影响社会安定。

对僵化、瘫痪的企业不充分运用市场应有的优胜劣汰机制,引导、强制其退市,就不能使企业之间通过有效竞争,实现社会资源的优化配置,进而造成社会资源的大量浪费,直接影响市场经济运行的效率。

（四）对"宽进严管"市场监管模式的影响与损害

"宽进严管"模式中,"宽进"是对市场主体准入条件、登记服务方式和行政审批制度进行改革,从体制机制的层面最大限度地为投资主体松绑,释放其投资创业活力。"严管"重在实现部门间的信息实时传递和对接,通过信息公示,强化信用约束,完善长效监管机制,完善社会诚信体系,形成"一处违法、处处受限"的社会共治的严管局面。

"宽进"与"严管",此两者需辩证施策,不可偏废。目前,企业设立已经实现了"宽进",且围绕"宽进"建立起了一整套与之相适应的改革举措,政策实施效应逐渐显露。但是,与"严管"相应的制度体系、运行机制还显得不够完备。企业退市乱象较为客观地反映了这一情况。

对企业退市中"严管"的理解,不能片面地认为,退市制度在程序设计上越复杂、越严厉越好。其实,企业退市"严管"制度的好与坏,重点在于是否在公正优先兼顾效率的基础上,有效地平衡利益相关者的利益关系。这才是考量"严管"制度是否富有效率且具有强大生命力的关键所在。

对企业退市乱象从市场监管模式上进行反思,既有市场准入上的问题,即"宽进"所带来的负面效应,也有市场监督中事中、事后监管制度缺失所引发的问题,能否有效整治企业退市乱象,直接影响市场监管模式的制度效能与市场监管目标的实现效果。

三、矫正企业退市乱象的问题讨论

（一）退市乱象产生的根源性因素：退出障碍

1. 体制障碍

退出障碍是指对市场机制起干扰和阻碍作用,使企业不能正常退出或转向其他产业的各种阻碍因素。从许多企业的情况来看,企业已经产生了很多的退出信号,像产品积压、增长率缓慢、债务过重等,但是由于经济方面、市场机制、政府行为等方面产生的阻碍,许多企业不能及时退出市场,错失了退出良机。其中体制障碍是退出障碍中的一个重要方面。

企业是以利润最大化为存在目的的,但对于国有企业而言,产权单一化引发的管理上的多元化,导致企业退出的决策成了在所有者缺位情况下的公共选择过程,即政府部门、企业经营者和企业职工都要参与退出决策,对企业的市场退出都有"一票否决权"。政府部门往往以企业能否上缴利税为企业退出市场的经济临界点,以及将企业退出对当地经济发展的影响与GDP的高低作为企业退市的考量因素。而对企业职工而言,亦面临多种考量因素。一方面,在社会保障体系尚不完善的情形下,一旦企业退出就会产生下岗现象,造成就业困难,因而他们不愿意企业退市。另一方面,企业经营效益不好,继续存续,职工年收入不高,他们又希望企业退市,因而以效益好坏决定企业的存退。这给国有企业的退出人为地增加了体制壁垒,形成市场退出的制度性失效。[1]

2. 识别障碍

市场机遇瞬息万变,对于市场信号的认识,以及对企业和产品的未来发展是否有一个准确的预期,这些因素都决定了企业的管理层能否及时作出市场退出决策,使退出利益最大化。与市场进入战略相比,市场退出的征兆或信号更为隐蔽,难以捕捉。常常是企业表面运行正常,甚至是在企业最为繁荣的时候,危机萌芽已经潜伏于企业中,这就要求管理层及时作出市场退出决策。[2]

3. 成本障碍

企业退出的成本障碍可以分为有形成本障碍和无形成本障碍。有形成本障碍就是人们通常所认为的资产专用性产生的沉没成本和人力资本专用性产

---

[1]　林艳新:《论企业的市场退出战略》,载《沈阳建筑工程学院学报》(社会科学版)2004年第1期,第22页。

[2]　施金亮、凌云:《企业退出时机和退出障碍浅析》,载《经济师》2008年第11期,第216页。

生的成本障碍。随着现代企业的分工越来越细,企业所使用的资产的专用性也越来越强。一项资产的价值是由其未来的收益状况决定的,但是未来收益的状况会因主体的不同、环境的不可预测性,导致资产定价有很大的主观性。企业在退出过程中,专用性资产转让给同行企业,或者以脱离资产专用性的方式进行出售的可能性相对较低,受让方往往会趁机压低价格,从而造成退市中的资产价值大量缩水。无形成本障碍主要有专利技术转让障碍、企业品牌受损等产生的成本障碍。在实际过程中,专利技术的转让方和受让方往往存在专利技术商品性的差异,使得技术专利转让收益降低,进而成为一大成本障碍。

4. 心理障碍

企业的市场进入战略会使企业的业务扩张,而这种扩张又与企业决策者的地位、权力、声誉、利益相联系。在利益驱动下,企业本身就具有自我扩张的欲望,而市场退出往往被看作是经营失败的象征。特别是有些进入和退出决策的制定者系同一人,他们不能接受来自员工、社会舆论的压力以及自我感情上的否定。这一切不仅将阻碍决策者作出退出选择,还可能会使其有反退出战略的倾向。

5. 失范障碍

要使企业退出成为市场经济中的理性选择,需要有一套规范化的法律法规作指引。但是,就目前实际情况看,我国相应的法律法规尚不甚完善,这无疑增加了企业退市的难度。

(二)退市乱象产生的制度性因素:条件与程序设定欠缺

1. 坚持企业退市标准性的社会意义

现有法律并没有对"企业退市"这一概念作出明确的厘定,更谈不上关于企业退市的标准化问题。

就企业退市中的清算问题而言,并没有规定统一的清算程序。比如,我国《公司法》规定清算组应当自成立之日起 10 日内通知债权人,同时在 60 日内在报纸上公告。清算组在清理公司财产、编制资产负债表和财产清单后,应当制定清算方案,并报股东会、股东大会或者人民法院确认。但是,对于其他企业,我国法律却没有这一规定。比如,非公司企业法人只需要提交清理债务完结证明即可。从清算中可见,现行立法并没有对企业退市作出一个标准化的设定。

企业退市的标准化建设是推进企业退市市场化、法治化运行的基础。

2019 年 6 月,国家发改委、最高人民法院等 13 个部门联合印发的《加快完善市场主体退出制度改革方案》(发改财金〔2019〕1104 号,以下简称《市场主体退市改革方案》)中曾提及,要使市场主体退出渠道进一步畅通,市场主体退出成本明显下降,无效低效市场主体加快退出,为构建市场机制有效、微观主体有活力、宏观调控有度的经济体制提供有力支撑。同时还提及要按照市场化、法治化原则,建立健全市场主体退出制度,提高市场重组、出清的质量和效率,促进市场主体优胜劣汰和资源优化配置,推动经济高质量发展和现代化经济体系建设。要实现《市场主体退市改革方案》所确立的目标,企业退市的标准化建设不可缺失。

企业退市的标准化建设是明确责任、保障各方权益的基础性工作。强化企业退市的标准化,其目的是更加规范、有序地推进企业退市活动,更好地识别企业退市的合法与违法、有效与无效、担责与免责,这对于保障企业投资者、退市企业、债权人、员工等各方利益,以及国家与社会利益,都具有十分重要的意义。

2. 企业退市标准性的设定

(1)退市主体的划定。考察企业退市,首先面临的是哪些企业应纳入退市之中。按 2019 年《市场主体退市改革方案》,纳入退市的主体覆盖了企业等营利法人、非营利法人、非法人组织、农民专业合作社、个体工商户、自然人等各类市场主体。在企业退市中,企业组织应包含公司制企业、合伙企业、个人独资企业、国有企业、集体企业、三资企业(中外合资经营企业、中外合作经营企业、外资企业)。

(2)企业退市条件的设定。即划定企业该退与不该退的条件。企业退市以企业消亡为代价,从现代企业法所固守的企业维持原则出发,对一些虽存在退市情形但可通过内部治理得到重整和复兴的企业,一般不主张退市。我们认为,在企业退市条件设定上,从自愿退市、强制退市、破产清退三个层面分别设定相应的退市条件具有合理性。

(3)企业退市程序的构建。设定既公正又富于效率的退市程序是确保退市工作高质量进行的程序保障,应从理性的视角构建退市的基本程序,对于应完成退市基本程序而未予以完成的,不能认为其已经达到了可以退市的程序性要求。作这样的要求既是维护市场正常经营秩序之必要,又为保护相关者利益之必需。

(4)非法退市法律责任形式及承担。通过设定非法退市的表现形式,从而配之以相应的责任,这是制裁非法退市行为所必须采取的法律手段。

从一定意义上讲,企业退市标准设定得越科学,程序规定得越规范,法律责任设定得越清晰,就越能制止与防范退市乱象的产生。

第三节　企业退市与相关者利益处理

从产权经济学的视角分析,企业的本质可被归结为价格机制的替代物,它是基于团队生产、合约选择的一种形式。但从社会实践视角看,企业在年复一年的存续过程中,为股东创造了财富,为员工提供了生存的薪酬和发展的平台,为顾客提供了产品或者服务,为国家缴纳了各种税金等,这些更是企业存在价值的直接体现。[①] 企业设立与运行的恰当目标应当是增进受到企业活动影响的人们的整体福利,这是企业社会责任中所称的追求社会的整体效率。[②] 企业退市需要处理好利益相关者的利益。利益相关者通常包括企业投资者、企业经营管理者、企业劳动者、企业债权人、企业所在社区、企业消费者等。

一、企业退市与投资者利益处理

（一）企业投资者利益的范畴

企业投资者从狭义上理解应是指企业的出资人,即公司股东、合伙企业中的合伙人、个人企业的业主、国有集体企业的开办者等。投资者创办企业,一旦企业注册设立,投资者就依法享有法定的权利、章定的权利或约定的权利,有些法律明文规定的固有性权利非因当事人之间的章程或协议约定而可以剥夺。投资者对企业的权利主要由财产收益权和企业管理权两部分组成。企业投资者可以请求分配企业的红利、剩余财产等,也可以通过出席股东会、合伙人会议等表意性会议行使自己的权利,企业投资者通常拥有提案、投票、质询、表决、监督等权利。投资者通过权利的行使来维护企业的利益以及投资者自身的权益。

---

① 李粮:《公司治理、内部控制与混改国企协调发展——基于利益相关者理论的视角》,载《经济问题》2020 年第 5 期,第 79—88 页。

② ［美］莱纳·克拉克曼、亨利·汉斯曼等:《公司法剖析:比较与功能的视角》(第 2 版),罗培新译,法律出版社 2018 年版,第 28—29 页。

（二）企业退市对投资者利益影响的作用机理

1. 对投资者长期投资收益的影响

投资者投资企业，其收益的获取可能在短期内难以实现，尤其是对于具有较强成长性的企业，投资收益需要有一个较长的期限，逐年获得回报。如果企业开办不久即退市，将直接影响投资者的长期性投资收益。

企业生命越短，投资者越难以获得投资收益回报。企业经营有一个发展性阶段，从最早的以投入换取市场规模，发展为借助外来资金的力量扩大运行规模，再发展为以商业信用稳定持续经营，这些都是企业成长中所需或可能经过的阶段。从一定意义上说，企业投资者的投资回报，除了与风险投资成正比外，还与企业的生命周期成正比，企业生命周期越长，投资者回报率越高。如果企业刚开办即退市，企业投资者不但没有获取投资利润，而且股本都难以如数返回。

2. 对投资者投资信心的影响

投资者是利益的追逐者和风险的规避者。保持和增强投资者信心是我国企业获得持续稳定发展的重要基础。

企业退市对投资者投资信心的影响来自两个方面。一是导致投资者对投资失败产生恐惧感。严格、规范的退市制度，以投资者对企业退市的注意义务、清算义务以及相关法定义务不履行所应承担的责任为重心，这使得投资者担心投资失败，进而被卷入责任漩涡之中。二是影响投资者对投资期待的确定性。企业经营失败，投资者究竟应担何责？在严格且规范的退市制度下，明确了投资者的责任限度。对投资者而言，退市制度具有透明性与确定性，有利于投资者化解投资风险，明了责任内容，进而强化投资期待的确定性。

3. 对投资者个人信用基础的影响

按照《公司法》及相关司法解释，公司经营亏损，公司在未弥补亏损前，不得向股东分配利润；公司的控制股东未依法履行公司清算责任，给债权人造成损害的，应承担相应的赔偿责任；公司股东存在滥用公司股东权利给公司债权人造成损害的，应对公司债务承担连带清偿责任；公司控制股东对公司过度支配与控制，使公司完全丧失独立性，严重损害公司债权人利益的，应当否认其公司人格，由滥用控制权的股东对公司债务承担连带责任；因股东怠于履行义务导致公司账册灭失而无法清算情形下，股东应当对公司债务承担连带清偿责任；虚假出资、抽逃出资的，应在出资不实范围内对公司债务承担清偿责任。

按照《合伙企业法》相关规定，合伙人对合伙企业债务承担连带清偿责任。

有限责任合伙人除外。

按照《个人独资企业法》规定,个人独资企业开办者应对个人独资企业债务在企业财产不足以清偿债务时承担清偿责任。

近几年,我国着力推进社会信用体系建设。按照《国务院办公厅关于加快推进社会信用体系建设,构建以信用为基础的新型监管机制的指导意见》(国办发〔2019〕35号)的相关规定,建立健全责任追究机制,对被列入失信联合惩戒对象名单的市场主体,依法依规对其法定代表人或主要负责人、实际控制人进行失信惩戒,并将相关失信行为记入其个人信用记录。

对连续两个年度未报送年度报告的企业,市场监管部门可以吊销其营业执照。而一旦企业被吊销营业执照,其法定代表人(多数由企业投资者担任)再次创业会遇到障碍,自被吊销营业执照之日起3年内不得担任公司的董事、监事、经理。如果投资者存在上述情形,就有可能被追责,进而影响投资者的社会信用。

(三)企业投资者利益处理的困境与对策

1. 企业投资者的知情权保护不足与解决对策

信息是作出判断的前提和依据,但在企业退市过程中,一些企业投资者的知情权得不到保障,在信息获取的时间、来源、数量、质量等方面存在困难。企业投资者在不知情的情况下当然也无法作出其相应的决定。

在寻求相关解决对策上,企业应按照规定及时、准确、全面、真实地披露企业的基本情况,让企业投资者能够了解企业的经营状况、财务状况。对于披露不完整、不详细的信息,企业投资者能够通过相应程序查阅其所需要的信息。对于企业信息应记载而没有记载的事项,企业投资者有权向企业有关人员提出质询,要求对具体事项作出回应,实现企业投资者对企业的全面了解。

2. 企业投资者的表决权实现与解决对策

企业投资者的投资利益要得到保护,需要全程参与到企业退市决策中。现实中,由于一些企业自身对于重大事项(如企业退市)表决权的相关规定缺乏必要的程序要求,未召集由投资者行使表决权的决策性会议,仅由董事会或经理决策就作出退市决定,导致企业投资者丧失了参与决策的机会,无法表达自己的意见。

在保障企业投资者的表决权上,对享有表决权的企业投资者,在召开决定企业退市的会议前,应当通知企业投资者,由企业投资者自行决定是否参加。同时,要优化企业投资者行使表决权的方法,让企业投资者参与大会讨论,充分行使表决权。企业对于投资者的表决应予以充分尊重,严格按照相关表决权行使的要求作出会议决议。

3. 企业投资者权利救济困境与解决对策

企业投资者的利益可能会受到企业董事、监事、高级管理人员以及其他人员的侵害。侵权人对企业投资者利益的损害在有些情形下表现为间接损害,即直接损害的是企业利益。在企业利益受到侵害后,企业不一定会及时行使诉权。在此情形下,按照法律规定,公司股东可以以自己的名义对侵权人提起诉讼,追究其法律责任,从而维护企业利益与企业投资者利益,这在《公司法》上被称为股东代表诉讼或派生诉讼。

按照《公司法》要求,对于提起诉讼的公司股东有一定的持股比例要求,同时提起诉讼还有着一系列的前置程序,以及诉讼担负要求。这些法定要求的存在,以及证据难以获得等问题,都阻碍了企业投资者权利得到有效救济。

企业立法应当积极鼓励企业投资者通过诉讼进行权利救济。通过相关立法,明确可以提起诉讼的企业投资者的范围。完善激励与约束机制,对诉后利益进行合理分配,增强企业投资者的积极性。科学设置前置程序,不能让前置程序成为阻碍企业投资者维权的障碍。

为此,我国《企业破产法》规定了公司股东司法重整请求权。依据《企业破产法》第70条第2款规定,出资额占债务人注册资本十分之一以上的出资人,可以在人民法院受理债权人的破产清算申请后,依法宣告破产前,向人民法院申请进行重整。

需要指出的是,公司股东司法重整请求权是团体股东权、少数股东权,是位于债务人企业、债权人顺位之后的一种补充性救济权。

4. 企业投资者的财产权益保障困境与解决对策

企业注销前应当进行清算,如有剩余财产的,应当依法分配剩余财产。企业退市过程中,如果没有对企业进行清算,没有对企业的资产、负债、所有者权益进行清理,企业投资者享有的权益也就无法实现。

关于公司破产清算后剩余财产的分配权,《企业破产法》第113条仅规定了破产清算阶段破产财产的分配顺序和分配比例,以及破产企业的董事、监事和高级管理人员的工资计算标准,并没有解决上述被宣告破产企业清算后的剩余财产分配问题。就破产制度的基本特点而言,破产是针对资不抵债企业,自然就不可能会有剩余财产的分配问题,但在现实情形下,也有可能产生在破产清算中出现资大于债的案例,这就会涉及对剩余财产的分配规则。对此,理论与实务界产生三种截然不同的观点：其一，应撤销破产宣告裁定，终结破产程序，债务人按合同约定向债权人清偿债务；其二，破产宣告后，破产财产清偿破产债权后的剩余部分应分配给股东；其三，破产宣告后，对破产财产清偿破产债权后的剩余部分，应继续清偿破产期间停止计算的利息、违约金等民事债权和民事、行政、刑事等惩罚性债权，仍有剩余的，在企业投资者之间进行分配。我们认为，基于破产宣告裁定一经作出则不可撤销，以及在破产清算程序中，清偿或追加分配的对象只能是债权人之法理与法规规定①，第三种主张较为合理。

二、企业退市与经营管理者利益处理

（一）企业经营管理者利益的范畴

按《公司法》第 217 条规定，高级管理人员，是指公司的经理、副经理、财务负责人，上市公司董事会秘书和公司章程规定的其他人员。他们负责企业日常经营管理。

企业经营管理人员有其自身的利益诉求。虽利益诉求多样，但更多的是要求薪酬保障、职务晋升以及自我提升等，包括与收益、分配相关的物质方面和与身份、地位、权力相关的精神方面。

（二）企业退市对经营管理者利益影响的作用机理

1. 影响职业经理人的社会资历

职业经理阶层系由企业在职业经理人市场中聘任，以受薪、股票期权等为获得报酬主要方式的职业化企业经营管理专家。在我国，作为一个合格的高级职业经理人，至少应具备相应的素质条件与履职能力。当职业经理人在受聘期间，因自己没有尽到勤勉义务与忠诚义务，最终导致企业被退市，势必会影响社会对这一职业经理人的管理业绩评价，因而会在一定程度上影响其另行谋职的发展前途。

《公司法》第 146 条规定，曾担任破产清算的公司、企业的董事或者厂长、经理，对该公司、企业的破产负有个人责任的，自该公司、企业破产清算完结之

---

① 相关规定可参照：(1)最高人民法院《关于〈中华人民共和国企业破产法〉施行时尚未审结的企业破产案件适用法律若干问题的规定》(法释〔2007〕10 号)第 13 条第 3 款规定；(2)《企业破产法》第 113 条、第 115 条、第 118 条、第 119 条、第 123 条之规定；(3)最高人民法院《关于审理企业破产案件若干问题的规定》(法释〔2002〕23 号)第 61 条之规定；(4)最高人民法院印发的《全国法院破产审判工作会议纪要》(法〔2018〕53 号)第 28 条之规定。

日起未逾三年；或担任因违法被吊销营业执照、责令关闭的公司、企业的法定代表人，并负有个人责任的，自该公司、企业被吊销营业执照之日起未逾三年的，均不得再担任公司的董事、监事、高级管理人员。公司违反上述规定选举、委派董事、监事或者聘任高级管理人员的，该选举、委派或者聘任无效。

2. 影响经营管理者的服务企业期限

我国《公司法》规定，董事的聘用期限，每届不得超过 3 年，董事任职届满，经连举可以连任。职业经理人服务企业期限由聘用合同约定。

企业在董事、经理任期内退市，势必影响董事、经理对所属企业的服务期限，职业经理人只能到其他企业另行择业。

3. 影响经营管理者向企业获取的收益

企业选择退市，大多系企业经营亏损所致，当企业资不抵债，按破产处置时，经营管理者的薪酬应按相关规定执行。《企业破产法》第 113 条第 2 款规定：“破产企业的董事、监事和高级管理人员的工资按照该企业职工的平均工资计算。”换言之，对于高级管理人员的工资，在企业破产财产分配时，只能按职工平均工资待遇在第一顺位清偿。

对于高出该企业职工平均工资计算的部分，依照《最高人民法院关于适用〈中华人民共和国企业破产法〉若干问题的规定（二）》第 24 条第 2 款规定，作为普通破产债权按清算比例受偿。

对高级管理人员工资进行核查时，其期限截至债务人破产受理日。债务人破产受理日之后的工资则为共益债务，由破产管理人或者债务人与高级管理人员重新协商确定，由债务人财产随时清偿。

（三）企业经营管理者利益处理的困境与解决对策

1. 拖欠企业经营管理者薪酬的困境与解决对策

企业经营管理者是公司决策的执行者，其对企业的贡献如何，当企业退市时应对其作出公允的评价。

企业与经营管理者合理协商支付企业经营管理者薪酬不失为一个较好的方法。企业经营管理者在职期间勤勉工作，忠诚于企业，而企业又不存在资不抵债情形的，对于企业经营管理者的合法薪酬，企业应当及时、足额支付；对于资不抵债，支付确有困难的企业，可以按照《企业破产法》的相关规定，运用减免薪酬、分期支付等方式解决。

2. 企业经营管理者后续安排的困境与解决对策

企业退市后，企业经营管理人员需寻找新的企业求职，因企业退市行为，可能给他们带来不利影响,其他企业或不愿接纳该企业经营管理人员。

在对退市企业经营管理者作出评价后,对于那些勤勉工作、忠诚企业,对企业退市行为不负有相应责任的企业经营管理者,为消除企业退市给他们产生的不利影响,退市企业或退市企业所在的行业协会必要时可通过情况说明、业绩推介、人员推荐等途径,帮助这些企业经营管理者在其他企业任职,将企业退市行为对企业经营管理者产生的不利影响降到最低程度。

三、企业退市与劳动者利益处理

（一）企业劳动者利益的范畴

企业劳动者的含义非常广泛,具有劳动能力,以劳动收入为生活来源的人员都可以是企业劳动者。德国劳动法学者 W. 杜茨认为,为他人提供自身劳务作为对待给付的劳动者,分为从事体力劳动的工人和从事脑力劳动的职员。[①] 企业劳动者包括工人和职员,是与企业签订劳动合同、以完成一定劳动任务为基础而建立劳动关系的劳动者,以及形成了事实劳动关系的临时工作者。

企业劳动者的利益诉求主要包括工资收入、社会保险和晋升机会。企业劳动者的利益包括参与权、劳动者债权、经济补偿权和获得救济权。参与权是指企业劳动者了解企业退市、参与企业退市、监督企业退市的权利;劳动者债权是指企业劳动者应当获得的劳动报酬;经济补偿权是指企业在合理范围内,对权利受到影响的劳动者进行一定补偿;获得救济权是指劳动者享有的社会保险和福利,劳动者遇到重大困难时,可以获得救济。

（二）企业退市对劳动者利益影响的作用机理

1. 影响劳动者的就业机会

企业退市意味着企业终止,大批劳动者离开企业后也需要重新就业。

劳动技能的特定性决定了就业路径选择上的困难性。对于一部分拥有特定劳动技能者或者年龄偏大的劳动者,重新就业并不容易。这对于个体的劳动者而言属于现实问题,对社会整体来讲也与失业率控制及社会稳定息息相关。

2. 影响劳动者劳动报酬

劳动者的劳动报酬,表现为薪酬体系,通常由"基础工资""考核工资""福

[①] ［德］威尔海姆·杜茨:《劳动法》,张国文译,法律出版社 2005 年版,第 16—17 页。

利费"三大模块组成。基础工资由基本工资、岗位工资、各种津贴、加班工资所组成;考核工资由月度考核工资、季度考核工资、年度考核工资所组成;福利费由带薪假期、基本福利、其他福利所组成。

企业发生退市情形,大多是由于企业经营状况不好。实践中,在企业退市前,可能已经处于半停业状态,拖欠劳动报酬的情形时有发生。

(三)企业劳动者利益处理的困境与解决对策

1. 企业劳动者债权清偿困境与解决对策

首先,保障企业劳动者债权的优先性。现行法规对企业劳动者债权保障有过规定。如劳动部于1994年曾颁布过《工资支付暂行规定》(劳动部发〔1994〕489号),其中第9条规定:"劳动关系双方依法解除或终止劳动合同时,用人单位应在解除或终止劳动合同时一次付清劳动者工资。"《劳动合同法》第44条第(五)项规定的作为终止劳动合同的法律依据有"用人单位被吊销营业执照、责令关闭、撤销或者用人单位决定提前解散"等,但这些规定未进一步确立优先保障劳动者利益的原则,需要通过立法进一步保障企业劳动债权的优先性。同时,还需明确劳动债权的范围,对于哪些属于劳动债权,哪些不属于劳动债权要作出区分。对此,可按照《企业破产法》相关规定,将所欠职工的工资和医疗、伤残补助、抚恤费用,以及法律、行政法规规定应当支付给职工的补偿金列入劳动债权的范围。属于劳动债权的,要优先进行保护,以保障企业劳动者合法利益。

其次,应建立欠薪保障制度。很多国家建立了欠薪保障基金制度,可以用于企业拖欠的劳动者工资以及劳动者经济补偿金的支付。欠薪保障制度作为一项强制性的社会保险制度,应依法建立,以更好地保障企业劳动者的利益。欠薪保障基金应规范化管理,法治化运作,并对基金运作的全过程进行全面、有效的监督。

2. 企业劳动者参与权保障的困境与解决对策

企业劳动者对于企业事务享有知情、参与、监督等权利。但实际中,企业劳动者对于企业退市可能毫不知情,更不要说对企业退市过程中的参与和监督。

应保障劳动者对企业重大事项的知情权。虽然,企业是否解散,决定权在投资者,但它涉及劳动者权益,劳动者应享有知情权。企业在作出退市决定前,应当将重大事项告知企业劳动者或者劳动者代表,以确保企业劳动者获取信息的权利。只有在了解、知情的前提下,劳动者才能够对企业的决策提出建议和意见,才能反映劳动者的心声。对于企业解散和终止劳动合同,用人单位应该依法将涉及劳动者切身利益的这一重大事项的决定向劳动者公示。

完善企业劳动者的企业参与制度。企业劳动者应积极参与企业事务,可通过相关组织,如企业工会、企业职代会、企业监事等提出相关意见与建议,保障企业劳动者利益。

3. 企业劳动者获得职工债权的困境与解决对策

(1)应明确企业退市时与劳动者终止劳动合同的计算时点。在实践中,较为常见的情形有:①股东会作出解散决议之日以后;②清算组成立或清算组备案之日以后;③清算报告经股东会确认或报送公司登记机关以后;④注销公司登记之日。依我们之见,劳动合同已有约定的,采取约定为先的原则作出认定。没有约定的,按实际终止事实作出认定。仍难以认定的,按劳动关系于注销企业登记之日终止。

(2)清算中劳动债权处置。一般而言,存在企业拖欠职工工资和社会保险等费用的,在企业的相关财务会计资料和劳动保障部门等书面文件中有明确记载。清算组应该对上述资料进行核查,核实后列出清单,将清单在企业经营场所予以公示。职工对清单记载有异议的,可以请求清算组予以更正。清算组不予更正的,职工可以向人民法院提起诉讼,请求确认债务人拖欠工资和社保福利的具体数额。

(3)劳动债权的受偿顺位。按照我国《公司法》第 187 条第 2 款之规定,公司财产在分别支付清算费用、职工的工资、社会保险费用和法定补偿金,缴纳所欠税款,清偿公司债务后,其剩余财产按股比分配。这一规定可视为公司财产分配顺位,职工的工资在支付清算费用后属于第二顺位。

四、企业退市与企业债权人利益处理

(一)企业债权人利益的范畴

1. 企业债权人的意涵

企业债权人与民法上的债权人在概念意涵上并没有什么不同。对于债权享有请求权的就是债权人,企业债权人只是其所面对的债务人较为特殊,即企业。

根据产生的原因不同,企业债权人可以分为自愿债权人和非自愿债权人。自愿债权人基于意思自治而形成债权债务关系,债权债务关系不是基于意思表示而建立的就是非自愿债权人。无论是哪一类债权人,其利益范围通常包括投资收益的取得、货款与劳务价款的收回、损失的补偿、知情权、参与权等。

2. 企业退市情形下与债权人的关系处理

在企业退市中,如何处理好企业与债权人、企业投资者与债权人之间的权利与义务关系是需要深入研究的问题。

从主体相对性分析,企业债权人是与退市企业相关联的一对主体。无论是自愿债权人还是非自愿债权人,都与退市企业发生直接的权利与义务关系。但是,正是由于退市企业的特殊性,决定了债权人与企业的投资者、董事与高管也会派生出一定的权利与义务关系,这在清算引发的问题上更为明显。

从域外立法来看,对于不履行或不适当履行清算义务的相关公司股东或董事、高管人员,重在强化相关法律责任机制,从而将清算法律责任落到实处。我国澳门地区《商法典》规定,在清算完结经登记及公司消灭前,股东须对公司在清算时未顾及之公司债务负连带责任,而该责任仅以从分割清算结余而收取之金额为限。我国香港地区立法规定了公司董事、经理等人员对已解散公司的法律责任持续制度。我国香港地区《公司条例》第756条规定,即使公司解散,公司的每名董事、经理及成员的法律责任(如有)仍然持续,并可强制执行,犹如公司不曾解散一样。美国特拉华州《公司法》规定了公司解散后追责制度,即公司经法定事由解散后,其实体仍然在3年之内予以保留,用以处理相关的民事、行政、刑事案件纠纷和了结债权债务。

值得关注的是,在浙江省前几年地方样本所创新的企业简易注销机制中,企业被强制注销后,若发现仍然存在债权债务或发现注销决定有错误的,登记机关可以恢复其主体资格。从形式上看,这一规定与香港公司除名立法非常相似,都是要恢复其登记原状,其本意是对债权人提供恰当的救济,维护其合法利益。但是在实质上,两者之间却存在着较大的不同。我国香港公司除名制度本身并不产生消灭民事主体资格的法律效力,登记部门只是从商事登记簿中取消了其登记记载,此后如投资者提出申请,登记部门可恢复其商事注册登记,本身不涉及对公司法人资格的处理。而我国内地商事登记中的注销登记,则具有消灭民事主体资格的效力。因此,地方强制注销制度中的所谓"恢复"行为存在法理逻辑上的不周延性问题。正如有学者所指出的那样,主动"恢复"的性质意味着,行政机关主动重新创设了一个企业法人。而依据我国法律的规定,创设企业法人的行为属于依申请作出的行政行为。因此,登记机关主动恢复其法人资格与现行立法存在冲突。[①]

在现有的简易注销机制中,投资人应通过签署承诺书进行市场退出。当出现恶意退出时,登记机关可以恢复企业主体资格,同时投资人应当对企业债务承担连带责任,债权人有权依据承诺书向投资人主张债权,同时无须举证投资人存在"恶意",从而提高了债务清偿的可能性。但是这一规定无法体现对诚信投资人的保护,同时也意味着将"刺破公司面纱"常态化,突破了股东有限责任的规定。因此,如何对诚信投资者的利益进行保护,仍然是强制性市场退出需要考虑的重要问题。

(二)企业退市对债权人利益的影响机理

1. 影响企业债权人的债权受偿率

企业退市,如有资不抵债的情形,企业债权的性质直接关系到受偿的顺位。

按现行法,在清算活动中,已将企业债权划分为优先债权与普通债权。对于法定优先权的债权,如税收、劳动债权、建筑物优先受偿权、抵押债权等享有优先权的,位于优先清偿顺位;对于普通债权,列于优先权之后,在清偿能力有限时,只能公平地按比例受偿。

对于劣后债权,目前立法尚未明确规定,仍处于理论讨论之中。它只能列于普通债权之后,其获得受偿的可能性更低。

由此可见,不同性质的债权具有不同的清偿待遇,获得不同的受偿率,最终影响债权人利益的实现效果。

2. 影响企业债权实现的公平性

当退市企业资不抵债时,立法虽规定了不同性质的债权采取不同的顺位进行清偿,但在实践中,往往存在债权人与债务企业串通,让部分普通债权人先予受偿的情形,从而使那些不该优先受偿的债权人捷足先登,全额受偿,而其他债权人,尤其是享有优先权的债权人得不到有效受偿,这样的清偿就欠缺了公平性。

欠缺公平性的清偿之所以存在,其原因是多方面的。如企业面临退市,在解散决定作出前,一部分债权人与债务企业进行串通,通过诉讼程序获得全额受偿,而现行法并没有相关规定认定其行为的违法性,以依法撤销该类判决;

[①] 王伟:《非正常经营企业强制性市场退出机制研究——优化营商环境背景下的行政规制路径》,载《行政法学研究》2020年第5期,第53—55页。

现行法也没有明文规定,在何种情形下,何种时间内,对于即将解散企业的单一性债务清偿行为无效,应通过企业清算程序一并解决;有些破产案件是在企业自愿清算后发现资不抵债,由清算组提交给法院,纳入破产案件受理,但在企业清算组清算前或清算中,已存在部分普通债权捷足先登的情形,按现行《企业破产法》规定的条件,有些已难以按无效或可撤销行为作出司法认定。

(三)企业债权人利益处理的困境与解决对策

1. 企业信息披露制度不完善及解决对策

企业信息披露不完善,企业债权人的知情权也就无法得到保障。

企业债权人不同于企业劳动者,不参与企业的日常生产经营活动,更加难以了解企业的具体经营状况。同时,企业经营信息披露的时效性、准确性、全面性不足,不能及时、准确、全面地反映企业的真实状况,错误的信息也容易误导债权人的决策行为。

应当通过完善企业的信息披露制度,切实保障债权人的知情权。应进一步明确信息披露的内容,企业必须按照规定内容进行披露。要厘清信息披露的途径,让企业债权人知道其可以通过哪些途径获取企业信息。应确保信息披露的真实性、有效性、全面性,对于违规披露信息的,要明确法律责任。

2. 企业债权人在退市中的参与不足与解决对策

让企业债权人参与退市企业与债权处置相关的决策活动,对于企业债权的安全与公平处置将起到一定的效果。

无论是自愿清算还是强制清算,在债权人众多与债权性质复杂的情形下,应设立债权人会议,对企业退市中需要处理的各类债权事项进行审议,让债权人充分发表意见。

建立债权人委托制度,对于债权数额较小,不愿参加债权人会议的债权人,可以通过委托其他债权人的方式来间接参与,使债权人利益得到保障。

3. 企业债权人的债权实现困境与解决对策

(1)强化对公司股东认缴资本管理,落实出资义务与责任。目前,在我国,除27个行业外,大多数行业推行认缴资本制。实行认缴制后,股东的出资期限可以自行约定并由公司章程作出规定。其结果是,大多数公司在资本不足的情形下运行。当企业面临退市时,按相关规定认缴出资应予以补足,但由于缺乏出资催缴程序,公司股东仍不如数将认缴出资提前缴付,不利于债权人债权实现。因此,应强化出资人的义务与责任。立法应规定,公司董事会负有催缴义务,催缴出资后股东仍不缴付出资,给债权人造成损害的,应在认缴出资范围内对公司债务承担清偿责任。

（2）强化对企业管理人员的追责体系。对于企业的董事、监事、高级管理人员，如果在企业经营活动中未尽到勤勉、忠诚之职责，实施恶意或重大过失行为损害债权人利益、怠于履行职责、违反对债权人的直接信义义务时，应当按照规定承担责任。[①]

（3）强化对企业财务账册灭失或遗失责任人员的责任承担。在企业退市过程中，一些企业为了逃避债务承担，将历年财务账册故意不予以提供，或隐匿，或灭失，或遗失，给强制清算与破产清算造成极大的困难。对此情形，应在明确责任人（可从股东、董事、经理与财务人员中进行认定）的基础上，对相关责任人予以追责，债权人可以要求责任人对债权不能实现的数额承担相应的赔偿责任。

（4）完善债权类别保护制度。将债权设定为优先债权、普通债权、劣后债权三种类别。如果企业股东对企业享有债权，应当认为，股东的债权与企业其他债权人的债权并不是平等的，在受偿时不能平等对待，其债权不能优先于其他债权获得清偿。在某些情形下，股东可能通过各种手段将股权变为债权或改变债权的期限、种类，直接损害其他债权人利益，股东债权应视为劣后债权，位于受偿顺位的最末位。

五、企业退市与所在社区利益处理

（一）企业所在社区利益的范围

企业承担着各种社会责任，主要有社会保障责任、就业责任、技术培训责任、公益责任、环境保护责任、安全生产责任等。其中，企业承担的社区责任是社会责任的集中体现。[②]

企业与所在社区是利益关系上的共同体，企业经营得好，就会促进社区充分就业，环保、安全生产得到有效提升，社会基层治理就建立在社区稳定的基础之上。社区治理得好，也会促进企业依规生产，文明作业，提升企业的管理水平。

所在社区对企业的利益需求主要是公益方面的。按目前相关规定，社区

---

① 李东侠、郝磊：《注册资本弱化视角下的公司债权人利益保护》，载《人民司法》2015 年第 5 期，第 13—15 页。

② 王作全、马旭东、牛丽云：《公司利益相关者法律保护及实证分析》，法律出版社 2010 年版，第 237 页。

不可以向企业摊派费用,不得占用企业财物,因此所在社区要求企业承担的主要是社会责任。

（二）企业退市对社区利益的影响机理

1. 影响社区生产生活秩序的稳定性

由于企业退市,企业对外债权需要清理,对内劳动债权需要处置,影响着社区的生产、生活秩序的稳定。

由于企业退市,员工需要重新就业,一些员工生活在企业所在社区内,给所在社区劳动力安置造成新的压力。

上述问题如果不能得到及时、有效解决,就会影响社会稳定。

2. 影响社区基层治理的绩效

社会基层治理目前在多数地方表现为网格化管理的形式。在所在社区基层治理中,企业退市是一件较为重要的事件,需要由社区派出人员进行管理。社区、街道、政府部门会采取一些针对性的举措处理这一重要事件,处理的好坏,将影响基层治理的绩效。

（三）企业所在社区利益处理的对策

1. 安全性隐患的处置

在退市过程中,企业对企业、周边环境以及人身财产安全造成不利影响的,企业与社区应共同采取措施,将责任落实到人,切实防范打、抢、盗行为的发生,并应积极引导利益相关者依法、依规主张利益诉求。

2. 利益补偿风险的处置

企业退市过程中,利益相关者的利益冲突往往被推到风口浪尖,因此,社区应与企业共同处理好各种利益关系。尤其是企业退市中存在法定代表人失联问题,社区应及时向政府部门报告,积极采取措施,防范可能发生的各种风险。

对于利益相关者正当的利益诉求,社区应积极与企业清算组进行沟通,力求及时、有效、依法进行解决。

3. 退市遗留问题的处置

运用社区力量,通过就业安置等方法解决企业退市后给员工就业带来的影响,以人尽其用的方式将劳动者安排到社区内的其他企业。

以物尽其用的方式,通过社区的努力,将退市后的企业场地、厂房设备有效盘活。

六、企业退市与消费者利益处理

（一）企业消费者利益的范畴

消费者有广义和狭义之分。广义的消费者不论自然人还是法人，只要在消费领域内，为了生产生活消耗物质资料的人都是消费者；狭义的消费者强调其自然人属性，主要是指个人，即为满足生活需要而购买、使用产品和服务的个人。

消费者的利益主要有消费者人格尊严权、安全保障权、知悉真情权、依法求偿权等。

（二）企业退市对企业消费者利益的影响机理

1. 对一次购买、多次消费模式消费者利益的影响

目前在消费模式上，存在一种比较特殊的消费，即消费卡消费。其消费特点是一次购买、多次消费，具有预付消费性质。实行这种消费模式的企业，一旦退市，如不能处理好预付款的退还或后续营业的承接问题，就会给消费者权益带来损害。

2. 对金融消费者利益的影响

金融消费者，其消费方式主要表现为储存货币与购买理财产品等，其消费的实质是为了获得资金的增值。

金融业企业退市，如不能还本付息，则金融消费者多年积蓄的资金付之东流，这会给储户与资金投资者带来极大的损害。

3. 对耐用消费品质量承责的影响

消费品有耐用消费品与一般消费品之分。

对于诸如房屋、汽车等长期使用的消费品，由于购买价款高、产品质量维修金额大、消费期限长等特点，质量保证责任主要依靠制造商、建造商来最终承担。如果这些企业退市，在质量责任的承接主体没有作出新的安排的情形下，众多的购买者就可能遭受损害。

因产品质量问题损害消费者人身财产利益的，企业应根据赔偿责任承担制度承担责任，不能因企业退市而使责任消灭。

4. 对三包制度实现的影响

企业生产的产品大多数实行"三包"制度，即"包修""包换""包退"，这是提升产品消费使用价值的重要举措。

当企业退市时,需要处理好"三包"制度的承接主体。如果没有处理好相关的承接制度,就会给广大消费者、用户造成重大影响。

(三)企业消费者利益处理困境与解决对策

1．退市企业责任拓展制度的建立

对于涉及广大消费者利益的,应建立退市企业承诺制度,即明确消费兑现的方式、相关责任的承接主体等,使消费者利益得到切实保障。

对于产品缺陷造成消费者人身、财产损害或损失的,退市企业的直接责任人员应当承担相应的赔偿责任。

2．产品责任基金的建立与运行

产品责任基金是一种社会化的防范和化解风险的手段。目前在我国,这项制度尚未得到全面推开。我们曾就产品责任基金的设立与运行提出过一些建议,如建立救济赔偿基金,着重把握和解决基金的救济范围、设立机关、资金筹措等基本问题。[①] 救济赔偿基金的设计应符合风险预防原则、风险分配正义原则及事后有效救济原则。

3．社会保险制度的建立与运行

针对企业退市后可能给其他利益相关者造成的不可预测的损害,可考虑引入责任保险制度,作为企业风险自担之外的重要补充形式,防止企业因资不抵债损及受害人情形的出现。根据行业领域划分,对于那些风险系数高且风险后果严重的行业,如危险品生产行业等,应建议适用强制责任保险。至于那些风险系数低或者损害后果小的行业,则应以任意保险为主。截至目前,我国的强制责任保险制度主要有机动车第三者责任险、建筑企业安全施工责任险、船舶污染损害责任险、承运人责任险等。可依据互联网大数据技术筛选出现实中风险系数高、损害后果严重的行业领域,进一步扩大强制责任保险的适用范围,至于保险费率和保险赔偿限额则可借助保险精算学确定。除了发展强制责任保险制度之外,还应鼓励行业互助保险和政府政策性保险的发展。

4．存款保险制度的建立与运行

针对商业银行退市问题,应进一步完善存款保险制度。所谓存款保险制度,其基本内容是由从事存款业务经营的全部金融机构共同组建一个存款保

---

① 郑曙光、戴超:《企业组织经营风险的社会化分担制度探析》,载《宁波大学学报》(人文社科版)2018 年第 2 期,第 125 页。

险机构,各金融机构按照实际存款规模的约定比率向该存款保险机构缴存保险费。当投保金融机构丧失清偿到期债务能力或破产退出市场时,存款保险机构动用存款保险基金代为偿付债权人存款或向问题性金融机构提供流动性支持,以保护债权人利益,稳定金融秩序。

存款保险制度是"金融安全网"的核心内容,是金融机构市场退出机制的重要保障。我国有必要借鉴国外成功经验,并结合我国金融业实际运行状况,尽快修订和完善有中国特色的存款保险制度。由财政部门、金融机构等投资入股共同组建全国性股份制存款保险公司,将投资、救助、保险等功能集为一体,可以为金融机构的风险损失提供补偿,从而建立起一道制止风险蔓延的防火墙。

第四节　企业退市法律治理的重点与原则

对企业退市实施法律治理是项系统工程,面临着一些重点与难点问题,只有精准施策,才能有效达到法治化治理的目标。应把企业退市乱象产生的根源性问题作为法治化治理的重点。推进治理工作,一方面要积极推进强制退市的常态化,另一方面要在强制退市常态化的背景下,更好地保护广大投资者的合法权益。[1]

一、企业退市法律治理的重点

(一)源头治理:寻求法律治理的突破口

1. 对源头治理的观测点设定

成熟的市场经济既鼓励合法合规的市场主体进入市场参与竞争和交易,又会通过相关机制及时有效地淘汰不合格的市场主体,有进有退才能保持市场的健康和活力,才能保证市场资源的有效利用。[2] 企业退市应推进法治化运行。企业退市法治化运行的重点是针对企业退市中的重点与难点建立起法

---

① 《第一财经日报》编辑部:《强制退市常态化需投资者更多理性支持》,载《第一财经日报》2021-03-15,A02 版。

② 刘训智:《商事登记制度中的市场退出机制研究》,载《无锡商业职业技术学院学报》2015 年第5 期,第 30—32 页。

律原则与规则体系,进而采取相应的对策促成其规范化与高质化运行。

企业退市所产生的社会乱象并非由单一性因素所引起,它是多种因素共同作用的结果。因此,实施法律治理并精准施策应从源头上寻求相应的对策。

源头治理要取得实效,应当强化退市制度的科学性设计,依我们理解,其观测点可以设定为以下三个方面。

(1)退市制度设计的可执行性问题。可执行性是一个综合性要求,首先,应有相应的制度出台。其次,制度的设计具有可操作性,便于实际执行。

(2)企业退市制度执行中企业参与的主动性问题。推进企业退市工作是需要广大企业参与的。那么,企业是积极按相关规定去履行企业退市行为,还是企业避开相关规定程序而另辟蹊径,考验着退市制度设计的群体基础。一些政策为什么得不到企业配合支持,应从政策源头上寻找症结所在。

(3)对违法退市行为的法律威慑性问题。制度之所以能够得到执行,除了制度本身在内容设计上具有向善的一面,在实施路径上给予守约者以激励外,还包括在实施结果上对违反者的严厉制裁。企业退市制度应具有制约违法者的功能,否则,当遵守与违反一个样时,就会产生异态化,即遵守有守法成本,而违反则无违法成本。这显然是对制度公正性的破坏与损害。

2. 检视中发现的问题

(1)企业退市立法没有得到足够的重视。我国长期以来侧重于事前控制,对于企业准入的法律法规较为完善,而关于企业退市的立法没有得到足够的重视,使得现行的退市制度远远不能适应当前经济发展的需要。对于不同企业如何退市,退市的具体操作,企业的直接注销程序,被吊销营业执照后如何注销等,没有完善的法律法规体系。

商事登记规范比较分散,造成不同类型的企业退市规范不统一(参见表2-1)。比如,就企业清算而言,我国《公司法》规定清算组应当自成立之日起10日内通知债权人,同时在 60 日内在报纸上公告。清算组在清理公司财产、编制资产负债表和财产清单后,应当制定清算方案,并报股东会、股东大会或者人民法院确认。但是,对非公司企业法人只需要提交清理债务完结证明即可,其清算程序却没有作出具体要求。

再比如,对停业超过 6 个月企业的营业执照的吊销处罚,近几年在实际执行中开始持谨慎态度,但缺乏相关规章依据,制约着相应活动的顺利展开。2016 年,在《工商总局 税务总局关于清理长期停业未经营企业工作有关问题的通知》(工商企监字〔2016〕97 号)发出后,国家工商行政管理总局和国家税务总局于 2016 年开展了一次清理活动,凡在吊销营业执照的行政处罚决定作出前,相关企业重新办理涉税事宜的,或者重新办理工商变更登记、年报事宜的,工商部门予以终止相应的行政处罚程序。这一做法体现了宽容执法的意义,但由于没有相应的法规与规章依据,容易产生执法困惑和乱象。

表 2-1 各类市场主体退出程序对比

退出程序	主体类型					
	公司	非公司企业法人	合伙企业	个人独资企业	农民专业合作社	个体工商户
成立清算组	√	主管部门批准	批定清算人		√	
通知债权人	√		√	√	通知成员和债权人	
申报债权	√		√	√	√	
确认清算报告	√	清算	√	编制清算报告	√	
申请注销登记	√		√	√	√	√

注:打√项目表示主体退出需要经过该项退出程序,空格则表示主体退出不需要经过该项退出程序。

(2)企业对退市制度实施的配合意愿不强。这里有企业守法的自觉性问题,也有退市制度设计上的合理性问题。

比如,企业退市环节中的清算程序,一般比较复杂,耗时颇多,所支出的成本如清算费用、公告费用以及债务清偿的时间性费用等也很高,使得诸多企业通过清算实现退出的意愿不强。[①] 这样,企业往往就会选择低成本的方式退市。[②] 一些企业采取非正常的方式退出市场,既节省了时间,又避免了清算成本的支出。

(3)企业退市制度的系统性构建仍较薄弱。主要存在的问题是,企业退市制度在设计与运行中存在碎片化现象。

首先,登记规则存在空白与盲点。比如对于歇业行为如何认定、如何处置,长期以来在立法上没有作出明确的法律规定。

其次,行政性解散缺乏有效支撑。在非破产退出机制中,行政解散应是一种至关重要的基础性机制。根据《公司法》第 180 条第 4 项、《公司登记管理条例》第 42 条、第 68 条规定,依法被吊销营业执照、责令关闭或者被撤销的公司,应当予以解散。但仔细考察该制度设计就会发现,由于行政性解散最终将

① 王伟:《非正常经营企业强制性市场退出机制研究——优化营商环境背景下的行政规制路径》,载《行政法学研究》2020 年第 5 期,第 53—54 页。

② 刘训智:《商事登记制度中的市场退出机制研究》,载《无锡商业职业技术学院学报》2015 年第 5 期,第 35 页。

以企业自行清算为实质保障,在缺乏对清算行为进行有效监管的情况下,这项制度实际上存在着较大的漏洞。若被吊销营业执照的企业怠于组织清算,行政机关并无强有力的监管手段。于是,大量被吊销营业执照的企业,既无法开展正常经营活动,也无法退出市场,往往处在一种悬而未决的尴尬状态。①

(4)退市制度对违法惩处体系的构建不够深化。具体表现在以下方面。

其一,对企业退市引发的责任承担制度的构建不够全面、具体、精准,导致企业投资者与经营者对企业退市制度怠于配合执行,对可能导致的后果认识不充分。例如,对未依法实施债权债务清理的,法律责任的主体的规定不够周延,清算义务人以及相关清算责任未作科学的分类;对未依法办理清算备案的法律责任未作出相应规定,无法针对性地加以适用;对未办理注销登记的法律责任的承担方式没有作出具体的规定,导致实际运作过程中的困难。

其二,清算惩戒机制不健全。我国现行立法缺乏对怠于履行清算义务的法律责任追究机制,在企业不履行清算义务的情形下,利害关系人、登记机关等相关主体难以介入清算程序中去实施必要的监督或监管。虽然《企业法人登记管理条例》第 32 条规定,企业法人被吊销营业执照,其债权债务由主管部门或者清算组织负责清理,但由于缺乏关于清算责任的具体执行机制,这一条款在现实中没有得到很好的落实。在清算主体怠于履行清算义务的情形下,相关权利人往往只能通过向人民法院提出民事诉讼,要求股东、发起人、出资人承担相应的民事责任,而这很可能是权利人救济其权利的"最后一根救命稻草",维权成本过于高昂,维权收益并不理想。因此,怠于履行清算义务法律责任追究机制的缺失,不利于对权利人的保护,客观上也是产生大量非正常经营企业的重要原因。

其三,实施惩戒的对象不够科学与全面。比如,《公司法》中规定,公司存在违法行为的,承担违法责任的主体是公司,但公司一旦退市,那么承责主体即落空。如何在遵循责任与违法者相当原则的情形下,对特定情形(如企业退市)下的企业责任承继作出规定,是需要探讨的问题。另外,现行法律只规定了对被吊销营业执照负有责任的法定代表人限制其再次进入市场,对企业投资者、董事、监事、高级管理人员却没有任何约束。企业的违法退市主要由企业的投资者、董事、监事、高级管理人员来操作完成,其在企业退市后不仅能够继续从事相关的业务,还不用承担责任,反映了惩戒机制缺失等相关问题。

---

① 王伟:《非正常经营企业强制性市场退出机制研究——优化营商环境背景下的行政规制路径》,载《行政法学研究》2020 年第 5 期,第 55—57 页。

（二）制度供给：寻求法律治理的政策工具

1. 制度供给中的政策工具

纠正企业退市乱象，完善制度供给体系是关键。制度供给本身是一项系统工程，它可以包括制度的制定、实施与运行等相关内容，其中，政策工具是制度供给中最为重要的要素。

所谓政策工具，是指为实现预设目标所采取的各种措施。政策工具从大类上划分，可分为规制型工具与非规制型工具；从内容上划分，可分为经济型政策工具、社会型政策工具、科技型政策工具等。在企业退市治理中，应以经济型政策工具为主，社会型政策工具为辅。

在企业退市治理中，应当重视政策工具的筛选和建设。筛选什么种类的政策工具，应与企业退市治理的目标相适应。如何建设运用好政策工具，应与企业退市治理的阶段性工作与整体计划设定相关联。

2. 激励性政策工具及其运用

（1）信用承诺政策工具的运用。信用承诺是指拟退市企业及其投资者对自身的信用状况、申请材料的真实性以及违约责任作出书面承诺。信用承诺是推动市场主体自我约束、诚信经营的重要手段。

目前信用承诺政策工具在企业简易注销中得到典型运用。对符合简易注销条件的企业，企业与投资者要想通过简易注销方式来完成退市程序，需要出具由全体投资人签署的《全体投资人承诺书》。如果企业承诺不实，则构成违法失信，全体投资人就需承担相应的法律后果与责任，并接受相关行政机关的联合惩戒。

（2）产权交易政策工具的运用。产权交易政策工具是提升企业维持能力的有效手段。这一政策工具的实质是，将符合退市条件的企业产权与其他企业产权以重组的形式，救活拟退市的企业。具体途径有：采取企业收购的方式，更换退市企业的投资者，从而在治理机制上影响企业经营方向与经营机制，救活僵尸化或僵局性企业；采取管理层收购的方式购买企业产权，在保持企业"壳"依旧存在的同时，改变企业经营战略与经营策略；采取企业分立的方式，引入战略投资者增资扩股，从而提升企业的市场竞争力；采取与大企业产业合作的方式，将拟退市企业作为大企业的产品协作商，确保企业的产销渠道，从而解决企业产品的销售困难，增强企业在市场上的生存能力。

（3）歇业登记工具的运用。区分客观性歇业与主观性歇业，对于因客观原因引发的企业暂停经营行为，准许其歇业申请，经审核后予以歇业登记。在歇业登记所记载的停业时间内可以维持企业实体的存在。这是一种友善性的政策工具,对于维持一定阶段内市场主体的保有量,减少企业重新开办的制度性成本,均具有现实意义。

3. 惩戒性政策工具及其运用

惩戒性政策工具属于规制型政策工具。主要是通过建立惩戒政策体系来实现对企业退市过程中违法行为的惩戒力度。

惩戒性政策工具的设计与运行应关注的重点在于以下几方面。

(1)划出需要进行惩戒的违法行为。在企业退市过程中,可以作出惩戒的违法行为主要有:解散后不清算的违法行为;解散后不注销的违法行为;非法注销的违法行为;被吊销处罚、强制撤销后不办理注销的违法行为。

(2)确定需要进行惩戒的违法行为实施主体。企业退市过程中,应当惩戒的违法行为实施主体,一是企业,二是企业投资者,三是企业经营管理者,四是特定情形下的企业债权人。通常情形下,企业是最为常见的被惩戒主体。

(3)确立惩戒的种类。主要有:责令改正;撤销公司;要求企业或企业投资者承担共同赔偿责任或连带赔偿责任;要求企业经营者承担赔偿责任;宣告企业所作出的决议无效;行政罚款;撤销简易注销;信用惩戒;追究刑事责任。每一惩戒种类有其适用的条件。总体而言,惩戒具有综合性,以民事责任为主,也包括给予行政、刑事制裁,有些惩戒还包含具有经济法学意义上的惩戒,如取消信贷优惠、限制市场准入、取消或停止某种从业资格等。

通过惩戒可以让违法者认识到违法的成本,进而减少违法行为的发生,从而推动企业退市依法、依规进行。

4. 指导与服务性政策工具及其运用

(1)企业年度经营信息申报上的指导与服务。当企业年度经营信息申报逾期时,登记机关提供相应催告服务,以帮助企业避免因未申报或逾期申报而受到的惩处,确保企业以健康状态呈现在社会公众面前。

(2)企业解散备案后的催告性指导与服务。企业解散应建立解散备案制度。通过解散备案制度,既可以让公众了解该企业的经营实际,减少不必要的损失发生,又可以让登记机关对该企业作出监管,督促该企业走完退市的全过程,而不是半途而废。

(三)治理机制:寻求法律治理的实施路径

1. 企业退市甄别和预警机制的有序构建

(1)强化企业信息披露义务。信息披露制度是市场监管的重要法律制度之一,这一制度在交流市场基础信息,实现信息平等利用,制约市场主体行为,确保信息获知的对称性,保护市场主体合法权益,促进市场经济健康发展方面能起到较好作用。[①] 企业应当对其财务和经营信息进行披露,并对披露信息的真实性、准确性、完整性负责。尤其是在企业陷入财务困境时,应及时向企业投资者、债权人、企业员工等利益相关者进行信息披露。

(2)建立企业债务风险监测机制。运用公共信用信息平台,对企业开展公共信用综合评价,并将结果推送给行政机关、行业协会、金融机构,按照规定向社会公开。推进公共信用信息平台和其他金融信息平台的协同合作,加强对一定债务规模以上企业的债务风险监测与债务风险测评,并实现过程跟踪与全过程信息共享。

(3)完善企业信用甄别机制。企业信用反映着一个企业的经营状况、企业对外债务状况、企业诉讼与处罚状况。公司从实缴资本制度改为认缴资本制后,公司的资本信用实际上已转化为资产信用。[②] 因此,加强企业信用管理,进而对企业信用作出甄别,不仅有利于企业评价的全社会推开,还有利于加强对企业退市条件的检验与企业风险的识别。这些基础性工作的有序开展,对于完善宏观环境,加大对失信者的惩戒力度,保障市场的公平、自由竞争具有现实意义。

2. 强制性退市制度的积极推进

强制性退市是指在非破产退出情形下,通过行政强制手段注销企业的一种退市制度。

目前,就全国层面而言,我国尚未建立起这项制度。但在地方上,已经有深圳、上海等地建立起了这项制度。

(1)深圳市人大审议通过的《深圳经济特区商事登记若干规定》(2012年制定,2020年修订)在第33条确立了这一制度。该条规定:"商事主体有下列情形之一的,永久载入经营异常名录,不得恢复记载于商事登记簿,以注册号代替名称:(一)载入经营异常名录满五年的;(二)违反企业名称登记管理规定,经商事登记机关责令改正逾期不改的。"其核心是以永久载入经营异常名录,不得恢复记载于商事登记簿,以注册号代替名称为强制注销的实施方案。

(2)上海市人大常委会审议通过的《上海浦东新区市场主体退出若干规

① 吴弘、胡伟:《市场价格法论——市场监管法的基础理论与基本制度》,北京大学出版社2006年版,第132页。

② 赵旭东:《从资本信用到资产信用》,载《法学研究》2003年第5期,第110页。

定》在第 6～10 条中专门对强制注销作出规定,内容涉及作出强制注销决定的条件、程序、法律后果,并明文规定:"强制注销决定生效后,市场主体资格终止。除因登记机关违反本规定的条件和程序作出决定外,强制注销决定不予撤销。"

也有一些地方,在没有全国性立法的情形下,通过一些政策性文件实行强制注销措施。实践中,从 2016 年 9 月到 2017 年 9 月,浙江、江苏、内蒙古个体工商户的注销数量分别为 118019 户、18700 户、3598 户,其中 100% 都是强制注销;从 2017 年 10 月至 2018 年 2 月,浙江省瑞安市共强制注销 2301 户企业,占该市在册企业总量的 7.4%。① 从严格意义上来说,涉及市场管理类的立法,除非属于经济特区,或全国人大或国务院对省级立法授权,如上海浦东新区的立法权②,其他省级地方人大或地方政府并不具有这样的立法权限,如以政策替代法律更不为法治国家所倡导。

结合外国与我国港、澳地区立法,对企业实施强制性市场退出主要有以下几种类型。

其一,强制除名制度。我国香港地区《公司条例》第 744 条、第 746 条、第 747 条规定,在法定情形下(除非有反对因由提出),公司注册处长可以决定刊登公告,在公告日期后的 3 个月终结时,从公司登记册剔除有关公司的名称,具体情形包括:(1)营运或不经营业务同时也无法取得联系的;或者(2)应当清算而无人清算。强制除名类似于《中华人民共和国公司法》中的撤销公司,但在适用条件上却不甚相同。

其二,强制清算制度。我国澳门地区《商法典》第 329 条规定:"一、检察院应申请对下列公司进行司法清算,而无须提起宣告之诉:a)未作出登记,而经营逾三个月之公司;b)不按法律规定设立或营业之公司;或 c)所营事业不法或违背公共秩序之公司。二、法院应下令将有关声请通知公司及股东;如可使之符合规范,则定出合理之调整期限。"日本《会社法》第 824 条第 1 款规定,为了保障公共权益,法院依法根据法务大臣、股东、社员、债权人及其他利害关系人的申请,命令公司解散。其中一类重要的情形是:公司无正当理由,自设立之日起一年内未开展营业,或是连续停止营业超过一年。上述司法清算制度,《中华人民共和国公司法》也有所规定,类似于《中华人民共和国公司法》中的

---

① 张钦昱:《僵尸企业出清新解:强制注销的制度安排》,载《法学杂志》2019 年第 2 期,第 40 页。

② 十三届全国人大常委会第二十九次会议作出《关于授权上海市人民代表大会及其常务委员会制定浦东新区法规的决定》。根据这一授权,上海市人大及其常委会可以制定浦东新区法规。

司法清算制度,但适用条件不甚相同。

其三,拟制清算制度。如韩国《商法》中创设拟制清算制度,由法院以命令的方式对违反相关法律的公司予以解散。根据韩国《商法》第520条之二第4款规定,被拟制解散的公司拥有三年的"缓冲期",若在三年内该公司没有继续经营,则三年期满后视为清算终结,法人资格丧失。但是若该公司有未尽之权利义务关系需要处理的,仍可引发实际清算。这种拟制清算制度,类似于我国对违法企业进行的行政解散。

我国当前非破产退出机制中,存在一项重要的制度缺失,就是没有行政强制注销制度,即在企业退市的解散、清算、注销程序上,最后的注销程序完全取决于企业投资者的自愿申请。其结果是,司法解散、强制清算做得再好,企业退市的最大环节遭到梗阻,整个退市仍处于未完成状态。

结合我国国情实际,构建相关强制注销制度体系时,需要重点考量实体条件、程序机制。

(1)实体认定。主要涉及强制注销的范围与方式。我国的《商事主体登记管理条例(草案)》第74条曾规定了强制退出的情形,即商事主体有下列情形的,可以由登记机关实施强制退出:①被吊销营业执照或被责令关闭满6个月未申请注销登记或者未办理清算组备案的;②被列入严重违法失信名单满3年仍未依照相关规定完成信用修复的;③利用简易注销程序逃废债务,被登记机关撤销简易注销登记的;④连续2年未依法报送年度报告,并且未申请注销登记的个体工商户;⑤法律、行政法规规定的其他情形。第77条规定了强制退出的法律后果,即商事主体被强制退出的,登记机关在国家企业信用信息公示系统上以统一社会信用代码替代其名称。同时,第76条规定了登记限制制度,对该企业的法定代表人、负责人和直接责任人担任其他企业董事、监事、高级管理人员等职务予以限制。总体来看,《商事主体登记管理条例(草案)》对强制退市的条件设定作出框架性设计,更多借鉴了香港地区的强制除名制度,即将这类企业从商事登记中除名,公示信息中不再显示该企业的名称。但在由国务院审议通过的《市场主体登记管理条例》中删除了草案稿中的相关强制注销内容,以致强制注销制度在全国层面仍处于法无明文状态。

(2)程序机制。强制退出应符合正当程序要求。一套完整、科学的行政程序制度,应当包括行政公开、告知、听取陈述和申辩、回避、说明理由、时效和救济等制度。企业强制退出制度的实施同样需要有法定程序作为保障。周延的程序不仅为相关主体提供了明确可操作的指引,同时也能够防止权力恣意行使。正如美国著名大法官威廉·道格拉斯所说,"正是程序决定了法治与恣意的人治之间的基本区别"①。有效的程序规范还有助于提高效率。

行政强制退出程序中,涉及的问题主要有:应否建立告知前置程序,让违法企业有一个自我纠错的机会;应否建立回转程序,即行政机关的强制退出决定如果是错误的,如何恢复到企业的原有状态。

强制注销不具有处罚性质,不增加企业义务。与此相对,强制注销没有对企业科处新的义务负担,没有更改企业原有的债务结构和股权安排。强制注销无非是登记机关宣告企业退出市场的创新形式,在程序上助力企业市场出清。

二、企业退市法律治理的原则

(一)依法治理原则

1. 依法治理原则之意涵

企业退市治理原则是指由法律确立,居于指导和核心地位,对企业退市治理具有一般指导意义的规范和准则。企业退市治理应当遵循相关原则进行,只有在遵守原则的前提下,治理对策才能实现治理成效。

依法治理原则内涵丰富,主要包括治理主体法定、治理程序法定、治理方式法定、权责统一等。

首先,企业退市治理必须遵守现行有效的法律法规,不能突破法律红线,也不能以企业退市制度创新为名行"金蝉脱壳"之实。

其次,企业退市治理要公平公正,平等对待所有企业,不偏私,不歧视,而且治理方案要符合经济发展的客观规律和市场规则,应当合理适当。

再次,企业退市治理的程序应当公正、公开、透明。程序依法运行,才能够防止政府权力的滥用,从而有效地防止政府与企业的合谋行为的发生,更好地保护企业、债权人、员工的合法权益。

最后,在企业治理过程中,行政机关应当积极承担起法定的治理责任,在充分发挥好有效市场的前提下,更好地成为有为政府。如存在不当治理行为,政府机关及其行政人员应承担相应的法律责任。

2. 依法治理原则之适用

首先,统一企业退市立法。我国关于企业退市的规定,目前分布在多部法

---

① See United States Supreme Court Reports(95 Law. Ed. Oct. 1950 Term), The Lawyers Co-operative Publishing Company, 1951, p. 858.

律、行政法规和部门规章中,由于制定时间和制定机关不同,容易出现相互冲突之情形。同样针对企业法人,《公司登记管理条例》第43条和《企业法人登记管理条例》第21条关于办理注销登记需要提交的材料的规定就不同,导致标准不一。应当对不同类型市场主体的退出以"统一规定,区分对待"的方式,构建起一个市场主体退出的法律框架,并着重就企业的退市途径、退市条件、退市程序及提交材料等作出明确规定。① 这既便利企业退市,又有利于政府监管。另外,应制定"企业清算与债务清偿法",通过将解散、清算、注销等退市环节有机整合,来提升市场监管的法治化运行水平。

其次,强化企业退市监管制度建设。目前,在市场监管立法中,重点关注的是市场经营行为与市场竞争行为,对企业退市行为关注较少,应当加强这一方面的监管制度建设。随着市场主体退市数量的日益增多,市场监管的工作重心也应有所转变。

最后,强化企业违法退市责任构建。在目前违法退市的法律惩处中,惩处的对象主要是企业,而不是责任人个人。因此,在加强企业违法退市惩处责任上,除应强化责任类型(民事责任、行政责任、刑事责任)外,还应强化对违法退市决策者、实施者的追责力度,提高其违法成本,让其付出相应的代价。

(二)综合治理原则

1. 综合治理原则之意涵

企业退市综合治理,是指在统一领导下,动员和协调全社会各方面的力量,综合运用多种手段整治企业退市乱象,从而达到建立和维护良好的市场秩序的目标。

综合治理与单一性治理相比,具有参与主体广泛、运用手段多样、治理运行复杂、治理效果整体等特点。

企业退市治理中,强调参与主体的广泛性、治理途径的综合性,具有现实意义。让行政机关、企业、社会组织、社会公众等共同参与到企业退市治理的过程中,才能增强治理的科学性、民主性,也更加容易被广大的利益相关者接受,从而将相互抵触转化为共同行动,以降低治理的难度,增强治理的可行性。

2. 综合治理原则之运用

其一,企业治理与社会治理综合推进。企业既是退市治理的参与者,又是

---

① 宋玉池:《论市场主体退出机制的建构与完善》,载《中国工商管理研究》2006年第7期,第33页。

获益者。企业治理是社会治理的重要组成部分,应从社会治理的整体性中去把握企业治理的方向与重点,推进企业治理政策与社会治理政策有机协调。

其二,行政治理与司法治理综合推进。在对企业退市的治理中,行政机关是重要的治理主体,且因其自身所具有的权威性、强制性,能够更好地规范企业退市行为与企业退市秩序。但是,仅仅依靠行政治理还不够,还需要运用必要的司法手段。近几年,我国在企业退市活动中所推出的公司司法解散制度、企业破产制度、司法强制清算制度等,都需依赖司法力量以实现制度功能。因此,如何运用好行政与司法两股力量并形成合力,是企业退市综合治理中需要解决的现实性问题。

其三,一体化治理手段之统一运用。一体化治理手段是指经济手段、行政手段、法律手段、政治手段等各项手段在企业退市治理中的一体化实施。经济手段、行政手段、法律手段、政治手段对于企业退市治理而言,各有特点。在对各种手段优缺点认识的基础上,加以综合运用,就能起到一体化治理的作用与功效。

（三）"放管服"相结合治理原则

1. "放管服"相结合治理原则之意涵

"放管服"改革是近几年我国行政管理改革的主要途径,其核心是"放",关键在"管",目的是"服"。

监管与发展不是矛盾的,监管机构与企业也不是对立的,抓监管就是优环境、促发展,通过营造良好的市场环境为企业健康发展创造良好条件。

2. "放管服"相结合治理原则之适用

监管流程再造是推进"放管服"相结合治理的重要途径。在监管流程再造中,既要解决决策过程中的"最先一公里"问题,又要解决执行过程中的"中梗阻"问题。因此,应推行注销登记"一网式"服务。

转变监管方式是"放管服"改革的重要内容,应加强事中事后监管,纠正监管错位,改进监管方式,并推进包容审慎监管、协同监管、信用监管相互促进与相互配合。

加强对行政机关职权行使的监督。在目前我国对商事登记实行许可主义的情形下,行政机关掌握着准许企业"退"与"不退"的批准权,如果行政权力不受到约束,就容易产生权力的滥用,滋生腐败。只有加强对权力的监督,才能够使其按照法律法规的规定去行使,真正实现法律治理的有效性。

为有效推进"放管服"相结合治理,重点应推进以下工作。

第一，利用数字平台，使企业可以通过网上平台办理注销登记，让便民服务理念在企业退市监管中得到具体体现。

第二，进行注销登记提示。实践中，存在一些"僵尸""歇业""休眠"企业急于注销便退市的现象，也存在一些经营期限届满后没有及时注销而滞留在市场中的情形，此时，登记机关的注销提示职能显得尤为重要。[1] 对于上述企业，登记机关应当提供注销提示指导，寓监管于提示服务之中，督促这些企业及时办理注销登记。

第三，提高行政效率，减少不必要的审批事项，缩短注销登记所需的审批时间。要尊重企业的自治权，在办理注销登记时，企业向登记机关提交的清算报告，因涉及职工工资、社会保险费、法定补偿金及税款等内容，登记机关应当格外关注。而在清偿上述涉及企业职工利益、债权人利益以及其他公共利益的债权之后，剩余财产在其内部的分配规则，就无须交由登记机关审查。[2]

第四，强化对逃废债务行为的打击力度。企业在退市过程中逃避应当履行的义务，包括支付职工工资、缴纳所欠税款、清偿债务等，必须承担相应责任。被吊销营业执照而退市的企业继续使用原有的营业执照、公章、合同专用章，以原企业的名义继续从事生产经营活动的，按照无证经营处罚。构成犯罪的，应当追究相关责任人员的刑事责任。

第五节　企业退市法律治理对策

企业退市法律治理是一项系统工程，需要构建与之相适应的运行模式、退市规则、监管制度、权益保障体系以及协同治理机制等。这是企业退市法律治理对策的核心问题。如何构建具有中国特色的企业退市制度并客观反映法律治理对策，确保其有序运行，考量着中国智慧与国家治理能力。

---

[1] 郑曙光、童梦琪：《商事主体简易注销制度：制度生成逻辑与实践创新》，载《法治研究》2017年第5期，第130页。

[2] 张钦昱：《公司市场退出法律制度的嬗变逻辑与进化路径》，载《政治与法律》2021年第2期，第38页。

一、企业退市运行模式的选择与构建

(一)企业退市运行模式的选择

1. 以自愿退市为途径的主动处置方式

自愿退市,就是在退市情形发生后,企业理性地履行退市所必需的解散、清算与注销等程序,主动退出市场。

在市场经济条件下,自愿退市应成为退市的一种常态。自愿性行为表明,退市的决策来自企业投资者,具有自主性,退市全过程的完成来自企业内在动力,具有主动性。

从我国相关规定看,企业进行注销登记采用的是当事人自愿申请的原则,属于"依申请的行政行为",并且要在清算了结债权债务之后才能进行申请。但是,由于清算程序严苛复杂,企业退出市场的成本显得过高,使得诸多企业通过清算实现退出的意愿不强。

对于企业的自愿退市行为,市场监管机构应给予积极支持,帮助企业自愿完成退市行为,走完退市的最后路径。

2. 以并购重组为途径的市场处置方式

并购重组,即合并与收购的简称,它是指由一家有实力、有需求的企业按照法定程序对问题企业收购其股份,或采取吸收合并方式将其并入的行为。并购重组的实质是通过对原企业的控股与控制关系使原企业发生重大变化,从而影响企业成长的内部环境,避免企业走向死亡而获得新生。

从实际效果看,并购是以保留原企业产权为前提,运用社会资本去实现某一企业投资者的市场退出(收购),或某一企业的市场退出(吸收式合并)。由于这种处置方式可以不中断被兼并企业的经营管理和经营服务,较好地保护被兼并企业债权人的利益,对社会震动不大,负面影响最小,因而能较好地维护社会经济秩序和市场稳定。但采取这种退出模式须建立在双方自愿的基础上,避免行政式"拉郎配"现象的出现。

3. 以强制退市为途径的行政处置方式

强制退市是指当企业具备退市条件时,企业投资者、企业并没有及时启动解散、清算、注销程序,由市场监管机关最终采取强制注销手段,终止其经营资格或法人资格的方式。

强制退市与自愿退市相比较,具有强制性特点。其作为一种非正常的退市方式,应当作为企业自愿退市行为的一种补充而存在。

企业强制退市是国家公权力对市场经济的积极干预。虽然可以降低僵局企业、僵尸企业等病态企业存续于市场的负面性影响,但实施企业强制退市引发的制度性成本会相对较大,在实际操作中应审慎用之。

强制退市既包括司法解散、行政撤销、吊销营业执照、强制清算等过程性强制,也包括强制注销。在我国目前法律制度构建上,尚欠缺强制注销制度。

4. 以破产宣告为途径的司法处置方式

破产宣告是指企业出现不能支付到期债务,严重资不抵债时,该企业自身或者债权人向人民法院申请破产,由法院依法指定破产管理人,设立债权人委员会,成立清算组进行清算并最终将债权公平受偿的司法处置方法。对于法人型企业,以破产方式宣告企业退市,目前已成为我国常态。有数据显示,我国在 2019 年,各级人民法院受理的企业破产案件达 18781 件。过去争议比较多的是,鉴于金融机构的特殊性和破产带来的巨大负外部性,我国金融性企业市场退出较少采用破产方式。广东国际信托投资公司是新中国成立以来首次以破产方式退出的金融性企业。[①] 但近几年,商业银行以破产方式处置已成为趋势。2020 年,由北京法院受理的包商银行破产处置案件的实践样本进一步证明了,运用破产方式处置比其他处置方式更具有实益性。

(二)企业退市模式整体化构建的法律要求

1. "企业组织法"对企业退市的法律要求

我国目前颁布的商事组织法对商事主体的市场退出作出了原则性规定,是商事主体退出市场的法律基础。

《公司法》对公司的解散、清算和破产进行了规定,与《企业破产法》的规定一起构筑了公司退出市场的基本法律依据。《合伙企业法》《个人独资企业法》《中外合资经营企业法》《中外合作经营企业法》以及《外资企业法》对各类商事主体的市场退出界定了退市标准、途径和基本程序。《全民所有制工业企业法》等根据所有制形式制定的经济组织也对其终止即市场退出作出了规定。另外,《商业银行法》《证券法》《保险法》对商业银行、证券公司、保险公司等特定商事主体的市场退出也规定了基本途径和程序。这些法律构成了现行商事主体市场退出的基本制度框架。

但存在的问题是,上述商事组织法中,对企业注销与市场退出的规定并不

---

① 陈小霞:《论问题金融机构的市场退出》,载《营销界》2021 年第 7 期,第 11—12 页。

完善。以我国《公司法》为例，关于公司注销的规定在历次修改中改动不大，一直处于"被遗忘的角落"。将相关法条构造进行比较，与公司准入直接相关的法条分列在"有限责任公司的设立""股份有限公司的设立"两章中，分别有 13 条和 22 条，共计 35 条，占该法全部条文数量的 16％。而属于公司退出相关的"公司解散和清算"仅有 11 个条文，占该法全部条文数量的 5％。[①]

要推进企业退市规范化运行，必须构建强有力的退市制度体系。从现有的法律规定来看，清算是企业终止的必经程序，注销则是终止的必然结果。因注销程序的单一性（自愿申请注销）而缺失强制注销的规定，将成为企业退市的一大难点。

2."企业登记法"对企业退市的法律要求

有关商事主体登记的行政法规是我国商事登记立法的主体部分，构成了商事登记制度的主要内容。现行商事登记法规主要有《企业法人登记管理条例》《公司登记管理条例》《合伙企业登记管理办法》《个体工商户条例》等。这些登记法规对商事主体的市场退出作出了程序规定，设定了商事主体退出市场的相关标准、退出方式和退出程序，如吊销营业执照、撤销登记、清算备案登记、注销登记等。

除了相关的商事主体法和专门的登记法规，原国家工商行政管理总局发布的部门规章和规范性文件也对商事主体市场退出作出了一些指导性规定，如《企业法人登记管理条例施行细则》《个人独资企业登记管理办法》《个体工商户登记管理办法》《企业登记程序规定》等，成为商事登记机关进行商事主体市场退出登记的具体操作规则。

但这些法规、规章和规范性文件所存在的问题是，企业退市仅以阶段性行为（如解散、清算、注销）方式表达出来，并没有将它们作为企业退市制度进行整体安排。其结果是，对应解散未解散、解散后未清算、清算后未注销如何处置等情形没有明确的规范指引，在实施中常常遇到"堵点"与"难点"。

3."市场监管法"对企业退市的法律要求

市场监管法是对市场主体的市场行为进行促进和规制的法律规范的总称，通常由竞争法、市场准入与退出法、经营特许法、消费者权益保护法等法律法规组成。

---

① 张钦昱：《公司市场退出法律制度的嬗变逻辑与进化路径》，载《政治与法律》2021 年第 2 期，第 35 页。

在我国市场监管立法中,存在重设立监管、轻退出监管的现象。随着我国近几年商事登记制度改革、行政管理方式转型、营商环境法治化建设的不断推进,市场准入相关制度日益增多,已形成一定的系统性。与之相比较,市场退出的立法与制度构建则相对滞后。面对市场退出"难"、市场退出"贵",缺少有效的解决之道。因此,这一领域的法律制度建设应加快推进。

二、企业退市规则的有机构建

(一)依退市原因分类设定退市规则

企业退市的原因其多,主要可分为自愿退市和强制退市两类。分类设定企业退市规则,能更好地适应企业实际需要,也有利于精准施策。

在政策导向上,对自愿退市规则的设定应采取鼓励与激励机制,而对强制退市规则的设定应采取惩戒与教育相结合机制。企业主动退市,在一定程度上能够较好地处理企业债权债务关系、相关者利益的保护等问题。因此,可以赋予企业较大的自主权,提高企业退市的效率。

在规则内容设定上,对自愿退市的企业,只要能走完解散、清算、注销全过程,"退出门"应当畅通,符合简易注销条件的,准许按简易注销程序退出市场。对于强制退市的,应加强退市的过程性监管,不实行简易注销制度,严格把握好最后的注销关口。无论是自愿退市还是强制退市,均应有具体明确的规则指引。

在相关责任承担上,重点是强化对强制退市情形下的相关主体的责任种类设定。轻微违法的可以先进入企业经营异常名录,整改完成后可以删销并恢复,不进行整改的则吊销其营业执照,甚至采取更加严厉的强制清算、强制注销手段。

(二)依企业种类分类设定退市规则

1. 依企业责任形式的退市规则设定

虽然不同类型市场主体退出机制不同,但基本都以债权债务的清算为核心。除了个体工商户的退出程序法律无强制清算要求,以及因企业合并与分立退出无须清算外,其他市场主体的退出行为都涉及债权债务的清算。市场退出制度在相关主体的权利与义务设计上,试图通过设计相对复杂的退出程序,约束和规范市场主体的退出行为,以保护债权人、企业职工、投资人的合法权益。然而"理想很丰满,现实很骨感",清算制度设计得过于复杂,会遭受相当部分市场主体的抵触,他们往往不愿意主动申请注销,而宁可让企业处于沉睡状态,名存实亡。

退市规则如何在效率与安全的取舍中寻求一个平衡点格外重要。依我们之见,有限责任型企业与无限责任型企业应当有所差别。

对于承担有限责任的企业,比如公司制企业,可以将注销登记区分为普通注销登记与简易注销登记,申请注销登记前没有债权债务的市场主体适用简易注销登记程序,其他的适用普通注销登记程序。①

对于承担无限责任的企业,可以适用简易注销程序。承担无限责任的企业,因企业股东(投资者)对企业的债权债务应当承担连带责任,即使企业没有履行债务,债权人也可以要求企业股东(投资者)履行。对于承担无限责任的企业,通过适用简易注销程序能够有效提高市场效率,维护市场秩序。

2. 依企业特殊类型的退市规则设定

(1)金融业企业退市规则的设定。金融业企业是市场中一类特殊的企业类型,金融业企业的稳定对于金融市场稳定具有重要意义。金融业企业退市更要注重金融消费者与金融投资债权人利益的保护。

对于银行、保险、证券、信托等金融机构的退出,我国金融管理部门有着特别规定。银行、保险、证券、信托等金融业企业在退出市场的过程中,应当遵守国家金融管理部门关于其接管、重组、撤销、破产处置程序和机制的相关规定。

对于小额贷款公司、融资担保公司、典当行、融资租赁公司、地方各类交易场所等地方金融业企业,应完善其自主退出和多层次退出机制,在地方金融业企业退市时应建立同类企业接收存续业务、市场化重组、破产重整等机制。

应切实加强金融债权人利益的保护。银行、证券、保险、信托等领域的金融债权人可以建立相对统一的金融债权人委员会,同时明确金融债权人委员会的法律地位、议事规则以及相关运行程序,通过相对统一的金融债权人委员会加强与债务人之间的沟通,防止出现债务过度积累、恶意逃废债等行为。金融监管机构应加强对债务风险的监测,以保障债权人的合法权益。银行、证券、保险、信托等领域的金融债权人也应当积极参与金融业企业的破产程序,提高金融业企业退市效率。

(2)国有企业退市规则的设定。国有企业退市除应遵循普通企业的退市规则外,还应结合国有企业的特点,建立相关特殊规则。

其一,为消除国有僵尸企业,对于符合退市条件的国有企业,政府、金融组

---

① 余健:《我国市场主体退出制度的问题与对策研究》,载《现代经济信息》2020年第12期,第33页。

织不得通过违规提供贷款、补贴等方式维持其生存,阻碍企业退市。

其二,对于进入破产程序的国有企业,应当建立起由财政资金形成的债权的处理规则。财政资金进入国有企业通常表现为资本金注入或借贷资金借入,应有所区别,分类处置。

其三,规范国有企业退市行为,防止国有资产流失。需要处理好国有企业在退市过程中国有资产的登记、转让、清算等程序;对国有资产的评估应当坚持市场化定价原则;加强信息公开,发挥社会的监督作用;不断完善国有资产流失责任追究机制。

3. 依企业特定业务的退市规则设定

特定领域通常是指自然垄断产业领域、实行许可经营领域等。

自然垄断行业和其他实行许可经营的行业,因维护社会公共利益需要退市时,要明确其退市的事由、程序和补偿程序,严格依法退市。

由于自然垄断行业的专营性特点,当从事自然垄断行业的企业退市时,应建立经营业务由其他企业接管或维持的制度。

(三)依企业注销方式分类设定退市规则

1. 普通注销与简易注销两类注销规则的并存性

在非破产程序下,企业自愿注销由普通注销规则与简易注销规则两类规则组成。但目前我国的普通注销登记存在一些问题,如注销登记程序过于僵化,注销办理用时较长,注销涉及部门过多,导致了企业办理注销登记的主动性不足。① 要解决这一问题,应从两个层面着手。

其一,优化普通注销程序。优化的重点放在简化与强化上。首先,在简化方面,有一些程序可以简化,比如,清算人并不一定是清算组织,也可以是个人。清算公告可以在企业所在的国家企业信用信息公示平台上发布,公告期限可缩短为 30 日。经债权人确认,对一时难以追回的财产与财产性权益准许在企业办理注销程序,即企业终结后,授权清算组继续行使权利。其次,在强化方面,应强化债权人异议权与参与权,并强化企业投资人与企业管理人对企业清算、注销的法律责任。

其二,优化普通注销与简易注销选择规则。随着简易注销制度得到推广应用,理论与实务界产生的一种观点是,普通注销制度将被简易注销制度替代。我们认为,这一认识并不正确。普通注销与简易注销应当平行推进,而不

---

① 时斌:《企业注销登记制度改革初探》,载《中国市场监管报》2019-01-15,第 5 版。

能将替代普通注销作为设置简易注销的目的。

2. 简易注销规则的进一步优化

由于简易注销制度推行时间较短,目前存在规则设计上的问题,需要在实践中作出进一步的完善。

其一,扩大简易注销规则的适用范围。目前实行简易注销程序的仅适用于有限责任公司、非公司企业法人、个人独资企业、合伙企业四种类型的企业,应当进一步扩大适用范围,将非上市股份有限公司、各类企业分支机构、农民专业合作社也纳入简易注销登记的适用范围。

其二,简化简易注销流程。发挥国家企业信用信息公示平台的作用,注销公告、异议程序、审核决定在该平台进行,并缩短公告时间,切实提高企业退市效率。

其三,建立简易注销登记纠错机制。作出简易注销的商事登记机关在发现注销行为差错时应及时进行纠正;在相关利害关系人要求登记机关作出改正而登记机关拒绝履行时,应建立利害关系人提起针对简易注销行为的撤销或无效之诉;简易注销也会在相关当事人之间引发纠纷,故应构建与权利救济相适应的诉讼机制,确保司法是解决纠纷的最后一道防线的法治途径得以实现。

三、企业退市监管制度的有机构建

（一）大数据监管制度构建

1. 大数据监管在企业退市中的应用

当前,企业退市动态把控不准,对问题性企业宏观上识别水平低,究其深层次原因是大数据管理未得到有效推行。目前,我国虽然上线了国家企业信用信息公示平台,通过这一系统可以对企业的登记信息、经营信息、行政许可与处罚信息、年度报告信息、抽查结果等进行查询,能够使社会公众了解企业的具体情况,包括是否经营异常、是否被吊销营业执照,同时也便于行政机关对企业的监管。但在实际运行过程中还存在信用信息披露的全面性、信用信息的时效性、信用信息的真实性等无法得到有效保证之实际问题。

2. 大数据监管在企业退市中的实现途径

改革的有效手段是继续推进大数据监管,并从以下方面着手完善。

第一,加强公示信息的全面性和时效性。系统中有很多信息长期处于空白状态,尤其是部分主要信息,无法反映企业的真实状况,不能全方位了解企业动态发展情况,需要监管机关进一步完善大数据信息的联网共享机制、便捷的查阅机制以及各类信息的归纳利用机制,市场监管部门应加强对相关数据的动态分析与监管工作。

第二,对企业信息的真实性进行审查。对企业提交的虚假的经营信息,即使全面、及时进行了公示,也没有意义,还会产生误导作用。应加强对企业信息源的监督力度,对实施提供不真实、不客观、不全面经营信息的行为进行惩戒。市场监管部门应对国家企业信用信息公示平台上的企业经营信息进行抽查和检查,保障信息客观和安全。

第三,改进查询技术。目前,社会公众通过输入企业名称查询企业的相关信息,只能显示特定数量的信息,信息量有限,对全面了解该企业真实、客观情况尚有差距。一旦超过这一范围,就需要通过企业注册号进行查询,降低了查询效率。应通过对企业信息进行归纳分类、精确查询等方式提高查询效率。

(二)信用监管制度构建

1. 推行信用承诺制

企业市场退出的信用监管,其重点是通过建立市场退出信用承诺制,来确保企业退出对相关者利益进行平衡保护的目的实现。

通过简易注销方式退市,在企业投资者作出承诺后方可办理注销手续,承诺制度能较好地解决企业退市中的安全与效率问题,也提高了企业投资者对企业退市工作的责任性,进而提高了企业退市工作的质量。

信用承诺还可以应用于普通注销的场合。如关于企业清税,税务机关在不愿出具完税证明的情况下,企业投资者出具清税承诺办理注销手续,就解决了退市环节的"堵点"。在一些环节中,可以参考告知承诺制、简易注销承诺制的做法,引入信用承诺,从而适当简化退市流程,缩短企业退市时间。

2. 建立对投资者个人的信用惩戒制度

原国家工商行政管理总局作出的《关于全面推进企业简易注销登记改革的指导意见》(工商企注字〔2016〕253 号,以下简称《简易注销指导意见》)通过优化登记流程、减少申请文件、信息公开共享等,实现了市场主体退出的便利化。但在实践中可能出现借助于简易注销程序而恶意退出市场的投资人。《简易注销指导意见》仅规定了对企业及其法定代表人、负责人的"黑名单"惩戒制度,对其他投资人缺乏惩罚和追责手段。鉴于此,社会信用建设中应当加强对投资者个人的信用惩戒,增强信用承诺制度的威慑力。[①]

信息公示和监管制度的要点是做到"两个区分,一个衔接"。所谓两个区分,一是将暂时性停业休眠与散而不退企业的治理区分开来,两者是服务于不同法律目的的制度,二是将休眠登记与清理长期停业未经营企业的执法区分开来,经登记休眠的企业应视为合法企业予以监管。一般情况下,休眠企业仍应履行填报年度经营报告等义务,但可以简化年报内容,豁免抽查审计。所谓一个衔接,就是将企业退市的若干行为与企业信用信息公示体系相衔接,实现企业信用信息公示的动态性运行。

四、企业退市权益保障体系构建

(一)解散、清算备案制度与相关者权益保障

建立企业解散、清算备案制度,对于有序推进企业退市,并切实保障相关者的权益具有重要意义,但现行法并没有作出备案的要求。

依《公司登记管理条例》第42条之规定,公司解散,依法应当清算的,清算组应当自成立之日起10日内将清算组成员、清算组负责人名单向公司登记机关备案。按该条之理解,清算组成员与清算组负责人备案并不等同于解散备案。这是因为,在目前企业退市中,企业业已解散但没有组织清算的情形仍占一定比例,立法只要求清算组备案而不要求解散备案,其结果是社会公众与交易相对人很难知悉该企业解散的现实,并与之发生交易关系,交易的安全性得不到保障。另外,清算组成员及其负责人备案也不等于清算备案。清算备案就其内容而言应包括清算日、清算组织、清算结果等内容,清算组人员与清算组负责人备案仅仅是清算备案的其中一个部分而非全部。

构建企业解散、清算备案制度可以在全国企业信用信息公示系统进行。在性质上,备案行为不同于行政许可和行政确认行为,备案并不意味着审查,并不必然导致审查程序的启动。如果备案机关认为需要审查,可以启动审查程序。如果利害关系人或社会公众对备案的内容提出异议或申请,备案机关就应当启动审查程序。

(二)歇业登记制度与相关者权益保障

在我国现行的企业商事登记中,仅有设立登记、变更登记、注销登记、分支

---

① 陈兴华:《市场主体信用承诺监管制度及其实施研究》,载《中州学刊》2019年第5期,第55页。

机构登记,而无歇业登记。在现行法看来,歇业仅仅被视为解散的事由而非企业存续的一种状态,故没有建立歇业登记之必要。但国外立法实践以及我国这几年在企业退市处置中的问题说明,上述立论并非准确,未能客观反映企业经营实际与立法对企业成长的促进旨意。因而,构建歇业登记制度在《商事主体登记管理条例(草案)》中被提示出来。

在《商事主体登记管理条例(草案)》中规定,商事主体决定暂停经营,且在此期间不发生任何交易的,应当向登记机关申请歇业登记。商事主体申请暂停营业登记前,应当结清税款,并履行完结其他法定义务。商事主体申请歇业登记后,登记机关应将商事主体歇业登记信息告知税务、人力资源社会保障等部门。涉及特殊经营范围的,登记机关应告知相关许可审批部门。上市公司不可申请歇业登记。

国务院审议通过的《市场主体登记管理条例》确立了企业歇业备案制度,其中在第 30 条规定"因自然灾害、事故灾难、公共卫生事件、社会安全事件等原因造成经营困难的,市场主体可以自主决定在一定时期内歇业。法律、行政法规另有规定的除外。"条文相对简单,且将《商事主体登记管理条例(草案)》中的"歇业登记"修改为"歇业备案"。

无论是歇业登记还是歇业备案,对符合一定条件的歇业行为准许其存在,是它们的共同之处,但是,歇业登记与歇业备案在相关制度构建上是有差异的。前者为行政审批事项,后者则为行政确认事项。歇业登记应按行政审批事项对待,对其行为除了申请外,还需要登记机关进行审核、确认,并非对所有的申请行为均予以通过并作出同意。

确立歇业制度,意义在于:既能维持一部分暂停经营的企业免受企业退市影响,准许其合法存续,又能确保歇业行为处置上的依规性,以避免歇业制度的滥用现象发生,还能提高社会公众对暂停经营企业的识别度,便于交易相对人知悉该企业的经营现状,并对该企业业已存在的债权债务如何处置以及日后是否与其发生交易行为,作出准确判断。除此之外,按照相关要求,歇业具有暂时性,申请期届满后应恢复经营活动,否则按解散程序处置,这也便于商事登记机关对该类企业实施动态监管。

如果按歇业登记制度进行设计,那么,该项制度应包括可歇业登记的情形、应排除的可歇业登记的主体、歇业登记前应履行的义务、歇业期限的设置、恢复经营活动的申请与准许、逾期恢复的处理等。[①]

（三）投资者承诺制度与相关者权益保障

企业退市考量着企业的商业诚信。企业退市为什么要设立如此烦琐的清算与注销程序，实际上是对现阶段企业退市的弱信任社会现象的反映，由此产生大量的制度性成本。寻求从普通注销向简易注销转变，实际上在寻求投资者诚信机理的发挥，进而平衡各方利益的协调与处置。

从企业退市中简易注销制度设立的总体内容上，可以看出，以投资者承诺为核心，它通过承诺→履诺→兑诺诸行为，将承诺制度联结起三方主体，即投资者、企业债权人与债务企业，并以利益关系的协调处置为最终的目的实现。当企业注销退市后，企业遗存的债权债务问题由承诺方来履诺与兑诺，保障了债权人，尤其是非契约性债权人的合法权益。

五、社会协同治理机制构建

（一）构建协同治理机制的社会意义

如果说企业的市场进入与退出行为不完全是市场本身选择的结果，多多少少带有政府干预的成分，那么，政府干预能够在多大程度上影响企业的市场退出行为？或者说企业效率因素在多大程度上能解释企业的生存概率？实际上，这是判断市场运行效率的一个重要指标。从政府干预的视角探讨企业更替行为可能更有现实意义。

法系统通过和外在环境的交往或结构耦合来回应社会压力，同时也用自身的媒介为外在环境里的行为编码，参与社会交往的语言和事实的建构。[②]

构建企业退市中的社会治理体系，其立足点是，并不简单地认为企业退市是企业孤立性行为，而是社会环境系统作用与影响的结果。因此，解决企业退市问题，需要社会协同、辨证论治。

（二）社会协同制度构建要义

构建企业退市中的社会协同制度，需从根本上完善企业退出的改革思路。第一，坚持主体退出的市场化。社会协同并不否定企业退市的市场化运

---

① 吴蓉、曹秀峰：《商事主体歇业登记制度初探——兼论〈商事主体登记管理条例（草案）〉之歇业登记》，载《中国市场监管研究》2020年第8期，第40页。

② 翟小波：《"软法"及其概念之证成——以公共治理为背景》，载《法律科学》2007年第2期，第9页。

行,相反,应坚持市场经济的基本规律为企业提供退出通道,真正实现市场化出清。通过行政、司法联动,助推企业顺利退出市场,更好地完成市场出清的任务。

第二,行政与司法联动。行政、司法联动是社会协同解决企业退市问题的主要方式,应根据企业退市实际,分别发挥好行政、司法的独特作用。一是,明确行政与司法边界,在企业退市中,该通过行政方式解决的寻求行政方式,该适用司法程序解决的应通过司法途径解决。二是,强化行政与司法制度的衔接。人民法院完成破产案件审理后,破产管理人凭终结破产程序的裁定,向市场监管部门申请办理企业注销登记。通过破产重整存续的企业,凭人民法院有关裁定,向司法部门、市场监管部门、税务部门、人民银行申请移出"黑名单",实现信用修复。三是,发挥司法的最后一道防线作用。对于被吊销营业执照的企业和进入企业经营异常名录 3 年以上不整改的企业,行政机关应当通知企业进行清算、注销。如果企业没有在规定时间内启动相关程序。应通过司法强制清算程序。清算义务人怠于履行清算义务,导致无法清算,造成债权人利益损害等情形时,债权人等利害关系人可通过司法途径,要求清算义务人对企业债务承担连带清偿责任和赔偿责任。

第三,安全与效率兼顾。人们对市场退出这一现象的关注不在于退出是否具有合理性,而在于退出的行为、方式和结果是否具有正当性与效率性。

企业设立与企业注销的改革都需要追求便利性的目标,在减少审查审批环节,提升市场进入与市场退出的效率的同时,还应在制度和实践操作层面兼顾债权人保护。

市场主体退出意识差,源于社会信用缺失。归根结底还是对市场主体不及时退出的约束力不够,信用监管措施不健全导致。[①] 在社会治理协同机制中,运用社会治理手段(如社会信用建设)有其重要的作用机理,对于市场主体更好地安全退出和有效率退出能够起到其他手段所无法起到的作用。

---

① 崔立群:《市场主体退出制度研究》,载《中国市场监管研究》2018 年第 11 期,第 15 页。

第三章　放宽市场准入条件对企业退市的影响与治理

放宽市场准入条件,是我国近几年推动"宽进严管"市场监管模式中的前端侧改革,其实质是降低市场准入门槛。放宽市场准入条件后,企业数量大幅度增加,"进"的效应相对明显,但"出"的问题也愈加突出。对于那些原本不具备经营能力却也来到市场"逛了一圈"的企业,如何准许其退出或强制其退出,引发诸多新问题。这表明,"宽进"必须与"严管"相配合,便利性的市场准入应当与快捷化的市场退出相适应,才能达到市场监管模式变革的目的。分析放宽市场准入条件对企业退市的影响,进而寻求在新情势下如何构建科学合理的企业退市制度,对于促进本国经济高质量发展,完善市场监管体制具有理论与实践意义。

第一节　市场监管模式变革与市场准入条件放宽

"宽进严管"的市场监管模式是对过去长期存续的"严进宽管"市场监管模式的扬弃。这一市场监管模式的变革给市场监管行为带来了重大影响,同时也引发企业在退市中的诸多新问题,需要我们进行深入的探究与思考。

一、市场监管模式变革的时代性特征

(一)市场监管模式在我国的生成与转型

1. "严进宽管"监管模式的生成与问题

市场是配置资源的另一个手段和方式,市场监管模式是国家监管市场行为的管理方式、管理机制与管理制度的综合。对市场实行必要的监管是当代

市场经济的必然选择,但监管模式是由市场经济发展以及各国的不同国情决定的,具有不同的时代性特点与国情差异。

在我国,长期对市场监管采取"严进宽管"的监管模式,该市场监管模式适应了我国市场经济发展初期的基本国情与发展要求。

"严进宽管"监管模式的主要表现为,在企业市场准入条件上,采取商事登记的事前审批制度,在商事登记的审查方式上选择实行严格审查主义。此外,市场准入的行业与领域范围以政府的正面清单形式列出。这一监管模式从20世纪70年代改革开放阶段开始推行一直到2013年终结,其间历经了30多年。

"严进宽管"市场监管模式虽然将一国市场运行中的潜在风险控制到最低程度,但是,在实践过程中仍存在不少问题。

首先,商事登记的事前审批制度存在着诸多弊端。如各部门的规范性文件与审批文件内容过于庞杂,导致市场准入门槛过高。[①] 行政审批涉及多个领域或部门,不仅行业部门要审批,综合部门也要审批,使得一个事项多头审批甚至是重复审批的问题突出。不仅有行政许可,还有公告备案、计划目录、布局限制、认证检测等管理措施,程序繁杂,耗时耗力,有时因依据的文件不一还会引发上下级管理部门审批标准自相矛盾,让企业无所适从。这些问题的存在,既增加了监管的制度成本,又抑制了市场活力和市场效率。

其次,市场准入以政府的正面清单形式列出具有较大的局限性。正面清单要求企业不能在清单范围之外的领域从事生产经营活动,因而会限制商事主体的经济活动自由,且市场准入正面清单由政府定期制定、定期发布,不能完全适应市场经济快速发展的要求,使得企业投资主体的创业热情、商业模式的创新活动受到挫伤。

最后,监管模式的重心定位在市场准入的前端上,事中事后监管的实际效果有限。当企业一旦越过准入环节,进入市场经营后,如何促使其规范性运行缺乏有效监管。[②] 常规性监管工作主要依照企业年检制度处理,以是否通过年检为准予企业存续还是注销的主要依据,其形式意义大于实际效果。其结果是,不仅对企业可能危害市场竞争秩序的不正当竞争行为或垄断行为、危害

① 刘逸斐、尹怡波:《商事登记制度从"严进宽管"到"宽进严管"》,载《发展》2013年第12期,第90页。

② 金台资讯:《"放管服"改革如何持续深化》,https://baijiahao.baidu.com/s?id=168185544141283319 5&wfr=spider&for=pc,2020年10月29日访问。

消费者权益的虚假宣传行为以及制假售假行为明显监管不力,还对企业的生存运行状况监管乏力,影响了监管的实际效果。

2."宽进严管"监管模式的生成与转型

随着我国市场经济的不断发展,"严进宽管"市场监管模式所存在的弊端与缺陷不断呈现。若不对市场监管模式进行变革,那么"严进宽管"的市场监管模式将成为市场经济发展的绊脚石。为适应我国经济发展的现实需求,使市场监管职能的发挥符合社会主义市场经济运行规律,市场监管模式由"严进宽管"变革为"宽进严管"势在必行。

2013 年 2 月,中共十八届二中全会审议通过《国务院机构改革和职能转变方案》,提出改革工商登记制度,放宽工商登记条件,加强对市场主体、市场活动监督管理。10 月,国务院审议通过了《注册资本登记制度改革方案》,确立了商事登记制度改革总体方案。11 月,中共十八届三中全会要求推进工商注册制度便利化、改革市场监管体系,实行统一的市场监管。12 月,十二届全国人大六次会议审议修改了《公司法》,明确将公司注册资本由实缴登记制改为认缴登记制、取消公司注册资本最低限额,为推进商事制度改革提供了法治保障。

2014 年 2 月,国务院决定修改《公司登记管理条例》《企业法人登记管理条例》等行政法规,出台了《关于促进市场公平竞争维护市场正常秩序的若干意见》(国发〔2014〕20 号),颁布了《企业信息公示暂行条例》(国务院令第 654 号),与此相适应,国家工商行政管理总局陆续颁布了《企业公示信息抽查暂行办法》(工商总局令〔2014〕67 号)、《企业经营异常名录管理暂行办法》(工商总局令〔2014〕68 号)、《个体工商户年度报告暂行办法》(工商总局令〔2014〕69 号)、《农民专业合作社年度报告公示暂行办法》(工商总局令〔2014〕70 号)、《工商行政管理行政处罚信息公示暂行办法》(工商总局令〔2014〕71 号)五部配套规章,为创新市场监管方式提供法律与政策支持。

这些举措的重心是推进市场监管模式转型,实施"宽进严管"的监管模式。"宽进严管"监管模式的基本特点是:放宽市场准入条件,在事中与事后强化市场监管。市场监管重心从监管市场准入行为向监管市场经营行为转变,通过实施宽进严管的市场监管模式,以达到优化营商环境、维护市场竞争秩序的目的。

(二)市场监管模式转型的社会背景

1.国家对市场配置资源作用性的再认识

政府与市场是市场经济中的"有形之手"与"无形之手",对市场经济中的资源配置都能起到各自的作用。

为使市场配置资源更具有效率,应坚持让市场在资源配置中起到决定性作用。与此相适应,在市场准入中,应降低门槛,充分发挥资源要素的合理流动性,促进投资便捷化。在市场监管中,则应体现事中与事后监管,促进市场主体能进能出,保持经济运行的良好循环。

2. 政府对市场监管作为的再认识

在市场经济体制下,政府对市场的监管是必要的,但问题在于如何监管。

这一问题的解决应以处理好有效市场与有为政府之间的关系为关键。有为政府并不是政府监管得越多越好,而是政府的监管应侧重于市场失灵或市场缺陷的特定方面,侧重于监管的实际效果,这就要求政府对市场监督的重心与监管的手段能更好地体现市场经济发展的要求。监管重心后移(即从事前监管转变为事中与事后监管),以及监管手段变革(从直接监管转变为间接监管)是这次市场监管模式变革的特点,也是这场深层次的市场监管模式变革所蕴含的要求。

3. 法治化、便利化、国际化营商环境之营造

营商环境对于一国经济发展至关重要,应通过一定的指标设定促使营商环境具有可测性。世界银行在其发布的《营商环境报告》中设定了 10 项可测性指标,其中就有市场主体的市场准入与市场退出指标。

为推进营商环境更好地适应法治化、便利化与国际化的要求,需要认真研究我国在营商环境建设中所存在的问题,并深入研究市场监管模式转型的意义与转型后对营商环境带来的积极作用。

二、市场监管模式变革的内容与特征

(一)市场准入的"宽进"要义与内容

1. 市场准入的"宽进"要义

市场准入中的"宽进"是指通过一定的政策设计,给包括企业在内的市场主体以更多进入市场的机会,其中包括市场主体的准入、市场主体生产经营的产品与服务的准入。

市场准入以市场监管制度的形式呈现,它是有关国家和政府准许公民和

法人进入市场从事商品生产经营活动的条件和程序。① 由此而论,市场准入发挥了一个"门槛"性的作用,达不到准入门槛的企业产品与服务不能上市,以确保企业产品与服务的质量。将一些不符合市场准入条件的市场主体拒之门外,不让其进入市场,一定程度上减少了恶性竞争。②

2. 市场准入"宽进"的内容

市场准入"宽进"的基本内容体现在以下几个层面上。

(1)建立市场准入负面清单制度。国务院以清单的方式列明商事主体禁止进入的领域、行业、业务,除了清单上所列明的内容之外,商事主体皆可进入并经营。自 2019 年始,我国开始对内资企业实施市场准入负面清单,推动"非禁即入"的普遍落实。2019 年 11 月、2020 年 12 月,国家发展改革委、商务部印发了《市场准入负面清单(2019 年版)》《市场准入负面清单(2019 年版)》,对新时期的负面清单制度作出了因应性的调整。

(2)推行注册资本的认缴制与取消最低限额制。自 2014 年始,在商事登记中,对于公司制企业,除保留 27 个重要行业领域仍实行注册资本实缴制与最低限额制外,其他类型的公司制企业均推行认缴制,并取消最低限额制。

(3)放宽经营场所登记上的要求。对经营场所登记规定可由省级登记机关自行作出,准许在一定条件下"一址多照"或"一照多址"。

(4)推进工商注册便利化。从 2014 年 3 月到 2017 年 8 月,国家工商行政管理总局先后出台了注册资本改革、企业住所改革、企业名称改革、全程电子化和电子营业执照改革政策,以有效降低创业创新的制度性成本。

(5)实施证照合一改革。2015 年 10 月,全国范围实施了企业工商营业执照、组织机构代码证和税务登记证"三证合一""一照一码"登记制度改革。2016 年 10 月,在"三证合一"的基础上,又实施了企业"五证合一""一照一码"改革。同年 12 月,实施个体工商户营业执照和税务登记证的"两证整合"。自 2017 年 10 月始,在全国范围内实施"多证合一"改革。

(6)推行"先照后证"改革。自 2014 年 1 月以来,已将全部 226 项工商登记前置审批事项中的 87% 先后分批改为后置或取消。

(7)出资违约责任追究的放宽。对于实行认缴资本制的公司,如股东存有出资违约行为,应追究违约责任,不再追究"抽逃出资罪""虚假出资罪"的刑事

---

① 李昌麒:《经济法学》,中国政法大学出版社 2002 年版,第 129 页。
② 李滨:《"市场准入"的门槛作用》,载《中国质量技术监督》2002 年第 2 期,第 12—13 页。

责任。①

(二)市场监管的"严管"要义与内容

1. 市场监管"严管"的要义

市场监管模式变革的另一个方面是"严管"。所谓"严管"就是对于进入市场的主体在市场经营、市场退出诸方面采取有效的监管手段,规范市场主体依法经营、依法退出,以维护正常的市场运行秩序。

"宽进"与"严管"是矛盾的统一体。"严管"是指在"宽进"条件下的管理方式。"宽进"降低了企业的市场准入门槛,会使市场中的企业数量大幅增加,企业进入市场后的经营行为与"严进"时的经营行为相比更显复杂,更需要有关部门对市场主体进入市场后推进有效监管。

2. 市场监管"严管"的内容

2014年6月,国务院发布了《关于促进市场公平竞争维护市场正常秩序的若干意见》(国发〔2014〕20号),要求坚持放管并重,实行宽进严管,完善市场监管体系。2015年10月,国务院发布了《关于"先照后证"改革后加强事中事后监管的意见》(国发〔2015〕62号),明确了"谁审批、谁监管,谁主管、谁监管"的市场监管原则,初步构建了事中事后监管新模式。2017年1月,国务院发布《"十三五"市场监管规划》(国发〔2017〕6号),提出了市场监管的新理念,确立了六项监管原则,为市场监管工作确立了行动路线图。

"严管"以严格执法为监管理念,以事中事后监管为主要监管方法,监管的基本内容主要体现在以下几个方面。

(1)形成以信用监管为核心的新型监管机制。2014年10月,国务院制定了《企业信息公示暂行条例》,确立了企业信息公示在市场监管中的作用。据相关数据,2013年度和2014年度,企业年报公示率分别为87.6%、85.1%,实现了从年检到年报的转变。2015年度和2016年度,企业年报公示率分别为88.3%、90.45%,呈现出逐步提升的态势。

(2)建立以现代信息支撑的监管手段。一是全面推行"双随机、一公开"监

① 参见2014年4月24日通过的《全国人民代表大会常务委员会关于〈中华人民共和国刑法〉第一百五十八条、第一百五十九条的解释》。全国人民代表大会常务委员会讨论了公司法修改后刑法第一百五十八条(虚报注册资本罪)、第一百五十九条(虚假出资、抽逃出资罪)对实行注册资本实缴登记制、认缴登记制的公司的适用范围问题,解释如下:"刑法第一百五十八条、第一百五十九条的规定,只适用于依法实行注册资本实缴登记制的公司。"

管。① 二是建成"全国一张网",即全国企业信用信息公示系统上线运行。2016 年 8 月,国务院批复同意将政府涉企信息统一归集到"全国一张网"并对外公示。三是推动信息共享与协同监管。2015 年 9 月,国家工商行政管理总局协调 37 个中央部门就信息共享和协同监管达成一致意见。

（3）建立违法惩处制度。在《企业信息公示暂行条例》实施后,国家工商行政管理总局在 2014 年先后发布的企业公示信息抽查、企业经营异常名录管理、个体工商户年度报告管理等 5 部规章的基础上,于 2015 年 12 月又制定了《严重违法失信企业名单管理暂行办法》(工商总局令〔2015〕第 83 号),细化了相关法律责任。

（4）完善企业退出机制。自 2017 年 3 月始,全国范围实施企业简易注销登记改革,推动在诚信基础上的市场退出便利化。

三、市场准入放宽的基本特征与实施效果

（一）市场准入放宽的基本特征

1. 市场准入的低门槛性

市场准入门槛的高与低决定着市场准入条件的严与宽。

在通常情形下,市场准入制度是由审批制度、商事登记制度、特许经营制度、专营专卖制度等相关制度构成。在商事登记制度中除资本制度、住所地管理制度、经营范围设定等制度外,还嵌入商事审批制度。

市场准入放宽的实质是市场准入条件的放宽与降低。就这一制度生成的考量因素而言,主要是围绕安全与效率两者的优先性问题进行选择而作出决定。目前我国公司登记所实施的认缴资本制度、取消注册资本最低限额制度,是世界上设立公司条件最为宽松的公司登记注册制度。

2. 市场准入的便利化

市场准入条件放宽带来的直接效应是准入的便利性。

其主要体现在:其一,准入程序的简化。将原来较为繁杂的准入程序转化为"最多跑一次"。其二,准入时间的减缩。将原来需要有一定时间才能办理

---

① 所谓"双随机、一公开",就是指在监管过程中随机抽取检查对象,随机选派执法检查人员,抽查情况及查处结果及时向社会公开。2015 年 8 月,国务院办公厅发布了《关于推广随机抽查规范事中事后监管的通知》(国办发〔2015〕58 号),要求在政府管理方式和规范市场执法中,全面推行"双随机、一公开"的监管模式。

的事项转化为"马上办"。其三,准入证件的整合。将原来需要由不同部门分别下达的准入证件转化为"五证合一"。

3. 形式审查主义的发展

放宽市场准入,不仅体现在准入的条件、准入的程序上,还体现在准入的审核要求上。

在市场主体准入的商事登记关口,我国长期以来实行严格审查主义,即商事登记机关对受理申请人提交的申请开办企业材料通常采取实质审查主义的立场,以尽可能减少商事登记差错。

随着市场准入条件的放宽,结合商事登记区别于物权登记的基本特点,商事登记审核从实行实质审查转变为形式审查。所谓形式审查,就是登记机关对于市场主体提供的申请文件材料是否具备法定的登记要求作书面审查,由申请文件的提供人对客观真实性、合法性负责。这意味着在形式审查主义下,登记机关应承担的责任与申请人应承担的责任在责任条件、责任后果等方面作了重新区分与划定。

(二)市场准入放宽的实施效果

1. 经济发展微观基础之夯实

一个国家经济发展的微观基础决定着这个国家经济发展的潜力与发展能量。以市场准入放宽为改革侧的市场监管制度改革,积极迎合了"大众创业、万众创新"新经济时代经济发展的要求,新经济时代的新政策所引发的叠加效应直接作用于商事投资者,在全国范围内迅速掀起了新一轮创业创新热潮。数据显示,2019 年,我国已有市场主体 1.23 亿户,其中企业 3858 万户。[①] 到2020 年,我国现有的市场主体为 1.38 亿户,其中企业 4331 万户。[②]

微观经济基础的数量发生改观后,其效应是扩大了就业和税收,促进了经济持续发展。中小企业已成为我国国民经济和社会发展的主力军,是建设现代化经济体系、推动经济实现高质量发展的重要基础,是扩大就业、改善民生的重要支撑。

2. 新产业新业态之发展

近年来,在新设立企业中,高新技术产业、新兴服务业、"互联网+"业态类

---

① 刘尚希:《保护市场主体 加快形成新发展格局》,中央电视台新闻联播文字版,http://ab3.com.cn/11871.html,2021 年 4 月 3 日访问。

② 国家市场监督管理总局综合规划司:《2020 年全国市场主体发展基本情况》,http://www.samr.gov.cn/zhghs/tjsj/202106/t20210611_330716.html,2021 年 6 月 20 日访问。

企业快速发展,为新常态下新旧动能转换提供了新动力。新产业、新业态的蓬勃发展,为经济转型升级提供了新动能。特别是服务业企业占企业数量的比重大增,占到80%以上。截至2018年11月底,在新设立的企业中,第三产业占比达到77%。[①]

3. 营商环境之改善

营商环境测度中有一项指标是开办企业的便利性。这一指标通常由开办企业所需手续(数量)、开办企业所需时间(天数)、开办企业所需成本(人均收入百分比)、最低实缴资本(人均收入百分比)组成。

在世界银行作出的《2019年营商环境报告》中,对我国营商环境的总体评价,在190个经济体中位列46位,较2017年上升32位,较2013年上升了50个位次。其中开办企业便利度排名较去年大幅上升65位,排名28位,我国成为营商环境改善最大的经济体之一。[②]

第二节　放宽市场准入条件对企业设立行为的影响

企业设立行为,从商事组织法视角考察,通常由设立行为与成立行为两个阶段性过程组成,无论是何种过程均与市场准入制度密切相连。因此,放宽市场准入条件直接影响着企业的设立行为动机、设立行为过程以及设立行为与成立行为的效率。

一、放宽市场准入条件对企业设立动机的影响

(一)企业设立动机:基于投资者的投资动机偏好

1. 投资者对投资偏好的考量因素

投资者可以投资的类型众多,通常情况下,当投资者手中拥有资金,有投资冲动时,他可以创办企业,也可以进入证券市场或债券市场投资,还可以购买彩票进行投资博弈。投资办实体企业并不是投资者的唯一选项。

---

① 余颖:《登记注册改革发生五方面巨大变化 我国市场主体数量40年增长222倍》,载《新民晚报》2018-12-26.

② 新闻办就市场主体登记注册改革发展40年有关情况举行新闻发布会,中华人民共和国中央政府网,http://www.gov.cn/xinwen/2018-12/25/content_5352060.htm,2020年5月3日访问。

相对于非实业型投资而言,创办企业这一实业型投资往往存在投资收益期长、投资风险不可控,以及投资回报率不稳定等问题,如何将投资者的资金投向实体经济领域,需要一国政府对投资者采取激励性、包容性的投资政策。

2. 投资环境对投资者投资偏好的影响

决定投资者是否愿意创办实体,进而影响投资者创办实体企业的投资偏好的因素众多。其中,最重要的因素是投资环境。

所谓投资环境通常是指在投资的一定区域内对投资所要达到的目标产生有利或不利影响的外部条件的总和,它是由多个要素组成的复杂系统,是政治因素、经济因素、自然因素、社会因素和其他因素相互联系、相互制约所形成的矛盾统一体。从各种环境因素所具有的物质和非物质性划分,可分为投资的硬环境和软环境。所谓硬环境是指能够影响投资的外部物质条件,所谓软环境是指能够影响投资的各种非物质形态因素,如投资政策、法规、经济管理水平、职工技术熟练程度以及社会文化水平等。

投资者对投资实体经济的偏好度会随着投资环境的变化而发生变化。前几年,一些投资者脱"实"向"虚"(即游离实体企业,投向虚拟经济)是投资环境影响投资偏好的典型案例。

(二)放宽市场准入条件对投资行为的影响

1. 放宽市场准入条件对投资选择的影响

当创办企业的市场准入条件放宽后,创办企业不再成为一件十分困难的事情,尤其是取消注册资本最低限额以及实行出资认缴制后,那些没有投资实力的投资者也可以创办企业,那些原本不打算投资办企业的投资者、原本将资金投入企业投资以外的投资者均有可能放弃原来的想法而进行企业投资。

显然,放宽市场准入条件对投资行为的影响是深远的,它直接影响着投资决策行为。

2. 放宽市场准入条件对投资领域的影响

投资具有多领域性。在放宽市场准入条件之前,有些投资领域是严格受到法律限制的,包括经营资质的限制、股东持股比例的限制、注册资本数额的限制、经营范围审批的限制等。

随着市场准入条件的放宽,相应限制要求被取消,使得原本不能准入的投资领域与行业领域可以自由进入。比如,自商事登记制度改革5年来,国务院各部门行政审批事项削减44%,中央政府层面核准的企业投资项目减少90%,行政审批中介服务事项压减74%,职业资格许可和认定大幅减少。表现在定价项目上,中央政府定价项目缩减 80%,地方政府定价项目缩减 50%以上。上述变化对于投资创办公司制企业的投资者而言,不仅减少了开办企业的成本与时间,还提升了投资行为的可预期性。

3. 放宽市场准入行为对企业类型选择的影响

相对而言,在企业类型选定上,公司制企业设立要求较严,因为公司制企业是现代企业,应符合现代企业的基本特质要求。公司制企业是有限责任企业,在相关制度构建上需要平衡投资者、经营者、债权人之间的最终利益关系。

然而,以 2013 年商事登记制度改革为肇始的本轮市场准入条件放宽,主要是以修改《公司法》为重点推进的,即主要是针对公司制企业。一方面,通过对公司制企业进行相应的制度重构,原本设立公司制企业的高要求门槛降低,致使设立更加便捷。另一方面,由于公司制企业以有限责任制度为基石,投资者为避免责任承担的无限性,对投资设立一人公司、有限责任公司更加青睐。

二、放宽市场准入条件对企业设立过程的影响

(一)对企业设立申请的影响

1. 企业登记数量上的变化

相关数据显示,2013 年始实施的商事登记制度改革、放宽市场准入条件对企业设立数量产生重大影响。

来自统计部门的数据显示:2012 年我国企业数为 1366.6 万户,2013 年为 1527.8 万户,但自 2014 年开始,企业数量增速明显加快。其中,2014 年达到 1819.2 万户,2015 年达到 2263.1 万户,2016 年达到 2591.1 万户,2017 年达到 3033.7 万户,2018 年达到 3474 万户,2019 年达到 3858.3 万户,2020 年达到 4331.4 万户。[①] 可见,放宽市场准入条件,极大地激发了市场主体的创业热情,企业登记数量在短时间内大幅增长,市场活力得到释放。

2. 对企业设立结构的影响

放宽市场准入条件为全国产业结构调整注入巨大活力。

从改革后几年的企业设立数据看,在新设立企业中,第三产业企业数量增幅 50.7%,明显高于第二产业 31% 的增幅。2019 年以后,第三产业企业占所

---

① 国家市场监督管理总局综合规划司:《2020 年全国市场主体发展基本情况》,http://www.samr.gov.cn/zhghs/tjsj/202106/t20210611_330716.html,2021 年 6 月 20 日访问。

有企业比重更是提高到了 78.9％。其中新兴服务业增长迅速,教育、信息传输,计算机服务和软件业,文化、体育和娱乐业,科学研究和技术服务业,以及租赁和商务服务业,新登记企业数量同比增速分别为 109％、108.9％、94.1％、78.9％和 66％,远超全国新登记注册企业的平均增速。[①]

(二)对企业登记行为的影响

1. 对企业登记流程的影响

放宽市场准入条件之前,我国实行"先证后照""证照分离",即从事前置许可经营项目的企业,需要先到许可审批部门办理有关许可证明文件后,再到商事登记部门申请办理营业执照。在该模式下,一些部门出于本部门利益的考虑,通过提高审批门槛代替事后监管,这导致许可证明文件的审批门槛过高,违背了前置审批程序设置的初衷,给企业投资者增加了负担。

放宽市场准入条件后,实行多证合一、先照后证。"多证合一"是指原先企业需要分别到工商、质检、税务等多个部门窗口单独办理登记业务,分别领取营业执照、组织机构代码证及税务登记证等证件。商事登记制度改革后整合了以上多个证件,实现了一个部门窗口受理、并联审批、统一发证。多证合一使得企业办理流程更加便捷,企业办理登记业务流程大大简化、时间大幅缩短、上交材料大量减少、缴纳的费用大多取消,降低了企业设立登记的时间成本和资金成本。

2. 对经营场所利用效率的影响

放宽市场准入条件之前,由于主体资格与经营资格相捆绑,导致相关部门很少对住所与经营场所进行辨别,却对住所产权证明的审查较为严格。改革后,企业从原来的"一址一照"变为准许"一址多照",也允许"一照多址"。

"一址一照"是指一个地址只准许一个企业进行登记,而"一址多照"指的是允许一个地址有多个企业登记。基于现今社会是一个互联网社会,有些企业的经营并不必然需要独有的场所,经营活动通过互联网便能够进行。"一址多照"的实行极大地便利了受限于经营场所登记的市场主体,也提升了经营场所的资源利用效率。

"一照多址"是指企业在住所和经营场所不一致的情况下,如果在同一市场主体登记机关管辖范围内新增经营场所,若不涉及前置许可,则不用再设立分支机构登记,只需备案新的经营场所地址即可正常经营。

---

① 张茅:《深化商事制度改革 激发经济发展活力》,载《行政管理改革》2015 年第 5 期,第 9 页。

3. 对登记机关职能转变的影响

在放宽市场准入条件后,传统的人海战术和运动式的市场监管方式已不可行,有效监督市场主体的市场行为对市场监管模式变革的成功起着决定性作用。①

商事登记制度改革以前,登记机关的职能是对市场主体的设立所需要的各种文件和证明进行审核和批准,这种以审核制为特征的监管方式,在行政权能上属于行政许可权,体现的是政府的"父爱主义",其目的是尽可能地防范经济风险,但也在一定程度上抑制了市场的活力。

商事登记制度的改革使登记机关对市场主体的设立由许可转变为"许可+确认"。在一些阶段与环节仍实行许可主义,如设立登记、变更登记、注销登记三大环节,但在有些环节上则实行行政确认。比如,注册资本实行认缴制,工商登记机关不必要求企业进行验资;对企业设立申请的审核实行形式审查主义;年度经营情况实行"企业申报+公示制";在股权转让、法定代表人变更、清算、歇业等方面增设了一些备案事项。这种从行政许可向"许可+确认"的转变,较好地厘定了企业、企业申请人与登记机关之间的责权关系,提高了企业设立的效率,也强化了企业投资者的设立责任。

三、放宽市场准入条件对企业设立效率与风险的影响

(一)对企业设立效率的影响

1. 设立简化与设立效率提升

以商事登记制度改革为例,放宽市场准入制度使登记机关的主要职能发生了改变,由实质审查转变成形式审查,这给企业申请登记带来了诸多便利。

与此同时,简化设立申请文件、减少行政审批前置项目等若干政策的推行,减少了过多的设立环节,进而大大缩短了过长的设立时间,降低了设立成本与费用。

2. 信息化手段与设立效率提升

一网通网上设立申请系统的运行,大大提高了对企业设立与监管的信息化管理水平,提升了企业设立效率。

① 山东省工商局:《创新市场监管模式 维护市场正常秩序》,载《机构与行政》2015 年第 7 期,第16—18 页。

这种效率不仅体现在办事效率,还体现在对设立行为的时间控制上。传统审批行为导致的投资资金的长时间闲置,是造成企业投资成本增加、利润减少的重要因素之一。

3. 市场监管方式转变与设立效率提升

设立效率的提升,还取决于市场监管工作效率的提升。如"最多跑一次"制度的推行,"马上办"制度的实施等,都对设立效率的提升起到了决定性的作用。

"双随机、一公开"监管方式的运用,提升了市场监管的质量,也降低了市场监管的制度成本。

(二)对企业设立后运行风险的影响

1. 公司资本与公司资产相分离

在实缴资本制下,公司设立时的注册资本系由股东在公司设立时实际缴付而形成,它既成为公司注册资本,也构成公司成立时的自有资产,成为公司对外独立承担责任的财产基础。在此情形下,公司资本与公司资产相关联。在公司成立一定阶段后,公司资产可能会增多,也可能会减少,按照资本与资产相适应的原则,要求对公司注册资本作出必要的增加或减少,其中公司的增资与减资制度是围绕这一要求设计的。

商事登记制度改革后,取消了对最低注册资本和认缴期限的限制,这就导致认缴资本与实缴资本相脱节,公司资本与公司资产相分离。

2. 注册资本虚高现象的发生

在实缴制下,企业参与市场活动时,其注册资本的金额大小会被认为是其实力的表现。从实缴制改为认缴制后,一些企业会产生两种较为极端的做法。一是出现一元注册公司的现象,二是注册资本虚高,超越股东认购能力。实践中,更多的企业会选择后者,究其原因,主要有以下方面。

其一,行政管理部门将注册资本与企业资质相捆绑现象仍存在。企业为了获得许可或者资质,虚报注册资本,将注册资本提高,超越其认购能力。

其二,公众对注册资本的盲目推崇引发对注册资本的理解偏颇。多数公众认为注册资本高的企业实力则强,偿债能力也强,值得信任。实际上,认缴制下的注册资本已不能反映公司的实际资产,因而,注册资本并不具有债务担保功能。①

应当注意到,在注册资本认缴制下,企业注册资本虚高对社会带来的负面影响甚大。一是,引发社会公众对企业识别错误,容易受骗而导致损害。二是引发投资者日后出资困难,注册资本难以真正转变为企业资产。三是引发企业脱离资产实际开展业务活动,最终因资不抵债而导致破产。

3. 虚假注册现象的发生

在放宽市场准入条件之前,登记机关对于住所和经营场所有较为严格的要求,因此意图虚假注册的企业望而却步。在放宽市场准入条件之后,简化了住所和经营场所登记手续,允许"一照多址",也允许"一址多照",使得虚假注册企业的现象容易出现。

投资者设立企业,其并不必然是为了开展生产经营活动或参与市场行为,也有可能是出于利用营业执照进行牟利的想法。如在房屋拆迁中,如果拥有一个营业执照,那么拆迁补偿款就会增加,在一个企业的设立成本较为低廉的情况下,极有可能会出现此类虚假注册的情况。

4. 出资瑕疵现象的发生

在实缴资本制下,企业投资者在一定期限内以何种方式缴足注册资本是由法律法规作出规定的,企业投资者之间在法律框架外自行作出的约定或承诺无效。②

在认缴资本制下,法律要求出资形式符合法律规定,至于出资数额与出资期限则可由公司章定。这一制度设计虽然体现了投资者对投资行为的自治理念,但极易产生出资瑕疵问题。瑕疵出资表现为实体上的出资瑕疵和程序上的出资瑕疵,实体出资瑕疵可分为完全未出资、未完全出资、出资不实和出资后抽逃四种情形。程序出资瑕疵有未依法履行资产评估程序和未交付或未办理过户手续两种情形。③

在认缴制下出资的真实性难以确保。这是因为对非货币的出资(如实物出资、知识产权出资、土地使用权出资等)的出资评估制度,并没有像实缴资本制执行得那么严格,导致出资不实、抽逃出资更容易发生。

---

① 陈海疆:《平衡于市场效率与交易安全之间——关于注册资本认缴制改革的几点思考》,载《中国工商管理研究》2013 年第 7 期,第 16—20 页。

② 王华:《公司注册资本认缴制下若干法律问题探析》,载《法制博览》2020 年第 24 期,第 19—21 页。

③ 李竹青:《瑕疵出资股东的权利限制研究》,载《现代商业》2020 年第 1 期,第 108—109 页。

在认缴制下出资程序依法履行难以确保。这是因为,取消了出资验资制度,无须提供企业成立时出资已实际到位的相关验资证明,投资者是否真实出资无相关具有公信力的证明性材料佐证。

在中小企业设立中,将出资期限设定为 20 年以上的,在实际执行中,可能会发生的情形是:当该企业终止时,企业投资者还没有履行过出资义务,企业清算之时便为企业投资者出资之日,投资者的出资失去了应有的注册资本的功能。有抽样调查显示,中国民营企业平均寿命仅 3.7 年,中小企业平均寿命则只有 2.5 年。[1] 这也就意味着,在注册资本还未缴足时该企业就已倒闭,企业投资者出资对企业经营的意义与作用已经丧失。

5. 准入监管弱化现象的发生

注册资本实缴制有利于登记管理机关及时、有效地识别企业投资者是否存在设立欺诈行为,有利于强化过程性监管,保障市场经营秩序与债权人的交易安全。

而注册资本认缴制体现的是股东自治理念,代表的仅是股东承诺在一定期限内缴足其认缴资本,具有公示性。[2] 在给予企业投资者与企业更多的自由度的同时,一定程度上弱化了国家相关监管机构对企业投资者与企业的管控能力。

第三节　放宽市场准入条件对企业退市行为的影响

放宽市场准入条件要求简化企业开办条件与开办程序,而开办条件与开办程序的简化是否会对企业的市场退出带来影响,以及如何带来影响? 对这一问题的拷问,势必引发我们去思考二个相关性问题:一是,市场准入与市场退出两者的相关性如何? 二是,放宽市场准入条件,对于企业退市行为的影响是如何表现的?

---

① 刘兴国:《中国企业平均寿命为什么短》,载《经济日报》2016-06-01。
② 杨慧:《浅析我国商事登记制度的现状、问题及完善》,载《企业科技与发展》2020 年第 1 期,第 232—233 页。

一、年度经营申报制度对企业退市行为的影响

（一）年度经营申报制及其实施

1. 企业年检制的取消与年度经营申报制的生成

对企业年度经营情况如何进行监管，在市场监管模式转型前后有较大的差异。

在"严进宽管"监管模式下，国家市场监管部门采用企业年检的方式实行监管。其基本做法是，企业应每年于3月1日至6月30日（有正当理由经申请可适当延长），向企业登记机关提交年检材料。企业应当对其提交的年检材料的真实性负责。企业登记机关应当自受理之日起5个工作日之内完成对企业提交的年检材料中涉及登记事项、备案事项的相关内容的书面审查，需要对实质内容进行核实的除外。经审查符合规定的，在营业执照副本上加盖年检戳记；不符合规定的，责令其限期改正。企业不按照规定接受年度检验的，由企业登记机关责令其限期接受年度检验。违反的可给予罚款，情节严重的可以给予吊销营业执照的行政处罚。国家工商行政管理总局曾于1996年12月制定《企业年度检验办法》（工商总局令〔1996〕61号，1998年12月修订），2006年，国家工商行政管理总局重新制定了《企业年度检验办法》（工商总局令〔2006〕23号）。至2014年被取消，年检制度整整运行了18年之久。

自2014年10月始，在市场监管模式转型后取消了年检制度，代之以企业年度经营信息申报与公示制度，简称"年报制"。国务院制定了《企业信息公示暂行条例》（国务院令〔2014〕654号），国家工商行政管理总局专门制定了《严重违法失信企业名单管理暂行办法》（工商总局令〔2015〕83号），2021年7月，重新制订《市场监督管理严重违法失信名单管理办法》（国家市场监督管理总局令〔2021〕44号）。

年报制的基本内容是，登记注册企业应在规定时间内（每年1月1日至6月30日），通过国家企业信用信息公示系统报送上一年度企业注册、存续、投资、经营等方面的情况，并向社会公示，以履行法定义务。当年设立登记的企业，自下一年度起报送并公示年度经营报告。个体工商户和农民专业合作社的年报制参照企业年报制实行。经检查发现企业年度经营报告隐瞒真实情况、弄虚作假的，商事登记机关依法予以处罚，并将企业法定代表人、负责人等信息通报公安、财政、海关、税务等有关部门，形成"一处违法，处处受限"的惩戒机制。对未按规定期限公示年度报告的企业，商事登记机关会将其载入经

营异常名录。企业在 3 年内履行年度报告公示义务的,可以申请恢复正常记载状态。超过 3 年未履行的,商事登记机关将其永久列入严重违法失信企业"黑名单"。

2. 年度经营申报制的实施及其评价

企业年报制不是对年检制的修改和补充,而是一项全新的制度,立法目的、制度内容、法律后果等方面和企业年检制度完全不同。企业年报制与年检制相比,在监管方面具有以下几个方面的促进价值。

首先,在监管理念上的差异。动态性监管系两类制度的共性,但它们在监管理念上却存在差异。企业年报制强化的是社会监管,而年检制强化的是政府监管。年报制的实施使得企业由"对政府负责"转向"对社会负责",贯彻社会共治的理念。

其次,在监管内容上的差异。在年报制下,企业需按年度一次性完成向商事登记机关报告有关经营情况和向社会公示有关经营信息两项行为。企业必须通过国家企业信用信息公示系统公示年报信息并接受社会监督,以此达到企业自律与他律的有机结合。年检制则通过"报"(企业申报)配之于政府部门的"检",即年检制是在相对封闭的运行体系内,完成政府部门对企业的年审与评价。

最后,在监管责任落实上的差异。年报制通过建立起经营异常名录与"黑名单(严重违法失信企业名单)制度",推进动态监管,允许企业自行改正[①],而不只是处罚(吊销营业执照)。在法律属性上,设立"黑名单"是行政部门的一种信用监管措施,属于一种具体行政行为。而年检制侧重的是"检",通不过的则给予"罚"(吊销营业执照),管理方式相对僵化,利用信息进行动态监管功能未能得到应有的发挥。

信息的充分供给和信用体系建设不可能完全依靠市场这只"看不见的手"去实现,需要政府中立、公正地介入其中,通过构建企业信用信息公示体系,强化市场主体主动公开相关经营信息的义务,以解决交易、管理中信息不对称等问题,并通过公开透明的信息平台由社会来评价市场主体的年度经营行为,起到对市场主体经营行为的监督效果,这正是企业年报制得以生存与发展的原因所在。

---

① 按《企业信息公示暂行条例》,自列入经营异常名录 3 年内消除的,企业可申请移出经营异常名录,否则将被列入严重违法失信企业名单,并通过企业信用信息公示系统向社会公示;企业自被列入严重违法失信企业名单之日起满 5 年未再发生相关情形的,可由市场监督管理部门移出严重违法失信企业名单。

（二）年度经营申报制对企业退市行为的影响

1. 对企业成长能力的影响

企业成长是在年年相随下进行的，每年伴随年度经营申报活动。

年度经营申报具有动态性监管的特点，商事登记机关要求企业按时申报上年度的投资者出资、股权变更、行政许可取得与变更、知识产权出质登记信息、行政处罚信息，并在申报的基础上要求公示，以接受社会监督，这对表彰企业营业信用，激励企业成长具有推进功效。

2. 对企业健康指标的影响

一个企业是否可持续发展和它本身的健康度是密切相关的。衡量企业健康度的主要指标有健康的理念、健康的机体、健康的行为、健康的保健、健康的诊疗。

年报制是一个有机的整体，其中，申报与公示是方式，对不当行为处理与处罚是手段，其目的是通过年复一年的循环式活动，在每年度比较中发现企业各项指标的健康状况，政府相关部门通过相关数据的比较与分析，及时采取相关政策督促企业予以改正，促进企业健康发展。

3. 对企业退市行为的影响

在年报制中，专门建立了"黑名单"制度。对列入"黑名单"的企业建立起了"移出规则"，即通过吊销营业执照，要求其进入解散与清算的过程。然而，如何使"移出规则"与"退市规则"有机结合，在制度设计上促使它们走向融会，仍需要作进一步的思考。

年报制通过披露企业的背信行为，可以使其他市场主体获得充足信息并据此作出理性决策。失信企业得到行为纠偏信号后应及时作出纠错决定，否则将承担更加严重的负面后果。不过，年报制的作用范围仅局限于试图继续营业的企业，对经营状况漠不关心的企业则难有成效。

二、年度经营信息公示制度对企业退市行为的影响

（一）年度经营信息公示制度的内涵

1. 年度经营信息公示的概念

年度经营信息公示是指企业经营信息在完成申报的同时，应通过特定的信息网体系进行公示，就企业年度经营信息申报材料的客观真实性，接受社会公众监督。

年度经营信息公示具有以下基本特征:一是公示网站的特定性,二是公示内容的特定性,三是公示对象的不特定性。

2014年8月,国务院颁布《企业信息公示暂行条例》,该条例确立了企业信息公示制度,并以此来促进企业诚信自律、接受社会监督,营造公平竞争市场环境。《企业信息公示暂行条例》的颁布意味着我国将从主要依靠行政审批管企业,转向依靠社会力量规范企业。

2. 年度经营信息公示制度的基本内容

企业年度经营信息公示制度主要涉及两个方面的内容。

(1)企业应按时报送年度经营信息报告并进行公示。企业应当在每年的上半年将年度经营信息报告上交商事登记机关进行公示,公示的内容包括企业基础信息,如企业的地址、联系方式、邮政编码以及邮箱、企业设立时间、投资信息,还包括企业的年度经营状况,如企业营业额、员工数量、对外负债以及投资状况等。通过对每一企业基础信息与经营信息的公示,使社会公众可以更直观透明地了解到企业状况,保障交易活动的可靠性。企业经营信息公示提升了社会运行效率,节省了行政资源,并减少了企业的交易成本。

(2)建立黑名单制度。所谓黑名单,系"红名单"(守法诚信企业)的对称,即"严重违法失信企业名单",是指对被列入严重违法失信企业名单的企业实施信用约束、部门联合惩戒,并通过企业信用信息公示系统向社会公示。

就黑名单的法律属性而言,它是行政部门对严重违法失信行为的一种信用监管措施,属于一种具体行政行为,并非是《行政处罚法》所规定的行政处罚措施。在执法程序上,行政机关将企业列入黑名单的程序不是按照《行政处罚法》规定的程序进行,而是按照国家工商行政管理总局制定的《严重违法失信企业名单管理暂行办法》(工商总局令〔2015〕83号)和重新制订的《市场监督管理严重违法失信名单管理办法》(国家市场监督管理总局令〔2021〕44号)的相关规定的时限执行。在法律后果上,列入黑名单不会对企业在经济利益上造成直接减损,但会产生间接损失,且间接损失是多方面的,如政府部门实施信用联合惩戒可能导致企业交易机会减少、交易成本增加等。

(二)年度经营信息公示制度的实施

1. 年度经营信息公示系统的建立与公示

年度经营信息公示系统由国家统一建立,在该系统运行上采用同一建设标准。

首先,规范企业年度经营报告的报送时间、公示程序和公示载体。

其次,把年度经营报告公示的内容限定为能够直接反映企业经营状况的基本信息。如企业开业、歇业、清算等存续状态的信息;企业投资设立企业、购买股权的信息;股东认缴或实缴出资数额、出资时间、出资方式等信息;股权转让等股权变更信息;行政许可取得、变更、延续信息;知识产权出质登记信息;受到行政处罚信息等。而对于企业资产总额、主营业务收入、利润总额、对外担保等信息,由企业自主选择是否公示。

再次,实行年度经营报告信息公示与随时报告经营信息公示相统一。要求企业对于纳入年度经营报告的信息发生变化的,应在变化(变更)后及时进行报告公示。

最后,强化企业责任承担。要求企业应对其公示信息的真实性与及时性负责。

2. 举报、存疑与处理

公民、法人或其他组织发现企业公示信息虚假的,可以向市场监管部门举报。接到举报的市场监管部门应当自接到举报材料之日起 20 个工作日内进行核查,予以处理,并将处理情况书面报告举报人。

公民、法人或其他组织对公示的信息有疑问的,可以向政府部门申请查询。收到查询申请的政府部门应当自收到申请之日起 20 个工作日内书面答复申请人。

3. 对问题企业的处理

对未按照规定期限公示年度经营报告或者未按市场监管部门责令的期限公示有关企业经营报告的,或者企业公示的信息隐瞒真实情况、弄虚作假的,县级以上市场监管部门可以将其列入经营异常名录,并通过企业信用信息公示系统进行公示,情节严重的,可给予行政处罚。造成他人损失的,企业依法承担赔偿责任。

对于满 3 年未依法履行公示义务的,由市场监管部门列入严重违法失信企业名单,并向社会公示。被列入严重违法失信企业名单的企业法定代表人、负责人,3 年内不得担任其他企业的法定代表人、负责人。如企业被列入严重违法失信企业名单之日起满 5 年未再发生上述违法情形的,可以移出严重违法失信企业名单。

(三)年度经营信息公示制度对企业退市行为的影响性评析

1. 社会监管对企业退市行为的影响

企业年度经营信息对外公示,是实现企业基础信息与基本信息社会共享的重要途径。在商事登记制度改革之前,企业在相关部门登记的信息是不对外公开的。如因商事交易需要,想知悉一个企业的登记信息,需要向企业登记机关要求查询,在得到登记机关同意后才可摘录相关登记信息。

企业年度经营信息对外公示,为社会公众获取企业的经营信息提供了便利,改变了因信息不对称给交易行为带来的不安全性,也可以防止信息不对称所产生的欺诈行为。同时,推行企业年度经营信息公示制度,使得企业的经营行为受到社会监督,市场竞争环境增加了透明度,有利于更全面地保障交易相对人和债权人的利益。

现实社会中,一些债权人要求债务企业按破产程序处理,其相关的债务企业的经营性数据就来自年报所公示的信息,这对于倒逼债务企业退市具有特殊功效。

2. 移入经营异常名录与"黑名单"对企业退市行为的影响

企业经营异常名录和"黑名单"是市场监管部门对企业进行信用制约的一种监管手段。移入经营异常名录与"黑名单"对企业退市行为的影响性主要体现在以下方面。

(1)移入经营异常名录的记录将"伴随终生"。即使恢复移除了经营异常名录,曾经被列入经营异常名录的痕迹仍被记录。

(2)政府部门实施信用联合惩戒。如市场准入限制、融资授信限制、高消费行为限制、取得政府供地限制、参与政府采购活动限制、参与招投标限制、获得相关荣誉限制等。

(3)日常经营活动受限。经营异常名录资讯被银行等金融机构作为贷款、担保、保险等商事活动的参考依据,移入经营异常名录的企业将在接受相关服务时受到限制。

(4)载入满3年的列入严重违法失信企业名单。被列入严重违法失信企业名单是经营异常名录状态持续的结果,是更严重的失信行为,将受到全社会更为严厉的惩戒。

(5)企业负责人任职受限。被列入严重违法失信企业名单的企业法定代表人(负责人)、董事、监事、高级管理人员的相关信息将被纳入信用监管体系,任职资格等相关事项受到限制,3年内不得担任其他商事主体的董事、监事及包括经理、副经理、财务负责人、上市公司董事会秘书等在内的高级管理人员。

三、经营范围放宽制度对企业退市行为的影响

（一）企业经营范围的功能价值

1. 企业经营范围制度在我国的演进

经营范围是指国家允许企业生产和经营的商品类别、品种及服务项目，反映企业业务活动的内容和生产经营方向，是企业业务活动范围的法律界限，体现企业民事权利能力和行为能力的核心内容。核定的企业经营范围是区分企业合法经营与非法经营的法律界限。

自新中国成立以来，我国就从苏联承袭了高度集中的计划经济体制。每一个法人的成立都是为了在生产领域或社会文化领域执行严格规定的职能，因此，每一个法人，就其活动的性质来说，并不是无所不为的，其只能在一定范围内完成其经济的或社会的任务。

按我国现行企业法的相关规定，对企业的经营范围主要有以下方面的法律要求。

（1）企业的经营范围由企业章程规定，不能超越章程规定的经营范围申请登记注册。

（2）企业的经营范围以登记注册机关公布的经营项目分类标准进行申请登记，企业应当在登记机关核准的经营范围内从事经营活动。

（3）企业的经营范围中涉及法律、行政法规限制的项目，在进行登记之前，必须依法经过批准。

（4）经营范围分为许可经营项目和一般经营项目。许可经营项目是指企业在申请登记前依据法律、行政法规、国务院决定应当报经有关部门批准的项目，一般经营项目是指不需批准可由企业自主申请的项目。经营范围中属于在登记前依法须经批准的许可经营项目，市场主体应当在申请登记时提交有关批准文件。

2. 企业经营范围制度的作用机理

法律设定经营范围，其目的是要求每个企业在登记机关核定的经营范围内从事业务活动，并依照企业是否在核定的经营范围内从事业务活动，区分为合法经营与非法经营进行评价，其实质是对企业的商事能力作出了一定的限定。确定企业经营范围，其相应的制度考量在于以下方面。

（1）方便投资者了解企业的投入方向，理解设立企业的根本宗旨，有利于减少已经存在或者可能存在的投资风险。

（2）为企业开展经营活动确定大体的范围，有利于促进不同从业领域的企业的分工，促进企业经营活动的专业化发展，且便于国家对企业进行归类与统计。

（3）将经营范围作为公司章程中的记载事项，具有对内效力。即为企业投资者限制经营人滥用权利行为，追究董事或经理人责任，以及要求责任人赔偿企业损失提供依据。这既有利于增强企业经营班子的经营责任性，又有利于企业根据经营范围招聘职业经理。

（4）方便政府对行业发展情况进行统计，对于特定业务进行规制。对企业经营范围进行划定，为企业类型设定提供依据，有利于确定企业税种与税源，以更好地实现宏观调控目的。

3. 对企业经营范围制度的政策优化设计

从我国企业经营范围制度的演进性分析，企业经营范围总体呈现出以"放宽"为核心的政策优化特点。

从新中国成立后到改革开放之初，企业营业执照所记载的经营范围的核定较为严格，主要以"主营"与"兼营"为登记的内容，主营项目比较单一。如企业需多业经营，允许在"兼营"上作适当的扩充。

20世纪90年代之后，我国企业的经营范围开始逐渐放开，取消了兼营登记，将经营范围划分为一般经营项目与许可经营项目。对于一般经营项目，准许企业在经营项目目录内，根据企业从业领域自行选择，且不局限于单一性的经营项目。对于特许审批类经营项目，要求经过审批后方可经营。依法律法规须经批准的项目，经有关部门批准后方可开展经营活动。在2013年商事登记制度改革后，随着市场准入条件放开，有关企业经营范围趋向放宽。

（二）企业经营范围制度对企业退市行为的影响

1. 放宽经营范围对企业经营行为的影响

在现代社会，企业已成为最重要的商事主体，其经营范围"直接决定并反映着商事主体的权利能力和行为能力的广度和深度"[1]，影响着现代企业制度与市场制度。

放宽经营范围有利于企业在一定范围内进行多业经营，减少了企业投资者在项目投资上的风险。

放宽经营范围有利于企业稳健经营，不再因为新增业务超出营业执照铭

---

① 　赵中孚主编：《商法总论》，中国人民大学出版社1999年版，第158页。

示的经营范围而频繁变更登记,进而减少了证照变更程序。

2. 放宽经营范围对企业监管行为的影响

放宽企业经营范围,强化了企业对经营范围功能定位的精确性要求,企业经营范围的立法规制与企业经营行为的自治之间的界线得以进一步明确。

在放宽企业经营范围的背景下,市场监管部门不应再从企业一般性超越经营范围违法性上去思考法律规制问题。2021 年 6 月国务院颁发的《关于深化"证照分离"改革进一步激发市场主体活力的通知》(国发〔2021〕7 号)中规定,企业超越经营范围开展非许可类经营活动,市场监管部门不予处罚。这一规定改变了一些数十年的制度规定,企业经营范围对于一般性经营项目不再是"紧箍咒",而是"公示牌"。这要求市场监管部门应从一般经营项目与许可经营项目的区分性上,设计出对于许可类经营项目更加合理的规制性措施。即一般性经营范围登记体现在公示功能和政府备案功能上,而许可经营项目登记则体现在许可功能上。质言之,企业原则上在其登记的经营范围内从事主要的经济活动,但允许企业在经营范围以外根据市场变化做一些调整,市场监管部门不应过多干预企业的此类调整行为,但对于列入限制经营和特许经营的项目或行业,应给予严格监管,以不影响国家、社会及他人利益的实现。《公司法》第 12 条规定,"公司的经营范围由公司章程规定,并依法登记。公司可以修改公司章程,改变经营范围,但是应当办理变更登记。公司的经营范围中属于法律、行政法规规定须经批准的项目,应当依法经过批准"。

3. 放宽经营范围对企业退市行为的影响

放宽经营范围有利于企业自主经营,也有利于企业及时调整投资领域与经营方向,进而可以减少或避免企业经营领域或经营方向失误带来的法律风险,并防范企业因超越经营范围导致经营不善甚至亏损而引发退市现象的发生。

放宽经营范围后,对一般性经营范围的超越将不再作为行政处罚情形,可以减少企业因经营业务变化未及时变更经营范围而面临行政处罚的风险。

放宽经营范围有利于推动产业融合过程中出现的跨界经营,助力新产业、新业态、新模式的发展,为一些原本经营机制不灵活、经营范围过于收窄所形成的"僵尸化"企业提供新的生存与发展机遇。

四、放宽市场准入条件对企业退市"量"与"质"影响的考察

(一)放宽准入条件对企业退市"量"的影响与评析

1. 以退市企业类型为观察点

放宽准入条件后,企业开办数量增速高于个体工商户增速。据相关数据,虽然实有个体工商户在总量上仍占绝对优势,但是占比在逐年下降,企业占比则在逐年上升。2014 年底,实有个体工商户 4984.1 万户,占同期实有市场主体的 71.9%,企业占 26.2%。2015 年至 2017 年,实有个体工商户占比分别为 69.8%、68.1%、67.0%,而企业占比分别为 28.2%、29.8%、30.9%。[①]

这些数据与放宽准入条件后增多的企业类型成正向性。由此也表明,在准入条件的设定上,主要针对的是企业,而准入条件的放宽,得益最为明显的自然也是企业。

2. 以退市企业年限与退市量为观察点

放宽准入条件后,一些企业投资者在没有作出充分的经营活动准备的情形下仓促入市,但入市后,部分企业没有开展业务经营活动,也无能力开展。于是,这些企业又急于退出市场。

国家工商行政管理总局于 2013 年发布的《全国内资企业生存时间分析报告》显示,从 2000 年以来新设立企业退出市场情况来看,企业当期平均死亡率呈"前高后低、前快后慢"态势。企业成立当年的死亡率为 1.6%、第 2 年为 6.3%、第 3 年最高为 9.5%。总体来看,企业成立后的 3~7 年当期平均死亡率较高,随后渐趋平稳。

2013 年放宽准入条件后,相关数据发生了变化。数据显示,截至 2021 年上半年,我国市场主体总量从 2012 年的 5500 万户增长到 2021 年 7 月底 1.46 亿户。2021 年上半年,全国共有 154.62 万户企业注销退出市场,新设企业与退出(注销)企业的比例由商事制度改革之初的 4∶1 变为目前的 2∶1。[②] 如果按各类企业占市场主体 30% 换算,在 2021 年上半年,全国就有 46.38 万户企业退出市场。这表明,一方面,放宽准入条件后,进入市场的便利化使得一部分企业投资者即进即退,并不具备市场上的实际运营能力。另一方面,随着

---

① 国家市场监督管理总局法规司:《商事制度改革中的市场主体发展情况分析与建议》,载《中国质量报》2018-11-21。

② 林丽鹂:《市场主体年均净增长超 1000 万户》,载《人民日报》2021-09-08,第 1 版。

我国市场经济体制改革的深化,市场主体的"新陈代谢"提速,充分发挥了优胜劣汰的市场机制作用。

(二)放宽市场准入条件对企业退市"质"的影响与评析

1."休眠企业"数量增加

"休眠企业"即企业歇业的一种状态。按现行《公司法》《企业法人登记管理条例》规定,歇业企业是指在领取企业法人营业执照后,满6个月没有开展经营活动或者停止经营活动超过1年的企业。

放宽市场准入条件,增加了市场主体的数量,但进入市场后,有一部分企业由于进入前准备不充分而被"浪"打晕,或进入后投资运行能力有限而"力不从心",或长期游离于经济生活的灰色地带,"险象丛生"。它们有一个共同点,就是没有开展实质性的经营业务,或开展些经营业务但难以为继而处于停业状态,加之企业退市不畅,便成为"休眠企业"。这类"休眠企业"比之市场准入条件放宽前明显增多。有分析数据显示,一些省份的市场监督管理局对所属省份新登记注册企业的开业率进行统计分析,注册企业的开业率大致维持在71%～80%,比放宽市场准入前85%～90%的开业率有较大幅度下跌。

2. 健康型企业数量相对减少

在看到放宽市场准入条件对企业设立与企业成长发展带来积极效应,使得企业数量增加的同时,也应当关注健康型企业在相对减少这一事实。引起减少的原因主要有以下方面。

(1)宽进条件引发的后遗症与并发症。市场进入的"宽进"重数量轻质量,鱼龙混杂,哪些属于企业设立中的优质资源,哪些属于企业设立中的劣性资源,没有得到有效的筛选,也难以去筛选。

(2)事中监管与事后监管制度存在监管弱化问题。企业进入市场后,以"年度经营信息申报＋公示"为核心的监管制度体系,较难发现虚报情形下的违法行为与虚假行为,因而也难以通过监管予以及时纠正。

(3)商事登记制度改革前未年检也未被吊销的企业有一部分被沉淀留下,引发处置上的难点。根据原国家工商行政管理总局的相关规定,对商事制度改革前未年检而没有被吊销的企业不再进行行政处罚。这些企业大多数已名存实亡,基本不再提交年报,最终沉淀在经营异常名录库中。由于不再对其进行行政处罚,也没有建立起强制注销制度,所以对这些经营异常名录中的企业没有一个很好的退出制度。如何处理经营异常名录中的企业成为当前退市难题。

第四节 准入制度与退出制度之协调：
企业退市制度的新思考

我国目前正迎接着企业退市的大考，其背景是企业准入条件变化引发企业退市的新问题。检视我国市场监管制度，需要正视的问题是，现行的市场监管制度所建立起来的监管机制尚不能完全解决由"宽进"带来的退市难题，"严管"与"宽进"的各种措施未能有机地衔接起来形成整体合力。如何在此次企业退市大考中获胜，需要从市场准入与市场退出制度的协调性上去构建企业退市的新制度框架。

一、便利化准入与简易化注销相关联的配套性制度构建

（一）对特定企业快捷进出通道的构建

1. 对微型企业快捷进出通道的构建

微型企业是中小企业的一种类型。在目前企业分型上，可以将企业分为大、中、小、微企业。针对微型企业，不同行业有不同的标准。农、林、牧、渔业营业收入 50 万元以下的划入微型企业，工业领域从业人员 20 人以下或营业收入 300 万元以下的为微型企业。

微型企业大多为个人独资企业、合伙企业，小部分为有限责任公司，市场准入门槛较低，经营规模小，进入市场经营后，债权债务相对简单。因此，在市场退市制度设计上，可以采用简易注销方法准予其退出市场。

2. 对未经营企业快捷进出通道的构建

未经营，即未营业，是指企业开办后因种种原因未进行过营利性活动。引起企业设立后未营业的原因较多，有些是基于企业从事特定项目需行政审批，因企业自身条件不具备而未获得行政审批通过（如消防审批、特许项目审批等），有些是基于企业投资项目选择有误，企业设立后无法开展此类投资项目（如房地产领域的项目公司等），也有的是企业成立后无法筹集经营资金而未启动经营业务。需要注意的是，未经营过业务的企业并不等于未发生过债权债务。企业成立过程中也会有设立费用的发生、员工招聘工资性债务的发生、租房和增加设备等价款的发生。由于未进行过营业活动，总体而言，该类企业的注销风险处于可控范围，可以采取简易注销的方式，以减少因普通注销所引

发的大量制度性成本。

3. 对债权债务清结企业快捷进出通道的构建

债权债务已清结是指企业成立后开展过营业活动，但在企业退市前已作了清算与清偿，并能提供相对完整的清算报告。对于债权债务已清结的企业，经投资人承诺后，可采取简易注销方式退市。

企业以债权债务已清结要求以简易方式退市，具有一定的主观意定性，如何审核债权债务清结的质量，商事登记部门未必能够作出确定的审查结果，故在准许退市还是不准许退市抉择时，应采取宽严相济的市场监管政策。该严则严，当宽则宽，宽严有度，宽严审时。我们建议采取"当事人申请＋登记机关形式审查＋投资者承诺"的方式，对上述三者基本符合的，可以准许其以简易注销的方式退出市场。

(二)对特定情形构建企业存续、注销容忍制度

1. 构建符合歇业条件企业存续制度

我国《公司法》第 211 第 1 款规定，"公司成立后无正当理由超过 6 个月未开业的，或者开业后自行停业连续 6 个月以上的，可以由公司登记机关吊销营业执照。"从条文文义上看，法律对未开业或停止营业超过 6 个月的公司持单纯否定的态度，即对存在歇业行为的企业倾向于要求其退市。

实际上，企业未开业、停业的原因具有复杂性。"未开业"和"停业"从文义来理解，既有单纯休眠的情形，也存在空壳休眠的情形。所谓单纯的休眠，主要是指企业设立后，因某些经营领域审批条件尚不具备无法营业，或企业遇到不可抗力(如重大疫情影响)无法正常营业，或企业在一个重大建设项目完成后准备另一个重大项目期间无经营业务，虽自始未开始营业或已停止营业，但有继续存续的意愿且实体存在。所谓空壳休眠则是指企业设立后，已无实体，仅存在于商事登记部门的登记簿上。空壳休眠的企业在设立时既无资金，也无设备，更无相关人员，处于空壳化运行状态，设立时大多存在设立的目的动机问题；也有一些企业在经营过程中出现严重亏损，无法继续营业，而只能选择歇业和停业。

从市场监管角度而论，对于这两类企业作出分类，具有现实意义，该分类既涵盖实践中的休眠企业，又有助于凸显从适用不同监管制度角度呈现的核心特征。更重要的是，将单纯休眠企业提炼出来，具有多重制度价值。经过适

当的制度改造,可以充分发挥此类企业制度的社会经济功能。①

对它们的识别可以从企业实体(经营管理机构)是否正常运行、是否按时公示有关信息与报送年报信息、是否进行变更登记、是否申报纳税或履行其他法定义务等方面进行。故而,一种可为的途径是,通过在对"休眠企业"作出吊销营业执照前,附加必要的执法程序性规范,如要求企业提供相关材料,并如实作出说明属于单纯休眠还是空壳休眠,进而对"未开业"和"停业"的含义进行限缩解释。将"未开业"和"停业"限缩在一定年限内"名存实亡"、实体已不存在的企业范围,对两类休眠企业实行区别管理,进而实现社会总体效率的最大化。

从本质上看,通过歇业备案制度给单纯性的休眠企业以"休养生息"的机会,是一种相对宽松、包容的市场监管制度。在我国市场监管实践中,有些地方曾试行该项制度。如深圳市在2008年金融危机之后推出了企业休眠措施,允许休眠企业经批准后存续一段时间,且保留其营业执照。这些措施有效地帮助企业在金融危机之后渡过难关。②

2020年11月,国务院办公厅督查室发布关于国务院第七次大督查收集转办部分意见建议情况的通报,其中提到,试行企业"休眠"制度。这在全球尚未走出疫情阴霾的形势下,不仅可以让有关企业有喘口气的机会,以重整旗鼓,获得新生,还契合了中央一再强调的"六稳""六保"要求,有利于进一步优化营商环境。2021年8月由国务院制定的《市场主体登记管理条例》也对企业歇业备案制度作出了规定。

企业休眠制度的设计,主要目的在于完善"保市场主体"的政策措施,让受疫情影响和经济环境影响的企业和其他市场主体,能够在注销或者被吊销之外有更能节省交易费用的便捷选择。③ 在"休眠"期内除不从事经营活动外,企业仍然具备商事主体的其他合法权益,"休眠"期届满前可以自主申请恢复正常经营状态。

在与国外相关制度的比较考察中,我们发现,推出企业"休眠"制度,符合国际惯例。比如,在有些国家的公司法中,自设立或前一个财务年度末以来,若公司没有重大会计交易,即被视为休眠公司。有的国家将"休眠"公司定义

---

① 郭慧阳:《单纯休眠公司长期存续制度研究》,载《中国市场监管研究》2020年第6期,第27页。

② 罗英、张智成:《对我国建立市场主体休眠登记制度的探讨》,载《中国市场监管研究》2020年第6期,第6页。

③ 舒圣祥:《休眠制度让困难企业"停机保号"》,载《中国审计报》2020-12-14。

为"那些停止营业活动并且未经解散及清算而又闲置商业登记的公司",对"休眠"公司允许其在一定时期内存续,并规定了"休眠"公司的解散制度。

但是,在充分肯定企业"休眠"制度积极意义的同时,也要防止该制度被滥用,防范"休眠企业"变成另类"僵尸企业",给市场经济秩序带来诸多隐患。

当然,防止企业"休眠"变另类"僵尸企业",还需要在立法上将企业"休眠"制度和解散、清算以及破产等终止程序作一个闭环式规定,从而使企业不能轻易钻制度的空子,扰乱市场经济秩序。[①]

2. 对合并、分立情形下企业快速退市的容忍制度

企业合并与分立是企业重组的重要方式。对企业合并与分立所引起的企业退市,总体所采取的退市政策应持注重效率的容忍态度。

企业合并有吸收合并与新设合并之分,在吸收合并情形下,被吸收的企业应予以注销而退市。由于合并性质决定了原企业的债权债务由合并后的企业来承继,在此情形下,被吸收企业无须进行清算程序即可实行注销程序。

企业分立有新设分立或派生分立之分。在新设分立情形下,原企业应予以注销而退市。按照相关法律规定,分立行为导致原企业的债务由分立后的企业来承继,在此情形下,原企业也无须进行清算程序即可实行注销程序。

二、从准入源头上推进企业退市大数据监管的思考

(一)企业准入基础性数据的保存与利用

1. 基础性数据的保存

企业基础性数据主要是指企业登记事项的相关数据与内容,以及企业年度经营申报相关数据与内容。在目前信息化、大数据时代,应当利用好这些数据,为企业经营行为的合法性、企业退出的预警发挥积极的作用。

首先,应强化基础性数据的收集工作。收集数据是保存数据的前提,收集企业准入相关的基础性数据应强调系统性与全面性要求。

其次,应强化基础性数据的归类与整理工作。相关数据应根据监管要求进行归类与整理,为数据的整体性利用打下基础。

2. 基础性数据的应用

基础性数据重在实际应用,具体的应用机制建构可由大数据技术提供

---

① 吴睿鸫:《企业"休眠"制度有利优化营商环境》,载《经济日报》2020-12-03。

支持。

首先,应从市场主体准入源头上构建市场主体优劣甄别机制,从市场准入数据上对比分析哪些企业在进入市场后,可能会由于"先天不足"而影响正常的市场经营活动。

其次,应建立市场主体退出预警机制。当发现企业在经营活动中存在经营异常情形时,应通过大数据监管优势及时对这些企业发出预警,并进行必要的提示。

再次,强化企业经营信息披露义务。根据年度经营信息申报与公示的要求,强化企业对相关信息披露的真实性、准确性、完整性、及时性。对信息披露违法违规的企业,要依法依规采取措施,并限期整改。

(二)企业准入数据的筛选与利用

1. 企业分型数据的筛选与利用

企业市场准入中的分型,即根据企业的类型划分所储存的相关数据,对企业退市制度的针对性构建具有一定的参考价值。

一般而言,具有小微企业特点的有限责任公司、个人独资企业、合伙企业,大多数存续年限不会太长,应强化对它们退出的监管。如果具备简易注销条件,尽量按简易注销的方式处理。对于股份公司,监管的重点在于更多地考虑如何让它们有一个更长的生命周期,因为一旦发生退市情形,就会相对复杂,需要按照普通注销退市的方式进行。

2. 企业登记项目变动数据的筛选与利用

对登记事项进行识别在企业退市监管中也具有特定的意义。

例如,企业投资者、法定代表人的变动会影响企业的生存发展能力。一般而言,企业投资者或法定代表人故意转让给年迈的自然人,极有可能是企业实施违法退市的前兆。

又如,企业注册资本增加,往往是企业走向稳健经营的前兆;相反,企业减资,则是企业实施退市的前兆。

(三)年度监管数据的筛选与利用

1. 未申报年度经营信息数据的筛选与利用

企业未按规定期限进行年度经营信息申报,也未在责令期限内予以申报,意味着该类企业将会被移入经营异常名单,其后果是该企业将会走向退市。

对该类数据进行重点监管具有现实意义:一方面,发现企业存在这些行为的,市场监管部门应当及时预警,进行必要的提示服务。另一方面,市场监管部门在对相关数据进行收集、监控的基础上进行相应的数据分析,可以为制定相关监管政策提供充分的数据支持。

2. 列入"黑名单"的企业数据的筛选与利用

列入"黑名单"的企业属于严重违法与严重失信企业。尽管在目前市场监管中,失信"黑名单"企业所占的比例不是很高,仅占全国注册登记企业比例的1.3%,但它对市场主体的稳定、健康发展影响甚大。

对该类数据的形成,应关注它们的动态变化,并研究形成该类数据的原因,在此基础上,为市场监管部门实施精准的整治对策提供充分的数据支持。

三、从准入源头上推进企业退市大信用监管的思考

(一)企业退市大信用监管的现状与问题

1. 信用监管之意涵

信用监管就是运用大数据推进社会信用体系建设,建立以信用为核心的新型市场监管制度,它是社会信用体系建设职能定位的重大突破。其特点是以信用为核心的事中事后监管,是通过区别不同主体信用状况所实施的分类监管,是瞄准违法失信风险的精准监管,更是多部门配合联动的协同监管和社会力量共同参与的综合监管。

在2019年召开的全国人大与政协"两会"上,"信用监管"首次被写入政府工作报告。同年国务院办公厅印发了《关于加快推进社会信用体系建设 构建以信用为基础的新型监管机制的指导意见》(国办发〔2019〕35号),明确信用监管是提升社会治理能力和水平、规范市场秩序、优化营商环境的重要手段。2020年11月,国务院常务会议确定完善失信约束制度、健全社会信用体系。

企业信用监管是指企业在市场准入、经营、注销过程中,政府部门依照国家法律、行政法规和相关政策,对企业发生的各项信用活动予以激励、惩罚的监督方式。企业信用监管具有特定性、行政管理性以及动态监控性等特点。

在企业信用监管法律关系中,监管的主体是政府,主要由市场监管部门牵头,监管的对象是企业,监管的内容则是企业的信用活动以及对信用的真实性评价。

虽然我国没有对企业信用监管进行统一立法,制度规定散见于各项法规、规章和规范性文件中,但近几年来,企业信用监管法律制度体系逐步趋于完

善。从实践层面,2014年建立了全国企业信用信息公示系统,实现了企业信用信息的归集共享,"一处失信,处处受限"的信用联合惩戒机制得以推行。

2. 企业退市信用监管实践及困境

首先,我国的企业信用监管立法不够系统化。一些领域并未立法,导致无法可依的现象出现;对于已有法律规定的领域,部分法律规定过于概括和原则化,缺少针对性;各地政府出台了针对企业信用监管的政策规定,但不同地区呈现出的政策的差异性,在某种程度上会纵容企业的失信行为;在全国范围内没有统一的失信惩戒标准,使得企业失信成本过低,逃避失信惩罚的现象时常发生。

其次,企业信息公示与商业秘密存在冲突,企业信用信息应该予以公示,需要公示的信息包括:企业的基础信息、企业资产信息、企业监管结果。企业的资产信息与经营信息包含着企业的商业秘密,因此,企业信息的公开性和商业秘密的非公开性之间会产生矛盾冲突,在相关制度构建上,在企业信息公示与商业秘密保护之间需要寻求法益上的平衡。

再次,企业信用评定立法滞后。我国目前没有关于企业信用评定的专门立法,也没有一个统一的企业信用评定的标准。国务院制定的《企业信息公示暂行条例》第18条规定,县级以上地方人民政府及其有关部门应当建立健全信用约束机制,在政府采购、工程招投标、国有土地出让、授予荣誉称号等工作中,将企业信息作为重要考量因素,对被列入经营异常名录或者严重违法失信企业名单的企业依法予以限制或者禁入,但却没有规定采取何种限制措施,以及限制和禁入的时间以及方式等。

(二)企业退市信用体系的构建与建设

1. 企业退市信用监管模式之筛选

关于企业信用监管的域外模式,主要有市场主导型、政府主导型以及协会主导型。

市场主导型的主要特征是信用机构通过收集、加工个人与企业的信用信息来获利,它们是独立于政府的市场机构,而政府主要负责信用管理相关法律的制定与执行。[①]

政府主导型模式是政府组建征信机构且直接参与经营监管,通过立法要

---

① 鄂志寰、周景彤:《美国信用评级市场与监管变迁及其借鉴》,载《国际金融研究》2012年第2期,第32—33页。

求企业、个人提供其相关信用信息,并通过先行立法保障其信息搜集、评定与监管。

协会主导型模式是指征信机构主要由行业协会建立,协会成员有义务向行业协会提供自己所掌握的个人和企业的信用信息,同时行业协会所收集的信息以只收成本费的方式向协会成员提供。

市场主导型、政府主导型和协会主导型的企业信用监管模式各有其利弊,但是相比较而言,政府主导型更适合目前我国国情。这是因为,一方面,我国政府具有较强的社会治理能力和宏观调控能力。另一方面,企业信用监管具有一定的公共产品属性,以政府为主导推进企业信用监管活动,能纠正信用提供中的负外部性问题。

2. 建立企业信用综合评价机制与分类监管机制

推动建立企业信用评价多元化指标体系。多元化评价有助于公平、合理客观地评价企业的信用现状,以切实减少企业信用评价失真现象的发生。

推动信用评级行业规范健康发展。应制定信用评级行业的技术标准体系,以技术标准推动评价质量;支持信用评级机构开展企业综合信用评价,使信用评价结果更具有客观性与全面性;鼓励引导有关行业主管部门与行业协会、商会、高等院校、科研机构以及信息中介机构进行合作,及时发现、研究企业信用评价新问题,使企业信用评价更具有时代性特征。

3. 建立企业债务风险监测预警机制

依托全国信用信息共享平台、国家企业信用信息公示系统和金融信用信息基础数据库、失信被执行人数据库等信用信息平台,整合相关数据信息,加强对一定债务规模以上企业债务风险的监测。

加快一定债务规模以上企业的负债、担保、涉诉等信息在一定范围内依法公开,鼓励企业自主对外披露更多利于债务风险判断的信息,合理引导企业使用好国家和全省信用平台公示的信息。

4. 完善市场主体退出责任人信用记录机制

按照国家统一安排部署,依法依规纳入全国信用信息共享平台、国家企业信用信息公示系统和金融信用信息基础数据库,强化信用监管。对市场主体退出过程中恶意逃废债务,特别是恶意逃废职工债务、故意或重大过失导致国有资产流失、未按规定及时履行清算义务等违法违规行为责任人,建立信用记录,并对负责的主管人员和其他直接责任人员实施联合惩戒。

5. 推进信用修复机制建设

市场体系容忍有错必改,自我纠错,鼓励失信企业修正自己的行为并重新参与到市场活动中来。但是目前还难以形成协调配合、高效运行的信用修复系统。

在实践中,存在着数量较大的失信企业群体亟须信用修复以进入正常的生产经营状态,但是由于修复机制尚未完善,企业再次恢复经营和信用十分困难。这就需要市场监管部门、司法部门及时制定企业信用修复制度,并加大相关方面的宣传,使失信企业尽早申请信用修复。

第四章　僵尸企业市场退出的新问题
及其法律治理

　　僵尸企业依赖着政府补贴和银行续贷等社会资源得以生存,不仅占用了大量的社会资源,影响着经济的稳定健康发展,还扰乱了市场退出机制,成为我国深化经济体制改革的绊脚石。2019 年 7 月,国家发改委、工信部等 13 个部门联合发布了《加快完善市场主体退出制度改革方案》(发改财金〔2019〕1104 号),其中就提出了要完善特殊类型和特殊领域市场主体退出的相关要求,以积极推动各类僵尸企业,尤其是国有僵尸企业的破产退出。僵尸企业市场退出的难点在于僵尸企业的认定、僵尸企业退出方式的选择等问题上,因而,如何构建僵尸企业的市场退出制度体系成为理论和实务界所关注的社会热点。

第一节　僵尸企业的概念厘定和危害表现

　　僵尸企业的概念厘定是探究僵尸企业退出市场的基础,只有界定了僵尸企业的概念与本质,才能有针对性地处置市场主体中的僵尸化问题。同时,进一步认识到僵尸企业的危害表现,才会增强全社会处置僵尸企业的决心与信心。

一、僵尸企业的概念厘定

(一)僵尸企业的概念溯源

1. 僵尸企业概念的源流

僵尸企业(zombie company)是一个相对形象化的表述,很难说是一个规范化的专业术语。它最初来自经济学领域,并非法律用语。

　　"僵尸企业"一词的来源,学界有两种说法。一是认为由经济学家彼得·科伊(Peter Coy)最早提出,指那些由于各种原因无法摆脱经营困境、长期负债亏损、无法扭亏为盈但又不能及时退出市场,只能靠政府补贴和银行扶持而苟延残喘的企业。二是认为这一词语最早是由美国金融学教授爱德华·凯恩(Edward Kane)在1987年率先提出,用于解析日本20世纪80年代和90年代的金融危机。凯恩认为,僵尸企业特指那些已经丧失盈利能力、资不抵债,但由于依靠政府补贴或银行信贷而免遭倒闭的企业。[①]

　　我国法律层面并未对僵尸企业作出明确的界定,但是在近几年的学术讨论和政府文件中却频频提及。这是因为僵尸企业无论在我国还是在世界各国确实存在,认识僵尸企业的特征及其危害进而采取相应对策,防范僵尸企业的生成与泛滥,已成为各国尤其是市场经济相对发达国家的普遍共识。

　　在我国现有的政府文件中,对僵尸企业的定义主要概括为低效耗能,持续亏损3年以上,依靠政府补贴或银行信贷才能维持经营且不符合产业结构调整方向的企业。例如,2015年12月9日,李克强总理在国务院常务会议上曾提出,不符合国家能耗、环保、质量、安全等标准,持续亏损3年以上且不符合结构调整方向的企业就可以认定为僵尸企业。[②]

　　又如国家发改委、工信部于2016年2月作出的处置僵尸企业方案中提出,僵尸企业是指已停产、半停产、持续亏损、资不抵债,主要靠中央政府补贴和银行贷款维持经营的企业。[③] 在其他部门和地方政府政策文件中,对僵尸企业的定义也提到了资产负债率高、暂停生产等因素。

　　自20世纪90年代以来,部分国有企业不断表现出低效亏损的"僵尸化"特征,陷入经营困境、没有偿债能力、处于破产境地成为常态。2017年7月,全国金融工作会议指出,"要抓好处置僵尸企业工作",随后召开的中央政治局会议再次强调"紧紧抓住处置僵尸企业这个牛鼻子,更多运用市场机制实现优胜劣汰"。2018年底,国家发改委、工信部、财政部等11个部门联合发布《关于进一步做好"僵尸企业"及去产能企业债务处置工作的通知》,要求原则上应

[①]　李旭超、刘丁华、金祥荣:《僵尸企业的生成、危害及处置——文献综述和未来研究方向》,载《北京工商大学学报》(社会科学版)2021年第1期,第115页。

[②]　刘笑东:《李克强主持召开国务院常务会议》,http://news.xinhuanet.com/politics/2015-12/09/c_1117411702.htm,2021年3月10日访问。

[③]　刘然:《工信部:"僵尸企业"退出后资产处置主要靠市场》,http://finance.people.com.cn/n/2015/1106/c1004-27786883.html,2021年3月10日访问。

在 2020 年底前完成全部"僵尸企业"处置工作。

在学界,对僵尸企业的概念厘定没有达成共识。有的学者认为,僵尸企业是指债台高筑、经营效率低下,但由于获得了银行和政府支持而免于倒闭的企业[①];有的学者则认为僵尸企业是指严重资不抵债但又不履行注销清算程序的企业;还有的学者认为不赚钱、高负债、靠吸食补贴优惠等社会资源度日的企业是僵尸企业[②]。

诚然,基于不同的身份立场和相应阶段的语境变化,僵尸企业目前尚无明确公认的概念,可谓见仁见智。但无论是经济学领域还是政府政策性文件,都表明了这样一种认识,即持续亏损、盈利能力低下、低效耗能、无法扭亏转盈,只能依靠政府补贴和银行续贷得以维持的企业是僵尸企业。

社会文化和制度环境差异致使不同国家、不同地区对僵尸企业存在动因及表现特征不甚相同。已有文献基于对日本、韩国等国家背景的研究发现,银行为经营不良的企业提供一系列非正常的信贷补贴、低息贷款加剧了这些企业的僵尸化,同时增加企业破产成本的司法制度也具有同样的效果。相比较而言,我国僵尸企业形成的深层动因则在于政府和国有资本体系对经济运行的高度涉入。[③]

2. 企业的僵尸化现象

需要指出的是,僵尸企业这一概念的出现与各国存在的企业僵尸化现象密切相关。

僵尸企业与企业僵尸化既有联系又有区别。僵尸企业指的是对企业的结果认定,通过一定的标准对它作出界定,而企业僵尸化指的是正常企业走向僵尸企业的过程。一个正常企业成为僵尸企业不是一朝一夕即可完成的,它是长期演进的过程。因此,有效防范企业僵尸化是有效消除僵尸企业的重要途径。

在对企业僵尸化现象的认识上,应关注以下三个方面的问题。

其一,企业的僵尸化现象并非我国独有。日本、美国、韩国等国家在 20 世纪八九十年代曾出现过企业的僵尸化现象,经过多年治理已有所改观,但至今仍存在一定程度的僵尸化现象。

---

① 何帆、朱鹤:《"僵尸企业"的识别与应对》,《中国金融》2016 年第 5 期,第 20 页。

② 胡文锋:《浅议"僵尸企业"的清退》,《法制与社会》2016 年第 9 期,第 196 页。

③ 马新啸、汤泰劼、蔡贵龙:《非国有股东治理与国有企业去僵尸化——来自国有上市公司董事会"混合"的经验证据》,载《金融研究》2021 年第 3 期,第 98—99 页。

其二,企业僵尸化现象也并非为我国现阶段经济发展所独有。自我国改革开放以来,经济发展中存在一定比例的国有企业、集体企业和上市公司僵尸化现象,政府的治理风向标也总是随着产业政策的变化而在"处置"与"宽容"之间摇摆不定。

其三,企业僵尸化现象可以治理,要彻底清零却有难度。通过法律制度构建,旨在达到的目标是,防范企业走向僵尸化。当达到一个发展阶段,企业出现一定数量的僵尸化问题时,采取"救活一批""并转一批""破产一批"的立法政策。对于特定领域的僵尸企业不采取"一刀切"的简单化做法,而应采取相对灵活的政策,尽量避免企业僵尸化。

需要指出的是,产能利用率不足往往会导致企业僵尸化现象形成,但只要及时发现与调整,在国家政策层面予以必要的干预,就能起到一定的干预效果。在我国,近几年来,对僵尸企业的治理无论在政策层面还是在实践层面逐渐得到重视。尤其在我国倡导经济高质量发展的新阶段,中央政府致力于推进供给侧结构性改革,清理僵尸企业,减少社会资源的浪费和不合理配置被提到议事日程上。

在2013年10月国务院颁布的《关于化解产能严重过剩矛盾的指导意见》(国发〔2013〕41号,以下简称《指导意见》)中显示,2012年底,我国钢铁、水泥、电解铝、平板玻璃和船舶产能利用率分别仅为72%、73.7%、71.9%、73.1%和75%,明显低于国际通常水平。钢铁、电解铝、船舶等行业利润大幅下滑,企业普遍经营困难。值得关注的是,这些产能严重过剩的行业仍有一批在建、拟建项目,产能过剩呈加剧之势。如不及时采取措施加以化解,势必会加剧市场恶性竞争,造成行业亏损面扩大、企业职工失业、银行不良资产增加、能源资源瓶颈加剧、生态环境恶化等问题,直接危及产业健康发展。该《指导意见》出台后,通过近几年整治,产能利用率不足得到了调整,且整治效果较为明显,一定程度上避免了企业走向僵尸化。

(二)僵尸企业的基本特征与分布领域

1. 僵尸企业的基本特征

(1)高负债性。僵尸企业往往具有高负债率,且已经资不抵债,不具备盈利能力。高负债性并非一时或短期所引起,而是长期亏损所导致。由于高负债性,这类企业大多是处于停产、半停产状态,表面上仍给人一种存在经营的假象,具有一定的迷惑性,会危害到不知情的投资人与交易相对人。

(2)失效性。僵尸企业所形成的资不抵债和亏损,其实质是市场能力的不足,即丧失了在市场中的自我生存能力,同时也丧失了谋求高质量发展的基础与动力。

(3)依赖性。僵尸企业的存续已不是来源于自身的经营管理能力,而是依赖于非市场因素,依靠政府和银行的"输血"度日。因为得到政府的补贴和银行的续贷而最终未作退市处理。

2. 僵尸企业的行业分布

就行业而言,僵尸企业大多产生于一些特定行业之中。

(1)资源型产业。如煤炭生产及其他矿产生产企业。这些企业经常发生生产周期性的市场价格波动,一旦市场需求紧缩,产能难以压缩,极易引发产能过剩,价格长期下跌,最后演变成僵尸企业。

(2)自然垄断产业。这些产业具有自然垄断的特性,通常由一家企业或少数几家企业经营,由于缺乏竞争,加之产品与劳务价格采取以微利为特征的政府指导价,一些企业经营处于微利或亏损状况,一旦产生长期性亏损便形成僵尸企业。由于自然垄断行业的性质与经营特点,对该类僵尸化的企业是否清出市场,政府行业主管部门总是在徘徊中,较难作出抉择。

(3)传统性行业。在大型机械制造、挖掘开采、纺织、造纸、服装等重工业企业或劳动密集型产业中,出现较多僵尸企业。这些行业普遍存在就业人数多,产业转型能力弱,产能难以及时适应市场需求等问题,加之企业的产品附加值低,积压率高,利润空间不稳定,也会发生职工转业机会少等实际困难。政府出于维持就业和社会稳定之需要对其进行支持,让其日复一日地存续下去,最终成为僵尸企业。

3. 僵尸企业的规模特点

就企业规模性而言,僵尸企业通常发生于规模较大、职工人数较多的一些企业,在地方经济中占有一席之位。以 1999 年为例,1999 年作为推进国有企业战略调整的关键一年,国有僵尸企业的数量约占全部国有企业数量的32%,而雇佣员工的份额则是全部企业员工的 46%。[①] 这主要是因为改制前的国有企业成立较早,且大多集中于一些重污染的重工业领域,与旧的经济增长模式联系紧密。同时也因为规模大、员工多,员工分流安置困难,对于地方经济发展又举足轻重。虽然企业经营艰难,亏损严重,但仍能得到政府和银行

---

① 谭语嫣、谭之博、黄益平、胡永泰:《僵尸企业的投资挤出效应:基于中国工业企业的证据》,载《经济研究》2017 年第 5 期,第 179 页。

的支持,企业的僵尸化现象明显。

基于僵尸企业已形成一定的经营规模的实际现状,政府与相关银行通常担心将其破产处置会引发诸多问题,故对僵尸企业采取放纵态度,让其长期僵而不死,这在一些具有较大规模的民营企业中也客观存在。在我们课题组所调研的一家民营造船企业中,由于在当地造船企业规模最大,产生的 GDP 对当地经济的拉动性也最大,银行对该家企业的贷款也最多。由于船舶产业受到宏观环境影响,该企业在近 10 年来年年亏损,负债率已很高,但当地政府与银行仍艰难地支持着它的生存,目前员工工资只能发放 50%,相当数量的员工仍不愿离开该企业,期待着企业起死回生。

(三)僵尸企业与其他"病态"企业的比较

1. 僵尸企业与歇业(休眠)企业

歇业(休眠)企业是指处于停止经营活动状态,但是未按照法定程序进行清算、注销的一种企业存在的特殊状态。①

歇业(休眠)企业的最基本特征是企业经营资格存续但不营业。究其歇业(休眠)原因,有单纯性歇业(休眠)与空壳性歇业(休眠)之分型。究其不营业的原因,有主观不营业与客观不营业之分类。

单纯性歇业(休眠)与空壳性歇业(休眠)的区分在于企业歇业(休眠)的经营能力上,即歇业(休眠)是基于客观环境影响而暂不营业,还是基于企业本身已丧失实际经营能力。主观不营业与客观不营业的区分在于不营业的动机上,即不营业是基于企业自身决策性行为暂不营业,还是企业已遇到违法处罚而不准许继续营业。

我国现行法律中没有休眠公司、休眠企业的概念或一套完整的体系,只有对企业歇业行为的法律规制。从我国《公司登记管理条例》与《企业法人登记管理条例》中提及的未经营业务的企业处理规则看,立法主要关注的是歇业企业带来的负面作用,却忽视了它对于企业和社会发展潜在的积极作用。比如,无论是暂遇经营困难期望歇业(休眠)以待市场时机,还是基于季节性经营而歇业(休眠),抑或是单纯希望歇业(休眠)以待日后经营,允许这些具有存续意愿的单纯性歇业(休眠)企业基于自身意愿而进行歇业,都将有利于社会整体效率的提升,也有利于对企业名称的保护。于企业投资者而言,避免了因企业被迫退出市场而导致的财产低价拍卖、企业清算行为等损失;于债权人

---

① 薛智胜、张元琦:《对休眠公司法律规制的路径研究》,载《天津法学》2015 年第 4 期,第 54 页。

而言,企业的生存和转机也有利于其利益得到更好保护;于社会而言,则避免了行政、司法资源消耗。上述情形在外界经济环境发生显著或剧烈变动时,例如金融危机、重大疫情等表现得更为显著。因此,我国有必要借鉴国外有关歇业(休眠)企业的法律规则,以期更好地发挥我国歇业(休眠)企业的积极作用,规制歇业(休眠)企业可能会产生的不法行为,保护国家、债权人和股东的合法利益。① 从 2021 年 8 月制定的《市场主体登记管理条例》中,可以窥见我国旨在构建歇业备案制度,试图认可那种单纯性歇业(休眠)、主观不营业状态下的歇业(休眠)存续的合理性。

推进这一方面立法,我们认为可以从以下两点着手:一是对于因主观原因所导致的歇业(休眠)企业,并不当然纳入市场出清的范围,而通过设定歇业(休眠)条件让其在一定年限内存续。二是修改《公司法》,《公司法》中"关于连续六个月不经营应吊销营业执照"的规定需要缓和,应视单纯性歇业(休眠)还是空壳性歇业(休眠)而有所区分。对于单纯性歇业(休眠)的公司,准许经投资者多数决议而办理暂停营业登记。同时,修改《公司法》相关条款,对歇业(休眠)决议投反对票的股东,应允许其行使异议股东回购请求权。②

僵尸企业与歇业(休眠)企业,其共性在于,它们都拥有主体资格,在法律上继续以民事主体的法律身份予以存续,都具有退出市场,从而丧失市场主体条件的现实可能性。但不同性在于,僵尸企业在银行的续贷支持或政府的财政补贴下照常营业,而歇业(休眠)企业则处于不营业状态。

2. 僵尸企业与僵局企业

僵局企业是指企业(通常是指公司制企业)在存续、运行期间,由于股东与股东之间、股东与董事之间的矛盾激化而导致企业处于僵持的局面,即股东会、董事会无法按照法定或章定程序做出决策和执行,从而导致企业无法正常运转,处于混乱甚至瘫痪状态,股东预期的投资目标难以实现。《公司法》规定了公司出现僵局且通过其他途径不能解决,持有公司全部股东表决权 10% 以上的股东,可以向法院提起公司解散之诉。最高人民法院于 2008 年制定,2014 年、2020 年修订的《关于适用〈中华人民共和国公司法〉若干问题的规定(二)〔法释〔2008〕6 号,以下简称《〈公司法〉司法解释(二)》〕从四个方面对公司僵局事由进行了规定,分别是无法召开股东大会、不能做出股东大会决议、

① 郭慧阳:《单纯休眠公司长期存续制度研究》,载《中国市场监管研究》2020 年第 6 期,第 27—28 页。
② 蒋大兴:《论休眠公司的注册规则》,载《中国市场监管研究》2020 年第 6 期,第 18—19 页。

董事冲突、股东利益受损。[①]

僵尸企业与僵局企业从表面看,似乎都存在一个"僵"字,处于经营上的困难性,都具备退出市场的客观因素,但它们之间最大的区别在于成因不同。大部分僵尸企业并不是因为企业内部股东和董事的矛盾而难以存续,主要是行业周期变化、国内外经济变动冲击、企业管理不善等原因所致。

3. 僵尸企业与破产企业

破产企业是指企业在生产经营过程中由于管理不善,负债达到或超过全部资产,资不抵债、不能清偿到期债务的企业。"破产企业"一词可以从以下方面理解:一是已达到"破产条件"的企业,二是处于破产受理、破产宣告或破产清算的企业,三是已依法裁定破产的企业。

僵尸企业存在经营状况不佳、无力偿还债务、资不抵债的情况,但是依靠政府补贴和银行续贷摆脱了"不能清偿到期债务"的破产条件而最终免于破产倒闭。

另外,僵尸企业在处理结局上也未必都成为破产企业,相当一部分僵尸企业可以通过兼并、债务重组等方式重新焕发生机,以避免通过破产清算退出市场。因此,僵尸企业和破产企业属于两类性质不同的企业,无论在认识上还是在企业处置上均不能相提并论。

二、僵尸企业的危害表现

(一)负外部性上的危害

1. 社会资源之无效配置

从经济学上讲,企业存在的意义是通过耗费一定资源创造出价值更高的产品或服务并产生相应的经济效益。企业是作为市场替代物而存在的,而"僵

[①]　最高人民法院《关于适用〈中华人民共和国公司法〉若干问题的规定(二)》第一条:

单独或者合计持有公司全部股东表决权百分之十以上的股东,以下列事由之一提起解散公司诉讼,并符合公司法第一百八十二条规定的,人民法院应予受理:

(一)公司持续两年以上无法召开股东会或者股东大会,公司经营管理发生严重困难的;

(二)股东表决时无法达到法定或者公司章程规定的比例,持续两年以上不能做出有效的股东会或者股东大会决议,公司经营管理发生严重困难的;

(三)公司董事长期冲突,且无法通过股东会或者股东大会解决,公司经营管理发生严重困难的;

(四)经营管理发生其他严重困难,公司继续存续会使股东利益受到重大损失的情形。

尸企业"则完全与企业存续的经济理性相悖逆。[①]

僵尸企业大多已无法维持正常的生产经营，处于停产、半停产状态，但却人为地维持着形式上的存在，表面上符合企业存在的各项要求，占据了大量社会资源，如人力、厂房、土地、设备、货币资本等。但这种维持的后果是，不仅使原有的固定资本折旧贬值、信贷资源沉没浪费、要素资源闲置，还造成资源难以流向更富于效益的企业，造成资源的扭曲配置和无效配置。这意味着僵尸企业的存在打破了市场机制对于经济资源的配置规律。

有学者曾以工业企业数据为例进行分析，在2008—2013年期间，平均每家僵尸企业每年获得128.3万元的补贴收入和6900万元的长期贷款，而正常企业仅能获得45.5万元的补贴收入和1709万元的长期贷款。经济资源在僵尸企业和正常企业之间的不合理配置进一步恶化了正常企业内部的资源紧缺局面，主要影响是生产效率相对更高的正常企业的资源加速流失。[②]

2. 不公平竞争现象之凸现

僵尸企业通过政府、银行的行为占据了资源，抢夺了机会，却造成其他中小型企业和创新产业融资困难，引发不符合市场规律的不公平竞争现象，甚至会导致"劣币驱逐良币"的情况发生，打击健康企业的创新热情。行业内僵尸企业的增加会导致正常的专利申请总数、发明专利量和全要素生产率显著降低。[③]

有学者曾这样指出，僵尸企业会导致如下恶性循环：僵尸企业拿到钱→好的企业被淘汰→银行没有好的项目→僵尸企业拿到更多的钱。[④] 这种不公平竞争性通常会表现为以下几个方面。

第一，为了给僵尸企业提供财政补贴，政府会增强对正常企业的征税力度，从而导致正常企业的实际税收负担上升。[⑤]

第二，因僵尸企业需要依赖银行续贷维持生存，占压大量银行信贷资源，

---

① 左斌：《加快"僵尸企业"出清的思考》，载《现代商贸工业》2019年第30期，第91页。

② 王一欢、詹新宇：《僵尸企业与市场资源配置效率——基于全要素生产率分布的视角》，载《当代财经》2021年第4期，第3—4页。

③ 王永钦、李蒴、戴芸：《僵尸企业如何影响了企业创新？——来自中国工业企业的证据》，载《经济研究》2018年第11期，第99页。

④ 何帆、朱鹤：《僵尸企业的识别与应对》，载《中国金融》2016年第5期，第20—21页。

⑤ 李旭超、鲁建坤、金祥荣：《僵尸企业与税负扭曲》，载《管理世界》2018年第4期，第128—129页。

势将降低对其他企业的金融支持力度,对有效税基涵养产生不利影响。[①]

第三,僵尸企业的存在扭曲了税负结构。僵尸企业一方面不具有盈利能力,纳税能力低,导致税源减少,另一方面通过享受补贴或者救助性政策优惠等多种途径耗费财政资源,加剧地方政府的财政紧张。僵尸企业越多的地区,正常企业越倾向通过低报或瞒报利润的方式逃税。[②]

(二)传染性上的危害

1. 系统性金融风险之诱发

僵尸企业背负着沉重的债务,缺乏偿还贷款与其他债务的能力。实践中一些僵尸企业以借用新贷款偿还旧贷款的方式续贷,无异于饮鸩止渴。由于进行非市场化的操作,银行发放的贷款质量低下,不良资产持续增加,坏账率很高。[③] 而且一些僵尸企业的债务也涉及民间借贷、职工内部集资。一旦僵尸企业彻底瘫痪,必然会导致资金链断裂,从而影响金融资金安全,并产生严重的连锁反应,不可避免地累及相关金融机构,导致金融风险扩散并危及当地金融稳定。僵尸企业犹如一枚"地下炸弹",具备一定的时空条件就会触发引爆。

2. "逆淘汰"现象之引发

僵尸企业的存在,不但降低了资源配置效率,加剧了产能过剩问题,还会阻碍市场机制正常发挥作用,甚至会出现"逆淘汰"现象,挤垮优质企业,严重阻碍行业进步。Okamura利用日本数据估算发现,僵尸企业可以通过获得银行低成本信贷额而存活4.7年,因它们的长期存在自然降低了行业的生产效率。[④] Hoshi和Kim在对韩国僵尸企业的研究中发现,在僵尸企业问题严重的行业,新进入者的比率更低。[⑤] Rawdanowi等研究证实,僵尸企业的存在产

---

① 郑汀、徐战成:《"僵尸企业"处置中的税务难题:国际经验及解决路径》,载《税务研究》2017年第10期,第106—107页。

② 金祥荣、李旭超、鲁建坤:《僵尸企业的负外部性:税负竞争与正常企业逃税》,载《经济研究》2019年第12期,第73—74页。

③ 林婷、王玮思:《融资与还贷视角下僵尸企业的存亡选择——基于逆向归纳法的企业、政府、银行三方子博弈精炼纳什均衡分析》,载《中国商论》2015年第12期,第14页。

④ Kokamur K. "Zombie" banks make "zombie" firms[J]. Social Science Electronic Publishing, 2011(3):1-32.

⑤ Hoshi T, Kim Y. Macroprudential policy and zombie lending in Korea[R]. San Diego: University of California, 2012.

生了"挤出效应",使更有效率的企业所获得的投资下降。[①] Kwon 等在探究日本制造业时发现,在经济衰退时期,僵尸企业产量下降的幅度要显著小于非僵尸企业,并且对劳动力配置产生了明显的扭曲效应。[②]

(三)破坏性上的危害

1. 市场退出机制之扰乱

僵尸企业故步自封,创新意识淡薄,妨碍了市场中优胜劣汰的竞争机制,阻碍了公平竞争体系的建立,严重影响了市场经济的稳定发展。

僵尸企业一般符合《企业破产法》中的"资不抵债"的破产条件,但却因银行续贷与政府财政补贴避免了"不能清偿到期债务"现象的发生,造成虚假的具有经营能力的表象,僵尸企业的存在扰乱了正常的市场退出机制。

2. 社会性问题之引发

僵尸企业的存在容易滋生众多的社会问题,影响社会稳定。

僵尸企业往往规模大,员工多,涉及多方利益,其生存主要依靠政府补贴与银行续贷。一旦补贴与续贷难以为继,则必然危及员工利益与债权人利益,给社会稳定埋下巨大隐患。

僵尸企业一般存在历史较长,甚至部分企业"老体"与"新体"并存,老体承接了大量的呆账和坏账、不良资产及其他社会事务和责任,并且不断产生新的费用与债务,"新体"则在剥离原有债务的基础上新成立经营实体。由于它们之间存在投资主体的同一性,经营上的关联性,各种利益相互交错,一旦银行与政府"断供",就会引发更加复杂的社会矛盾。

大量僵尸企业的债务清偿率低下,部分僵尸企业资产重复抵押问题严重,社保欠账众多。长此以往,会引发我国信用环境恶化,严重危及信用体系的安全。

僵尸企业也会使我国企业在国际经济与贸易中的形象受损。一些国际贸易的仲裁案件涉及我国的僵尸企业,无法得到公正的司法执行,无疑将影响我国的营商环境。

3. 市场监管体系之损害

从市场监管的角度看,僵而不死企业不能认为是一个健康企业,如何对其

---

① Rawdanowicz L, BOUIS R, WATANABE S. The benefits and costs of highly expansionary monetary policy[J]. General Information, 2013 (1): 5-41.

② Kwon H U, Narita F, Narita M. Resource reallocation and zombie lending in Japan in the 1990s[J]. Review of Economic Dynamics, 2009, 18 (4): 709-710.

实施监管成为市场监管的一大难点。

首先,企业僵而不死,挤占了商标、企业名称数据库和企业信用信息系统等大量的社会资源,造成市场主体的虚假繁荣。

其次,市场监管部门需要投入大量资源对并无社会发展价值的市场主体进行监管,这既消耗了行政资源,又增加了基层执法的负担。

最后,僵尸企业的大量存在导致国民经济宏观统计管理失真性问题的产生。在基本统计数据中,随着市场主体数量、规模、层次、运营状态等无效成分的比重增加,统计中的水分随之增加,运用这些失真的数据,将影响国家宏观经济决策和重大制度顶层设计的科学性。

第二节 僵尸企业僵而不死原因探微

我国僵尸企业的生成并长期存续并非偶然。究其原因,既是历史遗留问题的沉积,也是内外诸因素共同作用的结果。分析、探究僵尸企业僵而不死的原因,有助于从源头上寻求治理的路径,构建出针对僵尸企业市场退出的制度方案。

一、政府行为对僵尸企业生成的机理与影响

(一)政府与僵尸企业关系性问题研究的文献梳理

目前,研究政府与僵尸企业关系的文献主要集中在三个方面。

第一,探讨政府干预对僵尸企业的影响。政府出于地方经济发展、维持地方就业稳定、维持地方税基稳固等需要,会采取政府补贴或者推动银行对企业进行信贷支持等措施,以阻止缺乏独立生存能力的企业退出市场,从而诱发了僵尸企业的形成并长期存续。

第二,从政府官员行为的视角出发,研究政府对僵尸企业的影响。在我国财政分权体制和政治晋升激励下,地方官员具有强烈的动机干预企业的投资,并能够借助政府"有形之手"影响各种市场参与者的投资行为,导致社会投资出现了"重生产、轻创新"的偏向爱好,这种行为往往会诱发僵尸企业的产生。

第三,从政府财政管理体制的角度出发,探究政府对僵尸企业的影响。政府收入结构和政府组织结构对政府支出行为和支出效率有着重大的影响。虽然地方政府财政支出规模在不断扩大,但是资金使用效率依旧有提升的空间。

就政府对企业的补贴而言,低效率的补贴不仅浪费了财政资金,而且加大了企业僵尸化风险。此外,企业往往也会积极寻求政府的支持,以获取更多的发展资源。企业与地方政府建立政治联系后,往往能够更好地获取政府的支持。僵尸企业会通过雇佣多余的劳动力主动承担起更高的区域就业负担,这种行为会使其获得更多的政府补贴,并促使其与地方政府建立起更加牢固的关系。这种地方政府与企业之间的互利关系加剧了僵尸企业的产生,同时也维持了僵尸企业的生存。①

(二)政府对僵尸企业行政干预的主要途径

1. 经济困难时期的救市行为

经济困难时期,政府为救市通常会采取大额的财政资金投放。但投放给哪些企业,如何通过投放真正起到财政资金的杠杆作用,这是产业政策、财政政策涉及的重要问题,如果欠缺科学论证和规范化实施,相当部分的财政资金就极有可能被僵尸企业获取,因为僵尸企业是最会"喊奶吃"的企业。2008年,为了应对国际金融危机,我国政府推出了投资总量为4万亿的经济刺激计划。这一计划导致一些行业盲目扩张,过度投资。同时为了应对2008年经济危机后产能过剩的问题,许多地方政府出台政策提倡企业进行兼并,甚至救助计划以救助一定规模的国有大企业为重点,而欠缺对这些大企业市场经营能力的评价,大量救助资源正好被一些僵尸化的企业"收入囊中"。此外,稳定经济增长和地方政府对GDP的追求催生了许多政企不分的地方投融资平台,并大量投资了投资回报率低的项目。② 政府救企行为加剧了僵尸企业的快速恶化,特别是在产能过剩时期,政府不愿让企业倒闭破产,不支持法院接受破产申请,继续使用财政补贴和产业优惠政策等手段给企业"输血"。

2. 政府财税扶持

政府财税扶持是僵尸企业得以存续的主要途径。通常会采取财政补贴、政府贴息贷款、税费减免等方法。

(1)财政补贴。政府通常以某类企业所从事的行业特点为由给予财政资金支持。其目的是让该类企业不因亏损而倒闭。最常见的是政府给予从事政

---

① 卢洪友、刘敏、宋文静:《扩权能否抑制僵尸企业——来自"扩权强县"改革自然实验的证据》,载《当代财经》2020年第11期,第39—40页。

② 赵昌文、朱鸿鸣:《持久战新论:新常态下的中国增长战略》,载《中国品牌》2017年第1期,第90页。

策性亏损的行业或企业补助。

（2）政府贴息贷款。为使某些企业免遭市场出清风险，政府通过贴息贷款以减轻企业经营支出，减少企业经营成本。

（3）税费减免。在地方税种与地方税费允许的范围内，给予某些亏损企业税收、费用等方面的减免，以期该类企业不因巨额亏损而被出清市场。

3. 政府动员银行信贷扶持

地方政府部门为达到维稳或其他目标需要，当某些在当地有一定影响的企业因长期亏损有被出清市场的可能性时，动员银行以信贷扶持。

政府动员的方式通常采取政府协调会的形式进行。在政府分管领导参与下，召集当地的政府相关部门与银行等相关金融组织进行信贷扶持对接，名为协调，实为向银行、其他金融组织施压，要求银行、其他金融组织放贷给僵尸企业，或提供金融性担保。

这种动员、协调的结果是，银行、其他金融组织放贷后无法正常收贷，或政府出资的金融担保公司提供担保后承担担保责任，最终银行、其他金融组织通过坏账进行核销。

4. 产业政策支持

一些地方政府以某些僵尸企业从事着产业政策所指向的特定领域（主导产业、支柱产业、高新技术产业等）为由对其实施扶持型的税收政策、金融政策、价格政策等，形式上借以调整某些产业所处的环境条件，实则促使该类企业的僵尸化问题更加恶化。

对某些特定领域的产业是否应给予产业政策支持，应视特定领域产业的不同情形区别对待。如果不考虑供给侧上的问题以及竞争政策的基础性作用，人为放大产业政策的促进作用，其后果只能适得其反。

（三）政府对僵尸企业干预的动机与影响

1. 政府对僵尸企业干预的动机

在相当长时间内，政府出于对国有企业"父爱主义"的情怀，总是将国有企业当作自己的"子系"给予关怀，给予了一些与所有制相关联的特别"青睐"政策。面对已经僵尸化了的国有企业，政府仍以提供补贴等方式来进行救企。

政府对僵尸企业进行行政性干预有多种考量。

其一，维稳与促进经济增长之需。有些僵尸企业是地方的经济支柱，只要有经营行为发生，应会有当地经济发展上的 GDP，就会有因交易行为产生的税收收入。有些地方政府为了保持经济稳定，也基于维稳需要，就会不断地为这类企业"输血",不希冀该类企业破产倒闭。

其二,维持就业岗位之需。在社会保障体系并不完善的情形下,清理僵尸企业需要政府一次性支出巨额资金来安置企业员工,如支付日益增多的失业救济金等。这对政府的财力是一个很大的考验,一些地方政府的财政是"吃饭"财政,只能勉强平衡日常性的行政事业单位人员的工资性支出,政府承担不了企业职工就业与失业所带来的财政支出的压力。将僵尸企业维持下去则可以在一定时间内减少财政压力。政府部门伺机而动,见机行事,或待市场环境发生变化后,僵尸企业发生逆转,或在企业兼并过程中将僵尸企业这个大包袱转嫁到其他企业上。

其三,地方官员政绩观之需。有些企业是地方政府的"面子工程"和"政绩工程",为了企业能经营良好,政府就会给予产业政策优惠措施和财政补贴。就算这类企业经营不善,政府也不会轻易放弃,而是想尽一切办法让其维持下去。地方政府官员任期短,一般较少考虑地方企业的长远发展,仅以政绩提升为目标向 GDP 看齐,而忽视当地、当时的市场经营环境与企业生存环境。

其四,地方政府竞争因素。民生、就业和 GDP 是政府绩效考核的三个重要指标,政府间竞争的激化加强了政府对这些指标的关注度。出于政府间竞争取胜的目的,地方政府或主动或被动地通过政府补贴、银行信贷,乃至直接调整企业的投资方向等多种方式对辖区内企业进行干预。政府间竞争背景下的政府干预行为,导致地方生产的低质量、同质化,造成了地方的产能过剩,进而使得僵尸企业容易滋生。

2. 政府对僵尸企业干预的影响性分析

对于僵尸化了的企业,一味地通过财政补贴等方式实施救企行为,其产生的负面影响是显而易见的。

其一,影响政策的公平性。国家或地方政府对企业的政策有产业政策、财税政策、贸易政策、竞争政策等。这些政策有一个共性点就是要公平施政。质言之,谁经营得好,谁获得的政策性资源也越多,并不是谁的"喝奶声"越响,谁与"母体离得越近",谁就能得到更多的"奶水"。政府对僵尸企业进行干预时一味满足其不当要求,势必影响相关政策的公平性实施。

其二,影响政策的有效性。由于政策资源的稀缺性,必须将有限的资源运用到最需要的地方。僵尸企业占有政策资源却不能有更多的有效性产出,在耗尽政策资源的同时还会带来许多社会性风险,显然与追求效益的经济理性相悖。

其三,影响营商环境的优化。僵尸企业该出清的不出清,而以政府干预方式予以扶持、让其存续，而优质经营的企业却因为得不到应有的政策扶持而面临经营上的困境，这就会给企业经营者造成一种认知，即政府对企业的宏观调控能力不强，政府对企业的政商关系处理存在问题，从而影响投资环境，不利于营商环境的营造与优化。

二、信贷"输血"行为对僵尸企业生成的机理与影响

（一）信贷"输血"行为

1. 信贷续贷

银行是我国金融市场的主导力量，它往往能够决定一家企业的存亡。银行通过信贷方式助力是僵尸企业僵而不死的一大重要原因。

一家低效经营、长期亏损、债台高筑的企业如果没有银行的帮助，是不可能继续存活的。在理想的借贷程序中，银行向企业发放贷款后，可以按照合同约定的时间收取利息和本金。贷款如果到期不能收回，银行通常采取两种途径：第一种是通过诉讼方式要求企业清偿到期的债务，第二种是继续提供贷款，期望企业起死回生，降低银行的坏账率。[1] 银行对僵尸企业一般采取第二种途径。

2. 新贷还旧贷

当原贷款到期后，僵尸企业无法正常清偿，一些银行就采取重新设置资产抵押或由第三方提供担保的做法发放新贷，但又将发放的新贷去归还旧贷，以此往复进行。

从我国信贷法或信贷政策的相关规定审视，此种做法违背了信贷的基本准则与要求，系违法放贷行为，但一些银行对僵尸企业一贯行之或不得已而为之。

3. 催息不催本

当原贷款到期后，僵尸企业无法正常清偿时，银行仅催还利息部分而无法催还本金，从而使贷款本金形成坏账与呆账，具备一定条件时进行内部核销。

这种催息不催本的做法同样违反了信贷法与信贷政策，但一些银行对僵尸企业一直维持着这样的信贷做法。

---

[1]　计红：《僵尸企业的法律认定与规制对策》，载《长春大学学报》2020 年第 9 期，第 96 页。

（二）银行的不良动机与效果

1. 银行的不良动机

其一，贷款错配。相对于存在潜在经济活力、具有良好前景的中小企业发生财务困境向银行申请贷款而言，商业银行更愿意将信贷指标给国有僵尸企业。一些商业银行缺乏充分、有效的信息支持信贷决策，内部缺乏更好的监管依据，因此倾向于贷款给比较"可靠"的国有企业。为避免出现不良贷款，商业银行往往会继续扶持国有僵尸企业以期望僵尸企业复苏，这会直接造成商业银行信贷资源受到挤压，使资源不能流向能够创造价值的非僵尸企业。

其二，掩饰资本金损失。商业银行不断给僵尸企业提供贷款是为了掩盖其不良贷款，防止银行的资本金发生损失，并避免企业之间因存在相互担保的情况而引发连锁反应，造成银行更大的金融风险。出于抑制负债率上涨和维持负债的动机，商业银行会在不透明的会计操作中掩盖其真实的资产负债表。它往往通过推迟处理不良资产以在会计账目上"保持"资本与资产负债的平衡性，或者通过借新换旧、利息转本金、委托理财等操作来掩盖不良资产的实际账目。

其三，新官不理旧债。为政绩所需，新上任的商业银行主管领导对僵尸企业的贷款行为往往采取容忍态度，只收息不收本，给予僵尸企业一个安身、喘息、生存的机会。一旦清收，就会使其任职内产生经营业绩的下滑，影响新任领导的经营政绩和绩效考核。由于当期业绩考核压力和资本充足率监管的压力，商业银行倾向于放宽不良贷款的认定标准，只要企业仍在偿还利息，即使已经丧失了还本的能力，也不会被纳入不良贷款考核。

其四，迎合政府所需。一些商业银行为了拓展当地信贷业务都争相与政府签订各种合作协议。一些地方政府为了所谓的维稳需要，通常以政府会议纪要的形式要求商业银行停止对企业贷款的清收，商业银行基于在地方上立足或获得政府更多行政资源之考虑，就迎合政府的要求，而政府通常也会对商业银行受到的损失以其他形式事后给予补偿。

一些地方政府要求政策性担保公司为僵尸企业提供担保，只要企业有意向贷款，由政策性担保公司担保，信贷风险由政策性担保公司承担。由于政策性担保公司通常是由地方政府财政资金设立的，担保后，银行的信贷风险部分转嫁，由担保公司的资本金来承担，其结果是银行的经营损失最终却由政府来"买单"。

2. 实际执行的效果

我国大多数的僵尸企业是国企或者具有国企背景的企业。这类企业大多为银行的重要客户,资信高且银行与它们合作时间长,往往默认它们具有清偿债务的能力。

更为重要的是这类企业在当地的影响力较大,通常与其他企业互为担保。一旦一家企业破产,极易发生多米诺骨牌效应,甚至摧毁一个产业链,危及当地的金融稳定。

由于商业银行上述不良动机的存在,实际执行结果是,僵尸企业在政府、银行的共同作用下,到期信贷被延缓清收,甚至不清收,僵尸企业的市场出清从可能成为不可能。僵尸企业的信贷风险最终演化至必须由政府与商业银行共同来承担的程度。

(三)信贷"输血"行为产生的影响

1. 银行信贷歧视性上的影响

民营企业融资难一直是个亟待解决的问题。长期以来,商业银行更倾向于贷款给国有企业。一方面,是因为国有企业往往由政府兜底,所以坏账风险更小。另一方面,地方政府会直接干预银行的信贷决策。政府向商业银行施加压力,给予国有企业一定的优惠政策。但是,一旦国有企业发生经营困难,商业银行则不以市场化的角度来解决问题,要么认为国有企业会"大而不倒",要么是迫于政府压力继续向已经丧失经营能力的国有企业发放贷款,由此催生了许多僵尸企业。

2. 无法收贷引发的银行系统风险

商业银行以信贷为基本业务。信贷的基本特征就是通过将存储资金及银行资本金以贷款的形式出借给资金需求方,以存贷利息差获得银行的经营收益。信贷业务的最大风险是信贷资金无法及时收回。这种信贷经营的风险并不局限于单家银行,因而是一种系统性风险。这种系统性风险主要表现在以下方面。

其一,当一些商业银行信贷资金不足时通过向其他银行采取同业拆借方式获得,如果通过同业拆借获取的信贷资金被僵尸企业占用而难以正常归还,势必拖累其他银行机构。

其二,僵尸企业通过金融组织获得资金支持,除了向银行贷款外,还会通过其他途径向非银行组织筹资,一旦僵尸企业采取"拆东墙补西墙"的还款方式,势必引发信贷资金被大量挤兑现象,导致行业系统风险产生。

其三,僵尸企业的信贷担保除了企业自有的财产抵押外,大多由政策性的担保公司提供担保,这在国有企业中表现得尤其明显。如果借款企业不能按时归还借款,银行和其他金融机构就会要求担保人承担保证责任,担保人被拖垮后极易引发"多米诺骨牌"效应。

三、市场体系不完善性对僵尸企业存续的作用与影响

(一)市场体系的不完善性现象

1. 市场体系不完善性的表征

建立和完善统一开放、竞争有序的现代市场体系是我国发展社会主义市场经济过程中的一项主要任务,是市场在资源配置中起决定性作用的基础。

一般认为,在健全完善的市场体系下不应该存在"应死未死"企业。我国虽然已经是市场经济体制的国家,但尚未形成十分完善的市场体系,因市场体系不完善性所引致的问题仍存在。

其一,企业生产要素流动不甚畅通。在由市场配置资源起决定性作用的前提下,通过市场形成价格作为常态机制和普遍机制尚未得到充分、有效的实现。

其二,以宏观调控市场运行的现代信息体系尚未完整地建立起来。信息失真引发的决策行为扭曲现象时有发现。

其三,以竞争政策为基础、其他经济政策协调发展的经济运行机制尚未有序构建、和谐运行,政府作为的有效性尚未得到完全的发挥。

其四,公平开放透明的市场运行规则、社会征信体系、履约守信规范正在积极推进实施中,但尚未形成全社会共同遵行的信用规范。

其五,原有的一整套肇始于计划经济时代,与传统国有企业相适应的运行规则及路径依赖仍在一定条件下发挥着作用,与现代企业制度改革举措相冲突。此类冲突表现为员工身份转变困难,债权债务关系复杂混乱,破产注销受到行政干预。改革之路仍充满障碍与艰辛。

因此,处置僵尸企业应与完善我国社会主义市场经济体制、机制相适应。如果市场体系的不完善性长期存在,那么僵尸企业的市场退出也将欠缺良好的市场经济环境。

2. 市场体系不完善性引发的社会问题

在市场体系不完善下处置僵尸企业会引发处置中的一些社会问题。

其一,处置上的公平性质疑。有些僵尸企业的形成与长期以来我国的产

业政策相关联。比如,在我国,纺织企业长期存在产能过剩问题。过去,采取压锭等措施,淘汰了一大批落后企业,扭转了行业总体亏损现象,但目前产能过剩引发的设备落后、市场竞争力疲乏现象依旧存在。这与我国长时期实施并形成的产业政策相关。这种政策性亏损是市场体系不完善所导致的,处置僵尸企业应当综合考虑历史因素,采取相应的处置政策。

其二,处置上的平等性质疑。僵尸企业存在于国有企业与非国有企业之中。国有僵尸企业与非国有僵尸企业的形成都是市场经济不完善发展的结果,那么对它们的处置政策如何设计,能否体现各类企业退出市场的平等性,成为人们关注的社会性问题。

其三,处置的及时性质疑。处置僵尸企业是一个系统工程,时常会受到各种因素制约而影响处置的及时性与有效性。如果政府相关部门在处置僵尸企业上没有强有效的行动方案与政策举措,清理不及时,就会引发诸多负面影响。

(二)市场体系不完善性对僵尸企业形成与处置的影响

1. 经济信息扭曲对企业经营决策有效性的影响

在理论界,总会提及这样的问题,企业走向僵尸化的深层次根源是什么?依我们理解,其中之一是长期形成的经济信息的扭曲现象。

经济信息是反映经济活动实况和特征的各种信息、情报、资料、指令等的统称。经济信息扭曲是指经济信息由于传导上的原因,导致信息的发出者与接收者之间产生错误理解或失真的结果。

经济信息扭曲容易发生于与产业政策、竞争政策相关的信息传导上的场合。由于相关信息传导上的错误,企业错误地理解了国家的产业政策与竞争政策,从而使企业所从事的领域以及投资方向发生错误,引发企业的生产结构与生产规模不符合相对应的市场机制,其结果是企业产出越多,亏损越大。

经济信息扭曲的另外一种原因,是价格信号对企业经营决策带来的影响。企业生产什么,生产多少以及如何组织生产,其决策行为是在价格信息支配下进行的。但是,在市场体系不够完善的社会里,价格失真时常会导致决策失误,从而产能过剩,最终导致企业僵尸化。

2. 经济信息扭曲对僵尸企业处置有效性的影响

企业僵尸化具有过程性,面对某类企业趋向僵尸化时,无论是企业还是政府部门总是处于观望状态。企业与政府部门为何一直在观望中举棋不定,拿不出当机立断、壮士断腕的勇气,根本上还是由于市场体系的不完善,造成信息非完全性与非对称性。

因此,培育市场体系、确保经济信息流得以在全真状态下传导,对于政府、企业、企业行业组织有效地防范、处置僵尸企业具有重要作用。

第三节　僵尸企业退出市场的难点与问题

僵尸企业的存在已成为我国经济高质量发展道路上的绊脚石,因而引起了学界和政界的高度关注。清理僵尸企业被认为是解决资源配置不当、化解产能过剩、提高经济效益、营造营商环境的重要途径。探究当前僵尸企业退出市场的难点与问题,才能够有针对性地提出僵尸企业退出市场的法律途径。

一、僵尸企业认定与识别的难点与问题

（一）国内外学者对僵尸企业的认定

1. 国外学者对僵尸企业认定标准的讨论

处置僵尸企业的最终目标是要完成对其"出清"市场,以实现帕累托最优。完成这一目标须经过认定、分类、处置三个阶段,因此,对僵尸企业的认定便成为首要问题。

国外学者在对僵尸企业的认定标准设定上,主要有以下观点。

（1）CHK认定法。即以是否获得信贷补贴为核心,进而构建出识别僵尸企业的方法。该方法系Caballero Hoshi和Kashyap提出。[①] 使用CHK标准需要经过两个步骤。第一步是计算出最优利率,这是所有企业在现有条件下可以享受的最低利率。第二步是将最优利率与公司实际支付的利率进行比较。Caballero认为,僵尸企业往往能够获得低于市场最优惠利率的银行贷款。这类企业获得了大幅度的减息,这就导致它们的支出要比其他企业少,而这样的优惠往往只有足够优质的企业才能获得。因此,如果企业获得了比市场最优惠利率还低的银行贷款,实际支出的利息低于市场的利息支出下限,就认为该企业是僵尸企业。但是这一标准对于如今复杂的经济状况来说失之偏颇,容易造成能够获得超低利率的健康企业被"错杀"。

---

① Caballero R J, Hoshi T, and Kashyap A K. Zombie lending and depressed restructuring in Japan [J]. American Economic Review, 2008: 98(5).

（2）FN 识别法。是由 Fukuda 和 Nakamura 提出来的，认为识别僵尸企业应坚持复合判断标准，即盈利标准（profitability criterion）和持续贷款标准（evergreen lending criterion）。但该方法仅根据一年的数据来判断企业的盈亏状况并不准确，同时没有考虑不同国家的特殊制度背景。[①]

2. 国内学者对僵尸企业认定标准的讨论

朱鹤和何帆在 2016 年撰文中，对我国僵尸企业的系统性问题进行了定量研究，提供了 7 种认定方法。在其中的过度借贷法中，将同行业中资产负债率低于 100％且位于全行业前 30％的僵尸企业认定为应破产类型。

聂辉华等在 2016 年撰文中，对僵尸企业的识别参考了"中国人民大学国家发展与战略研究院标准"，即如果一个企业 T－1 年和 T 年都被前述的 FN-CHK 方法识别为僵尸企业，则该企业在 T 年识别为僵尸企业。

张栋在 2016 年撰文中，对我国僵尸企业的认定以 CHK 模型为基础，考虑了政府干预的因素，对 CHK 方法与 FN 方法进行了修正，增加扣除政府补贴来考察被识别企业的盈利状况。如果目标企业的盈利水平落在 CHK 方法的模糊集内，则需要进一步根据企业对政府补助的依赖度来判断。

黄少卿和陈彦在僵尸企业的认定标准上，认为考察目标企业的利润应当考虑扣除非公平关联交易转移过来的利润。在僵尸企业的分类上，仅凭资产负债率将僵尸企业认定为股东保持企业控制权与应进入破产程序的僵尸企业不妥，因为《企业破产法》的受理条件并不是以资产负债率决定企业是否破产。

朱舜楠、陈琛在研究中发现，高负债企业、规模过大企业、制造业企业和国有企业较易成为僵尸企业，运营效率低是造成能源开采与制造行业企业成为僵尸企业的主要原因。[②]

董登新将"每股净资产连续 3 年跌破 1 元面值、扣除非经常损益后每股收益连续 3 年为负数的上市公司"定义为"僵尸企业"。在亏损的前提下，如果一个高负债率企业的银行贷款仍持续增加，那么这个企业很可能是僵尸企业。

[①] Fukuda S I, Nakamura J I. Why did "zombie" firms recover in Japan? [J]. The World Economy, 2011, 34(7).

[②] 资料来源：(1)朱鹤、何帆：《中国僵尸企业的数量测度及特征分析》，载《北京工商大学学报》(社会科学版)2016 年第 4 期。(2)聂辉华等：《我国僵尸企业的现状、原因与对策》，载《宏观经济管理》2016 年第 9 期。(3)张栋等：《中国僵尸企业及其认定——基于钢铁业上市公司的探索性研究》，载《中国工业经济》2016 年第 11 期。(4)黄少卿、陈彦：《中国僵尸企业的分布特征与分类处置》，载《中国工业经济》2017 年第 3 期。(5)朱舜楠、陈琛：《"僵尸企业"诱因与处置方略》，载《改革》2016 年第 3 期。

（二）政府相关部门对僵尸企业的认定

1. 政府不成文认定标准

2015年11月召开的中央经济工作会议曾指出，僵尸企业是指已停产、半停产、连续亏损、资不抵债，只能依靠政府补贴和银行续贷的企业。但是，截至目前，我国没有针对僵尸企业作出明确和统一的认定标准。例如国资、税务、工商等部门的识别标准不甚相同，统计的数据也是根据各自的标准进行的统计。

2015年12月，在国务院总理李克强主持召开的国务院常务会议上，将"僵尸企业"界定为"不符合国家能耗、环保、质量、安全等标准，持续亏损三年以上且不符合结构调整方向的企业"。上述规定适用于实体型僵尸企业，难以适用非实体型僵尸企业的认定问题，也会引发对上市公司中是否存在"僵尸企业"以及如何设定国家能耗、环保等标准的争议。

2. 相关部委提出的认定标准

2015年相关部委在摸底各省（自治区、直辖市）状况时提出僵尸企业的识别标准包括：持续亏损、资产负债率高；半年以上未缴纳增值税；暂停用电量；不符合产业调整方向等。2016年2月，我国工信部将"僵尸企业"明确定义为"已停产、半停产、连年亏损、资不抵债，主要靠政府补贴和银行续贷维持经营的企业"。

3. 地方政府提出的认定标准

各地方政府根据中央的认定标准制定了一系列地方标准。

例如，浙江省曾对省内的僵尸企业进行了梳理并做出了以下几点标准：①企业利润不足以支付借贷资金。企业亏损、负债率高是标志性指标。②企业停止经营活动半年以上。半年内未缴纳增值税作为停止经营活动的标志性指标。③企业生产活动基本上处于停顿状态。企业申请暂停用电是标志性指标。①

4. 几点评述

其一，上述认定标准仍存在欠缺科学性厘定问题。除了理论界观点不同外，实务执行中也存在明显差异。有些以亏损或停产（半停产）来认定僵尸企

---

① 浙江省发改委产业处：《积极化解僵尸企业困境的几点建议》，载《浙江经济》2013年第15期，第16页。

业,有些以长期亏损、丧失自我发展或修复能力来认定僵尸企业,也有的在前面基础上加上"不符合产业结构发展方向"的标准。虽然它们都能反映僵尸企业的一般特征,但由于标准设定不周全,导致难以准确地界定僵尸企业。

其二,准确认定僵尸企业是依法处置的先决条件。对于僵尸企业的认定标准,不仅要有提纲挈领性的原则性标准,还应当制定分层次、分行业的细化标准,并注重标准的可量化与可测度。只有在准确把握标准的基础上,才能对僵尸企业进行全面的排查,并分门别类进行施策。

其三,在原则上认定僵尸企业应当确定为"应死未死"企业。"应死"是界定僵尸的主要标准,应该从行业发展、区域布局、设备和产品等企业发展关键因素考虑。如果一个企业的亏损主要是由这些刚性的、结构性等原因引起的,那就属于"应死"的企业;如果是由于营销不力、不当竞争、管理不善、资金缺乏、人员和社会职能负担等因素引起,那就不一定属于"应死"的企业。"应死"而"未死",这是僵尸企业存续的实质性问题所在,它是我国市场体系不完善的表现,反映出企业市场主体地位还未确立、各利益相关者不按市场规律办事、扭曲市场等问题。

其四,就标准的复合性而言,应从经济标准与法律标准两个层面作出综合界定。目前主要是从经济标准上进行识别,还应从法律标准上界定出僵尸企业区别于其他"病态企业"的本质性特征。

二、僵尸企业清退启动的难点与问题

(一)法律规范缺失上的难点

僵尸企业处置需依法进行,但目前没有一部针对性的法规。表 4-1 列举了认定僵尸企业标准所涉及的部分法律法规与司法解释。这些法律法规虽有一定数量,但是由于其还有待于完善,再加上缺乏相应的实施规则,使得对僵尸企业进行处置的条款可操作性不强,存在一些法律漏洞。一些僵尸企业投资者和负责人宁愿"跑路"离井企业所在地,也不愿通过注销让僵尸化企业退出市场。[①]

---

① 黄宇、孙波:《陷入债务危机的企业为何宁愿跑路也不破产》,http://www.yunqingsuan.com/news/detail/2662,2021 年 3 月 13 日访问。

表 4-1　僵尸企业认定法律标准所涉及的部分法律法规与司法解释

序号	法律或法规名称	颁布部门	颁布时间	修正或修订时间
1	《中华人民共和国企业破产法》	主席令第 54 号	2006.08	
2	企业破产法司法解释 最高人民法院《关于适用〈中华人民共和国企业破产法〉若干问题的规定(一)》 《关于适用〈中华人民共和国企业破产法〉若干问题的规定(二)》 《关于适用〈中华人民共和国企业破产法〉若干问题的规定(三)》	法释〔2011〕22 号 法释〔2013〕22 号 法释〔2019〕3 号	2011.08 2013.07 2019.02	2020.12 2020.12
3	《中华人民共和国公司法》	主席令第 16 号	1993.12	1999.12 2004.08 2005.10 2013.12 2018.10
4	《中华人民共和国证券法》	主席令第 12 号	1998.12	2005.10 2013.06 2014.08 2019.12
5	《中华人民共和国会计法》	主席令第 21 号	1985.01	1993.12 1999.10 2017.11
6	《中华人民共和国全民所有制工业企业法》	主席令第 3 号	1988.04	
7	《中华人民共和国税收征收管理法》	主席令第 42 号	1992.09	1995.02 2001.04 2015.04

序号	法律或法规名称	颁布部门	颁布时间	修正或修订时间
8	《中华人民共和国企业国有资产法》	主席令第 5 号	2008.10	
9	最高人民法院《关于审理公司强制清算案件工作座谈会纪要》	法发〔2009〕52 号	2009.11	
10	最高人民法院《关于适用〈中华人民共和国公司法〉若干问题的规定（一）》《关于适用〈中华人民共和国公司法〉若干问题的规定（二）》《关于适用〈中华人民共和国公司法〉若干问题的规定（三）》《关于适用〈中华人民共和国公司法〉若干问题的规定（四）》《关于适用〈中华人民共和国公司法〉若干问题的规定（五）》	最高人民法院法释〔2006〕3 号法释〔2008〕6 号法释〔2011〕3 号法释〔2017〕16 号法释〔2019〕7 号	2006.03 2008.05 2010.12 2016.12 2019.04	2014.04 2014.02,2020.12 2014.02,2020.12 2020.12 2020.12
11	《市场主体登记管理条例》	国务院令 746 号	2021.07	
12	《中华人民共和国民法典》	主席令第 45 号	2021.05	
13	《企业国有资产交易监督管理办法》	国务院国资委、财政部令 32 号	2016.07	

（二）利益平衡上的难点

僵尸企业得不到治理，并不能完全归咎于相关治理主体的不作为。现实中僵尸企业涉及了社会多方主体的利益，这是很多僵尸企业迟迟未能退出市场的重要原因。

通常认为，破产程序是僵尸企业退出市场的一种重要方式，体现了各方力量通过博弈对抗寻找出了平衡点。但实际情况是，僵尸企业通过破产方式退出市场并不是普遍做法。据数据显示,2017 年,全国各级人民法院裁定受理破产的企业数量是 9542 家,同期企业注销数量(含僵尸企业退市)是 1243542家。受理破产的企业仅占同期企业注销数量的 0.77%。[①] 究其原因,是各参与主体基于各自的利益考虑,在实践中难以达成利益平衡的情况下,不愿意启动破产程序。

其一,债务人不愿意启动。许多债务人对破产制度的功能没有足够的认识,宁愿被市场监管部门吊销营业执照或者被法院强制拍卖企业财产,也不愿意寻求破产保护。

其二,债权人不愿意启动。对于普通的商业银行债权,在僵尸企业资不抵债的情形下,只能按比例受偿,未受偿部分就需要银行内部通过相关途径进行核销,形成银行资产的损失。普通债权人因为企业通过破产程序后的债务清偿率低,更倾向于进行个案诉讼来维护自己的权利。

其三,政府不愿意启动。部分地方政府相关领导对企业破产的认识存在偏差,认为企业破产会影响政绩,损害地方政府的形象,往往更倾向于继续扶植已经资不抵债的企业。

其四,企业职工不愿意启动。由于僵尸企业大多是传统的劳动密集型产业,员工多,通过破产程序,虽然能解决长期拖欠的工资和各种社会保险费用,但破产意味着劳动者需要重新就业,在重新就业不能得到解决时就意味着失业。企业劳动者要求地方政府给予安置资金与失业补助金,但按照现行的《企业破产法》,地方政府并没有这一法定义务。

其五,法院不愿意受理。由于破产案件协调处理困难,容易引发群体性事件,且审判力量存在缺口,有关部门的支持力度不够,部分法院存在"一旦立案,案件难办"的困境。[②]

由此,如何平衡利益相关者的利益是僵尸企业退出市场的一大难点。

(三)专业化处置上的难点

1. 专业化运作方案缺乏

处置僵尸企业具有很强的专业性。无论是通过破产推进僵尸企业退市,还是通过产权重组促进僵尸企业获得新生,都是专业化运作的结果。目前,在僵尸企业处置中存在着专业化处置上的诸多难点。

---

①　李曙光、刘延岭主编:《破产法评论》(第 1 卷),法律出版社 2018 年版,第 543 条。

②　山东省高级人民法院课题组、李方民:《依法处置僵尸企业有关情况的调研报告》,载《人民司法》2016 年第 13 期,第 11 页。

140

在僵尸企业处置过程上,我国在 20 世纪 90 年代采取的是政策性破产,为此,国家曾于 1986 年制定过一部适用于全民所有制企业破产处置的《破产法》。所谓政策性破产,实际上是一种行政关闭手段,即政府以《破产法》之名处置僵尸企业,并利用《破产法》结束企业的生产经营,让无法清偿的债务不再清偿,关闭的企业由此被免除责任。后来,该《破产法》被废止后,在相当长时间内,我国对僵尸企业的处置没有一套针对性的处置规程。即使之后重新制定了《企业破产法》,但《企业破产法》毕竟不是"僵尸企业出清退市法"。

2. 专业化运作团队缺乏

在我国,当前对僵尸企业的处置主要依靠政府推动或通过银行与企业协商处理,缺少专业化、市场化的第三方处置机构。

在企业破产处置程序中,虽然建立起破产管理人制度,但僵尸企业处置并不都是以破产程序进行。因而,破产管理人制度难以在僵尸企业处置中得到全面应用。

3. 法定化程序规则缺乏

僵尸企业处置应建立启动、立项、处理、清结、注销等若干程序,每项程序性事务的推进应有相应的程序保障,并依据相关程序性规则实施。

但在目前,针对僵尸企业的处置,无论从国家层面还是地方层面,只有政策指导,没有系统化的程序规则体系,其结果是处置的随意性、差异性较大,不仅影响了处置质量,还导致纠纷风险的发生。

三、僵尸企业终结处置的难点与问题

（一）债权清收与资产变现的难点

1. 债权清收的难点

首先,僵尸企业的债权大多形成时间较长。有的已经超过了法定诉讼时效,部分债务人已下落不明或丧失清偿能力。

其次,僵尸企业应收债权大多管理混乱,账目不清。由于原始财务凭证不全或遗失,导致债权核对、确认困难,给催收工作带来难度。

最后,债权形成过程伴随着法律纠纷。债务人经常通过拒收法律文书和提出管辖权异议等方法来延迟诉讼和执行,通过诉讼方式追收债权,效果不甚理想。

2. 企业资产变现的难点

首先,设备与技术变现价值低。一些僵尸企业坐落于郊区等偏僻地区,以及工厂设备过时且利用率低,很难通过资产变卖实现资产价值。

其次,产权不够清晰带来变现困难。有些僵尸企业原系国有企业或集体企业改制而来,由于历史和政策等原因存在产权权属不清晰问题。有些僵尸国有企业,土地是由国家无偿划拨的,厂房是企业自建的,造成房地权属割裂,给地上附着物处置带来困难。

再次,非经营性资产需要剥离。大型省级国有企业通常存在"企业办社会"现象,在资产处置时会存在社会职能分离问题。例如,企业需要将自己开办的职工医院、子弟学校和其他设施移交给地方政府,经营性资产与非经营性资产进行剥离,剥离后企业资产数量与资产价值大大减小,且在剥离过程中难以从企业化社区向社会化社区转型。

最后,以不正当手段转移优质资产情形客观存在。僵尸企业出于逃避债务或者寻求扶持等目的,将利益非法输送给关联企业,转移优质资产,导致企业资产减少,可变现资产更是所剩无几。

(二)工作协调的难点

1. 职能部门协调配合难

依法处置僵尸企业需要各职能部门共同努力,但在实施中存在许多困难。

首先,地方政府牵头作用不突出。处置僵尸企业,尤其是处置一定数量的僵尸企业需要地方政府设立工作小组起到牵头作用,但在日常工作中,设立的工作小组是临时性的,工作机构的职能地位不稳定,工作职责不明确,影响清理、处置工作的有效推进。

其次,司法审判程序与行政执法程序未能有机衔接。例如,在分配僵尸企业财产时,对于应缴纳的税费和电费处于何种清偿顺位有待明确。税务和电力部门经常提前采取强制措施,增加了僵尸企业重整的难度。在资产处置、职工安置等方面,需要各职能部门的协调,但有的地方政府抱着多一事不如少一事的心态观望,有的则心有余而力不足。

2. 司法资源有效配置难

采取破产方式处置僵尸企业,具有案涉主体多、案件周期长、程序烦琐等特点,给司法工作带来不少困难。

就案件处理中法官的适任能力而言,破产案件承办法官不仅需要有扎实的法律理论基础,还需要具有解决社会矛盾、处理紧急情况和协调各方要求的能力。但目前的情况是,许多法院的审判力量相对薄弱,审判人员不固定以及专业水平低等问题仍亟待解决。在集中清理和合法处置僵尸企业的大背景下,大量企业将进入破产程序,我国法院审理破产案件的人员储备、能力提升问题会愈加突出。

第四节　僵尸企业退出市场的法律治理规则构建

僵尸企业退出市场需要寻求、建立一套规则体系,只有在明确治理规则的基础上,才能有序推进市场清退工作且不离初衷。结合我国实际,僵尸企业退出市场的法律治理规则应设计为:统一标准与分类处置相统一、行政干预和市场机制相结合、行政处置与司法处置共同推动。

一、统一标准与分类处置规则的内涵及其构建

（一）统一标准的意涵及其构建

1. 统一标准的意涵

统一标准就是要统一对僵尸企业的认定标准。在前述分析中,对僵尸企业的认定目前在理论、实务上存在不同的认识,也没有统一可遵循的认定标准体系。

因此,应当由相关部门牵头,广泛听取来自企业、理论界与政府管理部门的意见,制定相关的认定标准体系。

对僵尸企业标准的制定,依我们之见,应当从僵尸企业形成的深层次原因出发,体现僵尸企业的基本特点,具有针对性、可测度性,只有这样才具有可执行性。

统一了认定标准后,还应当关注实际执行规则。所谓实际执行规则就是针对认定标准在实际执行中需要进一步量化的规则体系。如针对不同行业的可执行规则,针对不同地区的可执行规则,针对不同企业（如工业企业、商贸企业）的可执行规则等。

2. 统一标准的实践途径

统一标准在实际操作中,应坚持以下基本原则。

其一,以本国基本国情为认定基础。虽然僵尸企业具有世界性,但由于各国的国情不同,发展阶段不同,因此,它明显具有本国化的特点。我国僵尸企

业的产生与发展也具有我国的基本特点,因此,以本国基本国情为基础去制定认定标准与实际可操作规则尤为重要。

其二,经济标准与法律标准相统一。在僵尸企业标准制定上,首先应当从经济标准上着手。在经济标准的设计上,营业存续、连续亏损、依赖信贷与财政补贴维系、无市场发展潜力是经济标准的关注点。

但仅关注经济标准是不够的,还需要结合法律标准。从法律标准上,应当关注的是:①僵尸企业不能简单地等同于"去产能企业"。对它们的清理,虽然都服务于特定时期的经济发展要求,但两类企业毕竟在法律标准上是不同的。②僵尸企业不能混同于"僵局企业""休眠企业""解而不死企业"这些"病态企业"。僵尸企业虽然也是"病态企业",但它是具有法律人格的企业,虽存在僵尸化现象,但法律人格仍存续,且仍在营业状态。所有这些差异性的认定只能依靠法律标准的设定才能作出甄别。

其三,便于实际操作。认定标准应是由一定的结构与内容所组成的标准体系,应强化标准的简明性,以便于在实践中操作。

(二)分类处置的应有之义及其构建

1. 分类处置的基本意涵

分类处置是指针对僵尸企业债务形成的原因,进行类型化处置。分类处置应强化"类"划分的科学性。

首先,可以将僵尸企业划分为三个大类。一是因产能过剩引发的结构性亏损企业,比如前几年钢铁、煤矿、水泥、船舶等产能过剩的企业。二是高能耗污染严重,产品没有市场,不可能继续存活下去的企业。三是因产品技术落后与经营管理落后而无法起死回生的企业。对僵尸企业作出这样的分类,符合企业僵尸化形成的基本机理,也便于寻求僵尸企业治理的基本途径。

其次,也可以将僵尸企业从债务层面进行分类。可分为直接债务企业、统借债务企业和担保债务企业三大类。

直接债务是指僵尸企业在营业活动中所形成的债务,通常是由僵尸企业作为借贷主体、债权债务关系清晰的债务,其中包括对员工内部集资所形成的债务。

统借债务是指由企业集团作为借贷主体统借统还实际用于僵尸企业从事经营活动的债务。面对因统借债务引发的企业僵尸化问题,应当从实际层面区分是企业集团还是债务实际承接主体成了僵尸企业。

担保债务是指由企业集团或其他第三方为僵尸企业借贷提供担保形成的

债务。面对债务引发的企业僵尸化问题,应当从实际层面区分是主债务企业还是因担保引发的从债务企业成了僵尸企业。

对上述不同种类的债务应有所区别,分类处置。

分类处置的意义在于将僵尸企业的具象性通过理论化处理提升为抽象性,从而为针对性处置提供技术性方案。

2. 分类处置规则的构建

其一,坚持一企一策。僵尸企业形成原因、类型不尽相同,有周期性的外部需求冲击,也有地方的政企合谋,还有地区之间的恶性竞争以及银行的软预算约束。不同的原因造成的僵尸企业类型也不同,因此,应坚持一企一策,分类处置。针对不同企业,有的可以被收购重组,有的应该尽快破产清算。在分类处置上,既要考虑企业整体价值,又要释放挖掘不同生产要素价值,以最终实现僵尸企业的盘活退出和市场要素配置价值最大化。

其二,兼顾行业特点。僵尸企业具有很强的行业性特征,因此,对僵尸企业的处置也应针对行业特点进行,有序推进。2016—2019 年的历次中央工作会议都高度重视僵尸企业的处置问题,但是关注的侧重点有所不同。在 2019 年 12 月召开的中央经济工作会议上则强调要"有序推进'僵尸企业'的处置"。对"有序推进"原则的强调意味着我国对僵尸企业的处置进入深层次阶段,所要处置僵尸企业的情况更加复杂,对僵尸企业的处置不能简单地"一破了之",而应该综合考虑僵尸企业所处的行业,从防范金融风险、保障就业和社会稳定、促进企业重建的角度来合理选择企业的处置策略,并且要把促进僵尸企业脱困作为首选策略来考虑。[1]

其三,兼顾债务特点。尽管普遍认为处理僵尸企业的根本方法是直接破产清算,然而实际上,僵尸企业处置难还在于其"病症"各异,并不是对所有僵尸企业一破了之便能解决问题。有些债务的处置可以通过债转股的方式实施,有些债务的处置可以通过企业兼并的方式进行。针对 2016 年中央经济工作会议上提出的 2016 年供给侧结构性改革"二去一降一补"五大任务[2],对于

① 许江波、白喆:《内部控制有效性、市场化程度与僵尸企业脱困》,载《财会月刊》2020 年第 14 期,第 114—115 页。

② "三去一降一补"即"去产能、去库存、去杠杆、降成本、补短板",是 2015 年中央经济工作会议根据供给侧结构性改革提出的五大任务。其基本内容是:化解低利润、高污染的过剩产能;消除库存,为新的产能提供空间;以可控方式降低各类杠杆的作用,以降低长期性和系统性风险;帮助企业降低成本支出,提高效率;补好基础设施建设与民生发展等发展中的短板,以提高整体资源配置效率,平衡供需关系。

"僵尸企业"的处置也提出了"兼并重组改造一批、加强管理提升一批、清理淘汰退出一批"的指导思想,其基础还在于充分考虑僵尸企业实际与债务特点。[①]

其四,坚持分类治理。在具体方案选择上,可以采取以下三种主要途径。

(1)整体退出。对于资不抵债、扭亏无望、要素整合价值不大的僵尸企业,通过产权转让、清算关闭等方式予以"出清"市场。

(2)要素重组整合。对于企业虽扭亏无望,但在有形或无形资产,如土地、房产、知识产权、公司壳资源等方面仍具有较高市场价值的,应通过资产剥离、重组等方式进行要素分解,将稀缺的各类资源要素从僵尸企业中释放出来,采取企业间、行业间的要素重组整合方式,实现要素优化配置与协同效应。

(3)破产。对于扭亏无望,债权人众多的僵尸企业,通过启动司法破产程序,化解企业因个案涉诉被部分债权人司法查封,由此产生个别或部分债权全额受偿,而其他债权得不到清偿所带来的不公平现象。

二、行政干预和市场机制结合处置规则的内涵及其构建

(一)政府行政干预的意涵及其规则构建

1. 政府行政干预的意涵

政府行政干预就是在僵尸企业处置中,通过一定的行政性工具(如行政指导、行政合同、行政强制等),促使企业朝着政府部门希望达到的目标前进,以寻求企业行为与政府行为在目标、价值上的统一。

政府行政干预在处置僵尸企业中有一定的作用。这是因为,从僵尸企业的企业形态看,相当一部分是国有企业与集体企业,以及国有控股或持股企业,它们与政府的行政行为存在着天然的联系。与美日等国的僵尸企业不同的是,我国国有僵尸企业产生的根本原因在于体制问题,尤其是政府对企业的不当干涉,其处置清退亦需要依靠政府。因此,政府干预下形成的国有僵尸企业问题能否在政府的进一步干预中得到有效解决,是一个值得关注和研究的问题。[②] 另外,僵尸企业处置涉及员工安置、社会稳定等,也依赖必要的行政

---

① 余典范、孙好雨、许锐翔:《去产能、生产率与中国式"僵尸企业"复活——基于中国工业企业的证据》,载《财经研究》2020年第7期,第4—5页

② 黄婷、郭克莎:《国有僵尸企业退出机制的演化博弈分析》,载《经济管理》2019年第5期,第5页。

干预，以达到政府、企业、社会共治的目标。再有之，僵尸企业本身具有负外部性，解决负外部性问题，市场手段可能会失灵，以行政干预手段为之，则能切实解决一些问题。

国内学者就僵尸企业治理过程中应否进行行政干预各持己见。一种观点认为，应减少政府行政干预，通过市场机制处置僵尸企业。邓洲在探讨了当前我国治理僵尸企业的进展与困境时，提出应减少政府行政干预，充分发挥市场机制处置僵尸企业的主导功能。蒋灵多和陆毅等在分别考察了最低工资标准和放松外资管制政策对我国僵尸企业复活率的作用时，得出最低工资标准和放松外资管制均能显著提高僵尸企业的复活率，提倡政府借助市场机制淘汰僵尸企业，而不是直接干预僵尸企业。另一种观点认为，不能只依靠市场机制，仍需要政府的适当干预。张栋、黄群慧等认为，即便是市场经济发达的美国和日本，处置僵尸企业时也少不了政府的积极引导。既然僵尸企业的形成不完全是市场选择的结果，而是受政府干预的影响，那么僵尸企业的退出也很难依靠市场机制自动调节，加之存在着不同形式的退出壁垒，因此，需要政府的进一步干预。[1]

2. 政府行政干预的规则构建

首先，适度干预规则的构建。政府行政干预不是万能的，应当关注哪些方面可以通过干预起到作用，而哪些方面则不宜干预。适度干预强化干预的时限性、干预的适当性与干预的可控性。

其次，有效干预规则的构建。政府行政干预僵尸企业的处置，应当在当地政府层面组建相关工作小组，进行必要的摸查，提出针对性的处置方案；应当制定切合实际的工作方案，将推进处置工作落地；应当认真总结行政干预工作的经验与不足，并在实践中得以完善与提升。

再次，间接干预规则的构建。基于政府行政干预僵尸企业处置也可能带来"一刀切"、就业不稳定等一系列新问题，对僵尸企业处置应以间接干预手段为主。如通过财政扶持与削减政策、价格政策、纾困基金等推动处置工作取得实际效果。不应采取命令式的直接干预，将企业行为作为政府自身行为对待。政府在确定干预时，应根据企业是否具有救助价值，对不同情况的僵尸企业进行分类治理。

---

① 黄婷、郭克莎：《国有僵尸企业退出机制的演化博弈分析》，载《经济管理》2019 年第 5 期，第 7 页。

（二）尊重市场机制的意涵与规则构建

1. 尊重市场机制的意涵

尊重市场机制是指在僵尸企业处置上尊重投资者意愿，尊重竞争规则，尊重价格规律，让市场在处置僵尸企业中起到应有的作用。

市场机制的调节性、作用的基础性等对处置僵尸企业具有重要作用。但也应看到，由于僵尸企业所实施的市场行为具有负外部性，对它的处置需要配之于政府的必要干预。如何让市场处置更富有效率，政府更好地作为，这是在构建僵尸企业处置方案时需要认真思考的问题。

2. 遵循市场机制规则的构建

首先，构建尊重投资者意愿的相关规则。尊重投资者意愿是为了更好地体现营业自由与企业自治。僵尸企业毕竟是投资者开办的，对它的处置应由投资者作出决定，不可采取简单粗暴的行政强迫手段。应当严格区分行政强迫关闭与行政强制注销之间的区分。前者是在违反投资者意愿情形下所实施的违法行为，而后者是在僵尸企业已出现严重负外部性情形下由法律规定所采取的必要措施。尊重投资者意愿规则的实质内容是：在僵尸企业需要采取行政强制注销之前应听取投资者意见，如何处置僵尸企业（是解散还是重组等）由投资者自行决定，并实行责任自负原则，对于投资者怠于对僵尸企业作出处理的，相应的法律责任应由投资者自行承担。

其次，构建尊重竞争机制的相关规则。尊重竞争机制是为了更好地发挥公平竞争机制、优胜劣汰机制在处置僵尸企业中的作用。这一规则的基本要求是，企业是否存在僵尸化应由市场来认定与判断，企业是否继续存续应由市场来决定。产业政策与竞争政策在政策设定时应以竞争政策为基础。僵尸企业经整治无效的，应及时淘汰，出清市场。

再次，构建尊重价值规律的相关规则。决定企业在市场中生存能力的重要因素是企业生产的产品或提供的服务的价格。尊重价值规律，就应当由社会必要劳动时间决定产品的价格，由产品的价格形成对该企业生产产品的市场需求。由财政补贴来影响企业定价的行为难以使企业在市场竞争中获得持久的竞争力。

（三）引导性退出与强制性退出综合运用规则

1. 引导性退出与强制性退出的意涵

引导性退出与强制性退出是行政干预和市场机制结合处置规则的具体

运用。

所谓引导性退出是指通过劝说、协调、指导等行政措施引导僵尸企业退出市场或进行企业重组。引导性退出通常是在政府相关部门对具备僵尸企业认定标准的企业所采取的措施。具有措施上的随和性特点，易被僵尸企业接受。

所谓强制性退出是指通过相应的强制手段（如吊销营业执照、责令关闭、强制注销等）要求僵尸企业出清市场，如有违反则追究相应的法律责任。强制性退出比起引导性退出，具有明显的刚性特点。

2. 引导性退出与强制性退出相应规则的构建

由于引导性退出与强制性退出各有特点，在适用时也各有侧重，应建立起相应的运用规则。依我们理解，相应的规则要求可从以下方面构建。

首先，应以引导手段为先，强制手段置后。引导手段比起强制手段来，容易被僵尸企业接受，从而不太会产生政府部门与企业之间的对立、冲突，进而能取得较好的实施效果。大多数僵尸企业是有一定规模的企业，且多为老企业和原有的国有企业，历史沉积的问题较多，运用引导手段，能够实实在在地解决一些问题。只有在引导手段难以起到作用时，为防止僵尸企业影响社会资源利用与经济结构调整，才采取必要的强制措施。

其次，引导手段应有必要的引导与激励措施。引导手段并不是空洞的引导性言辞，而应当有实实在在的行政性措施。比如，政府为解决僵尸企业问题设立纾困基金，政府为引导僵尸企业通过重组获得新生而推出企业更生激励政策，政府为安置失业职工采取相应的帮扶措施等。

最后，强制手段的运用应击中问题症结。比如，在僵尸企业处置上，停止财政补贴虽具有刚性，但它只能使企业无法生产经营，经营资格与企业人格仍存在，离企业出清还有很大的距离，而吊销营业执照，虽从法律上限制了其经营资格，但企业人格依旧存续。大多数僵尸企业不会主动去办理注销登记，在此情形下，只有强制注销才最终触及企业投资者与企业的痛点。因此，强制手段在实际运用时必须要设计好组合拳，一经使用应组合出击，方能取得明显的效果。

三、行政与司法共同处置规则的内涵及其构建

（一）行政处置与司法处置的内涵及方式

1. 行政处置的内涵与方式

行政处置僵尸企业有其特定的内涵与方式。

就其内涵而言,通常是指各级政府相关部门运用行政手段对僵尸企业进行整治,从而改变企业僵尸化现象的一种治理机制、治理途径。

行政处置通常采取以下方式进行:一是引导企业兼并与重组,二是节制财政补贴工具的运用,三是监管口把控,将符合僵尸企业认定标准的企业列入重点监管对象,四是行政处理与行政处罚的实施。对于符合僵尸企业认定标准的企业,经整治后仍未有实际效果的,采取撤销企业、责令关闭、限产整治等行政处理与行政处罚措施。

在行政处置方式实施上,重点在于以下方面。

首先,把握好政府尤其是地方政府在治理僵尸企业中的角色。一方面,政府要减少不必要的干预,如减少县级政府对国有和集体企业的偏向性政策和财政补贴,激发国有和集体企业提升创新能力和竞争能力。另一方面,政府又要增加必要的干预,如为处置僵尸企业创造良好的政策、制度等营商环境。

在清理僵尸企业过程中,如果完全依靠各个地方政府和企业按照"自觉自愿"的原则进行,或者"让时间来证明一切",就会出现以下两个问题。一是会导致地方政府之间陷入去产能的"囚徒困境"。如果没有任何宏观调控压力,每个地区和企业都希望别人努力去产能,然后自己"坐山观虎斗",甚至悄悄地增加产能,从而增加产出和利润。这样,去产能最终就会变成一种"囚徒困境"——每个地区和企业都只考虑自己的利益,每个企业都不想去产能,反而可能扩大产能,最终导致更严重的产能过剩。二是会导致地方政府和企业的机会主义行为。在一些行业,比如钢铁、煤炭业,产能波动存在明显的周期性。很多地方政府和企业之所以不愿意去产能,就是因为心存侥幸。如果这次保存了产能,同时竞争对手减少了产能,那么熬过了这次周期性调整,等到行情好的时候就可以占领更多市场和获得更多回报。①

其次,构建政府与市场协同发力的治理格局。一是政府和企业通力合作,对过剩产能进行摸底,对所有行业的有效产能进行推测,估算出每个行业的过剩产能。这是从宏观上推进去产能政策的有效前提和决策基础。二是各省份公开一个去产能的任务表。在政企互动、充分调研的基础上,承诺在什么行业、什么时候实现多少去产能的目标,并且由中央统一公布。这种公开承诺的做法可以有效地遏制地方的机会主义行为。三是逐步规范各类补贴和优惠贷款。需要对所有的政府补贴进行一次大清理,在此基础上进行删改与调整。银行的优惠贷款也需要规范,防止违反财务纪律和经济原则的"照顾",防止银

---

① 聂辉华:《清理僵尸企业"两手"不可偏废》,载《经济参考报》2016-12-02。

行和企业之间进行违规的利益输送。①

2. 司法处置的内涵

司法处置是指运用司法手段(主要是法院对相关纠纷案件的受理与审理)对僵尸企业进行破产处置与强制清算处置,以达到对僵尸企业出清市场的目的。

目前司法处置僵尸企业主要通过破产清算、强制清算两种途径。与其他治理方式相比较,其作用的效果主要表现为以下方面。

其一,司法处置所具有的规范性,便于平衡各方权益。司法处置是在法院指导下进行的,以严格的实体法规范与程序法规范为依据。由于按照相关法律规范运作,无论在实体条件还是在处理程序上都具有相应的法律规范做指引,因而规范性强,各方利害关系人可以在司法处置时申报债权、提出异议,同性质债权公平受偿,对各方权益能起到较好的保护作用。

其二,司法处置所具有的强制性,便于处置结果得以有效执行。司法处置最终以司法裁定的方式结案,且会有明确的处理结论。通过破产处理、强制清算程序,纷繁杂乱的债权债务关系都能基本理顺,处置结果也方便执行。

其三,司法处置所具有的示范性,便于发挥处置案件的示范效果。司法处置具有公开性,虽然个案有特殊性,但处置僵尸企业的法律规则是相通的,个案得出的法律精神、处置原则,对于其他个案有较好的示范性,从而推动僵尸企业司法处置的标准化建设。

(二)行政与司法共同推进的应有之义及实施要点

1. 行政与司法共同推进的应有之义

行政与司法在处置僵尸企业中各有特色,也各有功效,这是它们各自作用机理的一个方面,但是,在行政与司法处置僵尸企业中,还应关注它们共同推动、形成合力的另一个方面,只有分中有合,合中有分,才能将各自的作用与功效发挥得淋漓尽致。

一是有利于提升处置效率。行政处置与司法处置是处置僵尸企业的两条道,既要走好自己的道,又应强化各自的信息交流与工作反馈。在行政治理之道难以走得下去的情形下,应当及时转向司法之道。只有合力推进,才有可能减少不必要的行政、司法资源浪费,也有利于提升处置效率。

二是有利于完善多元化处置途径。处置僵尸企业可以由行政推动,可以

---

① 聂辉华:《清理僵尸企业"两手"不可偏废》,载《经济参考报》2016-12-02。

由企业行业协会引导,也可以由司法处置推进,从而表现为行政处置方式、社会化处置方式、司法处置方式互动。事实上,选用哪种处置方式应结合每个企业的实际,没有一个预设的方案可供选择。在此情形下,需要多管齐下,才能取得更好的执行效果,共同推进对于完善多元化处置途径具有重要的现实意义。

三是有利于矫正处置差错。司法是解决纷争的重要途径,也是解决纷争的最后一道防线。在选择行政处置后,如存在行政权力运用不当问题,可以通过司法手段(行政诉讼)寻求纠错途径,从而确保对僵尸企业的处置运行在法治化的轨道上。

2. 行政与司法共同推进的实施要点

(1)打通堵点。按照市场化、法治化原则处置僵尸企业,关键是要打通从行政处置到司法处置的堵点,建立僵尸企业司法处置标准。针对僵尸企业的破产处置,在相关标准设定上,可以由以下三个方面构成。一是无清偿能力。判断僵尸企业是否具有清偿能力,具体可通过企业的资产负债表、债权债务清册、审计或评估报告等进行识别。二是无挽救价值。僵尸企业并非全都无生存价值,应当根据其"致僵"原因及"生存"价值进行分析。三是无宣告破产障碍。僵尸企业破产清算处置达到出清标准,还需要满足无破产宣告限制的条件。按照《企业破产法》的规定,如果企业的到期债务全部清偿或提供足额担保,就会阻碍对该企业进行破产宣告。因而,政府与银行对僵尸企业的"断供"非常重要,否则就难以推进司法处置程序。[1]

(2)攻克难点。其重点,一是司法机关与政府行政管理部门应建立协调机制,甄别僵尸企业是否具有生存价值。对于因亏损或负债难以运行但还有核心价值的企业,或基于国家社会利益考虑应予保留的企业,可以通过兼并重组、盘活资产、破产重整等方式进行拯救,使其"起死回生"。而对一些"身患绝症,且无药可救"的企业则选择适用破产清算程序进行出清。二是建立与僵化企业司法处置相适应的诉讼机制。在坚持司法、行政职能各自独立的基础上,对于当事人申请具有一定规模、服务特定行业的僵尸企业破产的,司法机关可以征询地方政府部门的意见,在不损害债权人利益的基础上,由政府相关部门作出破产风险研判与处置方案。在 1986 年制定、2006 年已被废止的《企业破产法(试行)》中,第 1 章第 3 条曾规定过公用企业和与国计民生有重大关系的

---

[1] 柴丽:《河南省僵尸企业破产清算法律问题研究》,载《许昌学院学报》2020 年第 4 期,第 124—125 页。

企业,政府有关部门给予资助或者采取其他措施帮助清偿债务的可以不纳入破产程序。新制定的《企业破产法》虽然未作出这样的规定,但我们认为,针对部分僵尸企业履行着公用事业职能,或与国计民生有重大关系,如政府部门采取挽救措施,确定该类企业生存的价值,并出面协调解决僵尸企业债务,债权人愿意接受的,可以不按破产程序处置。三是探索建立僵尸企业的破产、重整案件信息网,减少不必要的司法资源消耗。在纳入破产程序后,有了重整案件信息交流,以及破产后职工债权落实情况信息交流,便于行政部门采取相应措施,做好社会维稳工作。在此过程中完善就业和社保托底机制,确保"僵尸企业"退出"软着陆"。

(3)直击痛点。针对僵尸企业僵而不死的现实,将僵尸企业的痛点锁定在政府与金融组织的"断供"上,切断政府、银行与企业的"畸形脐带输血"机制,从源头上遏制"僵尸企业"的形成。这既需要政府部门与金融组织"壮士断腕"的勇气,也需要政府部门与金融组织形成合力,然后由行政与司法拿出整治的组合拳。在实施途径上,首先,央行要强化商业银行的预算约束,完善信贷质量考核指标。其次,减少行政力量对商业银行贷款流向的干预,提高商业银行的决策独立性,从源头上减少不良贷款产生的概率。

第五节　僵尸企业退出市场的法律治理途径选择

僵尸企业退出市场的法律治理是项系统性工程,需要从多维度多层面检讨制度选择的合法性与效率性问题,并通过法治化手段予以推进。我们的基本认识是,应以供给侧改革为方向,以激活与清退双驱动为途径,以企业产权市场化处置为内容,推进治理工作朝着法治化轨道运行。

一、供给侧改革为主导的法律治理方向的选择与推进

(一)供给侧改革为主导的治理方向的现实基点

1. 在供给侧上寻求治理的基本方向

从供给侧上寻求治理方向,据以认识论思考,实际上要回答的问题是,在经济结构与产业结构调整上,为什么要从供给侧着手而不是从需求侧着手?

所谓供给侧治理是指在适度扩大社会总需求的同时,着力加强供给侧结构性改革,提高供给结构对需求变化的适应性和灵活性。它与需求侧改革的

不同点在于,供给侧改革从供给要素(劳动力、土地、资本、创新技术等)出发,推进供给要素更具有效益与活力,而需求侧改革则是从需求要素(投资、消费、出口)出发,以推动经济的持续发展。

供给不单纯是一种提供一定数量的具有特定使用价值的行为,还是一种实现一定价值量的行为。供给侧改革的核心是,调整经济结构,使要素实现最优配置,提升经济增长的质量和数量,改革的重点是解决产能过剩、经济结构失衡问题。它是对经济领域问题以及政治领域问题的倒逼式改革,通过铲除既得利益集团和既得利益集团得以滋生的土壤,实现资源优化配置与经济高质量发展。

观察问题、看到病症很重要,找准病根更重要。在我国,当前影响经济增长的突出问题虽存在总量问题,但结构性问题更为突出。主要矛盾就是供给与需求不匹配、不协调和不平衡,而矛盾的主要方面不在需求侧,而在供给侧。扩大内需特别是扩大投资的效果在递减,与供给体系总体上呈现中低端产品过剩、高端产品供给不足的状况不无关系。

结合我国经济发展的现状,在理论界历经数年调研的基础上,自2016年始,中央不失时机地提出"供给侧结构性改革"的战略方针,强调在适度扩大总需求的同时,在推进经济结构性改革方面做更大努力,着力加强供给侧结构性改革,着力提高供给体系质量和效率,使供给体系更适应需求结构的变化,使供给侧和需求侧得以合理匹配,增强经济持续增长动力。

2. 供给侧改革与僵尸企业治理

制度环境对企业的影响,包括对"僵尸企业"的影响是多方面的。扭曲市场化的制度环境是"僵尸企业"形成的重要外部因素,因此,妥善处置"僵尸企业"不仅需要"僵尸企业"自身的努力,还需要从源头上切断"僵尸企业"赖以生存的土壤。

供给过度就是在当前供给侧改革中需要应对的三个"去",即去产能、去库存和去杠杆。通过"去"这一方法来促成产业调整。

在推进供给侧结构性改革,实施"去产能、去库存、去杠杆、降成本、补短板"五大重点任务的过程中,妥善处置僵尸企业问题,是缓解产能过剩的重要抓手。

首先,在处置僵尸企业过程中,要防止地方政府和企业因为经济周期性波动而存在的机会主义。有些产业如钢铁、煤炭、船舶制造等,产能波动存在明显的周期性,当经济处于恢复、繁荣阶段时,一些低端、落后的产能就会"死灰复燃"甚至扩张,导致地方政府和企业心存侥幸,阻碍去产能的进程和效果,这也是这些领域成为僵尸企业重灾区的重要原因。因此,去产能要在强化地方政府和僵尸企业硬约束的基础上,大力推进市场化、法治化的手段,严格执行环保、能耗、质量和安全标准,提高落后产能的生产环保成本,鼓励有条件的企业实施兼并重组,用市场"无形之手",让僵尸企业难以为继,使落后产能无利可图,以最终实现新旧动能有序接替。

其次,降本增效是推动僵尸企业复活的重要内在机制。对于有希望复活的僵尸企业,最重要的是降低企业自身经营的成本负担,恢复自生能力。需要将降低僵尸企业的制度性成本与企业自身的降本增效相结合,深挖企业"内部增效"的潜力。对于僵尸企业中成本较高、与企业核心业务关联度不大的业务,通过"关、停、转"等方式进行相应的缩减,让企业恢复主业务的元气,提升自身的竞争优势;对于拥有一定数量知识产权和土地使用权等资产,以及资产与负债相抵后企业产权相对较高的企业,可以通过促进企业间的并购来达到资源整合的目的;对于长期停产、扭亏无望且有形和无形资产价值较低的企业则要坚定不移地启动破产退出机制。

(二)供给侧改革为主导的法律治理方向的基本要求

1. 产业政策与竞争政策之协调

建立起以竞争政策为基础的产业政策的法治化运行体系。

首先,应完善市场配置资源机制,发挥竞争机制。坚持以竞争政策为基础,产业政策不应违背竞争政策的基础地位。

竞争政策强化优胜劣汰机制,强化政策实施的公平与公正,在总体目标上与产业政策相一致,但在具体举措上也会产生一些矛盾面。比如,产业政策强调产业协调发展,通过扶持小微企业、弱势企业更好地发展,使它们能与大型企业、强势企业在平等的起跑线上开展竞争。产业政策的这一初衷与竞争政策并不矛盾,但问题是,如何理解小弱企业的"弱"? 如果将僵尸企业纳入小弱企业之中,就会严重背离竞争政策的要求。

其次,产业政策应以调整产业结构、提升产业竞争力为核心。僵尸企业问题虽然涉及银行不良贷款和地方政府政绩诉求等利益关系,但最根本的是企业丧失了竞争优势,其背后是产品技术含量较低,产品供给结构难以满足消费需求升级的变化。因此,要建立防范僵尸企业"死灰复燃"的长效机制,最根本的是要坚定不移地调整产业结构和促进产业结构升级。

再次,针对不同产业采取适应性的产业政策,将企业僵尸化问题纳入不同产业中进行审视。在传统产业方面,对传统产业进行技术改造和关键技术的攻关,以提高传统产业的技术水平和产品附加值;在战略性新兴产业和高端制造业中,则要加强共性技术和前沿技术的研发,注重培养企业的自主创新能力,避免只"做大"而不"做强"。这需要在产业政策导向上,大力推进选择性产业政策向功能性产业政策的转变,使整个产业中的所有企业受益,实现产业向更高质量的发展转变。① 按照这一产业政策观,要防范企业僵尸化的形成,一个有效的途径是针对该企业在不同产业中的实际问题实施企业生产经营结构转型与提升,从源头上消除僵尸化的"病"因。

2. 供给侧改革工具选用之协调

供给侧改革应适用合适的政策工具。从供给侧改革的实践看,可适用的政策工具主要有:以市场主导、公平竞争为核心的竞争政策工具;以促进新兴产业、淘汰落后产能为核心的产业政策工具;以减税减负,降低企业综合成本为核心的财税政策工具;以控制货币供给,稳定物价为核心的货币政策工具;以提升融资可得性,提升金融服务实体经济效率为核心的金融政策工具;以提升员工就业与培训再就业为核心的就业政策工具。这些政策工具在选用时也会产生一定的矛盾,需要进行必要的协调以促成政策工具的共同发力。

供给侧改革中,产业政策不仅是企业运行与发展的"指南针",更是经济的"稳定器"。产业政策需要与信贷政策相协调,金融机构需改变放贷的评估方式并逐渐减少对僵尸企业的资金支持。质言之,金融组织应将多数甚至全部贷款转移至发展前景较好的产业领域,为经济的健康持续发展补充更多的活力,避免我国的银行逐渐演变为"僵尸银行"。

产业政策也需要与财税政策相协调。从经济学角度来看,"去产能"主要涉及资本和劳动力两大要素,结合当前我国市场实际,资本流向中,税负政策与财政奖励政策具有极强的敏感性,应当对鼓励发展的产业,通过相应的财税政策设计,达到产业结构调整的目标。另外,就业政策应围绕员工安置及再就业问题,积极鼓励企业帮助员工培训再就业,在企业被清出市场时,应给予员工必要的退养和离职保障。

3. 供给侧与需求侧前后端改革内容之调适

供给侧改革与需求侧改革是经济发展中的两大前后端改革。在具体运用时应保持它们之间的调适性。

① 余典范、孙好雨、许锐翔:《去产能、生产率与中国式"僵尸企业"复活——基于中国工业企业的证据》,载《财经研究》2020年第7期,第6页。

首先,以供给侧还是以需求侧为重点应相机作出选择。需求侧管理和供给侧管理是宏观经济调控的两个基本手段,前者之重点是解决总量性问题,后者之重点是解决结构性问题。在不同的历史阶段,是以供给侧为重点还是以需求侧为重点,取决于当时的宏观经济形势。

其次,强调供给侧结构性改革,并不是要放弃需求侧管理,而是要提高两者的协同性。从以往实践看,供给侧政策与需求侧政策会存在一定程度的对立性。因此,加强供给侧与需求侧管理的协同性至关重要。提高两者的协同性,关键在于做好结构性文章,一方面将结构性税收政策与结构性财政政策相结合,另一方面将货币政策的总量管理与结构性放松相结合。

二、激活与清退双驱动法律治理途径的选择与推进

(一)激活与清退双驱动的现实意义

1. 选择双驱动途径的社会价值

在僵尸企业退出的含义中,包括狭义的退出和广义的退出。狭义的退出主要指企业的破产退出,广义的退出则包含多种形式的退出变动,除了企业实体从市场中破产退出之外,还包括产权构成的变动(如国企改制为混合所有制企业)、企业形式的变动(如接受兼并重组)、产业形式的变动(如企业转型发展)等,这些都是僵尸企业退出的比较积极的途径,也是已经得到国内外实践检验的比较有效的方式。

总体而言,僵尸企业退出的路径是可以选择的,退出的方式也应该是多样性的,这样才能为解决僵尸企业问题提供更多的办法、更大的空间,也更具有针对性。

对于产能过剩行业中资产负债率超过100%的僵尸企业,基本上实行以破产退出为主的政策,而对于其他类型的僵尸企业,则更多实行推动其改革转型的政策,包括改制改组、兼并重组、产业转型等积极的退出方式。[①]

有研究数据分析显示,大约有20%的僵尸企业通过适当的途径实现了"复活"。提高企业生产率和人员精简等去产能措施能显著促进僵尸企业复活。社保降费也可以增加僵尸企业复活的概率。另外,对僵尸企业实施兼并重组,依靠优势企业带动这些经济活力差的企业走出困境,也是复活僵尸企业

---

① 黄婷、郭克莎:《国有僵尸企业退出机制的演化博弈分析》,载《经济管理》2019年第5期,第8—9页。

最常用的办法。

但由于大多数僵尸企业形成都经过较长时间,意味着这些企业经营绩效一直不佳,如果强行通过其他企业"救活",不仅效果差,更可能拖垮其他企业,很难创造企业价值,促进经济增长。在缺乏有效手段对僵尸企业进行复活时,应当考虑破产清算。①

2. 相关案例的借鉴

2016 年,中国远洋与中海集运两大集团公司进行并购重组,包钢股份对八一钢铁实施兼并都是基于供给侧结构性改革,处置僵尸企业的具体案例。还有最典型的案例是 2017 年宝钢并购武钢。

一些学者曾对公司并购前后的企业长短期绩效进行对比,研究表明,合并后的两家公司实现了"1+1>2"的协同效应,从财务、市场、内部管理、学习成长以及社会责任五个维度构建了僵尸企业并购重组绩效体系。研究表明,资产重组确实提高了公司重组绩效,改善了经营业绩和效率。②

根据上述做法和经验,处置僵尸企业是一项任重而道远的系统工程,僵尸企业要真正完成平稳退出或实现重新发展,需要全面深入评估企业退出的成本收益、僵尸化成因以及日后的发展潜力,选择合适的解僵方式。

(二)激活与清退双驱动治理途径的基本要求

1. 选择途径之基础性工作

首先,对各类僵尸化的企业进行诊断,强化可适用途径的针对性。企业诊断是在对企业全面体检的基础上,寻求企业存在的病症与病根。通过企业诊断,发现企业的病症后,就要开出药方,对症下药,清除病根。因此,开展企业诊断,推进问题企业大排查,对于做好清理僵尸企业的基础性工作至关重要。

其次,进行行业、市场发展前景评价,找出解僵途径的可行性,为僵尸企业清理中的"去与留"提供行动路径。

再次,进行包括维稳在内的风险源评价,找出实施中需要处置的相关问题,以达到稳妥处置僵尸企业的总目标。

2. 寻找一条以激活企业为目标的治理途径

(1)以企业产权变动型的激活途径。由于体制上的原因,在较长时间内,

---

① 周丽丽、陈新月:《为何僵尸企业出清难》,载《河北企业》2021 年第 4 期,第 49—50 页。

② 盛明泉、李永文:《僵尸企业并购重组绩效研究——以宝钢并购武钢为例》,载《财会月刊》2020年第 11 期,第 18 页。

我国企业是按照所有制模式设立的,直到今天,仍存在一定数量的国有企业、集体企业,而在国有企业、集体企业中存有一定比例的僵尸化现象。如果造成僵尸化的原因主要是企业内部体制、经营理念,那么,可以通过引入民营投资者,将国有企业、集体企业改制为混合所有制企业,从而使企业产权结构发生变动,进而影响企业治理结构,推动企业经营朝着现代企业制度发展。这不失为解决企业僵尸化问题的一种途径。

有学者曾对国有上市公司引入民营投资者并"混合"董事会的实践做过研究,研究发现,一方面,非国有股东参与国企高层治理可以显著降低冗员规模和提升资本密集度,进而降低国有企业成为僵尸企业的可能性。另一方面,非国有股东治理可以在抑制低息贷款获取和改善盈利能力两方面降低相应国有企业的僵尸化程度,促使其正常经营运转。经过良好治理的国有企业生产能力和市场价值得到显著提升。[①]

(2)以企业形式变动型的激活途径。对仍有一定存在价值的僵尸企业进行兼并重组,不仅避免了新建产能和资源损耗,还提高了市场集中度,更关键的是有利于盘活、整合现有资源,让债权人与投资人无须全身而退,大大缓解对地方经济的冲击。

但是兼并重组并非万全之策,也面临着不少问题和矛盾。首先,僵尸企业自身资产状况恶劣,投资人会望而生畏。其次,僵尸企业的经营业务、组织架构、企业文化与兼并主体的相关环节容易对接不畅,引致管理链条过长,加重兼并主体决策和管理难度,从而抵消资产重组的"药效"。再次,行政干预下的兼并重组常常不惜代价,大企业以扩大市场份额和抢夺市场控制权为目标进行盲目兼并,重规模合并轻企业融合,造成重组浮于表面。最后,产能过剩行业的兼并重组,应提防简单的国企合并"翻牌"现象,更好的出路是引导民间资本的流入,比如允许民营企业的战略投资者参与。

(3)以企业经营权形式变动型的激活途径。主要做法有托管经营。托管经营是 20 世纪 90 年代国有企业改革脱困的常用方式,亦造就了如今一片"大而不倒"的国有企业。当前,对经营不善、入不敷出但有一定发展潜力的国有僵尸企业,以契约形式把企业的经营管理权移交给资金实力雄厚的托管方,也不失为改变企业经营困境,重获新生的一种尝试途径。但也有一些学者提出,在经济新常态下,托管经营须充分考虑企业实际,如果政府对僵尸企业继续扶

---

① 马新啸、汤泰劼、蔡贵龙:《非国有股东治理与国有企业去僵尸化——来自国有上市公司董事会"混合"的经验证据》,载《金融研究》2021 年第 3 期,第 97—98 页。

持托底,只会招致更大的风险,陷入骑虎难下的窘境。

三、僵尸企业产权市场化处置方式的选择与推进

(一)产权交易市场及其作用机理

1. 资产保值功能之实现

在将僵尸企业清理出市场时,相当一部分的僵尸企业仍然拥有一定数量的优质资产,因此,清退后应处置的是整体产权而不是拆散了的个别资产。

为了能够整体地盘活这些资产,促进社会资源的合理优化配置,可以通过推进产权交易方式来实现资源的综合利用,同时有效地保护债权人的权益。

2. 资产增值的市场机制作用之发挥

资产增值最有效的手段是进入产权交易平台进行竞价买卖。通过产权交易平台竞价买卖,既重新发现了价值,又为公平交易提供了客观基础。

因此,对于僵尸企业的处置,无论是通过司法破产程序予以清退还是通过各种激发企业途径保存原企业,凡涉及企业资产与产权处理的,应鼓励采取公开的产权交易方式进行。

(二)产权交易市场在服务僵尸企业中的作用

1. 建立产权交易平台

僵尸企业产权在产权交易平台上进行交易,其原因在于,无论是企业产权出售还是企业兼并重组,都少不了寻找合作对象,通过产权交易平台牵线可以解决这一问题。

目前在我国,通过建立产权交易平台,产权交易已成为企业发现产权价值与实现产权价值的重要途径。但在产权交易平台建设中存在不少问题。一是产权交易平台多以有形产权交易平台为主,无形产权交易平台数量少,且两者之间在业务上不兼容问题较为突出。二是产权交易平台注重国有、集体产权交易,其他企业类型的产权交易数量小,造成产权交易量难以增加。三是产权交易平台在线上交易、配对、交割仍不够活跃,造成交易成本较大,成功率较低。

解决这些问题,需要政府在宏观上进行整体谋划,在微观上进行精细设计,在制度上进行科学构建。

2. 完善僵尸企业产权交易的相应程序

其一,应促进国有、集体僵尸企业产权交易的公开化和透明化,防范"暗箱

操作"引发寻租现象的发生。

其二,建立产权交易信息交流系统,引进有意向的战略投资者,促进企业的兼并和债务重组,实现僵尸企业利用效率的最大化。

其三,完善僵尸企业资产处置规则,为债权人和其他利益相关者的权益提供新的保障。

四、国有僵尸企业治理的方案选择与治理途径

(一)国有僵尸企业处置的特殊性

1. 国有企业形成的特殊性之考量

在我国转轨进程中,国有企业相对于民营企业,普遍存在着国有股"一股独大""所有者缺位""内部人控制"等制度缺陷。如何既保证国有股东不丧失对国有企业的控制权、不造成国有资产流失,又能治理国有僵尸企业、实现做强做优做大国有企业的目标,成为一个至关重要的问题。

在国有企业形成过程中,政府一直作为它的主管部门存在,政府"父爱"性与国有企业有着不可分割的血缘关系。

这种国有企业与政府的关系,往往造成国有企业的亏损可以用财政资金进行补助,国有企业僵尸化后,政府可以采取相应的办法要求国有控股银行对国有企业进行续贷。其背后反映出的问题是,在政府与国有企业之间并没有形成财政硬约束机制。

从深化供给侧改革的要求看,国有僵尸企业的破产退出涉及多个利益相关群体,诸如政府、国有企业和银行等,这些群体间的利益博弈会影响企业的退出行为。一方面,国有僵尸企业债务缠身又无力偿还,甚至关乎担保或"三角债"等连带纠纷,进而引发连带责任,一旦破产,银行的坏账损失将大幅膨胀,很可能引起连锁反应,诱发系统性风险。银行为抑制坏账损失,防范系统性风险,会尽力阻挠企业破产。另一方面,地方政府出于稳财政收入与保就业的动机,即便企业经营亏损,只要有可能保证其持续运转,就会通过各种补贴救济即将倒闭的企业,以免出现社会不稳定的因素。加上各地普遍存在地方保护主义的倾向,地方政府一般不愿意让国有僵尸企业轻易退出。另外,我国市场机制尚不完善,相关法律法规不健全,通过市场配置资源的作用较低,而政府运用一定的行政手段去处置国有僵尸企业则可能见效较快。总之,在我国现有体制下,国有僵尸企业的退出很难完全依靠市场的力量来解决,客观上需要政府采取以市场化、法治化为特征的适当干预方式。

2. 国有企业从业领域的特殊性之考量

当前我国国有企业主要聚集于国有重化工业、新兴产业领域,由于企业规模大,有些产业过剩严重,严重弱化了行业发展动力和资源配置效率,制约产业结构调整升级。我国传统的国有企业大多为劳动密集型企业,随着用工成本的提升,企业经营成本增大,造成经营亏损。

除此之外,我国国有企业还主要集中于以提供公共产品为主要目标的公用事业领域。公用领域自然垄断的特点,导致大多由一家或几家国有企业经营,竞争并不充分。因历史原因一直由国有企业经营,致使国有企业有较大的生产与独家经营的优越感。但公用事业产品价格由政府定价,采取低利、微利经营,如果企业管理能力薄弱就会面临经营亏损。长期经营亏损,形成僵尸企业,而自然垄断产业的特点决定了没有现成的其他可替代企业,其结果是企业已经"僵化"但又不能让其"死亡"。

对于国有企业在战略行业、自然垄断行业中所形成的僵尸化问题与在竞争行业中形成的僵尸化问题,在相关治理政策设计上应有所差异,前者以激活企业主体为主,后者则以出清市场为主。

(二)国有僵尸企业治理途径的基本要求

1. 改革监管模式

国有企业改革中应尊重市场经济规律,国资监管将以"管企业"为主转向"管资本"为主,使政府归位国资所有者的管理角色,政府与市场的边界得以厘清,国有企业的市场主体地位进一步确立,这有利于打破政府对僵尸企业的保护,有利于加快处置僵尸企业,有效防止形成新的僵尸企业。

2. 有效切断输血通道

对于国有僵尸企业处置可以在改革处置中给予一定的补助额度,如设立国有僵尸企业的专项退出基金,但应切断对这类企业原有的"输血通道",倒逼僵尸化企业改革转型。

为有效推进国有僵尸企业的处置,中央政府应将地方政府处置辖区内国有僵尸企业的工作纳入地方政绩考核体系中,以增强地方政府处置僵尸企业的积极性与责任感。

3. 加快实施改革转型

对国有僵尸企业的改革,推进途径较多,包括改制改组、兼并重组、产业转型等积极的退出方式,以及以破产为重点的消极退出方式。

在积极退出方式中,单纯推动国有企业民营化并不能解决上述难题,而国有企业混改背景下的非国有股东治理则为此提供了一条可行的解决路径。首先,非国有股东在参股国有企业后,以所有者的身份,有动机改善国有企业经营状况,整合国有企业资源和治理结构。其次,入股国有企业后,追求利润的非国有股东有意愿改善国有企业高管的监督和激励机制,这不仅在一定程度上对国有企业高管产生制衡作用,约束其道德风险,进而缓解"内部人控制"问题,还加强了激励相容,促使国有企业高管积极投身于提高国有企业经营水平。最后,全面深化国有企业改革的政策背景使得非国有资本的股东权利能够得到更好的保障,通过向国有企业提名和委派董事、监事、高管的途径切实参与国企经营治理。既有研究表明,非国有股东参与国企高层治理甚为重要。

综上,经过混合所有制改革,非国有股东不仅有动机,而且有办法改善国有企业的公司治理和经营能力,降低其对低息贷款等"输血"的依赖,从而对国有僵尸企业产生实质性治理作用,促使其恢复正常经营和实现长期健康发展。①

---

① 马新啸、汤泰劼、蔡贵龙:《非国有股东治理与国有企业去僵尸化——来自国有上市公司董事会"混合"的经验证据》,载《金融研究》2021 年第 3 期,第 95—113 页。

第五章 僵局企业司法"解而不散" 的新问题及其法律治理

在企业运营过程中,时常出现企业僵局状态。推进僵局企业分类施策法,即将僵局企业一分为二,既解"僵",让部分僵局企业获得新生,又解"散",让部分僵局企业有尊严地走向死亡,这是解决僵局企业问题的基本出发点,也是解决僵局企业问题的最终目标追求。从企业退市的视角思考,重点是解决僵局企业的解"散"问题。我国《公司法》于 2005 年修订时试图解决这一问题,规定了司法解散规则。但在实施过程中,由于司法认定标准不统一、清算程序不完善,以及司法解散可否适用于公司以外的其他类型企业等问题不明确,时常出现僵局企业"解"而不"散"的局面,成为当今企业退市的一个新问题,如何更有效地建立起"解散"退市规则仍是一个需深入探讨的问题。

第一节 僵局企业的认定与僵局成因分析

"僵局企业"一词并未被写入现行的法规中,它的理论起源于英美法系,但是英美法系也未对僵局企业进行明确的定义。我国《公司法》于 2005 年修订中首次规定了司法解散制度与认定标准,进而最高人民法院于 2008 年以《关于适用〈中华人民共和国公司法〉若干问题的规定(二)》[法释〔2008〕6 号,以下简称《〈公司法〉司法解释(二)》]的形式进一步确认了僵局企业司法认定的具体适用情形,对僵局企业的认定起到了推进作用,但在实务运作中仍存在不少问题。对僵局企业的认定标准进行讨论,以及对僵局企业形成和"解而不散"进行原因分析是解决僵局企业问题的基本前提。

一、僵局企业的概念厘定与司法认定

（一）僵局企业的概念辨析

1. 僵局企业的概念厘定

僵局企业是指企业在存续运行中由于企业决策层内部（股东、董事）矛盾激化而处于僵持状况，导致企业内部决策机关和执行机关不能按照法定程序作出决策与实施，从而使企业陷入无法正常运转甚至瘫痪状况的企业。

有人将企业僵局形象地称为"与电脑死机颇为类似的一种现象"。当企业陷入僵局时，一切决策和管理机制都处于瘫痪状态，公司的股东会或董事会无法有效召集和举行，即使召集或举行了也无法审议相关议案，更无法通过决议。

僵局企业通常具有决策执行行为的瘫痪性、相关主体间的对抗性、僵局状态的持续性和危害性等特征。

决策执行行为的瘫痪性是指企业的决策机关、执行机关、监督机关貌似存在，但不能正常运转，治理机制已遭到破坏。

相关主体间的对抗性是指股东、董事、监事、经理之间产生了难以调和的矛盾，在决策权、执行权、监督权行使中已无法达成统一意见，各自反其道而行之。

僵局状态的持续性是指僵局性问题是深层面的，错综复杂，已持续相当长时间，且越演越烈，没有缓和的迹象。

危害性是指由于问题产生于治理机关之中以及企业高层决策、执行人员之间，直接影响到企业的正常经营活动。其后果是如果找不到有效的解决途径，企业必然被拖垮，这将会对企业发展前景产生难以预料的恶劣影响。

2. 与僵局企业相关概念的比较分析

（1）僵局企业与僵尸企业。僵尸企业是指已处于停产或半停产状态、连年亏损、资不抵债，主要靠政府补贴和银行续贷维持经营的企业。僵尸企业的形成大多是由于外部经营环境导致企业运行困难。而僵局企业的形成主要是企业内部的决策机关、执行机关、监督机关发生难以调和的矛盾导致企业决策层与执行层无法做出决议，最终导致企业管理困难，难以运行。因此，两类企业在产生原因、表现形式、处置方式上存在明显的差异。

（2）僵局企业与休眠企业。休眠企业是指处于停止经营活动，但是未按照法定的程序进行清算或者注销的持续处于特殊状态的一种企业。有学者将休眠状态分为主观上不营业导致的休眠与客观上不营业导致的休眠两类。[①] 僵局企业与休眠企业两者形成的原因不同:僵局企业是由于内部机构瘫痪,导致治理机制无法运行,影响企业生存发展,而休眠企业则是由于其既不营业,又不退出市场造成的。另外,僵局企业发生僵局之时仍进行着营业活动,而休眠企业则处于歇业状态。

(3)僵局企业与破产企业。破产企业是指企业在生产经营过程中由于经营管理不善,负债达到或超过全部资产,资不抵债且不能清偿到期债务的企业。僵局企业与破产企业的差异性在于:首先,它们所产生的原因不同。破产企业强调的是经营不善,而僵局企业强调的是运行机制不畅;其次,它们所产生的后果不同。僵局企业虽存在僵局现象,但依旧有盈利能力,而破产企业则处于严重亏损状态;再次,对它们的处置方式不同。对破产企业实行的是破产清算程序,而僵局企业被判决解散后进入的是非破产清算程序。

(4)僵局企业与司法可解散企业。司法可解散企业是指对于处于僵局中的企业通过司法方式予以强制解散的企业。僵局企业并不必然成为司法可解散企业。主要原因在于,如果僵局企业可以通过其他途径,比如调解、企业分立、股权转让或修改企业章程来解决企业内部矛盾,那么就无须适用司法解散程序。僵局企业被判决司法解散也并不意味着其最终消亡,企业最终是否消亡要看企业是否清算注销。还有一个深层次的问题是,司法解散制度仅仅规定于《公司法》中,而非公司企业可否适用解散制度,这在理论与实践上仍存在争议。

(二)僵局企业的立法与司法认定

1. 僵局企业的立法认定

何谓僵局企业? 在我国现行的法律法规中对此并没有作出规定,"僵局"一词是形象化的表述。其最接近的法条语言是在《公司法》第182条中作出的规定:"公司经营管理发生严重困难,继续存续会使股东利益受到重大损失,通过其他途径不能解决的,持有公司全部股东表决权百分之十以上的股东,可以请求人民法院解散公司。"

从《公司法》第182条可以看出,判断僵局企业的三个法定事由分别为:①经营管理发生严重困难。②继续存续会使股东利益受到重大损失。即在对象上并不限于全体股东,在损失大小上必须是重大损失。③通过其他途径不

---

① 薛智胜、张元琦:《对休眠公司法律规制的路径研究》,载《天津法学》2015年第4期,第54页。

能解决。也就是说,应穷尽其他救济方式。当企业僵局的问题无法通过自行调解、转让股权等方式解决,申请司法强制解散才具有可能性。这体现出司法介入僵局企业的谨慎态度。

2. 僵局企业的司法认定

为进一步细化认定"僵局企业"的条件,最高人民法院在《〈公司法〉司法解释(二)》的第1条中具体规定了提起解散公司诉讼的四种情形:①公司持续两年以上无法召开股东会或者股东大会,公司经营管理发生严重困难的。②股东表决时无法达到法定或者公司章程规定的比例,持续两年以上不能做出有效的股东会或者股东大会决议,公司经营管理发生严重困难的。③公司董事长期冲突,且无法通过股东会或者股东大会解决,公司经营管理发生严重困难的。④经营管理发生其他严重困难,公司继续存续会使股东利益受到重大损失的。

该司法解释还明确规定:股东以知情权、利润分配请求权等权益受到损害,或者公司亏损、财产不足以偿还全部债务,以及公司被吊销企业法人营业执照未进行清算等为由,提起解散公司诉讼的,人民法院不予受理。

如果对上述四种情形进行类型化分析,可以看出,本条款的前两项属于企业僵局中的股东会僵局,是股东表决决定企业各类事务时陷入僵局。第三项属于董事会僵局,是董事在企业事务管理中发生分歧,彼此僵持不下,股东会又无法打破此种僵局的状况。最后一项是兜底条款。所谓"经营管理发生其他困难",就其上下文意思而言,应属于经营管理机制运行上的困难而非市场经营上的困难,是公司内部的治理结构因股东、董事的种种原因使公司陷入无法决策且不能正常运行的状态。

将公司法及其司法解释对司法解散公司的适用条件理解为企业僵局的具体表现,是现阶段公司法理论界和实务界的一种较为普遍的认识。

二、企业僵局形成的原因

(一)基于企业内部运行机制上的原因考量

1. 股权结构引发的问题

根据《公司法》规定,企业僵局形成的法定条件之一是经营管理发生严重困难,这指的是企业内部决策机构失灵、瘫痪。在多数情形下,企业僵局是由企业股东会或董事会无法就某事项达成一致,僵持不下且难以调和而引起的。在司法解释具体情形中也可以看出,企业僵局状态的形成是由于股东会僵局、董事会僵局的出现导致企业内部决策机构瘫痪失灵,且引发了相关主体之间的严重对抗。

对于为何会引起企业内部决策机构失灵、瘫痪,《公司法》对此没有深究。就其股权结构而言,处于僵局状态的企业大多是股权结构设计不是很合理的企业,要么一股独大、其他股东受到大股东压迫,要么股权比例过于均等,难以形成有效的表决机制。

以大股东压迫行为所引发的问题,直接指向控股股东利用其有利地位,在股东会会议上通过三分之二以上形式上合法但内容上欠缺公平甚至不利于小股东利益的决议。通常表现为在具备分红条件下,拒绝小股东分配红利请求权;通过股东会决议剥夺小股东的知情权与参加股东会会议的权利;利用控股股东地位转移公司财产或资源,损害小股东的利益;强迫小股东退股。这些问题的存在势必影响各股东在公司重大决策行为上的协调性,一些小股东以股东会决议无效为由提起诉讼,导致相关决议长期处于法律效力不确定的状态。

2. 企业章程作用性上的问题

企业章程是企业行为准则,它对企业、投资者、经营者都具有约束力。一部好的企业章程应当是行为准则具体清晰,行为后果明确具体,行为方式进退有余,行为纠纷处置方式多样的状态。

但在实际执行中,由于企业章程的制定者对企业章程不甚重视,或制定者缺乏相应的法律知识和社会经验,没有很好地思考企业章程的合法性、合体性(即因企而定)、可行性。一旦陷入企业僵局,企业章程往往发挥不了其应有的作用,无法对企业僵局的解决提供有力的章定依据。

(二)基于有限责任公司运行特点上的考量

1. 封闭企业人合性引发的问题

企业僵局一般发生在封闭企业之中。封闭企业一般指的是有限责任公司和非上市的股份有限公司,也包括合伙企业、个人独资企业这些非公司制企业。

有学者曾在公司司法解散的裁判文书中抽取 100 个样本案例进行分析,发现只有 1 个案件的被告为股份有限公司,其余 99 个案件均是以有限责任公司为被告。也有学者以 2018 年 10 月至 2020 年 10 月中"北大法宝"收录的公司解散纠纷案例以及最高人民法院指导案例为样本进行分析。从搜集到的 358 件相关案例来看,请求判决司法解散的公司形式都为有限责任公司,司法实践中几乎没有股份有限公司适用这一制度。[①]

究其原因,在于这类企业往往具有人合性,即企业的投资人、经营者之间存在着某种个人关系。这类企业往往以人员之间的信任为合作基础。有限责任公司股东人数较少,公司的人合性和封闭性特征比较明显,当企业内部出现矛盾时,投资者之间、投资者与经营者之间的信任基础消失,投资者也很难通过转让股权、股份、合伙份额退出企业,企业内部矛盾重重、无法解决,沟通又难以奏效,企业人合性丧失,导致企业僵局的出现,股东有赖于公司解散诉讼作为退出公司的路径。而股份有限公司规模一般较大,股权结构更加分散,股份流通性强,公司出现经营僵局的概率较小,且即便公司僵局致使股东利益受损,可以通过转让股份的方式"用脚投票"离开公司。[②]

2. 股权设置与"资本多数决"适用上的问题

"资本多数决"是指在股东大会上或者股东会上,股东按照其所持股份或者出资比例对企业重大事项行使表决权,经代表多数表决权的股东通过方能形成决议。

在现实经济生活中,一些企业滥用"资本多数决"制度,公司大股东或控制性股东片面理解"公司的民主就是资本的民主"。滥用"资本多数决"是指多数股股东为了实现自己的利益,以"资本多数决"为手段而实施的,旨在损害企业利益和少数股股东利益的行为。不论股东是否恶意滥用表决权,当各方看法不一致或者利益发生冲突时,如果各方的表决权无法符合章程或法律规定的通过决议的要求,比如半数或者三分之二表决权的要求,又始终无法达成一致意见,就会进一步激化矛盾,导致企业僵局的形成,这也是"资本多数决"自身的负面性表现使然。

(三)基于现行制度缺陷上的考量

1. 司法解散纠纷"两分法"处理引发的问题

2005 年《公司法》首次对司法解散制度作出了明确规定,2008 年最高人民法院颁发的《〈公司法〉司法解释(二)》具体规定了企业僵局的相关情形。司法解散制度作为解决僵局企业问题的主要途径,对僵局企业的解散起着很大的

[①] 郭天爱:《公司司法解散适用条件实践样态分析》,载《河北企业》2021 年第 4 期,第 153—154 页。

[②] 周成:《公司司法解散制度实证研究——基于 100 份公司解散纠纷裁判文书的分析》,载《人民司法》2020 年第 31 期,第 88 页。

作用。但该项司法解散制度仍有缺陷,主要是司法解散与司法强制清算相分离,其结果是在"僵局公司"中,公司股东会本来就已经难以对行使表决权作出决策,更何谈对清算方案进行确认。而在人民法院司法解散的纠纷处理中,法院采取"两分法"的做法,即仅判决司法解散,对于司法解散后,如何清算,是否强制清算,在司法解散案件中不作后续性的判决。其结果是产生了大量"解而不散"企业,这些企业被司法解散后面临市场退出的新问题。

2. 法定资本制负面性引发的问题

在公司资本制度上,我国采用法定资本制,并且遵循资本三原则,即法定资本制度下的资本确定原则、资本维持原则和资本不变原则。

公司法规定股东不得撤回出资,一旦公司治理层出现僵局,对股东撤资的限制使股东无法以撤回出资的形式退出公司,这也正是公司矛盾激化、沟通无效而导致公司僵局的原因所在。

第二节　僵局企业处置的二分法:解散与解僵

企业发生僵局并不必然引发解散,处理僵局企业问题在立法政策上应当因"企"而异,因"事"而异,因"企"制宜。采取"解散"或"解僵"二分法处理是合理处置僵局企业的正当路径,鼓励企业维持应当成为处置僵局企业的理性选择。

一、解散与解僵的政策考量因素

(一)企业维持原则的实际应用

1. 用尽其他救济途径

在公司法中,规定司法解散的法定条件之一是"通过其他途径不能解决",这意味着司法对僵局企业的介入采取审慎的态度,把企业解散作为对股东利益保护的最后救济手段。

"通过其他途径解决"是不是司法解散案件的前置程序,学界与实务界存在着不同的认识。一种观点认为,"通过其他途径不能解决"是启动司法解散的前置性程序。另一种观点则认为,只是出于对司法解散企业这种最严厉的救济方式的谨慎态度才设置该项条款,并不构成原告提起此类诉讼的前置性的条件。还有一种观点认为,"通过其他途径不能解决"不仅是诉讼前置程序,更是判决支持解散公司的实体要件。我们基本倾向于第二种意见,将其理解为一种司法上的导向性规定。

2. 最大限度维持企业

诚然,以司法解散企业无疑是最彻底的解决企业僵局化的办法,但是对于一些盈利状况良好的企业,由于其内部决策机构瘫痪等问题导致企业的终止,对于企业、相关利益人甚至对整个社会来说成本都过于昂贵,资源都是极大的浪费。因此,应当遵循最大限度维持企业原则,在企业整体利益与个别股东利益保护上进行综合评定。经综合评定后,认为保护股东利益非常必要,可以在司法解散之前,尝试强制股权收购等措施来最大限度维持企业的存续。

有学者在对选取的公司司法解散 100 个判例样本进行梳理与分析中发现,公司被判决解散的仅有 43 件,占比 43%。判决公司解散的案件数不足样本案件总数的半数,说明我国司法实践中对判决公司解散普遍持谨慎态度。[①]

3. 设定股东诉讼资格

企业契约理论认为,公司章程是相关者意思的联结,具有契约性,公司实际上是相关者自愿参与到组织体中并在互利的期望和承诺基础上的合作。因此,倘若公司内部发生了重大变化,使得投资政策、股东之间的信任关系等发生重大变更,就有可能导致股东的预期落空,因此有必要赋予股东申请司法解散公司的权利。

股东诉讼解散企业,在英美法国家,多根据"期待利益落空理论"。股东在加入公司时,享有一种期待权,其有权期待公司的人格以及特定的经营特征保持一种持续性,如果公司的人格及特定的经营特征发生根本变化,股东的期望就会落空,因此持异议的股东有权退出,不能退出的有权要求公司解散。

从实际情形分析,股东作为市场经济的参与者,其本身也是经济人。有时个别股东会为了追求自身的个人利益设置僵局,且会采取牺牲相关者合法利益的恶意诉讼。如果不对这种现象进行规制,纵容其发生,不仅会侵害其他股东的正当权益,还会影响司法权威,因此,恶意诉讼或不当诉讼需要有所规制。

我国现行《公司法》及其最高人民法院的司法解释,对限制股东提起司法解散之诉设定的要求为:在提诉主体资格上,单独的一个股东持有公司全部股东表决权的 10% 以上,或者两个以上股东合计持有公司全部股东表决权的

---

① 周成:《公司司法解散制度实证研究——基于 100 份公司解散纠纷裁判文书的分析》,载《人民司法》2020 年第 31 期,第 88 页。

10％以上；在提诉原因上，仅限于存在公司僵局状态；在提诉的导向性规定中，需要说明通过其他途径已难以解决，即已尝试了一定的救济方法后仍无法解决企业僵局的矛盾，法院可以根据企业状况判决是否解散企业。

（二）因"企"制宜政策的具体推行

不同类型的企业，其治理结构的形成与设计具有很大的差异性，因此，应因"企"而异，在对僵局企业处置上各有侧重。

对于一些资本流动相对较好的企业，应当往激活企业的方向作出努力。比如，上市股份公司、股权相对分散的非上市股份公司与有限责任公司，可以采取将部分股份或股权转让给社会上第三人的做法来解决公司股东之间的僵局问题。

对于一些经营业绩比较好的企业，面对企业僵局现象，应当采取激活企业决策经营层的手段，让企业从僵局中解脱出来，而不是通过解散企业去解决问题。

对于可以选择出资退回的企业组织，如合伙企业，可以采取让部分合伙人退伙的方式来解决合伙企业僵局的问题。

对于可以其他手段与途径解决企业僵局状况的，尽量动用其他手段与途径，让僵局企业转化为正常、健康企业。

（三）相向而行政策的目标追求

不同处理方式的选择，更多考量的是社会、企业、员工、社区等相关目标价值。僵局企业即使被解散，也应及时走向退市，尽可能减少企业解而不散现象的发生，其间应妥善处理解散后的善后事宜。

司法解散公司是解决公司僵局的最后一道屏障，但不是唯一路径。司法解散除了成本高昂外，还会导致公司解散事由的发生，处置不当会导致社会资源浪费，因此要慎用公司解散诉讼。

首先，股东知情权、利润分配请求权等权益受到损害，或者公司亏损、财产不足以偿还全部债务，以及公司被吊销企业法人营业执照未进行清算等，这些都不属于需要通过司法解散来救济的事项。

其次，除了解散诉讼外，《公司法》还规定了其他可以提起诉讼的事由，如股东会、董事会决议的无效和撤销诉讼，股东知情权诉讼，异议股东股权收购诉讼，股东派生诉讼等，这些诉讼可以在合适时机提起，达到一定目的后就不需要解散公司。

再次，有限责任公司具有较强的人合性，股东各方需要不断磨合、谈判、协

调,解散公司诉讼不能动辄提起。在穷尽所有救济措施后再走司法解散之路,
以彻底解决纠纷。[①]

二、解散与解僵的治理途径选择

(一)僵局企业解散的治理途径

1. 依章程规定的情形实施解散

公司僵局是公司意志形成过程中的"难产",目前,各国解决公司僵局的途
径主要有三种:一是将陷入僵局的公司解散;二是强令由一方股东以合理的价
格收买另一方股东股权或股份;三是公司分立。[②]

其中,在僵局企业解散的治理途径上,如果公司章程中规定了公司僵局情
形下的解散途径,可以按章程的相关规定依章解散,而不采取司法解散途径。
章定解散,其优点在于有利于采取友好途径解散企业,并为后续的清算与注销
提供良好的各方合作基础。

2. 通过决议实施解散

在企业僵局情形下,经营管理的决策难以形成,但这并不等于企业解散的
决策也难以形成。

在企业解散决议仍有可能形成的情形下,通过决议实施解散,这既有利于
及时解散,并及时从解散程序进入清算程序,又可减少司法解散的诉讼成本。

3. 司法解散

司法解散的本质定位于公司治理失灵后的司法权的介入。有关司法解散
的适用情形,前面已作了阐述,在此不再赘述。

(二)僵局企业解僵的治理途径

1. 监事会作用的发挥

《公司法》赋予了监事会、不设监事会的监事一定的法定职权。例如,检查
公司财务;对董事、高级管理人员执行公司职务的行为进行监督;提议召开临
时股东会会议,在董事会不履行公司法规定的召集和主持股东会会议职责时

---

① 王生:《"公司僵局"的救济与预防——以成品油销售企业长期股权投资项目为例》,载《石油化
工管理干部学院学报》2015 年第 1 期,第 13—14 页。
② 严蓓佳:《三资企业中公司僵局问题探讨——我国公司僵局解决中的一个盲点》,载《法制博
览》(中旬刊),2013 年第 3 期,第 145 页。

召集和主持股东会会议;董事、高级管理人员违反法律、行政法规或者公司章程的规定,损害股东利益的,可以向人民法院提起诉讼。

因此,尝试从内部运行机制上解决僵局纠纷,应利用并发挥好监事会、监事的作用,并推动监事会、监事的监督职能的发挥,从事后检查向运行过程中监督转变。

2. 以谈判寻求矛盾调和

公司僵局对股东各方都会造成利益损失,当事人要充分评估各种因素,寻求对自己最有利的谈判筹码。比如,分析僵局造成的原因及双方的承受能力,对方的心理预期及谈判底线,己方可能做出的让步等。如能谈判成功,就有利于争议解决。

调解也是寻求矛盾调和的途径。它既有利于化解股东之间、股东与董事之间的矛盾,又能最大限度衡平各方利益,使公司仍能维持正常经营。在各方矛盾恶化,任何一方都不愿作出让步的情况下,可以寻求第三方介入,搭建调解平台,缓解双方矛盾。[①]

3. 股权转让方案的实施

股权转让方案是指处于对立状态的其中一方股东将其股权转让给其他受让人(新加入公司的股东),从而停止股东间对立状态的一种举措。

股权转让直接导致矛盾与对立中的股东(股权出让方)离开公司,而受让方作为新加入公司的股东与原股东成员没有直接的矛盾与利害冲突,这对于解决公司僵局问题不失为一剂良药,它解决了公司制企业无法通过让股东退股而调和股东间矛盾的制度性障碍问题。

4. 企业分立规则的引入

企业分立是指一个企业拆分成两个以上企业的法律行为。通常包括新设分立与派生分立。

企业分立在解决企业僵局中的作用机理在于,企业分立过程中,将矛盾与冲突的股东分属于两个企业,让他们之间在决策层面上不再引发矛盾与冲突,从而保证各自企业正常运行。因此,引入企业分立规则在化解企业僵局上具有独特的优点。

在通过企业分立解决企业僵局中,应对企业的经营业务属性、经营管理状

---

① 王生:《"公司僵局"的救济与预防——以成品油销售企业长期股权投资项目为例》,载《石油化工管理干部学院学报》2015年第1期,第14—15页。

况、拆分的业务、人员归属、财产分配等问题进行妥善处理,防止出现企业分立后企业无法进行经营活动,而使企业分立失去原有的意义。

5. 强制股权收购制度的引入

强制股份收购就是在企业僵局的司法解散诉讼中,股东在法定期限内不能就购买股权的价格达成协议,法院有权按照一定方法确立公平的股权价格,强制其他股东回购特定股东股份,从而达到让该股东退出企业、促成企业正常运行的目的。

强制股权收购制度,也被称为"强制股权置换"。最早出现在 1851 年美国俄亥俄州的法律中,后在《美国标准公司法》第 14 条、《纽约商业公司法》第1118 条、加利福尼亚州《公司法》均有相关规定。① 该项制度最初以股份收买请求权的形式出现,在美国实施以后,在保护股东特别是中小股东利益方面发挥了很大的作用,后来逐步被其他国家和地区法律效仿。法院往往以判决的方式,强令企业或者一方股东以合理的价格收买另一方股东的股权或股份,从而让其退出企业,达到解决企业僵局的目的。

我国现行《公司法》对强制股份收购应用于公司司法解散领域未作出规定,但有规定的必要。在我国有限公司中,由于公司的人合性基础,《公司法》对股东的股权转让进行了很大的限制,股东往往没有办法对外转让自己的股份,而公司内部的其他股东又不会接受过高甚至正常的价格,这就使得股东无法退出企业。而股权强制收购可以减少这种局面的发生,为股东提供退出渠道。同时,也能防止有不法企图的小股东假借司法解散来让其他股东高额收购其股份,将股权强制收购决定权赋予法院。这种股权收购制度的推进让矛盾一方抽离,不仅能让公司继续存续,合理破除僵局,还有利于公司内部的稳定和发展。这一制度比司法解散直接消灭企业的法人资格温和、经济得多,它可以有效地防止股东滥用《公司法》而肆意解散企业情形的发生。②

倘若该项制度要写入《公司法》,作为解决企业僵局的一项制度,就需要在运行条件与程序规则上作出相应的构建。

6. 股东除名制度引入

这项制度的核心是,股东并非基于自己的意愿退出公司,而是被剥夺股东资格后被迫退出公司。最高人民法院在 2010 年颁发、2020 年修订的《关于适

---

① 汤兵生:《公司解散诉讼的现实困境与司法对策》,载《东方法学》2011 年第 4 期,第 120 页。

② 戴庆康:《论作为公司强制解散替代路径的股权强制收购——从林某诉凯莱公司、戴某等公司解散纠纷案谈起》,载《东南大学学报》2015 年第 5 期,第 99—100 页。

用《中华人民共和国公司法》若干问题的规定(三)》[法释〔2011〕3 号,以下简称《〈公司法〉司法解释(三)》]第 17 条规定:"有限责任公司的股东未履行出资义务或者抽逃全部出资,经公司催告缴纳或者返还,其在合理期限内仍未缴纳或者返还出资,公司以股东会决议解除该股东的股东资格,该股东请求确认该解除行为无效的,人民法院不予支持。"将股东除名权限制在股东未履行出资义务或者抽逃全部出资这两种情形之内,如果个别股东存在上述情形又与其他股东引发矛盾,成为公司僵局的始作俑者,就可以运用股东除名制度去处理企业僵局情形。

股东除名制度通过对个别股东资格的剥夺减少了企业整个局面的动荡,相比司法解散对企业经营实体影响小得多。[①] 引进股东除名制度,一方面对不履行职责的过错方股东具有一定的惩罚作用,另一方面也会对其他股东产生警示作用。更重要的是能高效便捷地清除对公司产生损害的股东,从而保持公司的正常经营,避免公司的解散。因此,将股东除名制度引入公司僵局治理不失为一种可行的办法。

7. 委派临时董事制度的引入

当企业陷入僵局,仅仅依靠企业内部管理无法打破这种僵局,企业已难以通过自身力量解决纠纷之时,一个中立的第三人的介入,对改变这一格局也许能起到积极作用。因此,无论董事的职位是否有空缺,如果在司法解散诉讼过程中,通过一定的制度设计,让法院可以应任何股东或董事的请求而委派一名临时董事,都不失为一项解决僵局问题的举措。

委派临时董事的目的是妥善处理各方的矛盾,促进各方的有效沟通,在企业内部发挥调解的功能。在具体制度设计上,其一,临时董事应是独立、中立第三人。其二,临时董事的责任在于支持有利于企业利益的一方开展经营活动并打破僵局。其三,临时董事对企业的状况和有关事项有义务向法院进行报告。只要其为善意,对权利范围内的事项就应当享有豁免权。其四,临时董事应当有报酬,具体根据企业内部或法院达成的协议而定。其五,当法院委派临时董事后,涉及企业僵局诉讼中止审理,经过一定时间后再恢复审理,如企业僵局化解,该临时董事应主动退出企业,如临时董事仍不能化解企业僵局,则由法院判决企业解散。

我国现行《公司法》对委派临时董事以解决企业僵局未作出明确的规定。

---

① 马俊驹、林晓镍:《有限责任公司股东的法律救济》,载《河南师范大学学报》2001 年第 4 期,第 47—48 页。

对这一制度的适用性进行思考,实际上,委派临时董事在制度构建上并不仅仅出现于公司解散诉讼之中,在企业内部矛盾没有达到非常尖锐的情形下,也可以采用委派临时董事的形式,让临时董事参与表决、表达意见,以起到解决纠纷、化解矛盾的功效。

8. 委派临时管理人制度的引入

企业临时管理人是指在司法解散诉讼中,由法院指定接替企业管理业务或财产的专业人员或专业机构。

当企业陷入僵局,企业内部的协调机制失灵,股东之间的沟通桥梁完全断开时,通过法院委派企业临时管理人,并实施对企业经营管理的一定控制权,促使该临时管理人在维持企业正常经营的同时,加强对矛盾双方的沟通,达到有效化解企业僵局的目的。新力量的进入势必会对原来的格局产生影响。

委派的企业临时管理人可以替代企业经营层的职权与职责,在委派期间可以对股东、董事的不当行为进行调查,并报告给法院,协助法院更加科学合理地处理企业僵局纠纷的解决方案。在法院委派临时管理人期间,涉及企业僵局的诉讼应中止审理,待一定时间后法院根据临时管理人的报告情况,决定继续审理并作出相应的判决。

我国现行《公司法》对委派临时管理人以参与司法解散活动未作出明确的规定。如有规定必要,则需要对临时管理人的选任、委派、薪酬、职权与职责等作出规定。

三、僵局企业"解而不散"的原因与危害

（一）僵局企业"解而不散"的原因

1. 司法衔接上的原因

企业因僵局情形发生而解散,并不意味着企业的法人格也随之消亡。解散只是为企业法人格的消亡提供了现实性基础,但真正意义上的法人格消亡还必然伴随清算与注销程序的完成。

实践中,即使僵局企业已经被判决司法解散,其最终也未必进行清算注销,僵局企业仍处于"解而不散""僵而不死"的状态,司法解散并没有起到应有的让企业出清退市的目的。

产生这一状况的原因在于司法解散制度和清算制度衔接上的不畅通。在企业自行解散的股东会决议都难以形成的情况下,在司法解散后要形成股东会的清算决定更是难上加难。在此情形下,司法解散后再去启动强制清算的

司法途径不仅程序启动难,实际处理往往也难以得到股东的配合与支持,难以达到清算的目的。

2. 股东矛盾激化上的原因

企业发生僵局状态,其实质是企业决策、运行机制失灵,据我们对相关司法裁判文书所确立的解散事由的分析发现,绝大多数是因股东之间的矛盾引发。

由于股东之间深层矛盾的存在,即使司法判决公司解散,司法解散后股东矛盾也不能得到调和,由于股东之间的不配合,后续性的清算与注销工作无法得到有效推进,继而使得"解而不散""僵而不死"状况成为企业的一种病态现象而存续。

3. 清算义务人责任欠缺上的原因

在应然情形下,公司司法解散后,依照相关法律规定,公司应及时组织清算活动,对公司财产清单进行编制,对债权债务进行清理,从而形成清算报告。

但是,从实然层面而言,公司司法解散后,大量的公司未依法进行清算,究其原因是清算义务人未发起清算活动。

对于公司或其他企业而言,清算义务人究竟是谁,清算义务人如何组织清算,未组织清算应承担什么责任,现行企业法对此规定并不完备,最高人民法院在公司法的司法解释中虽作了一些规定,但深层次的问题依旧存在。

比如,在有限责任公司中,按最高人民法院关于公司法相关司法解释,清算义务人是公司股东,但公司股东有单纯投资性股东、"投资+经营"股东之分,如果将所有股东都作为清算义务人,并不考虑股东是否怠于履行清算义务致使公司无法清算,都需股东去承担侵权责任,显然就股东对公司债务承担有限责任原则与股东因对公司存在过错应承担相应赔偿责任原则在清算领域未得到科学的划分。

4. 强制清算推进上的原因

当公司被解散,自愿清算困难时,强制清算应成为唯一选择。所谓强制清算是指由司法机关依照司法程序组织清算。

目前存在的主要问题有,僵局企业的特性决定了,当被宣告司法解散后,召开股东会并形成清算决议并不现实,大多情形下只能通过司法强制清算予以推进。

然而,按现行法框架,在公司被司法解散后,其法人格仍旧存在,倘若债权人为单个债权人,其只能向公司提起合同之诉或侵权之诉,而难以直接提起强制清算之诉。如需要提起强制清算之诉,通常是在债权人无法就司法判决事项获得受偿之后,再行提起强制清算之诉。两重诉讼分别进行,势必给强制清算的推进带来极大的困难。

诚然,强制清算的推进主体也可以是公司股东,但当公司股东存在出资违法、分配利润违法、关联交易违法等情形时,其当然不愿贸然提起强制清算申请。

(二)僵局企业"解而不散"的危害

1. 对市场主体的危害

僵局企业"解而不散"通常会形成一个"多败俱伤"的局面。

首先,企业僵局严重损害企业的利益。企业僵局使企业处于一个无序的运行状态,在该状态下企业的正常发展严重受损、决策机构瘫痪、管理机构停滞、企业经营能力急剧降低、偿债能力不断降低以及商誉下降,给企业存续与发展带来重大影响。

其次,企业僵局严重损害股东的利益。由于股东与股东、股东与董事之间无休止的争斗,耗费了大量时间与精力,使得一部分无纠缠的股东想离开公司而又无法离开。在公司僵局情形中,大股东极有可能直接侵害小股东的利益,小股东的合法利益得不到有效保护。

最后,企业僵局严重影响其他利益相关者。企业僵局极有可能引起企业员工的矛盾,危及债权人、合作商的利益,影响市场有序运行和交易安全,导致社会整体收益的减少并带来一系列社会问题。

2. 对市场秩序的危害

首先,大量"解而不散"企业的存在,影响交易安全。按照现行法规,司法解散后的企业没有进行市场监管部门的解散备案要求,这就极易导致社会公众仍将其作为一个正常健康的企业进行交易活动,使得广大善意第三人遭受损害。

其次,大量"解而不散"企业的存在,影响市场主体数的真实性。市场主体数是国家统计部门对市场经营活动进行总体评价的一个基本数据,统计时通常以开办的数量为计算依据。解而不散企业的存在,会导致数据统计的失真。

再次,大量"解而不散"企业的存在,给市场监管带来了压力。企业已通过司法程序判决解散,但企业没有实施进一步的退市行为,进入"解而不散""僵而不死"状态,市场监管机关推向其死亡的主要途径是强制注销,但按我国现行法律,强制注销并未形成明文性的一项制度,这就给如何促使这类企业死亡造成了制度困境。

3. 对社会公共利益的危害

"解而不散"企业属于不健康的病态性企业,作为应当从解散走向死亡的企业,法律不再允许其继续从事经营活动,但由于它自身并无意愿及时死亡,其结果是,其占有着大量的经济资源却没有正当的经济产出,虽存有企业的外壳躯干却没有了健康企业所拥有的精气神。

这类企业的存在对于社会来说是一大隐患,对社会公共利益是一大危害。如任其自流发展,势必影响国家的营商环境,也影响"十四五期间"国家提出的企业高质量发展目标的实现。

第三节 僵局企业从解散走向退市的难点与问题

僵局企业从解散走向退市,既表现为过程性行为,又体现为不同阶段的规范性行为。作为过程性行为应关注过程之间的有机对接,作为规范性行为应强化规范运行的基础性、可行性建设。上述举措目前尚面临一些难点与问题,需要在理论上予以正视。

一、解僵到解散:过程性行为推进的难点与问题

(一)立法规定的难点与问题

1. 僵局企业解散的法定事由问题

根据我国学者的解读,企业僵局主要指股东会、董事会的运转失灵和结构性瘫痪。《公司法》第 182 条对解散事由采取了一般概括式的规定。应当说,从该条文的文意表述来看,并不能直接等同于企业僵局,对此,学界曾有过激烈的争论。[①] 司法解释强化了司法解散的唯一法定事由也就是企业僵局,虽然没有在法定解散事由上有所突破,但是在第 4 项兜底条款中有开放的解释空间。

我国《〈公司法〉司法解释(二)》主要采取的是"列举+概括"的模式来对企业僵局机制中的内容进行细化,即在列举了三项内容的同时,在第 4 款中增加

---

① 何鸣、刘炳荣:《解散公司诉讼的几点思考》,载《人民司法》2007 年第 2 期,第 26—27 页。

了一个兜底性条款。但兜底条款过于原则化,难以为审判实践提供明确具体的指引。同时,列举的内容也过于单一。例如,股东压迫是否属于企业僵局的情形,我国并没有进行规定。

我国现行《公司法》未将股东压迫作为公司僵局事由,既存在僵局情形认定上的单调性,又不能涵盖司法实践中屡有发生的股东压制现象,难以提供有效的司法解决途径。

2. 对"继续存续会使股东利益受到重大损失"的辨析

在公司僵局情形中,立法设定一项事由为"继续存续会使股东利益受到重大损失"。如何理解这一事由,并在司法实践中得以准确适用,在理论与实务中存在一些争议。

(1)"股东利益"的含义理解。关于司法解散制度适用条款中的"股东利益"指代的是整体股东利益还是个别股东利益,或是多数股东利益,在表述上不甚明确。对于股东利益指的是整体股东利益的判决,有 2012 年浙江省宁波市中级人民法院浙甬商终字〔2012〕155 号判决书,法院认为原告无法证明是企业整体股东利益受损,因此不支持原告的诉讼请求。而对于股东利益指个别股东利益的判决,有浙江省舟山市中级人民法院浙舟商终字〔2013〕148 号判决书,法院认为因被告公司部分股东未经原告股东同意处分公司利益,对原告股东的利益造成了严重损害,被告公司继续存续会继续损害原告股东利益,遂判决解散企业。我国对股东利益的标准不明,给司法实践造成了一定的混乱。

笔者认为,"股东利益"更多指的是整体股东利益。在《公司法》中对个别股东利益的救济手段已经进行了规定,比如"知情权""利益分配请求权"均是为个别股东利益而设置的。因此,对于个别股东利益受到损害的案件没有必要采用司法解散,司法解散作为最激烈的方式其适用必须遵循谨慎的态度。[①]

(2)"重大损失"的含义理解。"重大损失"虽然作为企业司法解散的法定条件之一,但是在法律上没有具体的标准来衡量,也没有客观的依据。

最高人民法院在 2010 年受理的仟丰科技有限公司解散纠纷案的裁判要旨中认为,被诉企业从设立到原告起诉解散为止持续处于亏损状态,且该企业没能摆脱这种现状,可能是因为股东处于长期无法缓和的对峙状态,管理结构

---

① 王湘淳:《公司司法解散制度定位重校》,载《河南财经政法大学学报》2017 年第 4 期,第 115 页。

已经严重瘫痪，无法实现企业自治的目的，因此认定股东权益受到重大损失。[①] 从中可以看出，最高人民法院在此案认定中，不仅根据企业的外部经营状况还根据企业内部管理机制判定"股东利益受到重大损失"，得出继续存续会使股东利益受到损失的结论。

笔者认为，形成企业僵局之后，对股东造成的损失既包括当时企业僵局所造成的股东各方面利益的损失，也包含股东可以获得的预期利益。该要件是否成立主要取决于法官根据商业判断对企业前景的预期。

3."经营管理严重困难"的界定

"经营管理"一词，系管理学上的概念。企业经营管理是指对企业整个生产经营活动进行决策、计划、组织、控制、协调，并对企业成员进行激励，以实现其任务和目标的一系列工作的总称。企业运营都会包括经营和管理这两个主要环节，那么，在司法解散实践中，经营管理困难究竟是指经营困难，即发生亏损严重、资金流动不足，还是指符合《〈公司法〉司法解释(二)》列举的管理机构瘫痪、无法形成决议的管理困难，或者必须是二者同时兼备呢？

以最高人民法院在 2019 年审理的一起金濠(合肥)建设发展有限公司、江苏建坤置业有限公司诉安徽省兴华房地产投资(集团)有限公司、安徽省侨康房地产开发有限公司的公司解散纠纷案民事二审案件为例[②]，最高人民法院认定双方因 49% 与 51% 持股对立，无法按照章程规定正常召开董事会进行审议、决议公司重大事项，虽然公司经营状况良好，但公司股东长期对立冲突，其决策机构运行困难重重。因公司持续 2 年以上无法按照公司章程规定正常召集董事会，导致小股东不能通过议事表决方式参与公司管理表达意志，即使公司仍然处于盈利状态，依然可以认定"公司经营管理存在严重困难"。

在 2012 年 4 月由最高人民法院发布的第 8 号指导案例——林方清诉常熟市凯莱实业有限公司、戴小明公司解散纠纷案中，一审审理法院——苏州市中级人民法院在被诉公司 2 名股东持续数年无法作出有效股东会决议的情况下，以企业仍处于正常经营状态驳回了原告起诉，但上诉审法院江苏省高级人民法院撤销了一审判决，并在判决书中明确指出："公司经营管理发生严重困

① 仕丰科技有限公司诉富钧新型复合材料(太仓)有限公司公司解散纠纷案，参见最高人民法院民四终字〔2011〕29 号《民事判决书》。

② 金濠(合肥)建设发展有限公司、江苏建坤置业有限公司诉安徽省兴华房地产投资(集团)有限公司、安徽省侨康房地产开发有限公司公司解散纠纷案，参见最高人民法院民终字〔2019〕1504 号《民事判决书》。

难的侧重点在于公司管理方面存有严重内部障碍,如股东会机制失灵、无法就公司的经营管理进行决策等,不应片面理解为公司资金缺乏、严重亏损等经营性困难。"从中也可以看出是否盈利不是判断企业处于僵局的必要条件。

笔者认为,经营管理困难不等于经营困难。经营管理困难主要强调的是企业内部决策、执行机构(比如董事会和股东会)瘫痪,企业管理工作无法开展,而经营困难通常是指企业流动资金不足、亏损严重等对外业务经营发生的困境。质言之,即使企业处于盈利状态,也可以被判断为"经营管理发生严重困难",企业是否处于盈利状态并非判断企业是否处于僵局的必要条件。认定企业是否构成经营管理严重困难,应当以企业内部管理是否瘫痪以及人合性是否被破坏为主要判断依据。[1] 正如学者李建伟教授所言,"经营管理严重困难"多指向"管理困难"而非"经营困难",背后是封闭型公司股东间的人合性基础坍塌所导致的公司治理失灵。[2]

(二)司法适用的难点与问题

1. 对司法解散是否限于公司制企业的讨论

具有法人资格的企业除了公司制企业外,还有国有企业、集体企业、股份合作制企业等。对于这些非公司制企业能否适用司法解散制度,即司法对企业僵局的介入究竟有多大的空间,这在理论与实践中有诸多争议。

在最高人民法院选编的指导性案例中,确立起这样一个基本原则,即企业解散制度仅规定于我国《公司法》中,适用的企业类型应为公司制企业,不应扩大适用于其他具有法人资格的企业。但是,在其他具有法人资格的企业《章程》中明文规定,在适用公司法相关规定的情形下,有关公司司法解散规则也可适用于其他类型企业中。

在各地司法实践中存在同案不同判的问题。如在浙江省天台县人民法院于2017年审理的一起股份合作制企业纠纷案中,原告袁某作为企业投资者以企业已存在严重僵局、无法继续经营为由要求解散企业,而作为被告的天台县友和羽毛球厂、其他投资者则不同意采取司法解散途径,提出的理由之一为,股份合作制企业就企业类型而言是一种既有集体企业特征又有合伙企业特征的企业类型,它不同于公司制企业。综观股份合作制企业的相关法规与政策规定,《企业章程》是明确投资者之间权利与义务,以及企业经营活动的行为准

---

[1]　李露:《简析"公司僵局"及风险预防措施》,载《中国律师》2020年第11期,第41页。

[2]　李建伟:《司法解散公司事由的实证研究》,载《法学研究》2017年第4期,第136页。

则。有关股份合作制企业解散与否应遵循《企业章程》及投资者的决议,只有在《企业章程》及投资者的决议没有作出明确规定或约定情形下,才补充性地适用公司法的相关规定。本案的实际情况是,《企业章程》已约定解散系由投资者决议进行,但一审法院还是按照《公司法》的相关规定进行判决,解散了该家股份合作制企业。[①]

2. 提诉主体的资格认定问题

(1)股东诉权设置条件。现行《公司法》规定对于诉请解散企业的原告的持股比例为全部表决权的 10% 以上,并且根据《〈公司法〉司法解释(二)》第 1条规定,该表决权的 10%,可以由股东单独或者合计持有。

公司解散之诉的行使是否需要对原告股东诉权设置条件,理论界有不同的观点与建议。

有些学者认为必须对股东申请司法解散的诉权进行限制,其主要目的是防止股东滥诉,造成恶意诉讼的增长和司法资源的浪费。企业中的异议股东如果可以随意地提起司法解散之诉,会对企业的正常运营造成极大的影响,也违背了企业司法解散立法的本意。因此,大多数学者认为需要加以时间上的限制,比如要求增加持续持股时间达到 6 个月的规定,限制原告股东恶意行使司法解散的诉权,防止出现人为制造企业僵局而为收购股权情形设定障碍。

也有一些学者认为应该对表决权加以限制,对于原告股东表决权比例做出限制性规定的目的在于防止个别股东利用该制度滥诉,从而影响到企业正常经营活动的进行和其他合法权益的实现。[②] 但是,表决权限制而非持股限制,主要是考虑到解散企业不仅关系到股东自身的财产利益,更关乎整个企业的生死存亡,具有强烈的控制权色彩。[③]

笔者认为,事实上恶意诉讼的问题很难依靠对表决权比例进行限制达到理想效果,因为表决权大小无法与恶意诉讼可能性的大小挂钩,即表决权大小不能作为恶意诉讼可能大小的衡量标准。另外,没有必要对原告资格加以"连续持有 6 个月以上"的时间限制。此举实际限制了小股东维权,众所周知有限公司发生企业僵局的可能性远高于股份有限公司,由于有限公司具有人合性,

---

① 袁晖诉天台县友和羽毛球厂解散纠纷案,参见浙江省天台县人民法院〔2017〕浙 1023 民初5101 号《民事判决书》。

② 刘敏:《关于股东请求解散公司之诉的若干问题的思考》,载《法律适用》2006 年第 10 期,第 61页。

③ 刘俊海:《现代公司法》,法律出版社 2011 年版,第 929 页。

不论是法律还是其他相关文件对股东进行股权流转的限制都非常高,股东很难通过流转股权退出企业。因此,在有限公司之中,如果出现了企业僵局的情形,异议股东无法通过股权转让退出企业,又缺乏其他有效的救济途径,如果因为持股持续时间没有达到6个月而不受理其唯一的救济途径,即司法解散之诉的申请,那么股东在维护公司利益的同时,维护自身利益显得更加困难。因此,如果需要对提诉权本身进行限制,则可以增设恶意诉讼的相关担保防范程序和赔偿机制。

(2)股东的"当时持股原则"。"当时持股原则",即在法定解散事由发生之时且在诉讼过程之中仍应具有公司股东身份。上海市高级人民法院在2006年所作出的《关于公司股东请求人民法院解散公司的案件应如何确立诉讼当事人问题的解答》中就明确要求该股东必须是现实股东,即起诉时和诉讼过程中必须具有股东资格。[1]

坚持"当时持股原则"是必要的。如果不是现实股东身份,其已经不是利害相关人,那么申请司法解散之诉实无必要。另外,当股份转让或发生继承,受让人和继承人不能继承原告资格。申请司法解散的股东是基于其与特定股东之间的矛盾无法调和而提出的,具有一定程度的"专属性"。当老股东退出由新股东进入时,老股东与特定股东的矛盾已经不复存在,新股东进入后没有必要继承其原告资格。如果新股东与特定股东引发新的矛盾,也应该是新股东以自己的名义依据新的矛盾导致企业僵局而另行提起企业司法解散之诉。因此,依据"当时持股原则",股份转让的受让人或股份继承的继承人不能继承原告资格。

3. 过错股东的诉权问题

按常理,"任何有过错的人都不能从诉讼中获利",应当将对形成企业僵局负有过错的股东排除在司法解散请求权主体之外,以防止有过错的股东通过诉讼获取不正当利益。

但笔者认为,不论股东在企业僵局形成的过程中是否有过错,都不应该影响其司法解散请求权的行使。如果作为原告的股东在企业僵局形成过程中有过错,本着司法解散谨慎的原则,能采用其他非解散方式处理的尽量为之,确非解散不可的,仍可判决解散。同时,应对原告股东在形成企业僵局中的相关责任作出认定,为在另案中非过错方股东追究过错方股东的赔偿责任提供相关依据。

---

① 周德荣:《司法解散诉讼有关问题的实证分析》,载《南京审计学院学报》2010年第2期,第34页。

二、解散到退市:规范化运行的难点与问题

(一)僵局企业从解散到退市的规范化运行体系

1. 僵局企业解散、清算与注销的规范体系

根据《公司法》第184条的规定,当公司陷入僵局由人民法院判决解散的,应当在判决生效后15日内成立清算组进行清算。其中,有限责任公司由股东组成清算组,股份有限公司由董事或者股东大会确定的人员组成清算组。如果逾期未成立清算组进行清算的,债权人可以申请人民法院指定有关人员组成清算组进行清算;人民法院应当受理并及时组织清算组进行清算。《〈公司法〉司法解释(二)》第7条规定了债权人未提起清算申请的,企业股东可申请人民法院指定清算组进行清算的三种法定情形,分别是企业解散逾期不成立清算组进行清算的、虽然成立清算组但故意拖延清算的、违法清算可能严重损害债权人或者股东利益的。可以得出,对清算问题并不随着解散企业的判决而作出裁决,而是给企业15天的时间,由其自行组织清算组进行清算。逾期未自行组织清算的,才由债权人或股东申请人民法院组织清算组进行清算。这意味着公司解散并不必然完成公司清算,公司解散是公司清算的前提而不是公司清算的结束。

由于解散程序和清算程序的关联性以及促成企业注销的共同目的,由法规或司法解释规定其衔接问题显得尤为重要。企业解散会导致企业清算的开始,清算之后还需要履行注销程序。这就意味着,对僵局企业作出司法解散判决后,后续要走的路程仍很长,也很艰巨。

通过对解散程序与清算程序、注销程序的有效衔接,可以减少企业资产和经营资源的浪费,从而更加有效地实现企业解散制度的立法目的。

2. 僵局企业走向退市的自愿与强制

在公司陷入僵局被判决司法解散后,大多数公司并没有自愿组织清算与注销。相关数据显示,截至2016年7月1日,被法院判决解散的公司共有168例,其中在企业经营信息公示系统中,"信息公示正常"的有49例,"经营异常"的有67例,只有7例的公司(4%)被清算(包括清算后被注销)。以林方清案为例,尽管法院已经判决解散企业,常熟市凯莱实业有限公司却未清算仍

处于运营之中,没有被清算注销。① 可以看出,获得解散企业权利的原告往往会放弃要求法院强制清算的权利,在司法判决企业解散之后企业往往难以完成清算注销程序,消灭企业法人资格。

僵局企业被司法解散后,多数企业既未实施自愿清算,又未自愿注销。究其原因,主要在于以下几个方面。

一是处于僵局状态的企业大多是股权结构设计不是很合理的企业。要么一股独大,其他小股东受到大股东压迫,要么股权比例过于均等,难以形成有效的表决机制。针对这种不合理的股权结构,在法院判决公司解散后,要通过股东会再行形成清算、注销决议显然是困难的。

二是处于僵局的企业大多数是被大股东控制的企业。一些大股东利用其控股地位以及董事会上的控制优势,与公司开展关联交易,损害公司利益,或股东人格与公司人格混同,损害其他股东与债权人利益。由于它们与中小股东之间因利益纷争导致矛盾不可调和而形成僵局,在此情形下,中小股东利用公司法设定的10%以上股份比例提起公司解散之诉具有可行性。但是,在公司被判决解散后,再行在公司董事会上提起公司清算、注销之请求,并要求股东会进行审议却不具有可行性,往往被大股东控制的董事会、股东会否决。

三是处于僵局的企业大多数是投资与经营活动并不规范的企业。一些股东存在出资虚假或抽逃,一些股东向公司借款成为公司债务人,一些股东要求公司提供担保成为公司担保债务人。在公司经营中,一些公司存在严重的偷逃税问题,以及存在严重的债务不履行问题,甚至公司账册不全或遗失。一旦通过清算、注销程序,业已存在的问题被暴露出来,就会对公司股东产生极其不利的法律后果。故多数企业在司法判决解散后,会选择放任自流的态度,既不主动清算,也不主动去办理注销手续。

当清算与注销不再表现为司法解散企业的自愿性行为时,法律规制的手段就是强制,即强制清算与强制注销。依现行法,强制清算已由立法作出规定,而强制注销则仍无法可依,停留在理论探讨中。

(二)僵局企业司法解散后退市难点与问题

1. 强制清算程序启动上的难点与问题

根据《公司法》第184条的规定可以得出法院受理清算案件是有前提的,

---

① 耿利航:《公司解散纠纷的司法实践和裁判规则改进》,载《中国法学》2016年第6期,第231—232页。

即只有在股东会或董事会逾期不成立清算组侵害了相关人利益的情况下,才可以通过申请,要求法院进行强制清算。质言之,企业通常不存在自主选择的权利,当企业陷入经营管理僵局而被强制解散后,企业往往怠于履行清算义务,或者由于股东之间的矛盾激烈无法形成一致意见启动清算程序,或者出于对盈利较好企业注销的不舍等都会导致企业难以完成最终的清算注销程序,陷入"清算僵局"。

"清算僵局"是基于"解散僵局"破解后的另一种僵局现象,目前的解决对策主要是建立强制清算制度,即赋予股东或债权人的强制清算请求提起权。

依《〈公司法〉司法解释(二)》第 7 条,似乎规定了债权人与股东强制清算请求提起权的前后顺位,即在债权人未提起清算申请的情况下,赋予了股东可以申请法院强制清算的权利。

将股东申请强制清算的权利置于债权人之后,在司法实践中导致的问题有:首先,没有明确给出债权人怠于申请法院强制清算时,股东提起申请的等待期限,这很可能导致股东无法及时提起申请清算。其次,由于债权人可以通过诉讼程序要求公司个别清偿,其未必有动力提起强制清算程序,而陷入僵局的公司的其他小股东,若无法及时提起清算程序,则可能导致其利益继续被公司的其他大股东或实际控制人损害。因此,对于申请强制清算的权利,应赋予公司股东与债权人同等的顺位。

2. 清算义务人的权利义务确定难点与问题

清算义务人是指在公司解散后依法负有启动清算程序,选任清算人清理债权债务关系的人。[1] 清算义务人的义务重点就是及时启动清算、有效组织清算。僵局企业被判决司法解散后,股东究竟是清算人还是清算义务人,不同学者对此有不同的看法。

有学者认为,企业解散后股东启动清算程序是法定义务,即股东是清算义务人。[2] 也有学者认为企业或者清算组才是清算义务人,在企业自行组织清算时股东不直接承担清算义务,最多承担协助企业或清算组的职责。在股东控制清算组的特殊情况下才可以把股东视为企业清算的实际控制人,让其承担特殊义务。[3]

---

① 张峤、虞振威:《论公司非破产清算义务人的确立及责任承担》,载《特区经济》2005 年第 1 期,185—186 页。

② 吴长波:《公司清算中股东民事责任之研究》,载《兰州学刊》2007 年第 5 期,第 120 页。

③ 叶林、徐佩菱:《关于我国公司清算制度的评述》,载《法律适用》2015 年第 1 期,第 54 页。

对《公司法》第 183 条进行解读,似乎可以得出清算义务人应该是企业的结论,但是笔者认为该法条的着眼点在于清算组的组成,即有限责任公司的清算组由全体股东组成,股份有限公司的清算组则由董事或者股东大会确定的人员组成,而非由清算义务人确定。

《〈公司法〉司法解释(二)》第 18 条规定,有限责任公司的股东、股份有限公司的董事和控股股东,应当在法定期限内组织成立清算组开始清算,这是给上述人员设定清算义务,应为清算义务人。在最高人民法院第 9 号指导案例"上海存亮贸易有限公司诉蒋志东、王卫明等买卖合同纠纷案"中,法院认为,有限责任公司的股东、股份有限公司的董事和控股股东,应当依法在公司被吊销营业执照后履行清算义务,不能以其不是实际控制人或者未实际参加公司经营管理为由免除清算义务。但在 2019 年最高人民法院作出的《九民会议纪要》中则又提出"关于有限责任公司股东清算责任的认定,一些案件的处理结果不适当地扩大了股东的清算责任,导致出现利益明显失衡的现象。需要明确的是,上述司法解释关于有限责任公司股东清算责任的规定,其性质是因股东怠于履行清算义务致使公司无法清算所应当承担的侵权责任"。

笔者认为,在有限责任公司中,股东应该是清算义务人。首先,由于股东和企业之间存在的投资、管理、控制关系,毫无疑问,股东与企业有着极其密切的联系,因此将股东作为清算义务人要求其在企业被判决司法解散后启动清算程序是符合公司法的。其次,企业自愿解散需要股东或股东大会作出的决议或者依据企业章程,司法判决解散的申请也是由满足条件的股东提起的,也就是说企业解散是股东的意志,那么股东自然应该是清算义务人而需承担清算义务。最后,股东既是企业的出资人又是股东权益的享有者,股东负有企业成立的出资义务,也应负有企业退出的清算义务。同时,股东应当认真履行清算义务,防止企业财产的不当减少威胁到债权人的合法权益,如果因为股东怠于履行或违法导致企业财产减少、账册灭失等情形的,应当承担相应责任。

在股份有限公司中,由于股东人数众多、股权分散,大多数股东并不从事业务经营活动,因而,将清算义务人确定为控股股东、公司董事会更合适。

3. 清算组织的权利义务确定难点与问题

首先,《公司法》第 183 条规定了清算组的组成,即有限责任公司的清算组由全体股东组成,股份有限公司的清算组则由董事或者股东大会确定的人员组成。清算组除以上法定人员外,是否可以包括委任的人员,是否应当规定清算组人员的解任,对此问题,我国《公司法》并无明文规定。另外,清算组的义务是具体执行清算事务,清理公司财产、债权、债务,了结公司现存的各种法律关系。除清算组的资格和任免外,清算组在清算期间的权利义务、清算职责也应当进行完善。

其次,关于清算人责任的确定问题。清算义务人的义务是组织成立清算组启动清算程序,移交公司财产、账册、重要文件等资料,保障清算能够顺利进行。而清算组的义务则是执行具体的清算事务,即清理公司财产、债权、债务,了结公司现存的各种法律关系。

两者在相关责任关系上,首先要确定清算义务人未及时清算的责任。清算义务人的主要义务是及时启动清算程序,负责组织成立清算组,在僵局企业被判决司法解散后如果没有正当理由未及时进行清算,导致企业或相关债权人的损失,清算义务人应当承担相应的责任。其次是要确定清算组的责任。清算组的成员必须尽到注意义务和忠实义务,认真履行清算职责,如果在清算期间清算组成员不履行义务,比如股东不及时转交相应账册、公司文件,不及时申请破产等,应当对其科以相应的法律责任。

4. 清算与注销程序的衔接难点与问题

由于僵局企业在司法解散判决之后清算义务人不确定,导致实践中出现了企业不清算、不注销或者不清算直接注销的情形,这对企业投资者和债权人权益的保护影响极大。

为切实解决僵局企业从"解散僵局"演变为"清算僵局"的问题,需要构建出清算与注销有机衔接、自愿清算与强制清算协同推进、强制注销为最后手段的有机运行机制与高效处置体系。

第四节　僵局企业从解散走向退市的法律治理途径

将僵局企业一分为二,既解"僵",让部分僵局企业获得新生,又解"散",让部分僵局企业有尊严地走向死亡。此项分类施策法是解决僵局企业问题的基本出发点,也是解决僵局企业的目标追求。就僵局企业解"散"而言,充分关注从司法解散走向清算、注销,以此完全退市的全过程是解决僵局企业退市的根本性问题。如何有机地实现这一完整的过程,需要构建相应的法律治理制度,并以此完善相应的法律途径。

一、事前预防机制及其构建

(一)企业僵局的事前预防机制及其作用机理

1. 企业预防机制的一般解析

预防机制是指对可能引发的风险进行的响应、传导与预先性应对。预防通常是对非正常性现象的一种控制性对策,预防机制的有效构建可以提高对概率性事件发生的警惕性和应对性,并将概率性事件纳入可控的范围之内。

当前,许多企业普遍缺少对企业僵局的预防机制的建立。比如,在公司设立、股权结构设计之时,投资者缺乏对可能引发公司运行僵局的意识;在公司章程制定中也没有化解僵局的相关条款设计,甚至还故意强化"一致决"原则;在董事会席位分配上采取偶数制,以求各方力量均衡。由于没有良好的预防机制,一旦出现企业僵局,就难以从机制上进行约束和控制。

2. 企业僵局预防机制的作用机理

事后提起公司解散之诉固然可以在一定程度上解决"公司僵局"问题,但从成本和效率角度来看,做好"公司僵局"的事前预防措施,优化公司组织结构和治理方式,预设有效的纠僵机制,对于预防公司内部潜在纠纷,保持公司经营活力更具重要意义。

企业僵局最好的破解方法是制定科学合理的分歧预防机制,当企业僵局现象开始出现时,应该采取相应的积极有效措施予以化解。只有分歧预防机制和纠纷解决机制并举,才能全方位地化解企业僵局。

建立企业僵局预防机制应从企业微观与全社会宏观这两个方面共同推进。企业微观是从企业自身进行分歧预防机制构建,全社会宏观是从国家层面推进"防僵"与"治僵"的制度建设,这是预防机制得以发挥作用的重要途径,也是构建协同治理的重要方式。

(二)事前防范的主要举措评述

1. 公司章程自治功能之发挥

公司章程是公司最重要的自治规则,具有公司"宪章"的地位。

基于有限责任公司具有闭合性、人合性的特征,我国《公司法》和相关的司法解释都对有限责任公司授予较多的任意性规定,很多地方体现的是公司章程优于法定,甚至部分条款直接规定由公司章程决定,在《公司法》第二章"有限责任公司的设立和组织机构"中,公司章程适用的优先性得到了较好的体现。由于公司章程能够有效地规范公司内部结构和经营关系,公司股东应该充分利用《公司法》的任意性条款,最大限度地发挥公司章程的作用。

但是,在实践中,绝大多数的有限责任公司章程套用的是市场监督管理部门(原工商行政管理部门)制定的示范性范本,对于每个特定企业而言缺乏个性化和可操作性。

在预防公司僵局上,应当借助公司章程,对公司表决权、利润分配权、组织架构设置、股权回购、冲突调解机制等影响公司发展和涉及股东重大利益的重要问题直接作出规定,充分发挥章程的自治作用。

2. 股权结构的合理设置

《公司法》第 42 条规定:"股东会会议由股东按照出资比例行使表决权;但是公司章程另有规定的除外。"基于股权决定表决权原理,预防公司僵局的方法之一就是在公司设立时合理设置股权结构,应该尽量避免 66.6%:33.4% 或 50%:50% 两种典型不合理股权比例结构的出现。如果一些股东坚持在股权比例上必需设置成上述典型不合理股权设计情况,则只能通过在公司章程中设置其他合理的预防性机制来避免公司僵局的产生。

相较而言,一股独大的股权结构很难产生公司僵局,它常常是有效的,但其危害也是明显的,即难免出现大股东欺压和损害中小股东权益现象,引发小股东对公司投资决策与经营行为的漠视,从而导致对公司重大发展战略的不配合、不支持,这实际上也是公司的"冷僵局现象",其不合理性需要在事前公司股权结构安排时作出检视与纠正。

3. 公司治理结构的科学化构建

一个公司运营机构的好坏,关键取决于它的治理机构设置及其权力分配和制衡是否合理科学。从治理层面看,公司的基本构架是股东会、董事会(或执行董事)、监事会(或监事)、总经理,从管理层面看,公司的基本构架则是科层式的各职能部门以及各分支机构。诚然,对公司的"防僵"与"治僵",应属于治理层面而非管理层面的问题。股东会是公司的权力机构,享有选举和更换董事、监事(非职工代表担任)以及决定董事、监事的报酬事项的权利。董事会享有召集股东会会议并向股东会报告工作的职权。因为股东会和董事会之间具有相互制衡的作用,所以董事会成员与股东会成员不得完全重合。董事会还享有决定聘用或者解聘公司经理及其报酬等事项的权利。尽量避免公司中一人分饰几个角色的状态,一人分饰几个角色容易导致权力集中化,集中化的权力容易导致权力的滥用。只有当"阳光照进制度的笼子里",这个制度才能高效、良性地运转。监事会(监事)作为"阳光"被安排在公司的治理层面里,应当发挥好"防腐剂"的作用,既应积极监督公司良性运行,又应在股东、董事之间发生重大分歧之前扮演好"吹哨人"的角色。

另外,独立董事制度在上市公司中得到了充分的运用,在一些非上市公司(如商业银行、国有企业)中也引入了独立董事或外部董事制度。设置独立董事或外部董事的功能在于,对内部董事的决议事项引起僵局时由独立董事或外部董事通过票决作出决断,这在制度上有利于避免公司僵局的产生。例如,上海复星集团与保德信合资设立了一家中外合资的寿险公司,该公司董事会共9名董事,出资双方各委派三名,另设三名独立董事,这种董事会的董事设计制度,一定程度上能够防止公司僵局的产生。

4. 公司表决制度的科学性规划

从《公司法》第42条、第43条的规定中,可以看出对于公司的表决机制,公司法给了公司章程很大的自治空间。

为了避免公司僵局,在公司章程上应该科学规划公司的表决机制,在坚持资本多数决原则的前提下,对控股股东的表决权作出最高限额的规定,防止因表决权严重失衡使公司实际掌握在少数人手里这种不正常现象的发生。

此外,还可以借鉴实践中行之有效的"一致行动人"制度,或在出现表决僵持时允许主持人多行使一次表决权的表决制度。

5. 公司解散权的合理谋划

当董事会决议解散不能达成时,通过公司章程的约定解散显得尤为重要。在股东会不能通过解散决议时,股东可根据公司章程的具体约定解散事由直接提出解散公司,从而避免公司僵局长期持续的情况发生。

因此,通过公司章程的约定解散来合理谋划解散权显得十分有意义。股东可以在制定公司章程时约定除法定解散事由之外的其他具体解散公司事由,公司解散事由的约定能够有效地弥补决议解散的缺陷。

二、事中监管制度及其构建

(一)替代性救济途径及其运用

1. 寻求替代性救济途径的现实意义

目前,我国对僵局企业的治理途径比较单一,主要依赖于司法解散。这种设置单一的司法解散途径存在的问题较多,比如,司法制度运行的成本过高,对抗性较强;司法解散后在走向退市过程中,通常会出现清算与注销梗阻;社会效果较差,对企业的发展、股东的利益和社会利益带来较大的损失。

因此,完全依靠司法解散不符合我国实践需求,也有违综合治理原则在公司纠纷处理上的运用。有必要完善解散僵局企业的其他替代性途径,提供更多的替代性救济方式。

2. 替代性救济方式的实际运用

首先,寻求替代性救济方式应注重正向引导。在设定方案时应着力思考如何将僵局企业从解"散"引向解"僵",从走向退市引向恢复生机。在这一途径寻求上,重点是找准僵局产生的症结,然后采取针对性的解决方式寻求合理的解决方案。

其次,寻求替代性救济方式应及时进行。僵局的产生是一个不断演化与深化的过程,当僵局苗头出现之时就应当引起足够的重视,一旦矛盾较深,往往积重难返。针对替代性救济方式,在实施时间上,在提起司法解散诉讼之前就应当实施,当一方已提起了诉讼再试行替代性救济方式则为时过晚,实施效果往往是事倍功半。

再次,寻求替代性救济方式应积极发挥关键性主体的作用。应积极发挥大股东、控制人的调和作用,也可引入独立第三人以发挥积极作用。

最后,寻求替代性救济方式应有所比较与筛选。目前主要有两种途径:一种是将僵局企业引向解"僵",其替代性途径主要有股权转让、企业分立、公司收购,它们各有特点,应结合企业实际进行选择性采用。另一种是将企业引向解"散",则尽量采取非诉的方式进行,如通过股东会形成解散决议、清算决议、注销决议等,这有利于以自愿的方式走完企业退市的整个过程,因而也是最有效率与最为可行的方案。

(二)司法解散商事备案制度的构建

1. 建立司法解散企业商事备案制度的功能

司法判决解散公司,其实际效果为企业解散的法定事由之一。企业解散后,按相关规定,不再作为营业法人而成为清算法人,故商事能力已受到了限制。为便于社会对该类企业进行识别,保护交易中善意第三人的利益,应当建立商事备案制度。有了商事备案,社会公众就能知悉该类企业的实际状况,进而在信息对称的情形下作出相关决定。这既保护了善意第三人的利益,又维护了市场经营秩序。因此,商事备案制度应当具有较好的识别功能、提示功能与权益保障功能。

我国目前尚未建立解散备案制度,在实践中无法识别该企业的经营信息状况,在信息不对称情形下极易给善意第三人造成损害。

2. 企业解散备案制度的基本内容

企业解散备案作为一项制度,其基本内容由备案机关、备案性质、未备案责任等组成。

(1)商事备案机关的确定。商事备案机关应为该企业的商事登记机关。

(2)商事备案的性质。商事备案应认定为行政确认性行为,但它与登记行为在性质上、内容上、法律效力上具有不同性。虽然它们都是由商事登记机关办理的,但登记行为具有许可与确认的行为属性,而备案行为仅仅是在登记机关进行了相关信息的提交,并没有许可性质。

(3)未办理备案的法律责任。对于应办理备案而未办理的违法行为,登记机关应对相关当事人给予行政处理与行政处罚。对于该企业与善意第三人发生交易关系由此给交易第三人造成损害的,应由该企业承担相应的责任。

(三)清算责任为核心的解散责任体系的构建

1. 解散责任体系的构建重点

在企业退市的解散、清算、注销系列性程序中,都会涉及相关的法律责任,但综合考察各阶段法律责任的特点与内容,重要的是应以清算责任为核心去构建相应的责任体系。这是因为,清算在解散、注销程序中既起着上下阶段的连接作用,又起着前后程序的推进作用。抓住了清算责任构建,就抓住了解散退市责任体系的"牛鼻子",可谓是抓住了要害。

2. 清算责任体系的构建内容

主要包括清算中的法定义务与责任体系、清算组织的法定义务与责任体系、清算程序的基本要求等。

就清算中的法定义务与责任体系而言,应强化清算义务人的法定责任。

就清算组织的法定义务与责任体系而言,应强化清算组织未及时、有效组织清算以及虚假清算的法定责任。

就清算程序的基本要求而言,应强化清算程序的规范性、时限性以及与注销程序的对接性。

三、司法解散退市制度的进一步完善

（一）庭前调解程序增设的立法完善

1. 庭前调解设为必经程序的可能性

企业僵局的出现意味着企业"人合性"被破坏，因此法院在审理之前应当将庭前调解设为必经程序。其出发点是，用尽其他救济途径原则和最大限度维持企业原则的要求，减少资源浪费、化解双方矛盾，促使其达成和解。

法院在调解过程中，应当注重平衡各方当事人的利益，把握好调解的尺度，公正、合理地提供解决问题的建议。同时也要注意对没有可能调解的案件要尽快作出判决。将庭前调解设为必经程序可以最大限度地发挥调解的作用，维护各方的利益。

2. 立法条款重构

《公司法》第182条修改为：公司经营管理发生严重困难，继续存续会使股东利益受到重大损失，通过其他途径不能解决的，持有公司全部股东表决权百分之十以上的股东，可以请求人民法院解散公司。

（二）一并提起清算之诉的立法完善

1. 一并提起清算之诉的可行性考量

按我国现行司法实践，公司解散之诉与强制清算申请是相分离的，即分别为两个公司纠纷案由。其法理基础为：①解散之诉属于诉讼性质，强制清算申请属于非诉性质，对于不同程序的诉请是不能合并审理的。②诉讼案件实行两审终审，非讼事件则一裁终局，出于保护当事人审级利益的考虑，从审级要求不能合并审理。③即使在司法解散之诉中，司法解决的问题是解散请求是否应获得司法支持，至于解散判决之后，是否清算以及如何清算，属于当事人意思自治范围，应由当事人作出选择或另行采取司法途径解决。

我们认为，在企业僵局这类特殊的纠纷案件中，不必过于纠缠于申请人和起诉人的称谓以及适用程序的不同，只要合并审理并未影响到当事人的诉权或显失公平，则从诉讼效益角度考虑并无不妥。诚然，清算的效力依附于解散之诉判决的效力，在解散之诉的效力没有确定前，该强制清算申请的基础性条

件并不成就,因而,合并审理裁判的效力处于待定状态。① 但是,解散之诉具有的特殊性在于,一旦司法解散势必引发清算,司法裁判的结果是要么驳回原告股东的解散和清算请求,要么在判决解散的同时裁定对公司进行清算。因此,将解散之诉与清算之诉一并审理,不但是可行的,而且也是必要的。

2. 一并提起清算之诉的实现途径

首先,对《公司法》相关法条作出修改。建议将《公司法》182 条修改为如下内容。

第一款为:公司经营管理发生严重困难,继续存续会使股东利益受到重大损失,通过其他途径不能解决的,持有公司全部股东表决权百分之十以上的股东,可以请求人民法院解散公司。

第二款为:公司解散纠纷注重调解,通过调解解决的,准许原告撤回起诉。

第三款为:按本条第一款提起解散公司请求时,可以提起由人民法院组织清算之申请。

其次,在具体进路设计上,当股东同时提出解散之诉和清算之诉时,法院应进行合并审理。在判决解散企业的同时,应斟酌企业自行清算的可能性,判决企业在判决生效之日起 15 日内组成清算组。如果企业在该期限内不能成立清算组,原告可依据生效判决申请法院指定清算组强制清算。这样既尊重当事人的选择,又通过制度设计提高了诉讼效率。

(三)"股东压迫"解散事由增设的立法完善

1. 股东压迫的内涵厘定

股东压迫,一般是指大股东利用其控股地位压制小股东,通过隐蔽甚至某些合法形式损害小股东利益,通常表现为排挤小股东经营管理权,妨害小股东知情权、分红权,从事关联交易获取不正当利益等情形。我国并没有将股东压迫作为解散企业的法定事由。

实践中出现的大股东利用控股地位强制剥夺小股东经营管理权、知情权、分红权,进行关联交易的案件层出不穷,可以将这一类归结为股东压迫类案件。

股东压迫实际上就是股东之间的"暴政",是多数股东对少数股东单方面压制情形下无视小股东利益的强迫行为,是企业自治不能的情形之一。股东

---

① 周德荣:《公司司法解散诉讼有关问题的实证分析》,载《南京审计学院学报》2010 年第 2 期,第 22—23 页。

压迫对企业的正常经营管理、对小股东的利益保障具有极大的危害性。

在我国司法解散制度中，并未十分明确地将股东压迫作为企业僵局的情形，《公司法》对公司僵局法定解散事由设定上的单调与实践中愈发活跃的股东压迫现象的存在，促使我们对股东压迫现象是否应纳入公司僵局情形进行检视和反思。

2. 股东压迫作为公司僵局情形的国内外实践

国外对于股东压迫的救济历史悠久。以英国为例，在"不公平损害诉讼"尚未建立之前，当小股东已经不能忍受大股东的不公平压迫行为时，他们可以直接向法院申请"公正合理清盘令"，通过司法手段强制解散企业，并依据投资比例分配公司的剩余财产。[①]

在 2007 年最高人民法院审结的重庆国能投资有限公司诉重庆正浩机电工业有限公司解散公司纠纷二审案中，一审法院——重庆市高级人民法院认为：正浩实业（系诉讼第三人，被告的大股东）利用大股东的控制地位，违反公司章程规定，使小股东（原告）始终不能行使决策经营权、不能享有知情权，且小股东在股东会决议上对大股东做出的相关报告始终表示反对，对正浩实业通过相关转嫁投资、交易及利用公司资产为自己贷款作抵押等行为提出严重异议，正浩机电已形成经营管理僵局。由于大股东在诉讼前及诉讼中的相关表现，本院有理由认为如果公司继续存续，会使股东权利受到重大损失。对本案这种情况判决企业解散，有利于保护小股东的合法利益。[②] 虽然判决上用的是"僵局"，实际上属于大股东利用控股地位压制小股东的"股东压迫"情形。

除此案外，大部分法院以此类事由不属于法定解散企业事由或者可以通过其他方式单独解决不必提起司法解散的原因而不予支持原告的诉讼请求。

3. 我国《公司法》的立法修改与完善

应当认为，势均力敌下的股东僵持（公司僵局）与实力悬殊下的股东暴政（股东压制）均是导致"经营管理困难"的重要原因。

不论是国内还是国外，都对股东压迫的危害性有共同的认知，如果大股东滥用其优势地位损害小股东的利益，架空企业章程约定的管理机制，那么该企业人合性已经丧失，企业已经名存实亡。因此，应当将股东压迫视作"经营管理困难"，并作为解散企业的法定事由。

---

① 毛亚敏：《公司法比较研究》，中国法制出版社 2001 年版，第 339—340 页。

② 重庆国能投资有限公司诉重庆正浩机电工业有限公司公司解散纠纷案，参见最高人民法院 2007 年民二终字第 31 号《民事判决书》。

在具体制度构建时,应当细分股东压迫的情形。当股东压迫情形轻微,不影响企业的管理机制,被压迫的股东可以通过其他途径得到有效救济时,不需要使用司法解散。当股东压迫情形严重,严重影响企业的管理机制,小股东无法通过其他有效途径维护自身利益,企业已经名存实亡时,应当判决企业司法解散。

第六章 金融业企业退市的难点与法律治理

金融业企业与其他普通企业相比有其特殊性,在我国金融法律政策中,对金融业企业的市场准入与市场退出均设定了一些特殊规则,在市场退出中,金融业企业合理有序的退出机制对维护金融市场的平稳运行具有重要作用。2019年7月,由国家发改委牵头制定的《加快完善市场主体退出制度改革方案》(发改财金〔2019〕1104号,以下简称《市场主体退出改革方案》)提及"建立健全金融机构市场化退出机制"。该《市场主体退出改革方案》还对金融机构资产负债业务的概括转移问题、金融机构风险预警和处置机制问题作出规定。在《市场主体退出改革方案》指引下,如何整体地设计出金融业企业退市的制度体系,进而探讨金融业企业退市的法律治理路径具有现实意义。

第一节 金融业企业的意涵与类型

在我国目前的法律文件中,尚无对金融业企业的统一性定义。按照法律解释的方法,当一个法律名词尚未定义时,可以通过文理解释和论理解释的方法来厘清该法律名词的意涵。因此,我们既可以通过界定金融业企业的内涵和外延对其作出定义,也可以通过金融业企业的资产和负债业务、许可经营范围等对各类金融业企业作出大致分类。

一、金融业企业的概念与特征

(一)金融业企业概念

金融业企业是指以融资为业务,营业需要经过金融管理部门审核和批准的企业组织。包括营业需取得银行业务许可证的商业银行,也包括营业需取得证券业务许可证的证券公司、期货公司和基金管理公司,以及营业需取得保险业务许可证的各类保险公司等,还包括需要取得金融业务许可证的信托投资公司、金融资产管理公司、金融租赁公司、财务公司等。

经营融资业务是金融业企业的主要特征。融资是企业在金融市场筹措或放贷资金的行为与过程,金融业企业的概念应当准确表达这一本质特征,并将外延范围限定在从事信贷、股权融资或债权融资等融资业务范围的企业。[①]因此,金融业企业是在金融市场从事信贷业务或服务的投资性、理财性金融组织。

(二)金融业企业特征

1. 特殊的公司法人

金融业企业是通过《公司法》与金融法的相关规定所组建的企业,企业形式为有限公司与股份有限公司。因其活动于金融领域,因而对该类企业的注册资本、经营范围、法人治理机构、企业的终止等作出了特殊要求。

金融化的本质在于资本积累演变为资本脱离剩余价值的生产与交换而通过金融系统实现增殖的过程,进而通过构建一个包含异质性主体的非对称演化博弈模型,揭示非金融主体与金融主体之间从普通经济关系到金融关系的动态演变过程及其作用机制。[②]

2. 特定的经营业务

首先,金融业企业以资金融通为目标而从事融资业务。资金融通不仅是金融市场的重要特征,亦是金融业企业提供金融产品的活动形式。金融业企业的功能在于为金融市场中的资金需求者提供资金。作为营利性法人机构,金融业企业的资金融通行为成为其最终实现盈利的基础。

其次,金融业企业在金融市场中主要从事资金筹措、资金放贷业务或服务。从事资金筹措业务或服务主要是通过股权融资、债权融资和众筹平台等方式进行,而放贷业务或服务则是通过银行贷款、小额借贷等方式进行。

最后,金融业企业是投资性、理财性的金融组织。从内容上看,金融业企

---

① 李曙光:《转型法律学——市场经济的法律解释》,中国政法大学出版社 2003 年版,第 96—97 页。

② 鲁春义、丁晓钦:《经济金融化行为的政治经济学分析——一个演化博弈框架》,载《财经研究》2016 年第 7 期,第 62 页。

业主要为企业和个人提供诸如储蓄、银行理财产品、债券、基金和股票等投资理财工具对资产进行管理和分配,从而加速资产的增长和流通。

3．特殊的监管规则

金融活动具有高风险性,好的监管(包括管制)能够使金融市场顺畅运转,并通过纠正内在市场失灵(特别是负外部性、信息不对称)的方式以减少市场波动风险。[①]

随着国内金融业态日益丰富,金融业务呈现复杂、多样化特点,金融的风险隐蔽性也日益提高。健全宏观审慎、微观审慎、行为监管三支大柱,促使三者协调性进一步增强,形成一个监管闭环,对于整个金融业而言,显得尤为迫切。

相关数据显示,我国于 2020 年全年处置银行业不良资产 3.02 万亿元,2017 年至 2020 年处置不良贷款超过之前 12 年总和。2020 年全系统处罚银行保险机构 3178 家(次),责任人 4554 人(次),合计罚没 22.8 亿元。[②] 这表明对金融业企业的监管已成为金融监管部门促进金融业稳定、健康成长的常态性工作。

二、金融业企业的分类

(一)金融业企业划型的学理分类与标准设定

1．金融业企业划型的学理分类

(1)基于资产与负债业务差异性的划分。可以将金融业企业分为存款类金融业企业、合同储蓄类金融业企业和投资类金融业企业。[③]

(2)基于技术使用差异性的划分。可以将金融业企业划分为互联网金融业企业和传统的金融业企业。互联网金融是指将融资性业务通过互联网技术和信息通信技术实现资金融通、支付、投资的新型融资模式。它主要通过第三方支付平台、P2P 网络小额信贷、大数据金融、众筹融资平台等互联网金融企业来收集社会闲散资金用于中小微企业和个人的资金融通。

---

① ［荷］乔安妮・凯勒曼、雅各布・德汗、费姆克・德弗里斯:《21 世纪金融监管》,张晓朴译,中信出版社 2016 年版,第 2 页。

② 莫开伟:《金融监管日趋严厉 金融风险得到遏制——我国金融监管工作回顾与展望》,载《杭州金融研修学院学报》2021 年第 3 期,第 18—21 页。

③ 张杰:《金融分析的制度范式:哲学观及其他》,载《金融评论》2013 年第 2 期,第 1 页。

（3）基于金融经营许可范围差异性的划分。可以将金融业企业划分为银行金融业企业、证券金融业企业、保险金融业企业、融资租赁企业、典当企业等。

（4）基于融资业务差异性的划分。可以将金融业企业划分为从事资本市场的金融业企业、从事债券市场的金融业企业等。

（5）基于融资方式的差异划分。可以将金融业企业划分为债务性融资的金融业企业与权益性融资的金融业企业。债务性融资主要包括银行贷款、发行债券、应付账款和应付票据，构成企业负债。权益性融资即出售企业的股权，用企业的股权与投资者的资金进行交换，主要体现为股票融资。

2. 金融业企业划型的标准设定

2015 年 9 月，中国人民银行会同银监会、证监会、保监会、统计局等部门联合发布《金融业企业划型标准规定》（银发〔2015〕309 号，以下简称《划型标准规定》），对金融业企业分类方法、划型标准指标、组织实施等内容进行了明确规定。

该《划型标准规定》系采用复合分类方法对金融业企业进行分类。首先，将金融业企业分为从事货币金融服务、从事资本市场服务、从事保险业服务、从事其他金融业四大类。其次，将从事货币金融服务分为货币银行服务和非货币银行服务两类，将其他金融业分为金融信托与管理服务、控股公司服务和其他未包括的金融业三类。最后，按经济性质将从事货币银行服务类金融业企业划为银行业存款类金融机构；将从事非货币银行服务类金融业企业分为银行业非存款类金融机构，如贷款公司、小额贷款公司及典当行；将资本市场服务类金融业企业划为证券业金融机构；将保险业金融企业划为保险业金融机构；将其他金融业企业分为信托公司、金融控股公司和除贷款公司、小额贷款公司、典当行以外的其他金融机构。

《划型标准规定》的出台，标志着典当行、担保公司等类小微金融企业有了明确的划分和定位，充实了金融业机构范畴。此外，《划型标准规定》调整了部分金融企业的归属分类，并对现存的金融业机构分类不统一的局面进行了更加细化的统一和规范。[①]

截至 2018 年末，全国共有 4588 家银行业金融机构，其中城市商业银行 134 家，农村商业银行 1427 家，两者在商业银行中占据重要地位，也成为服务

[①]　曹东海、宋立志：《金融业企业划型规定对金融机构编码管理的影响及建议》，载《金融电子化》2016 年第 4 期，第 90—91 页。

中小微企业的主力军。[1]

（二）金融业企业划型变动

应当看到，金融业企业的内涵与范围随着我国金融市场与金融科技的发展而逐步扩增。通常认为，我国金融业企业包括银行业金融机构和非银行业金融机构两部分。但由于市场需求的不断变化，由民间资本自发形成和创建的互联网金融服务公司、融资担保公司、P2P网络借贷公司、民间合会等机构或多或少带有金融机构的属性，抑或是从事影子银行业务。此外，混业经营已成为当前金融机构发展的趋势，银行业金融机构与非银行业金融机构的界限并不明确且存有交叉，对金融机构的类型划分与范围界定等提出了新的挑战。[2] 目前，正规金融机构都已获得金融牌照，但是一些金融中介机构如第三方支付平台、股权众筹等新兴科技金融企业尚未获得金融牌照，仍需被纳入我国的金融监管体系。[3]

第二节　金融业企业市场退出的难点与问题

金融业企业的市场退出一直是金融领域改革中难啃的"硬骨头"，其难点在于既要让危机企业及时有序地退出金融市场，解决金融业企业长期存在的"危而不死、败而不倒"的问题，又要在最大限度上保护存款人和其他金融债权人的权益，防止系统性金融风险的发生，两难抉择与目标取舍往往成为制度设计与工作推进的难点与堵点。

一、我国金融业企业市场退出难点

（一）我国金融业企业市场退出现状

1. 我国金融业企业市场退出的阶段性演进

近 100 年来，就世界银行业市场退出的总体趋势而言，世界银行业市场退

---

① 高晓燕等：《我国中小银行市场退出背景下的并购重组研究》，载《华北金融》2021 年第 2 期，第 57～58 页。

② 贺雪喆、陈斌彬：《金融机构破产对现行〈企业破产法〉适用的挑战及因应》，载《南方金融》2021 年第 1 期，第 91 页。

③ 尤春媛：《市场经济·契约文明·法治政府》，中国政法大学出版社 2012 年版，第 101 页。

出的数量呈波动趋势,主要在 20 世纪 30 年代经济大萧条时期、20 世纪 70 年代滞胀危机时期以及 21 世纪次贷危机时期三个阶段达到波峰,其他时期则相对平稳。[①]

在 20 世纪 90 年代中期之前,我国金融业基本上不存在市场退出问题。依托与计划经济相适应的金融制度,进入市场的各金融企业长期生存于竞争和淘汰压力不足的舒适环境之中。但是,随着市场经济体制的逐步建立,我国金融业的竞争日趋激烈,在此背景下,政府放弃了对金融企业一味予以保护的政策。就银行金融企业的市场退出而言,1995 年出现了广发银行收购中银信托,中国投资银行并入国家发展银行事件。1998 年又出现了海南发展银行并购海南多家城市信用社案例。1997 年之后,央行还相继关闭了中国农村发展信托投资公司、中国新技术创业投资公司等存在严重问题的金融机构。

2020 年 7 月,证监会和银保监会分别对新时代证券、国盛证券以及华夏人寿、天安人寿等 9 家金融机构开启为期一年的接管,暴露出某些金融机构存在损害金融消费者合法权益、影响金融市场健康运行的违法违规行为。2020 年 8 月,中国人民银行宣布包商银行股份有限公司(以下简称包商银行)将依法申请破产,表明我国对银行等金融机构推进破产市场化、司法化的政策走向。随着金融业的发展与准入门槛的降低,我国存在着商业银行风险频发以及违约债务规模扩大的隐患。为维护金融稳定、防范系统性风险、促进金融业的健康发展,允许金融机构有序破产,国家不再为其经营失败买单已成为社会共识。[②]

就总体而言,从 20 世纪 90 年代开始,我国探讨经营不良金融业企业的市场退出机制,但到目前为止,与普通市场主体的市场退出现状相比,在实践层面仍较为零散,尚未形成“量”的规模;在理论层面,对于问题金融业企业的市场退出机制的研究尚未形成一个完整的理论体系。

[①]　王兰、朱迪:《银行的市场退出路径选择与调整》,载《银行家》2020 年第 11 期,第 80—82 页。

[②]　贺雪喆、陈斌彬:《金融机构破产对现行〈企业破产法〉适用的挑战及因应》,载《南方金融》2021 年第 1 期,第 91—92 页。

表 6-1　部分中小金融机构退出市场一览表①

机构类型	机构名称	发生时间	退出方式	备注
银行业	海南发展银行	1998 年	行政关闭	工商银行承付
	中国投资银行	1999 年	并购	由中国光大银行收购
	包商银行	2019 年 2021 年	接管 破产	进行中
信托业	中银信托	1995 年	央行接管出售	广东发展银行并购
	中国农村发展信托投资公司	1997 年	解散	退出期间由中国建设银行托管,其中所属证券经营机构由中国信达信托投资公司接收
	广东国际信托公司	1999 年	先托管后破产清算	
	中国光大信托	2002 年	撤销	
	城市中小信托公司	2002 年以后	关闭	减少 100 家
	新时代信托股份有限公司	2020 年	托管	银保监会
	新华信托	2020 年	托管	银保监会
合作金融机构	北海城市信用社	1998 年	行政关闭	银保监会
	其他城市信用社	2000 年以后	关闭或改制为城市商业银行	至 2012 年所有城市信用社已退出市场
	农村信用社	2002 年以后	合并重组、资产管理	至 2011 年底由 3.5 万家减少为 2914 家

---

① 资料来源:《中国金融年鉴》,转引自成明峰:《问题中小金融机构市场化退出机制研究》,载《金融经济》2019 年第 24 期。本书作者作了部分补充。

续表

机构类型	机构名称	发生时间	退出方式	备注
证券业	君安证券	1998 年	先整顿后并购	由国泰证券收购
	南方证券	2004 年	行政接管	重组为中国建设银行投资证券有限公司
	汉唐证券	2004 年	托管	由信达证券接管
	新时代证券股份有限公司	2020 年	接管	中国证监会
	国盛证券有限责任公司	2020 年	接管	中国证监会
保险业	华夏人寿保险股份有限公司	2020 年	接管	中国银保监会
	天安人寿保险股份有限公司	2020 年	接管	中国银保监会
	天安财产保险股份有限公司	2020 年	接管	中国银保监会
	易安财产保险股份有限公司	2020 年	接管	中国银保监会

2. 推进金融业企业市场退出功能考量

金融业企业的特殊性源于其不确定性与流动性约束,此为现代金融市场的基本特征,也是导致有效需求不足进而引发经济危机的始作俑者。由于"多米诺骨牌效应"(domino effect)和"挤兑效应"(bank run),商业银行危机比普通企业失败具有更大的负外部性,危机银行处置的社会成本也远高于银行自身的维持成本。加之银行服务的公共产品属性,对危机银行采取不同于普通企业的处置方法逐渐成为共识。①

(1)金融业企业市场退出有利于防范系统性风险。金融业企业市场退出

---

① 王妍、赵杰:《制度金融学范式下商业银行非破产市场退出的制度构建路径》,载《北方法学》2019 年第 4 期,第 129—130 页。

路径的选择与调整关乎我国三大攻坚战(即防范化解重大风险、精准脱贫、污染防治)之首——防范化解重大风险能力的构建。就国家层面,需要畅通处置渠道,更快速地处置问题银行,避免问题银行退出市场过程冗长无序、风险高度集中,以至于引发大规模的系统性金融风险。"大而不倒"心理和"羊群效应"的叠加,容易引发恐慌情绪,且易造成群众非理性选择,进而放大挤兑风险,其至引发系统性经济危机。

(2)金融业企业市场退出有利于推进营商环境优化。金融业企业市场退出路径的选择与调整关乎金融业供给侧改革和我国营商环境优化,在经济一体化与金融开放的形势下,金融业企业的服务质量以及持续发展能力成为一个国家营商环境建设的重要内容。

(3)金融业企业市场退出有利于及时处置金融事件。金融业企业市场退出涉及的债权人和债务人数量大、类型多、分布广,业务规模大、种类多、情况复杂,公众法律意识和金融意识普遍薄弱,使得金融业企业在退出过程中将面临纷繁的法律主体、法律关系与意外情形,此时若对问题银行"一刀切"式处置,既不明智也不公允,需结合特殊处境予以调整。①

(二)金融业企业市场退出的难点

1. 企业的壳资源性不愿退

金融业企业中相当部分企业是需要领取"金融牌照"或需要获得经营许可的企业,这意味着国家对金融业企业的市场准入设定了较高的门槛,未领取"金融牌照"或获得经营许可不得从事金融业务。这种企业壳资源取得后,一般均不愿轻易放弃,被视作一种"稀有资源"对待。"放弃容易获取难"的特点,决定了金融业企业在经营难以为继的情形下,宁愿自己苦苦支撑也不愿"拱手让江山"。

这一现象,在上市公司壳资源的利用上也是如此。在我国,企业融资上市主要有 IPO(首次公开募股)上市和借壳上市两种途径。通过 IPO 上市可以在上市的同时发行新股融资,而借壳上市,只有当借壳成功之后才能再谋求发行新股融资。企业的壳资源性主要是指融资性企业的上市资格,在企业上市比较困难的前提下,融资性企业的壳资源愈发凸显出它的重要性。因而,追捧已有问题的融资性企业成为中国股市的畸形现象,诸多融资性企业在资不抵债或者持续亏损的情况下仍然受到投资者青睐,直接导致了我国上市企业对

---

① 王兰、朱迪:《银行的市场退出路径选择与调整》,载《银行家》2020 年第 11 期,第 80—81 页。

市场退出持强烈抵制态度。

2. 企业的涉众性不易退

金融业企业的市场退出具有明显的涉众性,关系到各方权利主体的利益。金融业企业的涉众性主要体现为人数上的涉众性和利益上的涉众性。从人数上看,金融业企业的市场退出涉及众多民事主体,如存款人、投资人、企业员工、资金需求企业等,互联网平台的发展更是将金融业企业的涉众性进行深度延伸,触发社会稳定风险。一旦金融业企业市场退出过程中的风险处置不当,极易引发刚性兑付等问题,进而导致众多民事主体的利益诉求难以保障,严重影响社会稳定。在利益诉求上,金融业企业的市场退出涉及存款人、消费者、投资者、债权人、资金供给企业以及相关上下游企业的债权债务处置,利益结构盘根错节,有发生系统性金融风险的可能。以 P2P 平台的市场退出为例,自 2018 年始,P2P 平台出现倒闭潮,单项涉案金额多在 1000 万元人民币以上,金额最大的达到 90 亿元人民币,涉及存款人的存款金、投资人的投资额和职工债权等诸多利益纠纷。涉众性风险处理不当会引发金融风险。

3. 企业的风险外溢性不利退

金融业企业在市场退出时其风险向外传导,具有明显的风险外溢性。

从对内部金融机构经营的影响来看,金融类企业常常是一国经济的"中枢神经"和宏观政策的"传输带",同时也是系统风险的传染源。金融业企业的资本结构较普通企业而言具有高杠杆、高负债的特点。金融业企业之间往往存在大量的资金往来与拆借关系,一家金融业企业的破产可能会同时影响几家金融业企业的资金运转,其传导性的破坏力所导致的连锁反应是普通企业所不具有的。以银行挤兑事件为例,一家银行引起的挤兑很可能会牵连一个地区甚至全国银行的资金链断裂,进而可能引发系统性金融风险。

1993 年,海南省众多的信托投资公司由于大量资金投向房地产市场而出现经营困难,海南发展银行在合并 5 家问题性信托投资公司的基础上成立。1997 年,海南发展银行又将省内 28 家有问题的信用社并入,其不良资产率进一步上升。1998 年,海南发展银行发生严重挤兑,并于年中实施关闭。[①] 海南发展银行的成立与退出充分显示了金融业企业风险的强外溢性,若未进行不良资产处置则容易阻断现金流并危及企业自身。

---

① 唐应茂:《金融法中的社会科学》,载《北大法律评论》2016 年第 17 期,第 35 页。

二、我国金融业企业市场退出法律问题

（一）立法层面问题考量

1. 法规、政策性文件的散乱性现象

目前，金融业企业市场退出的相关规定主要散见于《中国人民银行法》《商业银行法》《企业破产法》《证券法》《信托法》《金融机构撤销条例》《存款保险条例》《金融机构管理规定》《村镇银行管理暂行规定》《银行业监督管理法》等诸多法规和规范性文件中。目前存在的问题是，在不同法规、规范性文件之间，对于金融业企业的市场退出标准、主管机构、权益保障等内容的规定不甚相同。

以商业银行为例，在同位阶的法律中，商业银行的市场退出需要同时依据《商业银行法》和《企业破产法》。按法理，《商业银行法》与《企业破产法》的法律位阶相同，因此效力等级也应当相同。但在内容上，《商业银行法》针对商业银行的撤销、破产清算等市场退出制度的规定只是其中一小方面内容，其法律条文的笼统性直接导致了我国金融业企业破产立法的碎片化状态；而《企业破产法》则是针对所有企业法人的破产规范，在涉及商业银行破产时，应当按照特别法优于一般法的原则优先适用《商业银行法》，在《商业银行法》未作规定的情形下才适用《企业破产法》，但由于《商业银行法》只规定了破产的前置程序以及清算程序的原则性要求，具体实施仍需依靠《企业破产法》，上述两法在商业银行的破产衔接方面的协调性较差。

与《商业银行法》《企业破产法》相比较，《金融机构撤销条例》《外资银行管理条例》《存款保险条例》则属于下位法。按照法理，下位法的内容不能与上位法的规定相违背，但在下位法的制定中容易出现缺乏上位法依据的问题。比如，《存款保险条例》明确商业银行在进行破产清算时，在支付清算费用、所欠职工工资和劳动保险费用后，应当优先支付个人储蓄存款的本金和利息。[①]而我国《企业破产法》则坚持债权平等原则，不承认存款人债权保护的优先性。这些问题的存在，导致金融业企业在市场退出中的法规与法规之间、法规与规范性文件之间尚未实现良好的衔接与互动，直接影响了法规、规范性文件的可适用效果。

---

① 巫文勇：《金融机构市场退出中的国家救助法律制度研究》，中国政法大学出版社2012年版，第84页。

另外,还有一个值得关注的问题,《商业银行法》《保险法》《证券法》等法律对各类金融企业破产程序各自进行了特别规定,这是基于我国长期以来的分业经营模式,但是鉴于目前出现的金融机构混业经营趋势,不可能针对破产金融企业不同业务实行不同的破产程序。如果涉及跨行业的金融集团的破产只能依据各自的破产规则,这种人为的分隔处置方式难以有效处置大型的金融机构和金融控股公司的破产问题①,也容易使不同位阶的法律法规之间及相关法规、规范性文件的规定之间在适用上发生冲突。

2. 法规、政策性文件调整内容缺失性现象

就总体而言,我国目前法规、政策性文件所构建的金融业企业市场退出机制,暂不完全具备繁简分流、依法高效处置众多问题企业的能力,也无一套能区分一般时期和特殊时期而因时制宜地提供最适配的危机应对与退出路径的选择方案。

其一,没有形成适应市场化要求的处置机制。《企业破产法》第 2 条规定,企业法人不能清偿到期债务,并且资产不足以清偿全部债务或者明显缺乏清偿能力的,依照本法规定清理债务。企业法人有上述规定情形,或者有明显丧失清偿能力可能的,可以依照本法规定进行重整。《商业银行法》则规定商业银行已经或者可能发生信用危机,由银保监会进行接管。若商业银行不能支付到期债务,经银保监会同意由人民法院依法宣告破产。《证券法》则直接依据《企业破产法》的退出标准,但是仍需证监会或者行政清算组向人民法院申请重整或破产清算。可见,金融业企业的破产程序不同于普通企业,增设了破产申请的门槛,同时,不同金融业企业对破产程序又不统一,证券公司需要获得证监会的同意或者由证监会直接向法院申请,而商业银行除经银保监会同意外还需要由银保监会实施前置托管程序。

但从近几年实践操作层面看,尤其是以近期包商银行破产案为起点,对资不抵债的金融业企业实施破产,按市场化、司法化运作似乎成为一种趋向。

其二,没有形成可供实际操作的处置程序。作为金融业企业,在市场退出方面,应具备比普通市场主体更为严格的市场退出标准与程序。这里的程序是指在非常态下金融业企业市场退出时所遵守的步骤、方式和时限构成的行为过程,包括事前、事中、事后三个阶段。

从事前阶段看,我国金融业企业退出的应急计划或危机管理计划的制定

①　贺雪喆、陈斌彬:《金融机构破产对现行〈企业破产法〉适用的挑战及因应》,载《南方金融》2021年第 1 期,第 93 页。

并不充分,尤其是商业银行市场退出机制未能与《中国人民银行突发事件应急预案管理办法》(银发〔2014〕174号)、《银行业保险业突发事件信息报告办法》(银保监发〔2019〕29号)中的监测预警、评估与评级、层级报告制度以及银行内部的监测体系构建应有的联系。

从事中阶段看,我国暂无享有特别处置权且能高效、有序地处置大量问题金融业企业的专业机构,从所谓的科学决策、明确分工到快速执行等均无法落实与得到保障,更欠缺金融业企业市场退出中的监督与救济。

从事后阶段看,我国欠缺能进行事后自我强化与自我及时应对的反馈机制与恢复机制,也尚未建立对问题金融业企业处置方案的迅速评估以及相应的纠纷解决机制。[①] 从我国目前已经发生的金融机构市场退出的典型案例窥见,都是问题严重到难以解决时才启动市场退出程序,导致实践中容易丧失最佳处置时机。

2015年颁布的《存款保险条例》(以下简称《条例》),虽然填补了事前预警机制,赋予了存款保险机构早期纠正和风险处置职能,但整体而言,相关规定仍较为笼统,体系建设还有待加强。此外,由于该《条例》未明确什么情形下存款保险机构可以作为接管组织和实施清算,相关处置安排需要与监管部门"一事一议",制约了存款保险机构向专业处置机构的演变。[②]

其三,没有形成一套完整、有序、清晰的处置规则。当前我国对金融机构风险处置的相关规定非常原则化,仅授权监管机构在特定情况下采取接管、托管、重组、撤销或清算等措施,没有形成一套完整的有序处置规则体系,并且相关法律法规缺少可供实际操作的具体规定,不同位阶的规则之间未能有效衔接,没有清晰地界定问题金融企业从早期发现到分类处置方案制定与实施,再到损失分担、清算退出的完整架构,存在可操作性不强、法律效力不足、规则不明等问题。

上述问题的存在,影响着法规、规范性文件对金融业企业市场退出问题的调整能力。

(二)执行层面问题考量

1. 行政机关主导下的市场退出模式

我国的金融市场是以国家主权信用为基础建立起来的,国有控股的金融

---

① 王兰、朱迪:《银行的市场退出路径选择与调整》,载《银行家》2020年第11期,第80—81页。

② 成明峰:《问题中小金融机构市场化退出机制研究》,载《金融经济》2019年第24期,第25页。

业企业占据着金融市场的主导地位。在金融业企业市场退出的过程中,行政机关似乎占据着主导地位,体现出浓烈的行政机关主导的色彩。但行政权的过度干预与市场化退出本身就存在一定矛盾,如何协调这一矛盾决定着行政机关主导下市场退出模式的成败。

2018 年 11 月,中国人民银行、银保监会和证监会联合发布了《关于完善系统重要性金融机构监管的指导意见》(银发〔2018〕301 号),明确提出由人民银行牵头银保监会、证监会及财政部等其他相关部门组建危机管理小组。如此一来,我国金融业企业的市场退出基本是在行政权的主导下进行,一定程度上弱化了市场化的退出机制。[①]

另外,我国并没有能够单独处理金融业企业市场退出问题的专门处置机构,而是由相关行政机关组成议事协调机构进行处置。如此一来,部门之间的协调便成为危机处置工作的关键,而在原本复杂的利益关系网中掺杂部门利益,往往会导致对问题性金融业企业拯救时间的延误和运行成本的扩大。

行政机关主导下的市场退出模式,强化的是以政府力量的介入去处置有问题的中小金融业企业,虽然能够快速集中力量以保证这些企业的顺利退出,有助于迅速稳定局势、维护金融体系信用,但同时也大大阻碍了问题性金融业企业的市场化退出,导致金融业企业退市过程中异常依赖于行政机关,这也是市场化退出机制在我国迟迟难以实现的重要原因,其弊端较为明显。

其一,不利于金融市场健康发展。行政过度参与,强化了政府兜底的刚性兑付预期,弱化了市场法则的硬约束,难以发挥金融市场主体的主动性,从长期来看可能会损害金融体系的活力与竞争力。

其二,难以保证公平。行政主导下的退出安排大都采取"一事一议"的模式,具有较大的随意性,可能会影响问题性金融业企业及其存款人、投资者和其他债权人的合法利益以及权利的行使,甚至有可能带来处置过程的暗箱操作、利益输送和不当交易。

其三,增加政府成本。行政过度参与往往使国家或地方政府扮演最后的风险承担者和隐性担保人的角色,不仅使政府成本增加,一旦发生严重问题,还会对政府信誉造成损害。

其四,降低处置效率。政府主导下的处置模式缺乏专业性,并且,在处置过程中往往涉及多个部门,协调沟通成本较高,难以及时形成合力影响决策效

---

① 张继红:《论银行接管法律的域外经验及我国的制度构建——兼析 2010 年〈华尔街改革和消费者保护法案〉有序清算机制》,载《求索》2013 年第 1 期,第 177 页。

率,导致处置程序久拖不决。例如,海南发展银行自1998年行政关闭至今,长时间处于清算状态,从关闭到注销经历漫长历程。

2. 司法机关参与金融业企业处置的能力设限

与行政机关在法律授权下对金融业企业市场退出的权力不断扩张相反,司法机关对金融业企业退市的处置张力长期处于收缩状态。

在破产清算启动程序上,须由主管机关向人民法院提出破产申请,由人民法院对问题性金融业企业进行破产宣告。

在破产清算实施过程中,人民法院还需配合行政机关对问题性金融业企业的风险处置,要求做到在破产案件的司法处置与金融维稳目标实现的基础上,两者之间达到有机统一。[①]

现实中,法院往往只是以破产宣告机关参与金融业企业的市场退出。然而,作为居中裁判的司法机关,当金融业企业进入司法程序后,应当由司法机关主导金融业企业的市场退出,明确各方主体的权利义务,但现实与之相反。因此,我国需要对司法权参与金融业企业的市场退出的维度进行扩张,防止行政权力对司法边界的过度干预。

(三)应急处置层面问题考量

1. 系统性金融风险的触发可能

目前我国系统性金融风险主要来源于以下两个方面。

其一,债务融资形成了高杠杆风险。我国的融资渠道一直以来是以银行信用贷款为主的间接融资,随着融资主体债务的积累,其生产经营利润增长难以平衡资金成本的上升。信用贷款快速增长无法持续,大大增加了债务违约引发的风险,导致市场主体难以进行融资而银行业内部大量信贷资金无法进行市场流通。

其二,金融业企业间接融资的比例过高极易引发系统性金融风险。在以美国为代表的货币政策的影响下,我国基础货币供应的增加或减少将增加人民币汇率的不确定性。因此金融业企业在市场退出时需要谨慎,否则便有触发系统性金融风险的可能。

其三,防范和化解系统性金融风险在相关制度构建上存在不足。虽然多部法律、法规对于风险处置的提前介入都持肯定态度,但条文规定则比较原则

---

① 巫文勇:《金融机构市场退出中的国家救助法律制度研究》,中国政法大学出版社2012年版,第175页。

化。在金融业企业的风险等级评估上，没有像一些经济发达国家所实施的那样形成针对"正常企业""问题企业"和"危机性企业"分级分类处置制度，对于相关风险标准如资本充足率、不良贷款率和资金流动性也未设置具体的量化标准。

2. 金融科技发展对金融业企业监管提出的要求

近几年来，区块链技术、大数据、人工智能广泛应用于金融业，从底层金融数据的储存和传递、风险的控制与定价、最终的决策分析三个方面深刻地影响着金融业的发展，也给金融监管产生了重要的影响。[①]

金融科技的快速发展，一方面创新了金融业商业模式，其在推动传统金融业转型发展的同时，不断催生出诸多金融新业态，逐渐重构金融生态系统；另一方面也滋生了金融风险发生的可能。

由金融科技引发的金融风险集中表现为：一是金融科技导致金融业务在银行体系外完成循环。一些金融产品的发行、交易、支付各个环节均通过网络进行，资金的供给方与资金的需求方直接配对，减少了银行部门的参与程度，使得金融业务在银行体系外完成了运作。这会引发银行的资金清算和融资中介的作用发生变化，从而使得银行在传统金融体系中的地位降低。二是金融科技所催生的金融新业态使得金融业务与非金融业务之间、不同金融业务之间的边界愈发模糊，混业经营成为趋势，而现行的监管又建立在分业监管的基础上，如果监管方式不能及时跟上金融新业态发展，那么风险识别和处理的难度加大，就会引发监管失控现象，应急处置就难以实现。

第三节　金融业企业市场退出的原则确立与路径选择

成熟的市场退出机制应当有较为明确具体的危机处理规则和程序，以此保障金融业企业有序地退出金融市场。因此，针对金融业企业实际，寻求退市原则与退市路径是把握好退市方向的关键。

---

① 张定法、杨明月：《金融科技发展对金融行业的影响及监管应对》，载《经济研究参考》2018年第48期，第4页。

一、金融业企业市场退出的基本原则

（一）市场化、法治化原则

1. 该项原则的意涵

在由国家发改委等部门制定的《加快完善市场主体退出制度改革方案》（发改财金〔2019〕1104号）中，明确了企业市场退出应当坚持市场化、法治化原则。金融业企业退市也应坚持这一原则。

市场化、法治化原则就其意涵而言，强调两者的统一。金融业企业的市场退出是基于市场优胜劣汰法则的结果，逆向选择与道德风险、委托—代理理论与贷款人陷阱、资产负债结构财务杠杆、"安全边界"与"信用记录"等原因，导致个别金融企业经营失败，而经营失败则是金融企业市场退出的最主要原因。[①] 面对经营失败，该退则退，这是坚持市场化的必然结果。但金融业企业市场退出还必然走法治化之路。法治化则为市场化提供坚实有力的保障，保证市场作用的发挥。[②] 法治化还可为市场化退出提供公平、有序的环境与权益保障机制。

2. 该项原则的基本要求

（1）金融业企业的市场退出制度设计应当充分尊重客观经济规律，充分发挥市场在资源配置中的决定性作用。[③] 在以市场规则为基础激发融资市场活力的同时，以市场规则为基础勾勒出金融业企业经营失败的认定标准，建立起金融业企业激活、破产、重组的基本方向，构建起金融业企业自主退出制度。

（2）金融业企业的市场退市应强化政策指引的实际效果。为尽可能防范市场退出中的盲目性与无序性，应加强政策制定与指引。在市场机制不能有效发挥作用的领域，通过合理运用公共政策，引导或者强制市场主体依法有序退出。完善金融业企业市场退出的标准、程序以及各方的权利和义务，做到有法可依、有法必依。既要避免行政权力的过度干预，又要确保金融监管机构对问题性的金融业企业的引导与监管。

① 魏元钰：《金融企业市场退出的国际比较及对我国的启示》，载《贵州工业大学学报》（社会科学版）2006年第6期，第23页。

② 何大安、童汇慧：《理性行为人：对修正"理性经济人"范式的探讨》，载《浙江学刊》2014年第9期，第165页。

③ 徐晓松：《论我国公司资本制度改革的方向》，载《法学杂志》2003年第2期，第19页。

（3）金融业企业的市场退出应关注金融业自身的特殊性。在金融业企业因经营亏损需要退市时，既面临一般市场主体具有的解散、清算、注销等退市过程，又面临金融业企业基于国家监管而具有的接管、批准同意等特殊环节，在相关法律制度构建上寻求一般与特殊的统一，企业自主与行政干预的统一，行政权运用与司法权配置的统一。

（二）政策协调与权益保障原则

1. 该项原则的意涵

政策协调与权益保障原则是基于金融业企业市场退出的实际情况而确立的一项原则。针对金融业企业的市场退出，目前所确立的主导机构是由多部门共同组成的，提升政策的协调性才能实现金融业企业的有序退出，而金融业企业的涉众性与风险外溢性则要求主导机构应当对企业退市所涉及的各方利益主体进行权衡和保障，以维护公众对金融机构和融资市场的信心。

2. 该项原则的基本要求

就协调原则而言，它包括政策协调和利益协调。

在政策协调方面，金融业企业的市场退出必然涉及各类金融监管机构、基金保障机构以及政府财政部门等。相关机构在参与金融业企业的市场退出时，应当保持政策的一致性，协同发力。以金融业企业的资金援助为例，资金援助主要由基金保障机构负责，在具体的援助程序和标准上需要金融监管机构进行监管，必要时财政部门需要对金融业企业进行专项援助。

在利益协调方面，金融业企业的市场退出会涉及投资人利益、纳税人利益、存款人利益和债权人利益等众多利益主体，应当对相关利益主体的权益进行平衡，将相关权益主体的损失和社会救助成本降至最低。

就权益保障而言，应针对各类财产权客体，依照相关法律规定，确保相关主体权利义务的一致性。应结合金融债权的特点，明确分配清偿顺位。应建立损失分摊机制，打破刚性兑付、防范道德风险。对于在金融业企业市场退出过程中的违法违规行为，应当对相关责任人进行责任追究。

（三）审慎应对与风险处置前置原则

1. 该项原则的意涵

审慎应对与风险处置前置原则是指金融业企业的市场退出应当审慎处置，在具体政策设定上，在市场退出过程中应当全程处于金融监管机构的监管之下,依法公平公正有序退出。①

这一原则是金融业企业市场退出的特殊性原则。之所以要设定这一原则,主要是考虑到防范和化解系统性金融风险仍是金融监管机构进行风险处置时应当坚守的红线。在相关法律法规尚不完备的情况下,金融监管机构要特别注意金融业企业在涉众和风险外溢性上的特点,制定高于一般企业的市场退出标准。

2. 该项原则的基本要求

就审慎应对而言,在针对金融业企业市场退出风险时,金融监管机构应及时介入,在宏观的法律体系框架下,充分考虑存款人、投资人和社会公众利益,及时摸清风险源,做好风险处置预案。应完善好相关信息披露措施,增强公众对金融业企业的信心,避免刚性兑付等风险聚集事件发生。针对金融业企业市场退出行为,金融监管机构应当建立起一套具有可操作性的风险量化考核体系,在风险处置的各个阶段有序参与。

就风险处置前置而言,为了尽早控制金融业企业市场退出过程中各种风险,防止系统性金融风险的发生,金融监管机构应当在金融风险发生之前启动对金融业企业退市的风险处置,避免风险随着退市过程的推进发生"滚雪球"效应。

(四)责任追究原则

1. 该项原则的意涵

责任追究原则应当成为我国金融业企业市场退出的辅助原则。这一原则是指针对金融业企业退市行为,在充分了解企业退市真实原因的基础上,寻找相关问题发生的因果关系。如确系金融监管机构及其工作人员、金融业企业管理人员、金融业企业投资者的违法、违规行为所引起,应当依法追责;在金融业企业退市过程中存在侵害中小投资者、存款人、金融消费者合法权益的,应当依法承担相应的法律责任。

2. 该项原则的基本要求

首先,应查明退市的原因。金融业企业市场退出系由经营失败引发金融风险,究竟是决策失误、宏观环境变化还是管理过错引起,或主管部门违法干预所导致,应明确原因与结果,这是依法追责的基础。

---

① 冯果:《由封闭走向公开——关于商事信用的若干理论思考》,载《吉林大学学报》(社会科学版)2003年第1期,第47页。

其次,应将责任落实到实处。《商业银行法》《证券法》及其他金融法规均对相关责任及其追责作出规定,应当结合退市实际,在法律责任体系下追究相关单位与个人的法律责任。

最后,追责应坚持依法与公正。应严格依法定程序进行,做到过责相当。充分运用金融业企业职业经理人录用、解职的市场机制,淘汰品行不端的职业经理人。

二、金融业企业市场退出的路径构建

(一)基于破产处置的路径构建

1. 金融业企业破产处置的一般规定

破产处置是指金融业企业资不抵债无法支付到期债务,由金融监管机构或者债权人向人民法院提出申请,人民法院依法裁定并终止其法人资格的法律行为。

在我国,10 多年来比较有影响的金融业企业破产案件有:1999 年 1 月,中国第二大信托投资公司——广东国际信托投资公司向广东省高级人民法院递交破产申请书。与此同时,其属下的三家全资子公司广信企业发展公司、广东国际租赁公司、广信深圳公司因出现严重的资不抵债,也分别向广州市中级人民法院、深圳市中级人民法院提出破产申请,成为信托企业依破产处理的先河。2001 年,河北省沧州市肃宁县尚村信用社被吊销营业执照,经银监部门同意后,该社向所在地区的中级人民法院提出破产申请,开创了农村信用合作社依破产处理的先河。[1] 2018 年,包商银行经营亏损,资不抵债,2019 年被人民银行与银保监会联合接管,并委托建设银行接管业务,2020 年 11 月,北京市第一中级人民法院受理破产申请,于 2021 年 3 月裁定破产,成为商业银行依破产处理的一大事件。

破产处置意味着问题性的金融业企业进入司法程序处置,由人民法院对该企业进行清算并对剩余财产进行强制分配后宣告破产。破产连接着行政权与司法权,且金融业企业在被宣告破产后将完全退出金融市场,因此世界上各个国家都对金融业企业的破产,尤其是银行的破产持审慎态度。依破产程序处置问题性金融业企业体现的是司法主导下的企业退市模式,它可能会成为

---

① 何乐乐:《商业银行退出机制的国际比较与借鉴》,载《中国外资》2020 年 5 月下旬刊,第 31 页。

我国问题性金融业企业市场退出的主要渠道。

2. 金融业企业破产处置的路径构建

在金融业企业破产处置的相关路径构建上,重点应关注以下方面。

其一,在破产宗旨上,一般破产程序追求的是企业总价值最大化和通过公平机制实现对债权人的公平性保护。但是,金融业企业破产尤其是银行业的破产,倡导的是破产预防而不是促进其破产。金融业企业破产首先要考虑维护国家金融安全与社会稳定。此外,金融业企业的破产亦需保护其金融消费者的合法利益,避免因其破产导致的民众信心下滑、银行挤兑等事件发生。因此,金融业企业与一般企业的破产宗旨有着较大的差异。

其二,在金融业企业破产原因的立法体例上,可以采用概括主义和列举主义并举方式,即明确规定破产原因为"不能支付到期债务,并经国务院金融监督管理机构确认无法通过其他途径恢复正常经营能力",同时尽可能列举常见的破产情形,甚至可以确立量化标准,方便实践操作。[①]

其三,在破产申请上,世界大多数国家均规定金融业企业无破产自主权,其破产申请多由金融监管机构代为行使。我国现行《企业破产法》第2章第1节明确规定债务人、债权人都有权向人民法院提出企业重整或破产清算的申请。但鉴于金融业务的特殊性,现行《企业破产法》第134条规定[②],国务院金融监督管理机构可以根据金融机构具体情况向人民法院申请破产,这一规定是否排除了当事人申请主义,产生实际适用上的争议。有观点认为,商业银行、证券公司、保险公司等金融业企业的破产需由国务院金融监督管理机构提起,也有观点认为,我国立法采取的是二元制原则,既可以由国务院金融监督管理机构提起,也准许金融企业及其债权人有破产申请权。笔者同意第二种观点。

其四,在破产救助上,当前我国金融监督管理机构在依法向人民法院提出金融机构破产申请前,通常还会采取诸如停业整顿、接管、托管、重组等一系列措施来对金融机构进行救助,以尽可能减少因其破产带来的消极影响,而一般

① 吴军梅、李雄良:《金融机构市场退出的法律问题研究》,载《福建金融管理干部学院学报》2008年第4期,第42页。

② 《中华人民共和国企业破产法》第134条:"商业银行、证券公司、保险公司等金融机构有本法第二条规定情形的,国务院金融监督管理机构可以向人民法院提出对该金融机构进行重整或者破产清算的申请。国务院金融监督管理机构依法对出现重大经营风险的金融机构采取接管、托管等措施的,可以向人民法院申请中止以该金融机构为被告或者被执行人的民事诉讼程序或者执行程序。金融机构实施破产的,国务院可以依据本法和其他有关法律的规定制定实施办法。"

企业破产则无此破产救助环节。金融业企业的公共性与公众性、金融风险的传导性与重大性等特征决定了金融业企业破产具有与其他一般企业破产不同的地位,更需破产前的特殊救助措施。

其五,在破产程序的选择上,重整程序有着不可忽视的独特价值。从国际上看,通过对债务人实施重整来处理不良金融资产已成为一项基本经验。金融业企业重整的申请应当在法律要求的基础之上,结合金融业企业经营的负债性特点加以判断。但鉴于重整程序本身的巨大成本,我国未来的金融业企业破产制度中可考虑增设预先重整制度。在重整期间内,制度设计应关注重整金融业企业的营业维持措施以及重整期间的终结问题。在重整计划方面,应当结合金融业企业的特殊性,对普通破产法中所规定的重整计划的拟定、分组、表决问题进行变通和修正适用。①

其六,在破产清偿上,针对金融消费者的存款,根据现行《企业破产法》的规定,应当属于普通破产债权,居于清偿顺序的最末位。但是在其他法律、法规(如《商业银行法》《存款保险条例》)中则突出了对存款人的优先保护。以我国现行《商业银行法》为例,第71条第2款规定,商业银行破产清算时,在支付清算费用、所欠职工工资和劳动保险费用后,应当优先支付个人储蓄存款的本金和利息。② 建议《商业银行法》《存款保险条例》与《企业破产法》就此作出统一的规定。

(二)基于接管处置的路径构建

1. 金融业企业接管的一般规定

接管是指当金融业企业发生或者可能发生信用危机时,由金融业企业向金融监管部门提出申请或者应金融监管机构要求,将企业经营业务交给其他金融业企业、金融监管机构或其他指定机构接收并监管的行为。

接管有以下法律特点:一是就其相关机构而言,在多数情形下,系由金融监管机构行使,或由金融监管机构委托他人行使,是金融监管部门依职权所采取的强制性行政干预措施。二是接管是对有问题的金融业企业采取的整治性手段,系由第三方帮助金融业企业恢复其自主经营能力的弥补性、援助性救济措施,也是一种介于救助和重组之间的对有问题金融业企业的处置措施。三

---

① 张世君:《我国金融机构破产制度的反思与重构》,载《经贸法律评论》2019年第1期,第134页。

② 贺雪喆、陈斌彬:《金融机构破产对现行〈企业破产法〉适用的挑战及因应》,载《南方金融》2021年第1期,第93页。

是接管并不改变原金融企业的法人资格,也不改变与原金融业企业所形成的债权债务关系,它所改变的仅仅是原金融业企业的治理方式。四是接管有一定的期限性,通过接管,达到接管目的的,接管行为终止,达不到接管目的的,金融监管部门将采取其他监管措施,如撤销甚至提出破产申请。

在以往的实践中,南方证券公司、汉唐证券、永安财产保险公司便是采用接管这一市场退出形式处置的。

目前,我国在相关金融法规中对接管条件、接管目的、接管组织、接管期限、接管终止等作出了规定,为我国监管机构依法采取接管措施奠定了基础,但接管制度仍存在欠缺体系化、具体化构建上的问题,造成实际运行上的困难。

2. 金融业企业接管的路径选择

在对金融业企业按照接管方式处置时,对相关路径重点应关注以下方面。

首先,应明确接管的条件。针对商业银行接管,可以借鉴美国"Camel"评级体系中的有关量化规定,将我国商业银行接管条件修改为以下几种主要情形:①银行资产少于负债。②银行无力偿付存款人的存款或其他债权人的债务。③银行资本充足状况、资产质量、收益状况、流动性状况、经营管理情况各自被评估为4级或4级以下,或者综合评级为4级或4级以下。④银行被终止存款保险。⑤银行无法依靠自身力量运营下去而申请接管。⑥银行涉及重大经济案,判决结果可能会使该银行陷入财务恶化或无力偿债状态。[①]

其次,明确接管的目的与措施。接管的目的是对问题性的金融业企业提前进行风险处置,维护债权人和投资人的利益,努力恢复金融业企业的正常经营能力。在对金融业企业接管的过程中,接管人可以采取诸如更换高管、业务整顿和组织架构调整等整改措施,并在资产状况允许的情况下应当继续从事经营业务。

最后,明确接管的后续性处置途径。接管只是一种临时性举措,被接管的金融业企业可以选择被合并、清算或破产等途径。在市场行为和政府干预相结合的基础上,更多地注重市场手段和方式的运用。

---

① 李雄良:《金融市场退出的法律问题研究》,载《福建金融管理干部学院学报》2008年第4期,第43页。

（三）基于撤销处置的路径构建

1. 金融业企业撤销的一般规定

金融业企业撤销是指金融监管机构依法对救助无望或违反法律法规的金融业企业采取行政强制措施,终止其经营活动,最终消灭其法人资格与经营资格的行为。撤销也被称为行政关闭,其实质是金融监管部门对金融业企业违反法律、行政法规造成重大风险或隐患的经营行为所实施的制止或制裁手段。

撤销是一种典型的强制退出方式,具有明显的行政强制性。撤销违法经营或者救助无望的金融业企业,有利于防止该问题性企业的风险外溢,从而维护金融系统的稳定。[①]

发生于 1997 年对中国农村发展信托投资公司的处置、发生于 1998 年对海南发展银行的处置便是以这一市场退出方式进行的。以后,此种处置方式继续沿用,2005 年青海省海西蒙古族藏族自治州格尔木市 8 家信用社改制,2007 年 6 月新疆维吾尔自治区哈密市 4 家农村信用社相继因出现严重的支付风险、业务经营无法持续,经国务院批准后,银监会依法撤销存在上述问题的农村信用社,并发布联合公告,再由省级人民政府组织具体撤销工作。[②]

2. 金融业企业撤销的路径选择

2001 年制定的《金融机构撤销条例》(国务院令〔2001〕第 324 号)为我国金融机构的撤销工作提供了一套可供操作的基本规则与程序,但是这一规定过于原则,未能对撤销中涉及的具体问题做出全面系统的规定,存在较多的空白点。在金融业企业撤销相关路径构建上,重点应关注以下方面。

首先,撤销就其行政行为的性质而言,是一种行政处理行为,一旦作出,会导致金融业企业营业停止的法律后果。因此,何种情形下应适用撤销决定,立法对此应作出明确规定。

其次,撤销决定作出后,就会被吊销金融许可证。如金融业企业自愿进入清算程序,就按公司法上的普通清算程序进行,如不能进入普通清算程序,就会进入由金融监管部门组成的强制清算程序进行清算。

再次,在撤销企业的债权债务处理上,按照债权优于股权的基本原则,优

---

① 皮天雷:《中国改革三十年来金融制度变迁探析》,载《中国经济问题》2011 年第 5 期,第 45 页。

② 何乐乐:《商业银行退出机制的国际比较与借鉴》,载《中国外资》2020 年 5 月下旬刊,第 32 页。

先保护债权人的利益。尤其是应当针对银行中的存款债权作出比普通债权优先保护的原则予以处理。

最后,金融业企业被撤销后,发现资不抵债的,应当停止清算活动,由清算组织或金融企业主管部门提请人民法院按破产程序进行。

（四）基于重组处置的路径选择

1. 金融业企业重组的一般规定

重组是指由金融业企业实施的,通过显著改变企业组织形式的方式提升经营规模、改变经营现状的行为。重组通常通过收购和兼并予以完成,主要包括调整企业的股权结构、出售或终止部分业务、关闭企业部分经营场所以及股权拆分合并等行为。

金融业企业重组在我国有过不少实践样本。比如,在非银行金融企业的重组中,1995 年中银信托被广东发展银行收购,1995 年万国证券公司被申银证券接收、合并,1998 年君安证券公司被国泰证券收购等。而在我国商业银行发展的近几十年里,内资银行市场化并购这种自愿退出方式,也出现过一些案例,如 1999 年中国投资银行被光大银行收购,2004 年佛山市商业银行被兴业银行并购,2005 年,合肥市商业银行通过吸收 5 家城市商业银行、7 家信用社组建成为徽商银行也是重组的实践。

在重组实践上,有些属于金融业企业的强强联合,有些则属于对问题性金融业企业的救市举措,通过重组这一方式,救活了一些具有风险性的金融业企业。

2. 金融业企业重组的路径选择

在金融业企业重组的相关路径构建上,重点应关注以下方面。

首先,兼并与收购和金融业企业的经营困境并无必然联系,但通常是问题性金融业企业进行危机处置的一种有效方式。兼并与并购通过市场化的手段,以低成本避免金融业企业倒闭,既保护了金融业企业的经营管理体系又维护了金融市场稳定,成为未来我国金融业企业市场退出的主要方式。

其次,应当强化市场化运作的力度与深度。金融业企业,尤其是银行、证券、保险相关企业的重组,大多采取由上级主管部门设定重组方案的做法,市场化运作程度相对较低。有些金融业企业重组是在政府部门、金融监管部门的指定、撮合下进行的,由于对问题性金融业企业调查不够,重组后被问题性金融业企业最终拖垮的案例并不少见。比如,海南发展银行从诞生到遭遇倒闭才 2 年 10 个月时间,究其原因,除经营管理不善外,风险控制失范是其中之一。1997 年 12 月 16 日,中国人民银行宣布,关闭海南省 5 家已经实质破产的信用社,其债权债务关系由海南发展银行托管,其余 29 家海南省境内的信用社,有 28 家被并入海南发展银行。这 28 家信用社及关闭的 5 家信用社,最终使得海南发展银行走向了末路。这些案例从一个侧面表明,金融业企业重组应强化自愿、互利、效率原则,遵循市场规律。

最后,金融业企业的重组应重视问题性金融业企业的资产质量。重组不应视为变相接管,更不应将其作为"劫富济贫"或"抽肥补瘦"的手段。针对问题性金融业企业实施重组,应当做好相关债权、债务、资产的清理工作,最终由重组各方作出相关抉择,而不是由金融主管部门采用"拉郎配"的方式进行。

(五)对上述处置方式的几点评述

1. 不同处置方式所担负的职能目标的差异性

在上述处置方式中,撤销、破产系金融业企业退市的主要途径,而接管、重组则是激活金融业企业存续的另一种主要途径,在某些特定条件下,两种途径也存在转换的可能。

这两种途径承担着各自不同的目标性功能,因而在价值追求、运行设计、目标设定上具有较大的差异性。无论采取何种方式,在实际运行时都具有很强的政策性,就宏观层面,政府部门应进行针对性、系统性设计。

从现有的政策供给状况看,我国一系列的法规与政策性文件对金融业企业的接管、重组、撤销、破产清算等作出了规定,但是相关规定较为原则。现行法对这一方面的制度供给仍是不充分、不完善的。

另外,应当看到,有了法规与政策性文件规定并不代表它们之间充满了和谐运行关系与实际可操作路径,实践中还有许多制度性障碍因素值得研究与探索。

2. 金融业企业退市所具有的基本特点

金融业企业,尤其是商业银行,以破产与非破产清算程序退出市场的情形并不多见,这正是金融业企业与其他非金融业企业的差异之处。以海南发展银行为例,1998 年中国人民银行决定关闭海南发展银行,由工商银行承付,但相关清算拖延了很长时间。再如,2007 年 6 月,新疆地区哈密 4 家农村信用社相继出现严重的支付风险,业务经营无法持续,国务院批准后,银监会依法撤销存在上述有问题的农村信用社,这是全国首例县级金融组织被行政撤销的事件。由于资不抵债,对储户的部分支付由政府相关资金作出安排。这些都表明,不仅彼时的银行监管地方行政干预过度,当下的非破产市场退出制度也远未成熟。

制度缺失、现实需求和宏观政策均要求尽快构建我国金融业企业市场化的退出制度，以实现行业危机化解、问题企业平稳退出、政府与主管部门不再背上沉重包袱的目标。

值得注意的是，某些特殊的金融企业是不允许自行解散的，如《保险法》第89条规定，"经营有人寿保险业务的保险公司，除因分立、合并或者被依法撤销外，不得解散"。

表 6-2　商业银行非破产市场退出现有规范梳理[①]

退出方式或措施	启动条件	启动主体	处置主体	清算组织
接管	已经或者可能发生信用危机，严重影响存款人的利益时	存款保险机构可以建议	由银保监主管机构决定，并组织实施	存款保险机构可以担任接管组织
监管型重整	已经或者可能发生信用危机，严重影响存款人和其他客户合法权益的	存款保险机构可以建议	由银保监主管机构决定，并组织实施	存款保险机构可以担任接管组织
破产型重整	不能清偿到期债务，并且资产不足以清偿全部债务或者有明显丧失清偿能力的	银保监主管机构向法院提出申请	人民法院宣告、由银保监主管机构组成清算组	由银保监主管机构组成清算组
撤销	有违法违规经营、经营管理不善等情形，不予撤销将严重危害金融秩序、损害社会公众利益的；吊销经营许可证；银行业金融机构有违法经营、经营管理不善等情形，不予撤销将严重危害金融秩序、损害社会公众利益的	存款保险机构可以建议	由银保监主管机构决定	因吊销营业执照被撤销，由银保监主管机构组成清算组

---

① 王妍、赵杰：《制度金融学范式下商业银行非破产市场退出的制度构建路径》，载《北方法学》2019年第4期，第131—132页。

续表

退出方式或措施	启动条件	启动主体	处置主体	清算组织
解散	商业银行因分立、合并或者出现公司章程规定的解散事由需要解散的		经银保监主管机构决定	自行组成清算组织，银保监主管机构监督

3. 金融业企业破产程序选择的司法价值

从包商银行破产与海南发展银行撤销事件的比较中，我们发现司法程序相对于行政程序更有利。1998 年 6 月，中国人民银行发布公告宣布关闭成立了 2 年 10 个月的海南发展银行。这是目前为止我国唯一的一家被监管部门宣布关闭的商业银行，但该行并未正式进入司法机关破产的清理程序，而是通过行政部门的撤销、清算程序进行的。由于行政清算不能直接产生一种类似我国司法清算的企业债务责任直接免除的法律效果，到如今陷入了"清而不退"的窘境。

包商银行事件和海南发展银行的唯一不同是，它是目前唯一以司法程序为主导的商业银行破产事件，具有开创性的指导意义。[①]

第四节　金融业企业市场退出实践评述

诚然，金融业企业的市场退出具有一定的艰难性，但当退出还是激活进行取舍时，认定退市更具有正当性和合理性的，应理性地采取退市举措。本节主要梳理 P2P 融资公司、商业银行、放贷型理财公司、融资性担保公司、网络众筹平台和第三方支付平台的退市情况，为分析我国金融业企业市场退出制度的完善提供分析的样本。

一、P2P 融资公司清理与退市

（一）P2P 融资公司市场清退概况

P2P(peer-to-peer)，意即个人对个人（伙伴对伙伴，点对点）。P2P 融资公

---

① 张培根：《中小商业银行破产法立法必要性分析——从包商银行事件谈起》，载《北方金融》2021 年第 5 期，第 82—83 页。

司,也称 P2P 网络融资平台。

2007 年,我国首家 P2P 网络借贷平台"拍拍贷"正式上线,在 2012 至 2015 年间,P2P 网络融资平台获得迅猛发展,巅峰时期高达 6000 多家。2015 年,中国人民银行等 10 部委发布《关于促进互联网金融健康发展的指导意见》,次年相关部门又出台《网络信息借贷中介机构业务活动管理暂行办法》,开始对网络融资平台进行规范。

2018 年,P2P 融资平台陆续出现清盘、"跑路"或提现困难等事件。2020 年 11 月,我国银保监会等相关部门要求全国所有的网络借贷机构实现清零。

P2P 借助互联网大数据技术以创新融资业务模式,为小微企业和个人的融资提供便捷有效的帮助,但是并未实现平台的合法化经营与良性的市场化运行。

自 P2P 融资平台产生之日起,就其存续的合法性引起质疑。金融监管机构认为,P2P 融资平台本质上并非信用中介,而是以信息技术提供融资业务,应对其实施必要的金融监管,但它又不是严格意义上的金融机构,故不适用金融机构市场退出的有关法律规定。

在实践操作层面,P2P 网络融资平台的市场退出模式主要有行政关闭、自行清算、业务转型与兼并、失联跑路等市场退出方式。

行政关闭主要是由于平台涉嫌非法吸收公众存款以及非法集资,公安机关联合相关部门对该平台进行关闭。这一退出方式在 2019 年、2020 年度占 P2P 网络融资企业退市总数的 1/5 左右。自行清算一般是由 P2P 网络融资企业自行停止业务经营,或者被相关监管部门责令退出并进行债权债务清算的市场退出方式,约占退出企业总数的 1/3。至于故意失联跑路逃债,那属于非常态化甚至是违法的应对问题做法,占比不足退出企业总数的 1%。由于监管部门对 P2P 网络融资平台采用"应关尽关,应退尽退"的政策,致使以业务转型与兼并方式解决问题企业的方法很少采用,多为"一刀切"地责令关闭或者强制解散。

从前几年 P2P 网络融资平台清理的实践情况看,具有平台合规义务重、刑事手段介入前置、投资者权益难以协调以及退出过程缺乏监督制约机制等特点。

表 6-3 网贷平台退出方式及其影响①

退出方式	主要表现	影响
业务转型	转型方向多与金融业相关:利用平台前期累积的人气转为导流平台;转入私募、融资租赁等传统金融行业;转为信息咨询平台;从事众筹、数字货币等其他互联网金融行业	实现网贷业务的部分退出及弱化,通过平台功能转换与升级,提升了平台的市场竞争能力,使平台获得新的生机
平台并购	有关企业法人之间通过协商,以并购方式获得资源重新配置,但仍有不少因政策、经营双方意见不合等原因导致并购失败	以合同方式实现合并或分立,带来平台成交量正向增长;但仍因政策原因导致部分并购失败
自行清算	一些无法达到监管强制性标准,也无法实现整改转型的平台主动宣布停止运营并发布清算公告	以这种方式退出市场较为温和,但若平台出现兑付困难,投资者的本金利息也难以收回
失联跑路	平台未出公告,高层直接失联,平台内部混乱,平台人去楼空,投资人无法与平台实控人取得联系	投资者追回投资资金的可能性大大降低,严重破坏网贷行业的经营秩序,行业信用崩塌
经侦介入	就平台非法吸收公众存款和集资诈骗进行侦查	平台被强制停业,投资者投资本息能否收回处于未知状态,平台甚至整个网贷行业的声誉受损

　　有学者曾在中国裁判文书网中以"P2P"为关键词进行检索,得到相关判决书 3268 份,其中民事判决 2793 份,刑事判决 463 份。对上述 463 份刑事判决作进一步分析,有 414 份涉嫌危害社会主义市场经济秩序犯罪,其中,涉及集资诈骗罪的判决有 85 份,涉及非法吸收公众存款罪的判决有 317 份之多。通过对上述数据分析可得,自 2007 年我国第一个网贷平台诞生至今,有近 2/3 的平台基于各种原因关闭,其中 1/10 的平台涉嫌刑事犯罪而被强制退出市场;在各类罪名中,有约 3/4 被认定为非法吸收公众存款罪,另有约 1/4 以集

---

　　① 李莉莎、刘赛眉:《网贷平台市场退出的障碍与完善路径:基于投资者保护视角》,载《技术经济与管理研究》2020 年第 6 期,第 53 页。

资诈骗罪定罪量刑。①

据相关数据,自 2019 年下半年起,各省市地方金融主管部门公开宣告全面取缔 P2P 网贷业务。全国实际运营的 P2P 网贷企业机构数量由高峰时期的约 5000 家逐渐降低,到 2020 年完全归零。

(二)P2P 融资公司市场清退评析

虽然 P2P 融资公司已然成为历史,但该类企业曾出现相当大的经营规模,表明其社会需求的存在,作为一种依托互联网技术衍生的新兴融资模式,其本身是一种技术和商业模式创新,至于创新过程中如何监管是需要检讨的一个新问题。

作为一个普惠金融,P2P 这种模式本身是有利于人们生活的。但由于变态的竞争,变异的机制,绝对的利益追求,最终葬送了整个行业。

P2P 融资平台的市场退出应当坚持市场化、法治化的原则,需要建立网贷平台的市场准入与市场退出规范,设置适度的合规义务,并对退出程序进行细化。

P2P 融资平台最终被清零,与日常监管不到位,让其盲目、自流发展有关。P2P 融资平台自 2007 年就已产生,到 2015 年,P2P 融资平台才首次受到监管。P2P 在发展前期并未受到任何监管,P2P 行业的准入门槛过低。在频频"暴雷"之后便被强制清理,这种运动型的监管方式表明对 P2P 融资平台的监管欠缺体系化的监管制度安排。金融监管机构应当在新兴金融模式产生初期及时介入,在监管时提前对企业退出制度进行设计并不断加以完善,实现从运动性监管到创新性、包容性、审慎性监管的转变。

2019 年,互联网金融风险专项整治工作领导小组办公室、P2P 网贷风险专项整治工作领导小组办公室发布了《关于做好网贷机构分类处置和风险防范工作的意见》(整治办函〔2018〕175 号,简称为"175 号文")。对 P2P 网贷企业进行了具体分类,要求各地在摸清辖区内 P2P 网贷企业的基础上,按照风险状况进行分类,绘制风险图谱、明确任务清单,提出了坚持以机构退出为主要工作方向,加大整治力度。由此而论,对其采取"一刀切"的强制机构退出做法,看似手段简单、果断,但是否符合市场化的企业退市原则值得商榷。②

---

① 李莉莎、刘赛眉:《网贷平台市场退出的障碍与完善路径:基于投资者保护视角》,载《技术经济与管理研究》2020 年第 6 期,第 53 页。

② 李玫、刘涛:《我国银行行政接管的法律诠释与制度完善》,载《法学杂志》2012 年第 7 期,第 86 页。

我们注意到,中国银保监会、中国人民银行于 2020 年 11 月公开就《网络小额贷款业务管理暂行办法(征求意见稿)》发布征求意见公告,表明对于网络小额贷款业务朝着规范化、市场化发展提出了新要求。《网络小额贷款业务管理暂行办法(征求意见稿)》对网络借贷业务进行了重塑性规范,但是仅涉及了市场准入,对于市场退出仍缺乏相应的法律规范。

二、商业银行破产清算与退市

(一)包商银行的接管与破产概况

包商银行成立于 1998 年 12 月。在 2019 年 5 月,银保监会发布公告称,鉴于包商银行出现严重信用风险,为保护存款人和其他客户合法权益,对包商银行实行接管,期限为 6 个月。这一事件的发生将人们的目光再次引到了金融企业市场退出途径选择上。[①]

根据监管披露的信息,明天集团持有包商银行 89% 的股权,而包商银行大量资金被大股东违规占用,形成逾期,导致包商银行出现严重的信用风险。自 2017 年起,包商银行的资本充足率已经低于监管红线,在其后的两年间未披露企业的年报。事实上,中小银行由于治理机制不健全,风险偏好高,经营管理不审慎不规范,逐渐成为银行业风险源的聚集地。

2020 年 8 月,央行发布《2020 年第二季度中国货币政策执行报告》,称包商银行已经提出破产申请,随后中国人民银行和银保监会发布《关于认定包商银行发生无法生存触发事件的通知》,同意包商银行进入破产程序。2021 年 2 月,包商银行被北京市第一中级人民法院依法裁定破产。

(二)商业银行市场退出评析

1. 商业银行以破产方式退出的示范意义

包商银行作为我国第一起以破产方式退出的商业银行,其破产申请由银保监会和央行提出,与此同时,其完整的破产退出程序是由北京市第一中级人民法院主导进行的。该中院裁定包商银行破产,不仅表明我国中小银行刚性兑付的神话被打破了,也意味着我国完成了第一起经由司法程序主导的商业银行市场退出案例,可以说具有标志性意义。

从实践来看,在包商银行出现严重的信用风险时,人民银行与银保监会作

---

① 何乐乐:《商业银行退出机制的国际比较与借鉴》,载《中国外资》2020 年 5 月下旬刊,第 32 页。

为监督管理机构对包商银行进行联合接管,其主要依据是现行《商业银行法》第 64 条之规定。2020 年 8 月,人民银行宣布包商银行严重资不抵债,将被依法向人民法院提起破产申请,其主要依据《商业银行法》第 71 条以及《企业破产法》第 134 条之规定。

但是,《商业银行法》第 71 条并未直接规定由国务院银行业监督管理机构作为破产申请主体,只规定需经其同意,方可由人民法院宣告因不能支付到期债务的商业银行破产,法律并未明确排除商业银行自身作为破产申请主体的权利。根据《企业破产法》第 134 条的规定,"国务院金融监督管理机构可以向人民法院提出对该金融机构进行重整或者破产清算的申请",条文中的"可以"二字也并非对金融机构自身申请破产权利的绝对禁止。但《中国银保监会非银行金融机构行政许可事项实施办法》(银保监会令〔2020〕6 号)则要求金融资产管理公司应当向银保监会提交破产申请,其他非银行金融机构向所在地省级派出机构提交申请。根据该规定,金融机构向国务院监督管理机构提出破产申请是司法破产的前置程序,金融机构自身并无直接向法院申请破产的权利。既然上位法《商业银行法》以及《企业破产法》都未明确禁止金融机构自身的破产申请权,则《中国银保监会非银行金融机构行政许可事项实施办法》就有违反了上位法规定的嫌疑。由此可见,《企业破产法》对于"金融机构破产"的现行规定在文字表述与具体规制上都有缺漏,缺乏对实践的明确性指引。[①]

2. 司法主导与行政机关协同配合有效处置的借鉴意义

应当认为,包商银行的市场化、司法化退出方式,有效控制了企业退市过程面临的各种风险。

在破产程序开启阶段,人民银行和银保监会决定由存款保险基金和人民银行共同出资,保障了个人存款和大多数的机构债权,有效防止刚性兑付事件的发生。

在风险处置阶段,中国人民银行和银保监会对资本充足率和信息披露不合格的包商银行及时采取接管措施,按照市场化的原则对包商银行进行救助。

在退市阶段,由银保监会向人民法院提出破产申请,体现了行政权与司法

---

① 贺雪喆、陈斌彬:《金融机构破产对现行〈企业破产法〉适用的挑战及因应》,载《南方金融》2021 年第 1 期,第 93 页。

权的有效衔接,保障了相关主体的权益。[①]

目前我国中小银行的不规范、不审慎经营管理问题比较突出,成为威胁金融安全的重要风险源。因此,我国金融监管机构应当加强对中小银行的动态监管,提高风险处置效率,在风险发生时提前介入,防止单一银行风险向系统金融风险蔓延。在退出方式上,减少行政权力对中小银行退出的过度干预,在风险可控的前提下,尽可能采用市场化的退出形式。此外,商业银行的市场化退出需要充分发挥存款保险基金管理机构的作用,通过存款保险基金、社会捐赠和资产重组等方式拓宽资金援助渠道,减少财政资金的使用。

3. 类案类判的示范意义

包商银行作为第一起由司法程序完成市场退出的商业银行,对日后问题性中小银行的市场退出具有重要借鉴意义。

包商银行破产处置给世人的警示意义在于以下方面。

(1)我国中小银行是市场主导的,中小银行法治化道路建设正在有序进行。

(2)我国中小银行的市场退出正在进行从行政主导到侧重司法主导的良性改革。

(3)由于司法相对于行政具有更高的稳定性,投资者可以根据法理的设证推理演绎出"类案类判"的结论而不会使中小银行市场产生恐慌心理。

(4)投资有风险,刚性兑付神话即使在银行业也不复存在。[②]

三、放贷型理财公司清理与退市

(一)放贷型理财公司清理与退市概况

放贷型理财公司主要有两类,银行类理财机构和非银行类理财机构。银行类理财机构包括商业银行和信托公司,非银行类理财机构主要包括小额贷款公司、典当行和融资租赁公司。

由于商业银行的市场退出问题已经进行过论述,这里主要分析信托公司以及非银行类理财公司的市场退出问题。

根据 2010 年 4 月颁布的《中华人民共和国信托法》,信托公司在管理运用

---

① 汪丁丁:《回顾"金融革命"》,载《经济研究》1997 年第 12 期,第 69 页。

② 张培根:《中小商业银行破产法立法的必要性分析——从包商银行事件谈起》,载《北方金融》2021 年第 5 期,第 81—83 页。

或者处分信托财产时,可以依照信托文件的约定,采取投资、租赁和贷款等方式进行。此外,信托公司可以从事拆放同业、贷款、租赁、投资等业务,这些亦是信托公司的固有业务。1998 年,由于广东国际信托投资公司违法违规经营,人民银行宣布关闭广东国际信托投资公司,组成清算组对其进行强制清算。在清算过程中,人民银行发现广东国际信托投资公司仅存资产为 214.7 亿元,负债则高达 360 亿元,属于严重的资不抵债。在救助无望的情况下,人民银行并未对广东国际信托投资公司进行接管或者进行资金援助,而是依照司法程序进行破产。实际上,信托公司目前进行市场退出的方式和其他金融业企业并无二致,有撤销、并购和破产三种主要模式。

以小额贷款公司、典当行和融资租赁公司为代表的非银行类理财公司与银行相比有其业务经营特点,小额贷款公司、典当行和融资租赁公司融资更为便捷、迅速,适合中小企业、个体工商户的资金需求;与民间借贷相比,小额贷款公司、典当业和融资租赁公司更为规范,贷款利息双方可以进行协商。2015 年是小额贷款公司发展的分水岭,此前小额贷款公司的数量一直在快速增长。随着风险现象的频发以及监管政策的收紧,小额贷款公司的数量以每年 1000 家左右在减少,现今我国约有 7000 家小额贷款公司。小额贷款公司的市场退出方式主要有破产、撤销以及业务调整转制成村镇银行等。[1] 我国自古代便有典当行的存在,典当业在我国的发展可谓经久不衰。截至 2012 年,我国共有典当行 4000 多家,次年上升至 5238 家,此后逐渐呈现稳定的增长态势。典当行的市场退出趋势并不明显,这主要与民间金融在我国的长期发展有关。目前典当行作为民间金融机构,其市场退出的方式与一般法人企业并无太大区别。

(二)放贷型理财公司清理与退市评析

不难发现,放贷型理财公司既涉及正规金融企业,也有相当数量的民间金融企业参与其中。放贷型理财公司的市场退出深受行业发展状况、经济发展形势以及监管政策的影响。总体而言,我国银行类理财机构以及典当行、小额贷款公司的市场退出数量较为稳定,信托公司和融资租赁公司由于正处于行业发展的初期阶段,市场退出的企业较少。随着我国经济发展形势以及监管政策的变化,未来信托公司和融资租赁公司的市场退出应当会更为频繁。

我国对于放贷型理财公司的设立一直持审慎态度,对放贷型理财公司的

---

[1] 黄韬:《公共政策法院:中国金融法制变迁的司法维度》,法律出版社 2013 年版,第 262—263 页。

市场退出则未给予足够的重视。典当行、融资租赁公司和小额贷款公司由民间金融发展而来,而我国的金融监管采取形式监管,即只有取得金融牌照的正规金融企业才会被纳入金融监管机构的监管范围,导致放贷型理财公司的市场退出长期得不到金融监管机构的重视。对于典当行、融资租赁公司和小额贷款公司等由民间金融发展而来的放贷型理财公司,在市场退出中容易发生跑路事件,具有很高的道德风险。金融监管机构应当按照实质监管的原则对这些融资性理财公司进行监管,并根据其经营特点适时作出安排。

四、融资性担保公司清理与退市

(一)融资性担保公司清理与退市实践

2010 年,银保监会、发改委等有关部门联合发布《融资性担保公司管理暂行办法》(银监会等七部委令〔2010〕第 3 号),对融资性担保公司的市场退出进行明确规定。目前,我国担保企业主要以融资性担保企业为主,其中含一定比例的由财政资金出资组建的政策性融资担保企业。自 2006 年以来,我国的融资性担保企业数量不断增长,由当初的 3366 家增加到 2020 年的 8000 家以上。[①] 与此同时,我国也在不断加强融资性担保企业的监管力度,清退违规企业。《融资性担保公司管理暂行办法》规定:融资性担保公司因分立、合并或者出现公司章程规定的解散事由需要解散的,经监管部门批准后办理注销登记;融资性担保企业因重大违法经营行为不予撤销将严重危害社会公共利益的,由监管部门给予撤销;融资性企业不能清偿到期债务,并且资不抵债的应当依法实施破产。由此可见,融资性担保企业的市场退出方式主要有分立、合并、自行解散清算、撤销、破产等方式。《融资性担保公司管理暂行办法》对市场退出的方式作出了原则性的规定,符合市场化和法治化的要求,但尚未对相关规定作出进一步的量化和细化。

2012 年初,华鼎系担保案引发了整个担保行业的大地震。华鼎系所涉及的华鼎、创富、中担三家担保公司因大量的"过桥贷款"业务发生资金链断裂。华鼎系三家担保公司高达 84 亿元的在保余额几乎席卷了绝大部分商业银行,受波及的中小企业有 1200 多家,华鼎系担保案中 17 名担保公司高管因涉嫌骗取贷款罪被判处刑期。华鼎系通过增资扩股、截留贷款资金等资金腾挪方

---

① 中研普华:《2020 担保行业发展现状及前景分析》,https://www.chinairn.com/hyzx/20200820/102620163.shtm,2021 年 5 月访问。

式引发的危机,暴露了当前融资担保行业的担保功能出现"异化",沦为套取银行资金工具,民营担保企业的市场退出也随之铺开。2015 年,中国第二大担保公司河北融投担保集团因违法违规经营,丧失 500 亿元担保能力而被河北城建集团进行托管,正式启动了河北融投担保集团的退市程序,对河北地区的金融市场造成了一定的震荡。一般而言,融资性担保企业的市场退出会涉及银行、保险和证券等相关金融企业的担保金,融资性担保企业的退市也多是由于违法违规经营而被强制退出融资担保市场。

(二)融资性担保公司清理与退市评析

融资性担保公司的市场退出涉及面广,与银行、中小微企业和中小投资者联系密切。

总体而言,融资性担保行业在经营管理中不规范、不审慎的问题十分突出,非法吸收贷款、非法集资、投放高利贷等违法行为时有发生。因此,金融监管机构应当将《融资性担保公司管理暂行办法》与国务院《防范和处置非法集资条例》相结合,规范融资性担保公司经营行为,加强对违法企业的强制清理。

在监管职权的配置上,建立金融监管机构清理违法企业的责任追究制度,抑制融资担保行业的风险聚集,审慎处理融资担保业务。

在经营行为规范上,我国应当逐步建立金融性担保公司的审、保、偿业务分离机制,切实回归到担保主业上。

在市场退出机制保障上,我国应当建立起与融资性担保企业相适应的市场退出机制,其中包括建立起完整的经营风险预警体系、退出方式运行体系、融资性企业保险基金保障制度,以切实防范金融性风险,保障债权人权益的有效实现。

五、网络众筹平台清理与退市

(一)网络众筹平台清理与退市概况

众筹也称公众筹资,是一种向公众募资的行为。互联网技术兴起后,自 2014 年起,股权众筹平台在规模和数量上迅猛发展,到 2016 年已达 427 家,但由于经营失范,在国家与地方金融机构的监管下,至 2017 年底,全国正常运营的众筹平台下降到 209 家。

2015 年 7 月,中国人民银行等 10 部委发布了《关于促进互联网金融健康发展的指导意见》(银发〔2015〕221 号),确定将股权众筹业务纳入证监会监管。

由于大部分众筹平台规模较小,无法与巨头平台竞争,且众筹行业缺乏法律规范、监管政策不明朗等,导致众多非良性发展的众筹平台纷纷退出众筹市场。

众筹平台市场退出的方式主要有获得下一轮融资退出、并购、大股东回购、股转债以及破产清算等,但在实际上,可供众筹投资者选择的市场退出方式较少。云筹股权众筹平台已经开始尝试在股权转让的二级交易市场来实现股权众筹退出,投资者可以对自身所拥有的股权进行折价转让或者溢价转让。由此可知,股权众筹在一级市场拥有较多的退出渠道,但真正可供选择的则比较有限,二级转让市场的合规性尚不明确,需要进一步探索。

就整体上看,整个众筹行业市场退出的关键性问题还是在于中小投资者的退出利益保障方面。目前仅有云筹股权众筹平台建立了相对较为完善的投资退出机制,众多众筹平台在市场退出时利益保障机制则是缺失的。

(二)网络众筹平台清理与退市评析

就创新性经营模式视角而论,众筹平台以及众筹方式仍处于发展初期,对于这类经营模式,在其发展过程中存在"缺门槛、缺规则、缺监管"问题;投资者的资金安全存在隐患,出现了多起经营者"卷款跑路"事件;从业企业内控制度不健全,存在经营风险;信用体系和金融消费者保护机制不完备。没有建立起针对这种创新性经营模式的具有法律规则指引的市场运行机制与市场退出机制,仍是整个行业的痛点。

网络众筹属于新的金融业务模式,虽通过互联网科技实施,但其本质仍属于金融,没有改变金融经营风险的本质属性,也没有改变金融风险的隐蔽性、传染性、广泛性和突发性。这些经营模式与经营特点要求金融监管机构对众筹平台的市场退出进行强有力的监管。但不得不看到,目前对于网络众筹平台的市场监管仍存在诸多问题,集中体现在准入监管、事中与事后监管方面尚未建立起一套适应性的运行规则体系。

网络众筹平台的市场退出应当着力于投资者利益的保障。对于中小投资者而言,其一直处于信息获取的弱势地位,因此在退出机制尚不完善的情况下,网络众筹平台的市场退出机制应当紧紧围绕包容审慎和保护中小投资者利益两大基本原则进行完善。

六、第三方支付平台清理与退市

（一）上海畅购公司退市案

中国人民银行于 2016 年 1 月下发公告，宣布依法注销上海畅购企业服务有限公司（以下简称上海畅购公司）的支付业务许可证。

上海畅购公司成立于 2006 年 11 月，2011 年 8 月获支付业务许可证，在上海市、江苏省、浙江省、安徽省、山东省开展预付卡发行和受理业务，并准予办理互联网支付业务。

2014 年 11 月，上述省份客户发现上海畅购公司存在严重的支付受限问题，由此引出上海畅购公司严重的违规与违法问题。经人民银行执法检查确认，主要存在以下重大问题：①通过直接挪用、隐匿资金、虚构后台交易等方式，大量违规。挪用客户备付金。造成重大损失。②伪造财务账册和业务报表，欺骗、隐瞒客户备付金流向，规避相关监管要求。③拒绝、阻碍相关检查、监督。相关行为严重损害持卡人合法权益，扰乱支付服务市场秩序，性质恶劣，情节严重。

根据《中国人民银行法》《非金融机构支付服务管理办法》相关规定，人民银行依法注销上海畅购公司支付业务许可证。

事件发生后，人民银行采取了几项措施，分别是：①督促上海畅购公司履行主体责任，尽力筹措资金，弥补资金缺口，保证预付卡正常使用。②深入核查上海畅购公司资产负债状况，督促上海畅购公司恢复部分商户继续受理预付卡，并做好持卡人信息登记工作。③制定处置措施和应急预案，在所涉四省一市之间建立联动工作机制，妥善处理持卡人投诉，及时回应社会关切。④将上海畅购公司及相关责任人涉嫌犯罪线索移交司法部门立案侦查，追究刑事责任。

上海畅购公司因违规挪用客户备付金，造成流动性枯竭，严重资不抵债，难以维持正常经营活动。为切实保障消费者合法权益，维护社会稳定，由交银国信资产管理有限公司按照商业化原则收购自然人持卡人债权。预付卡发行本身是企业行为，对于上海畅购公司违规挪用备付金造成的持卡人损失，应使用企业资产偿付。交银国信资产管理有限公司按照预付卡卡内余额 8.5 折进行收购，是与上海畅购公司按照商业原则协商确定的，并得到人民银行和地方政府、相关部门的认可。是否接受交银国信资产管理有限公司债权收购是每一位持卡人（自然人）的自主选择，凡不接受收购安排的自然人持卡人，以及上海畅购公司非自然人持卡人和其他债权人应按照法律规定和合同约定向上海畅购公司主张权益。

(二)上海畅购公司退市评析

近年来非银行支付机构业务快速发展,客户备付金规模迅速增长,相关资金风险隐患和问题逐渐暴露。

上海畅购公司违规挪用备付金实际上暴露了备付金管理上的问题。备付金是持卡人缴付的资金,对于上海畅购公司而言是负债形成的资产,须专款专用,应有相应的制度实施严格的管理。但是,无论从国家层面通过制度体系,形成对发卡公司的他律还是发卡公司通过内部规范化管理形成自律都存在问题。

购卡者基于发卡者拥有国家给予的金融支付许可,相信政府对该类金融企业予以了必要的监管,进而放心地购卡而延期消费,而发卡者也利用购卡者的这种心理,再加之监管部门未作事中监管,便导致违法行为,最终直接损害购卡者的利益。深层次的问题还在于各方信息不对称所引发的问题上。因此加强对发卡者的经营信息披露,深化对发卡者的事中监管是解决此类问题的重要途径。

涉及非银行支付机构风险处置工作的,应按照市场化、法治化方式进行处置,打破刚性兑付,促进支付行业健康有序发展。

第五节　金融业企业市场退出的法律治理

在我国金融业企业现行退市制度尚不完善的情况下,国外一些国家的企业退市制度具有一定镜鉴价值。在我国金融业企业市场退出的法律治理中,应以市场化、法治化为基本导向,在完善现有法律框架体系的基础上,及时建立相关的风险预警、危机处置、信息披露和责任追究等基本制度。

一、域外国家金融业企业市场退出的治理经验

(一)美国的治理实践及对我国的借鉴

1. 美国的治理实践

美国银行业的市场退出,依据相关法规,已构建起较为完整的退出约束制度。

有关银行业退出的法律依据主要有《格拉斯—斯蒂格尔法》《国际银行法》《存款机构法案》以及《联邦存款保险公司改善法》，美国银行的市场退出遵从立法先行的原则，侧重于保护存款人和投资者的权益。

在主导机构上，由于美国属于多头金融监管制的国家，因此，在银行市场退出的主导机构主要有货币监理署、联邦存款保险公司和联邦储备银行三家机构。货币监理署负责银行退出决定的审批与接管；联邦存款保险公司负责对问题银行进行援助，缓解银行危机；联邦储备银行负责回收该银行的股票并进行注销，建立储备银行风险基金。在问题金融机构宣布倒闭之后，一般都将其统一交给联邦存款保险公司接管处理。

在退出方式上，美国银行市场退出的方式主要有自动退出、撤销与关闭、宣告破产、存款保险公司接管、并购等方式。如果问题性的金融企业能够通过资金注入而继续存在，主管机关将通过各种形式对其进行财务资助，使其解决问题；如果不能通过简单注资来解决问题，主管机关首选的方式是希望其他经营良好的银行采取收购或兼并的方式来购买面临倒闭的银行，存款保险机构可能给予收购方资金支持。在上述安排都不可行的情况下，监管机构和存款基金管理机构则会选择关闭或者破产清算的方式实现市场退出。

自2008年金融危机之后，美国政府开始对本国的金融法律进行全面改革。如2008年3月，财政部公布《现代金融监管构架改革蓝图》，2009年3月，财政部公布《金融监管改革框架》，2009年6月，奥巴马政府公布《金融监管改革：新基础》。

2010年7月，奥巴马政府签署《多德—弗兰克华尔街改革与消费者保护法案》（简称《多德—弗兰克法案》），该法案是自20世纪30年代"大萧条"以来，美国改革力度最大、影响最深远的金融监管改革法案，其进行了如下方面的改革。

（1）高度重视系统性风险，成立金融稳定监管委员会。根据《多德—弗兰克法案》，成立金融稳定监管委员会，其主要职责是识别和防范系统性风险。金融稳定监管委员会的主要职责是关注、识别、监控大型金融机构的系统性风险，研究经济形势并协助联邦储备银行对银行控股公司进行综合监管。

（2）改革对问题金融企业的处置机制。为防止雷曼和美国国际集团（AIG）危机的重演，建立健全银行等金融企业的破产清算体制，以避免无序清算。具体的规则包括：金融企业清算之前要有充分论证，证明清算的目的必须是出于美国金融稳定的需要；金融企业的股东必须在对外支付了所有赔偿后才能接受补偿，无担保债权人的损失和收益应一致；金融公司陷入破产困境后,高级管理人员必须承担责任,以防止道德风险。

（3）扩大美联储权力但同时加强对美联储的审计,将美联储纳入国会的监督之下。

就金融企业的破产处置而言,美国金融法律制度改革的一个突出特点是为危机金融企业的市场退出提供了可操作的法律框架,确立了政府在金融危机处理中的核心地位,特别是打破"太大不能倒"(too big to fail)的原则,将大型金融企业的破产也纳入金融市场退出的法律体系。所谓"太大不能倒",是指当金融企业的规模有可能"大到其存款人无法承受破产带来的损失""大到存款保险基金无法承受赔付要求""大到其破产的影响无法被承受"的程度,政府应尽力救助防止其破产。但金融危机暴露了这种原则指导下的金融市场不仅风险巨大,而且还导致对具有系统性影响的金融企业实施救助的成本过高。因此,为规制大型、复杂的金融企业并预防未来的系统性金融风险和过高的救助成本,美国政府吸取金融危机的教训,准备将多数面临倒闭的大型金融企业通过破产来解决问题。①

不难发现,美国金融监管机构在处理银行市场退出的问题上非常谨慎,避免了行政权力的过早和过度介入,使得众多问题银行免于被关闭和破产清算。

美国金融法律改革充分考虑了现代破产制度的构成,关注到了金融企业破产清算与破产重整之间的平衡。重整和清算是金融企业市场退出法律机制中的两个重要环节,应高度重视两者之间的平衡和有机衔接。尽管由于金融企业的特殊性,重视重整、拯救危机金融企业仍然是首选,但对于无法救治的金融企业应设置有序的法律退出通道,以保证金融企业整体的生态健康。如果危机金融企业不能有序破产清算,必会埋下隐患,最终酿成无法救治的系统性风险。

可以说,美国在金融危机后建立了比较完善的法制环境,包括严密的法律体系和应对金融突发事件的迅速响应机制,将整个金融体制置于一个稳定的有规则可循的框架之下。在这一法制环境中,对问题性金融企业的处置程序,参与者各自的权利、义务都是既定和明确的,有利于高效地处置问题性金融企业,减少社会震荡,降低成本支出。

美国是世界上最早建立存款保险制度的国家,对存款人和投资者权益的保护十分重视,联邦储蓄制度和基金保障制度是美国金融业长盛不衰的重要

---

① 张世君:《我国金融机构破产制度的反思与重构》,载《经贸法律评论》2019 年第 1 期,第 133 页。

基础。

2. 对我国的借鉴

可以说,美国金融业企业的市场退出制度较大程度上符合市场化、法治化的原则,其有益性方面值得借鉴。

在法治化方式上,通过阶段性地颁布相关法规,为金融企业的市场退出提供可操作的法律框架。体现出法律的与时俱进,也反映出法律对银行业市场退出的针对性与实效性。

在相关监管的主导机构上,虽然也存在多头监管,但相关部门的职责较为清晰,便于实际运作。

在处理银行市场退出问题时表现出谨慎性,力求避免行政权力的过早或过度介入给危机中的银行带来伤害,同时又不单纯走破产倒闭之路,将重整和清算作为金融企业市场退出法律机制中的两个重要环节,重视两者之间的平衡和有机衔接。

在应对金融企业市场退出风险上,建立起"安全网"。金融企业市场退出可能给国民经济带来负面影响,为此建立了一个能对金融企业市场退出的风险进行分解的"安全网"。它由金融监管当局、金融同业互助、存款保险机构、临时性专门救助组织、政府等层面组成。①

(二)英国的治理实践及对我国的借鉴

1. 英国的治理实践

英国的金融业企业的市场退出方式主要有自动退出、禁止、取消授权、吊销执照和破产等方式,其中自动退出是市场退出的主要方式。以英国银行的市场退出为例,根据《1987 年银行法》第 11 条规定,英格兰银行有权决定是否取消有问题银行的授权。②

英格兰银行作为英国的中央银行,负责银行业的市场退出,而具体决定银行市场退出的是由英格兰主要领导及相关专家组成的工作委员会。英格兰银行处理问题银行首要目标是维护金融体系的稳定,防止更大范围损害的发生。英国自 1979 年起建立存款保护制度,并在救助方式和程序上规定,存款保护机构应当以商业性救助优先,避免向私人提供救助、暗中进行援助以及只援助

---

① 魏元钰:《金融企业市场退出的国际比较及对我国的启示》,载《贵州工业大学学报》(社会科学版)2006 年第 6 期,第 23 页。

② 钱颖一:《市场与法治》,载《经济社会体制比较》2003 年第 3 期,第 3 页。

有清偿可能的问题银行等。

在破产程序上,英国采取了较为谨慎的态度。在救助无望的情况下,英格兰银行、银行董事以及投资人均有权向法院提出破产清盘申请。除上述人员外,其他相关人员向法院申请破产则需先取得金融服务管理局的批准,并有权要求听证。

2013 年 4 月,《金融服务法》正式生效,标志着新的金融监管体制正式开始运行。新的监管体制力求更清晰地界定相关机构职责,要求其专注于履行各自在特定领域的法定授权,不再强调实施综合监管。在新监管体制中,金融服务局被撤销,其职能分别由审慎监管局和金融行为监管局承担;英格兰银行通过金融政策委员会和审慎监管局牵头负责维护金融稳定;财政部作为公共资金使用的唯一决策机构,就公共资金使用情况对公众和国会负责。《金融服务法》还要求建立多层次的监管协调合作机制,避免监管重复和监管真空。就危机金融企业的处置而言,英国《金融服务法》进一步明确了相关机构在危机管理中的职责,并要求其在危机管理中加强协调配合。

在处置计划方面,对于小型银行,将主要采用清算退出的方式;对于大型银行,将主要通过自救安排,即债转股或者债权人核销损失的方式补充资本,防止其倒闭对金融体系造成严重的负面冲击。在确定处置的触发条件方面,由于事先很难对未来情况进行预计,而且银行进入处置程序的情形很难完全量化,英格兰银行正逐步从硬性触发条件转向软性触发条件,即不再强调定量的硬性触发条件,而是更注重事先规定决策程序,通过对一系列定量和定性因素的综合判断,确定是否将相关金融机构纳入处置程序。[①]

2. 对我国的借鉴

英国治理实践给我们的借鉴意义在于以下方面。

其一,将金融机构退市进行分类化处置。其中包括自动退出、禁止、取消授权、吊销执照和破产等方式。将自动退出作为金融业企业退市的主要方式,体现了以市场化运行为基础的退市制度趋向。

其二,对不同金融组织的退市监管有所差异。对于小型银行,主要采用清算退出的方式,而对于大型银行则主要通过自救安排,这种因企而异所设计的退市政策,充分考虑了金融企业的特殊性。

其三,建立存款保护制度。在救助方式和程序上规定存款保护机构的救

---

① 张世君:《我国金融机构破产制度的反思与重构》,载《经贸法律评论》2019 年第 1 期,第 134 页。

济原则与救济制度,其目的是不因银行的退市而大量损害存款人的利益。

(三)日本的治理实践及对我国的借鉴

1. 日本的治理实践

日本的金融监管体制以金融厅为核心,财务省、日本银行、日本存款保险公司和地方财政局共同参与。在日本,对问题性银行的处理也依赖日本金融厅的指导。

日本金融企业危机处理法律制度始于1971年存款保险制度的设立,但是当时的日本正处于经济高速增长的背景之下,这一制度并没有真正启动过。

在20世纪90年代出现泡沫经济崩溃以后,日本吸取了深刻的教训,无论是金融界还是政府,都认为应对新的金融发展作出积极的调整,从而建立了较为完备的金融法律制度。如在2000年,日本金融审议会颁布了《金融商品销售法》,规制各类金融商品的销售行为;2006年,日本颁布了《金融商品交易法》,致力于建立统一的金融法制体系。在面对2008年全球金融危机时,日本所受冲击不如美国那么严重,一开始仍沿用原来的处理机制,但很快就发现这不足以应对金融危机的挑战。因此,在随后的几年中,日本结合西方发达国家关于金融危机应对的最新趋势和措施,不断改正本国立法。特别是在2008—2012年五年间的20国集团(以下称G20)系列会议决议的推动下,日本日益重视对现有金融机构破产制度的修改与完善。日本于2012年5月的金融审议会中设置了关于金融系统安定的特别工作小组,对金融企业破产处置的法律框架问题进行讨论。金融审议会对破产处理的框架问题进行讨论的时候,也采纳了G20戛纳首脑会议中关于"金融机构破产处理框架主要特征"的相关决议。2012年8月,在国际货币基金组织(IMF)发布的报告和金融部门评价方案中,也包含了关于完善破产制度的框架,以作为日本应对金融危机的建议。

日本的金融厅根据相关建议,修订本国的《预金保险法》以及其他相关法律,2013年4月向国会提交并于2014年开始实施。日本之所以对《预金保险法》进行修改,一个重要的方面就是对"金融企业有序处理的法律框架"进行了法定化。其基本要点为:首先,确立了实行金融危机对应措施的基本条件,即在维持本国或者该金融企业进行业务的地方信用秩序中,有发生极为重大障碍的可能性。其次,确立金融危机应对的责任主体,内阁总理大臣全面负责金融企业的有序整理,实际履行机关则是预金保险机构。再次,确立了金融危机应对的基本法律程序,即当金融市场以及金融系统被判定为有产生显著的混乱可能时,须经过金融危机应对会议讨论,内阁总理大臣必须采取相关应对措施。最后,明确了金融危机应对的具体措施和所适用的对象。该措施由三个部分构成,分别为资本增强措施、特别资金援助措施、特别危机管理银行制度。这些措施的对象是金融业企业,包括银行、保险公司、一定的金融商品交易业者等(证券公司等)。[①]

日本的金融业企业市场退出机制主要由存款保险制度、金融机构的兼并制度以及最后贷款人制度组成。当银行出现经营危机时,和美国市场化运行的联邦存款保险公司不同,日本商业银行破产制度中行政干预性较强,日本大多采取的解救措施是合并或接管。这种模式对缓冲金融危机、保障存款人利益起到了重要的作用,是金融体制安全网中重要的一环。

为承接破产的商业银行提供资金援助,并以此来鼓励其他银行对破产银行的合并,是日本存款保险公司的一项职能所在。这从另外一个角度反映了日本的金融监管理念,通过对银行的保护进而达到保护债权人的目的。

日本在 2001 年形成了以金融厅为核心,中央银行、存款保险机构和地方财政局共同参与的金融监管体制。因此,日本金融业企业市场退出的主导机构是金融厅、中央银行和独立的存款保险机构。存款保险基金管理机构是根据存款保险法建立起来的特殊法人,虽然日本自 20 世纪 70 年代始就建立起存款保险制度,但直到 20 世纪 90 年代,日本的存款保险制度才开始在保护存款人和参与问题性金融企业的市场退出中发挥作用。其间,日本主要采用"护送船队"的方式处理问题性企业的市场退出。所谓"护送船队",即当一个金融业企业出现信用问题时,由金融监管机构号召所有稳健的金融企业给予援助或者吸收合并,这在很大程度上帮助问题性企业完成复活,导致 20 世纪末期很少有日本金融业企业破产退出金融市场。1998 年,日本长期信用银行和日本债券银行陷入经营困境,金融监管机构依据《金融再生法》对两家金融业企业实施了暂时的国有化,存款保险机构收购两家机构的股票后将业务或股票转让给民间金融企业。

2. 对我国的借鉴

日本治理实践给我们的借鉴意义在于,发挥政府的干预作用,发挥法规的保障效用,对金融业企业的市场退出采取较为谨慎的态度。

在发挥政府干预性作用上,主要在于形成了以金融厅为核心,中央银行、存款保险机构和地方财政局共同参与的金融监管体制。

---

① 张世君:《我国金融机构破产制度的反思与重构》,载《经贸法律评论》2019 年第 1 期,第 134 页。

在发挥规章的保障效用上,主要是通过立法,建立金融机构危机处理法律制度,并在实践中得到了贯彻执行。

在对金融业企业市场退出采取较为谨慎的政策态度上,主要是从早期采用"护送船队"的方式处理问题性企业的市场退出,发展到 20 世纪 90 年代,建立起存款保险制度,在问题性金融企业的市场退出中发挥作用。

(四)德国的治理实践及对于我国的意义

1. 德国的治理实践

在对金融市场的监管上,德国于 2002 年 5 月将德意志联邦银行和保险监管机构、证券监管机构合并,成立统一监管的联邦金融监管局,负责金融市场的统一监管。

在德国银行的市场退出中,联邦金融监管局采用最多的市场退出方式是并购,一般退出的问题性银行通过合并继续从事原来的经营业务。德国商业银行的破产或者关闭必须由联邦金融监管局提出,通过司法程序进行。

在市场退出的方式选择上,联邦金融监管局采取了不同的政策:国有银行不适用破产程序,私营银行在出现信用危机时由其他金融企业进行并购,若无其他金融企业进行并购的,则实行关闭。若无其他金融企业且资不抵债的,银行必须适用破产程序,股东以其持有的股份为限承担责任,同业协会和基金保障组织负责接管或兼并、清偿债务。因此,在德国只有私有银行和信用合作银行存在市场退出的风险,国有银行并不存在市场退出的可能。

德国的银行业并未对存款保险作出强制规定,而是由协会制定自愿的存款保险计划,其他融资性行业如保险业、证券业亦是如此。出于谨慎态度,联邦金融监管局很少采用关闭或者撤销的方式要求保险企业与证券企业实施市场退出。

2. 对我国的借鉴

德国治理实践对于我们的借鉴意义在于以下方面。

其一,成立统一监管的联邦金融监管局,负责金融市场的统一监管。

其二,针对不同银行采取差异化的退市政策。国有银行并不存在市场退出的可能,只有私有银行和信用合作银行存在市场退出的风险。由于破产处理方式产生较大的负外部性,因而采取尽力避免的方式。

其三,当私营银行面临破产退市时,股东以其持有的股份为限承担责任,同业协会和基金保障组织负责接管或兼并、清偿债务。在实践运行中,各类主体的责任划分相对清晰。

二、金融业企业市场退出法律治理的框架安排

（一）金融业企业市场退出法规层级的科学构建

1. 金融业企业市场退出所调整的法规层级

基于目前我国金融业企业市场退出的法律、法规众多，但相关法律、法规之间的协调性较差之现状，应当对现有的法律、法规、规范性文件进行整合，以做到法法衔接，协同发力。

就构建方案而言，以《企业破产法》为基本法，以《商业银行法》《证券法》《保险法》为主干法，以"金融业企业清算与破产条例"为具体应对法，构建层次分明的法规、规章体系。

就构建的制度完整性而言，金融业企业破产法律制度应由信息披露制度、破产预防制度、破产启动程序、破产重整程序、破产清算程序和破产保障制度共同组成一个完整的综合体系，而不是只包含了债务清偿、破产清算等简单的问题。[①]

就构建的制度运行关系而言，法律应赋予中国人民银行关闭金融企业的权力，并确立关闭后由监管机构依法进行清算的原则。法律还应明确中央金融主管机构与地方金融管理机构在处置问题性金融企业中的职权体系以及职责分工、内部运行机制等。

2. 法规层级的科学构建

（1）对《企业破产法》作出修订。《企业破产法》在相关条文中应当兼顾金融业企业市场退出的特殊性。我国长期以来存在大量的非银行、类银行、准银行以及其他类型的金融企业，但是，于2007年开始施行的《企业破产法》，在立法之时就存在对金融业企业破产之特殊性的考量欠缺、与其他法规之间协调性不足、行政部门和司法部门的权责划分不明晰等问题。从整体上看，现行《企业破产法》已无法满足我国金融业企业有序破产的现实需要。因此，我国有必要立足国情，对金融业企业破产予以再回应，对金融业企业破产启动程序、破产重整、存款债权受偿顺位等作出特别规定，以推动我国金融业长期健康发展。[②]

---

①　杨锡慧：《论银行的破产标准》，载《法制博览》2017年第8期，第89页。

②　贺雪喆、陈斌彬：《金融机构破产对现行〈企业破产法〉适用的挑战及因应》，载《南方金融》2021年第1期，第93页。

（2）对《商业银行法》《证券法》《保险法》等主干法作出修订。针对银行、证券企业、保险公司市场退出问题作出针对性规定。通过修订，力求条款相对具体，具有可操作性。

（3）新制定"金融业企业清算与破产条例"。通过这一条例的制定，对金融业企业的普通清算、破产清算等相关问题作出具体的规定。同时，对金融业企业市场退出的风险处置措施、主管机构、退出标准、退出形式以及退出流程等进行详细规定。

（二）金融业企业主导机构的法定化构建

1. 金融业企业主导机构的确立

虽然我国众多法律规定了金融业企业的市场退出应当征得主管金融监管机构的批准，但基于我国金融监管机构分业监管的事实，现行立法中并没有明确统一的金融业企业市场退出主导机构。

确立金融业企业市场退出的主导机构便能够进一步明确其权责，保障退市企业关键业务和服务不中断，避免引发系统性金融风险，明晰金融监管机构的角色定位和职责。

国务院金融稳定发展委员会作为国家级的金融议事协调机构，其更适合制定宏观的金融机构市场退出政策，对金融业企业的市场退出进行宏观指导，作为议事协调机构，承担主导机构职能不其合适。

考虑到民间金融机构和互联网金融企业的参与，我国应当建立起以人民银行、银保监会、证监会、财政部、基金保障管理机构以及相关单位为基础的金融业企业市场退出主导机构，由主导机构负责对金融业企业的市场退出方案、风险处置预案等进行全方位、全过程的评估和监管，按照市场化的原则对融资性企业进行资金援助。

2. 主导机构职责的法定化

金融业企业在市场退出过程中，其主导机构和议事协调机构应当明确化、法定化。

主导机构应由人民银行、中央与地方金融业监管机构、存款保险机构组成。

主导机构的法定职责主要有：依法制定金融业企业市场退出制度、依法决定对有问题的金融业企业的处置措施、依法提出破产处置意见、依法实施对有问题金融业企业通过一定途径给予金融债权人补偿。

在退出程序上，主导机构应当积极促成问题性金融业企业完成重组或者与其他金融机构进行合并。在并购重组无望的情况下，主导机构应当及时对问题性金融业企业进行接管，利用保障基金对问题性金融业企业进行资金援助。在上述措施无法有效救助的情况下，主导机构可以通过补偿或者提供担保的方式促成问题性金融业企业与其他金融机构的合并，也可成立临时性过桥金融机构，将不良资产或者业务隔离。若问题性金融业企业救助无望，则采用解散或者破产清算的方式实现市场退出。

（三）金融业企业退市方式的分类化与流程化构建

1. 退市方式的分类化

我国金融业企业市场退出的方式主要有接管、撤销、破产、重组，按照市场化的改革方向，我国应当建立起以接管、撤销、破产、重组为主要形式的市场退出机制，并按照市场化的原则对相关操作内容作出实质性的安排。

分类化管理所应强调的是因企施策。由于接管、撤销、破产、重组有其特定的内容与实现方式，因此，在适用时应关注问题性金融业企业的实际情况，该采用撤销与破产的就适用撤销与破产，该适用接管与重组的就适用接管与重组。

2. 退市方式的流程化

将金融业企业的市场退出流程化能够确保市场作用的充分发挥，实现资源的有效整合，避免金融风险的过度聚集。

从流程化构建视角思考，应当从"发现问题企业"→"提出处置问题企业意见"→"提出处置方案"→"实施处置方案"→"完成处置"这些基本流程上给予制度性完善。在流程化构建上，所应关注的有以下方面。

其一，应关注流程环节的有机对接。其中发现问题是前提，提出处置意见与实施处置是过程，完成处置是结果。

其二，应处理好企业自愿、行政强制与司法介入之间的协调与对接。金融监管机构和司法机关应当在金融业企业市场退出过程中明确自身的职责与定位，按照市场化的原则相互进行协调配合。金融监管机构负有系统性金融风险的防范和市场退出的监管职责，而司法机关则负有居中审理裁判的职责。即使进入破产程序中，涉及专业性、技术性的事项由金融监管当局来决定，而涉及破产金融企业财产或财产性权利确认、变更和终止的事项由法院来决定。厘清行政权与司法权的边界，按照市场化、法治化的原则处理金融业企业的市场退出。

其三，应处理好各利益主体的协调与对接。破产管理人、债权人、投资者保护机构是金融业企业破产制度中重要的私权主体,我国应对金融业企业破产管理人的任职资格作出更加具体的规定,并赋予金融监管机构对管理人的产生、履职、更换和解任等环节的监管权。

其四,应构建投资者权益保护机制。金融业企业破产中的投资者保护不可或缺,我国虽已经有了证券、保险市场中的投资者保护机构,但就银行业而言,存款保险运行机制尚不成熟。因此,应当组建独立的存款保险公司,并赋予其在金融业企业破产特别是银行破产案件处置过程中的相关职责。

(四)金融业企业退市标准精细化构建

1. 退市标准构建

市场化退出的关键是解决好"触发标准",仅仅依靠"不能清偿到期债务"或"已经或可能发生信用危机"等定性标准来启动问题性中小金融企业的风险处置,可能错过最佳介入时机,导致问题更加严重。因此应当从退市标准量化、精细化方面提升退出制度的可操作性。为中小金融企业的发展提供有效信息,并在此基础上量化退出程序的启动条件,增强风险处置的科学性和可操作性。[1]

在金融业企业市场退出的标准上,我国应当建立起银行业金融企业与非银行业金融企业的不同标准体系。

对于银行业金融企业,以资本充足率为风险处置和企业退市的启动标准,以资产流动性比率、不良贷款率、资产利润率、存款准备金率等为风险等级的补充性量化标准。[2]

对于非银行业金融企业,应当结合本行业的实际,参照银行业的退市标准,制定适应性的退市标准体系。以资本金已经损失完、不能正常抵御风险、不能正常经营为标准的参照点。作为标准体系,应从信用风险认定标准、应当退市认定标准上作出构建。同时应区分风险预警指标与退市实施指标两者在相关认定标准上的差异。

2. 退市标准实施

退市标准实施是金融业企业退市走向标准化的关键。

退市标准的实施应建立在严格的退市监管基础之上,对发现问题性企业存在退市标准设定情形的,应提前预警,在过程中及时纠错,避免引发更大的

---

① 成明峰:《问题中小金融机构市场化退出机制研究》,载《金融经济》2019 年第 24 期,第 25 页。
② 赵民:《金融机构市场退出机制研究与案例分析》,知识产权出版社 2008 年版,第 89—92 页。

隐患。

退市标准的实施应完善常态化退出机制。对于问题性企业退与不退,应坚持市场化、法治化方向,拓宽多元退出渠道。在各类退市方案选择上,以退市标准为依据,根据资本金损失情况、风险抵御能力、正常经营的可能性决定采取相适应的退市方案。

退市标准的实施应从严把控。应加快健全金融业执法司法体制机制,加大对重大违法案件的查处惩治力度,夯实金融市场法治和诚信基础,加强跨境监管执法协作,推动构建良好的金融市场秩序。

(五)权益保障与责任追究制度的建立与运行

1. 权益保障制度的建立与运行

金融业企业在市场退出过程中要特别注重相关权利主体的利益维护问题。对于存款类金融企业,我国已经建立起以存款保险制度为核心的存款人权益保障体系。目前,我国的存款保险制度在保障基金管理机构的独立性、保险费率以及保障范围上仍有诸多不足之处,需要进一步完善;对于非存款类金融企业,应当及时建立起投资人基金保障制度,避免重蹈 P2P 平台的覆辙,保障投资人的合法权益。[①]

在金融业企业市场退出的过程中,应当通过制度化的安排保障相关权益主体的信息知情权,解决信息不对称引发的道德风险。此外,在市场退出的后续安排上,应当加强我国的社会保障体系建设,完善社会保险、社会福利、社会救助和住房保障制度,妥善解决市场退出企业员工的后顾之忧。

金融消费者权益的保护亦是金融业企业市场退出的难点之一。金融业企业的市场退出必然涉及众多资金供给者的资金保护,极易发生刚性挤兑的现象。我国现行的金融消费者权益保障体系尚不完善,《存款保险条例》仅规定了对自然人存款给予最高 50 万元人民币的限额赔偿。受限于相对单一的资金援助渠道,金融业企业的市场退出若仅仅依靠市场化的退出方式则相关金融消费者的权益便难以实现,仍需依靠公共财政进行救助。

互联网的兴起给金融消费者的权益保护带来了更大的挑战。互联网融资性企业利用平台为融资需求者和资金持有者提供了一个全新的融资业务模式,但是以 P2P 为代表的网络借贷平台跑路事件频发,金融消费者的权益保护成了一个制度性的漏洞。虽然 P2P 理财公司已经退出历史舞台,但是依托

---

① 　[美]罗斯科·庞德:《通过法律的社会控制》,沈宗灵译,商务印书馆 2010 年版,第 10 页。

互联网兴起的新兴融资业务模式还在不断发展,互联网融资性企业市场退出中的消费者权益保护是未来制度设计的又一难点问题。

2. 责任追究制度的建立与运行

我国的金融立法不应当仅仅偏重于相关利益主体之间的权利义务界定,对于违法者的责任追究依然必不可少。

《金融机构高级管理人员任职资格办法》《金融违法行为处罚办法》以及《银行业监督管理法》等相关法律法规不仅应侧重于对高级管理人员违法行为的责任规制,还需对中级管理人员进行法律约束。对于高级管理人员在市场退出时滥用权力,损害金融业企业和社会利益行为的处罚力度也应提高,适度扩大规制的范围。①

此外,对于问题性金融业企业在市场退出中的乱批贷款、混乱经营等行为建立起行之有效的主体责任追究制度,对问题性融资性企业的非法集资、非法吸收贷款等违法违规行为进行强制清理,并设立相应的监管责任。因此,应当完善金融业企业退市过程中的中高级管理人员、金融监管机构及其工作人员的问责机制,确保相关主体的权责统一性。

三、金融业企业市场退出法律治理的基础性制度构建

(一)金融业企业信息披露制度构建

1. 金融业企业信息披露的功能价值

投资人、存款人与金融业企业在信息获取方面有着天然的不对称性,这也是金融业企业在市场退出中众多存款人、投资者挤兑的重要原因,客观上增加了系统性金融风险发生的可能性。因此,我国应当建立起完善的企业退市信息披露制度,以维护公众和投资者的信心。

金融业企业具有公众性企业的一些特点,解决公众性企业投资者权益保障问题,最好的路径是让它们有知情权,由它们自己行使对公众性企业的监督权,其中信息的全面、客观、及时披露对于解决信息的不对称性,从而提升金融投资者、金融消费者的维权能力,具有独到的功能价值。

2. 金融业企业信息披露制度构建的基本要求

(1)明确信息披露主体。我国对金融业企业的信息披露主体并没有统一

---

① 李玫、刘涛:《我国银行行政接管的法律诠释与制度完善》,载《法学杂志》2012年第7期,第85页。

的规定,造成信息披露的定义模糊、主体责任不清等现实性问题。结合相关的法律法规以及融资行业的特殊性,金融业企业的信息披露主体应当包括与产权结构相关的企业主体及其董事、监事、高级管理人员、股东、实际控制人,与实施重大资产重组、再融资、重大交易相关的各方自然人、单位以及相关人员,以及法律法规规定的信息披露义务主体。

(2)调整信息披露要求。在具体的信息公布上,应当从定期信息披露和重大信息披露两个方面完善金融业企业市场退出信息披露制度。在定期信息披露方面,金融业企业对于日常经营活动所产生的半年报以及年报应当向社会公众披露,以便投资者能够及时了解企业的经营情况,维护相关权益主体的权利。此外,金融业企业所制定的年度经营报告应当经公司董事会审议通过,未经公司董事会通过的不得对外披露,董事、监事对年度经营报告的真实性、准确性、完整性存在异议的应当一并进行披露。在重大信息披露方面,公司董事、监事和高级管理人员对于金融业企业的接管、并购重组、退市方案以及债务清偿方案等发生或者可能发生重大风险的重要信息应当在知悉后进行强制披露并及时向金融监管机构备案,以维护公众和投资者的信心。

(3)细化信息披露管理。首先,信息披露义务人所披露的内容应当简单清晰,通俗易懂,方便公众及时理解知悉,鼓励金融业企业自愿披露公司月报、季报以及其他相关经营信息。其次,明确金融业企业董事、监事、高级管理人员对外发布信息的行为规范,明确非经董事会书面授权不得对外发布金融业企业未披露的信息。最后,完善信息披露义务人的相应责任,充实与完善责令公开说明、责令定期报告和责令暂停或者终止退市活动等相应监管措施。

(二)市场化退出风险预警制度构建

1. 市场化退出的风险预警

金融业企业在市场退出时有触发系统性金融风险的可能,因此,金融监管机构和金融业企业应当对相关风险指标进行量化。金融风险主要分为系统性金融风险和非系统性金融风险,系统性金融风险主要涵盖了经济增长指数、货币风险、财政风险和国际收支风险,非系统性金融风险则包括信用风险、流动性风险、资本风险和经营性风险。

金融业企业的风险处置应当把握宜早不宜迟的原则,设置以退市标准为基础的风险处置提前介入阈值。此外,金融监管部门需要在量化相关风险指标的基础上对金融业企业的系统性风险和非系统性风险进行综合评估,分级、分类制定不同的市场退出监管措施。

2. 推进监管的科技化

在科技高速发展时代,我国应当加快金融科技的发展,利用"监管沙盒"机制实现监管政策的转变,积极引导问题性金融业企业安全有序地退出金融市场。

所谓"监管沙盒"其实是一个"安全空间",在这个空间内,金融科技企业可以测试其创新的金融产品、服务、商业模式和营销模式,而不必在相关活动触碰监管规则时立即受到监管规则的约束。金融监管机构面对难以把控风险的新兴金融业务模式,往往采取"一刀切"强制退出市场的政策,这既不符合包容审慎的监管原则,也不符合市场规律。

"监管沙盒"能够帮助金融监管机构实现金融风险的动态化、信息化监测,同时在相对安全的沙盒空间内进行金融业企业市场退出的创新测试,实现金融风险科技创新与有效管控风险的双赢局面。对于依托互联网发展起来的金融业企业,应当将其逐步纳入金融监管的范畴,在包容审慎的监管政策下引导问题性企业实现市场退出。

对于金融监管机构而言,应当加快金融科技的应用,利用"监管沙盒"不断创新完善金融业企业的市场退出制度。

(三)退市中介服务培育制度构建

1. 金融业企业中介机构的完善

与金融市场成熟的发达国家相比,我国金融市场建设还存在较大差距,资产处置难仍然制约着我国金融企业市场化退出机制的构建。究其原因,一是中小金融企业资产处置受限。按照我国现有法律制度,银行债权转让的受让方只能是存款类金融企业,限制了普通社会投资者参与银行不良资产的处理。我国不存在真正意义上的银行债权交易市场,极大地限制了市场力量在处理银行债权中的作用。二是分散化债权处置模式存在缺陷。由于缺乏专业化的处置平台,目前,在我国市场退出中,中小金融企业的不良资产主要采取由清算组织、社会中介机构参与的分散化处置模式,且大多采取以债权债务整体接收托管为主的处置方式,没有剥离不良债权。因此,原出资人承担损失不够,容易产生道德风险,并且分散化的不良债权处置模式专业性不高,影响处置效率。

为此,应当不断加快金融业企业中介机构的建设步伐,以促进金融业企业市场退出制度的不断完善。如可以考虑建立保险基金管理机构、资产评估机构、信用评级机构和破产管理机构等,结合社会上现有的各类中介机构,如会计师事务所、律师事务所,为金融业企业的市场退出提供专业化的资产评估、债权债务清算、退出方案设计等服务。以此为之,既能够借助社会专业力量摆脱行政力量的过度干预,又可以减少市场退出的社会救助成本,保证问题性金融业企业及时、平稳地退出市场。

2. 金融资产定价的市场化程度的提高

加快建立银行债权交易市场,通过这一市场,存款保险机构可以选择以债权捆绑或分包销售、拍卖竞标等手段直接面向社会投资者出售,从而实现对中小银行债权的回收最大化。同时,针对中小金融业企业成立专门的资产管理公司,一旦中小金融业企业进入退出过程后,存款保险机构可以将问题银行的债权直接出售给资产管理公司并由后者负责处理。通过这一安排,有利于存款保险机构专注于银行的早期监管和退出过程中的赔偿安排,同时也能使银行的不良资产得到市场化、专业化的处理,从而提高处置效率。

在我国制定的《国民经济和社会发展第十四个五年规划和二〇三五年远景目标纲要》中,已提出完善我国资本市场的基础制度,健全多层次资本市场体系,大力发展机构投资者,提高直接融资特别是股权融资的比重。在上海市人民政府制定的《上海市国民经济和社会发展第十四个五年规划和二〇三五年远景目标纲要》中,也提出大力发展直接融资,增强资本市场枢纽功能,完善信息披露、发行、退市等制度。由此可见,金融业与金融市场会成为我国"十四五"期间重要的金融改革领域,金融业企业退市将成为金融基础设施体系建设的重要方面。

第七章 企业退市普通注销制度与简易注销制度分型化构建

企业退市以注销商事登记为结局，我国长期以来采取较为严格的商事登记注销制度，一些企业因主客观原因无法完成注销登记手续，因而"退市难"成为全社会普遍关注的话题。自 2015 年始，企业简易注销登记改革应运而生，从地方先行到目前全国推行，已成为一项承载着特定功能价值的商事登记制度。由于简易注销制度在全国推行时间较短，作为一项商事登记制度改革的重要举措，仍需要在政策环境、法律制度上给予有效的促进与规范。

第一节 企业退市与企业注销

企业退市既表现为法律行为，也表现为一个从解散到注销的完整性、渐进性程序。在这一具有过程性程序中，企业能否履行注销义务，畅通市场退出通道是市场经济成熟的标志之一，也是考量我国企业市场退出制度是否有效运行以及营商环境法治化的重要指标。

一、企业退市与企业注销关系辨考

(一)企业退市行为的阶段性与整体性

1. 企业退市行为的阶段性

企业退市是一个阶段性行为过程。这个行为过程系由若干项行为构成，其渐进过程为：企业解散→企业清算→企业注销。每项行为不可或缺，前一个阶段性行为未完成就难以进入后一项行为过程。

(1)企业解散。企业解散是指企业因法律或章程规定的解散事由出现而停止营业活动,拟进入清算的状态。解散是企业退市的原因,也是企业退市的初始性行为。在企业解散行为中,法律所着力解决的问题是企业解散的启动性原因,即企业解散的事由。根据《公司法》以及《公司法》相关司法解释的规定,满足以下任一条件,公司即可解散:①公司章程规定的营业期限届满或其他解散事由出现;②股东决定、股东会、股东大会决议解散;③因公司合并或者分立需要解散;④公司因受到行政处罚或行政处理而解散,如依法被吊销营业执照、责令关闭或者被撤销;⑤人民法院依法予以解散;⑥公司被依法宣告破产。以上六种解散情形中,第⑥种情形下如果公司继续不能自行清算就会转为强制清算,而第⑦种情形是破产清算。另外,在我国的《合伙企业法》《个人独资企业法》等相关企业法规中,也对各类企业的解散事由作出了规定。

企业解散就其法律效力而言,是企业经营能力的丧失以及清算程序的必然开始。《公司法》第 186 条第 3 款规定,清算期间,公司存续,但不得开展与清算无关的经营活动。企业解散就其类型而言,可划分为自愿解散、行政解散、司法解散、破产解散等。

从程序上看,解散又是触发清算的基本事由,是企业法人进入清算环节的前置环节。但解散本身并不会产生企业法人立即终止的效果。

(2)企业清算。企业清算是指企业出现解散事由以后,依法清理企业的债权债务的行为。它是企业退市的居中性环节,一头连着解散,另一头又连着注销。在企业清算行为中,法律所应着力解决的问题是如何了结解散企业的债权债务关系,如何完成清算报告,如何进行剩余财产分配。清算通常由清算组实施,清算可以分为法人的自行清算、法院主持下的强制清算、行政机关主导下的行政清算与司法主导下的破产清算。

清算具有严格的程序性要求。以公司自愿清算为例,《公司法》规定的公司清算程序制度有:①在法定期限内成立清算组并依法备案。②履行依法保障债权人权益程序。清算组在法定期限内依法通知债权人,并在报纸上公告。③依法清理财产和确认清算方案。清算组在依法清理财产的基础上所制定的清算方案应报股东大会确认。④确定公司财产的支付、清偿和分配顺序。清算组依法支付清算费用、职工的工资、社会保险费用和法定补偿金,缴纳所欠税款,清偿公司债务,之后按出资比例或持股比例或公司章程规定的方案向股东分配剩余财产。

(3)企业注销。注销是商事登记机关依申请或依职权在企业法人登记名册上除去企业法人名称的行政行为,是对企业法人退出市场这一法律状态的确认,是企业法人退出市场的最后一步,亦是企业退市的终止符。在企业注销行为中,法律所应着力解决的问题是如何从法律上判定企业已经消亡,并最终清出市场。这是所有退市行为中最具终局性的行为。如果没有完成商事登记注销,就不能认定该企业已经退市。

2. 企业退市行为的完整性

根据《公司法》《合伙企业法》《个人独资企业法》《企业法人登记管理条例》《公司登记管理条例》等相关法律、法规的规定,企业退市流程包括企业解散、清算和注销登记等三个环节,表现出一个体系化的过程。不管是采用何种退市方式,最终都殊途同归,需要在商事登记部门完成注销登记,企业终止。它们的关系是,企业解散是企业清算的前提与原因,企业清算则是企业解散的必然举措,而注销则是企业市场退出的决定性结局。

企业退市,从其终止的要件看,应由实质要件与形式要件构成。实质要件为清算完毕,形式要件为完成注销登记。

市场退出行为伴随着一系列的法律行为和程序,拥有由法律预设的从原点走向终点的体系化路径。需要指出的是,企业组织消亡与自然人死亡不同,一般情况下,企业清算在先,消亡在后,而自然人则死亡在先,清理遗产与债权债务在后。这是因为,企业的债权债务和投资者的各项权益,在企业注销后随即消灭,企业注销后,企业的投资者或债权人均不得再行向企业组织主张权利,除非企业投资者或清算组成员有侵害企业或债权人财产的情况而另按相关规定处理。而自然人死亡由于其遗产需要通过一定继承方式由继承人承受其遗产,承担其债务,所以称之为处理"后事"。由此而论,企业在注销前解散后的清算过程就显得非常重要,通过对清算周全的法律制度设计,既可以保证企业投资者的利益,又确保企业债权人的合法权益,同时一定意义上减少企业清算组成员受到追索或牵连。

(二)企业注销概念与内涵

1. 企业注销概念厘定

企业注销是指企业在作出清算或对企业债权债务处理作出承诺后,向商事登记机关办理注销申请,由商事登记机关颁发企业注销文件并进行注销公告的行为。

企业注销具有以下基本特征。

(1)企业注销既可表现为申请性行为,也可表现为强制性行为。在通常情况下,企业注销应当由企业向商事登记机关提呈申请,提交申请时需要提交相应的申请文件,其中包括债权债务清理报告、完税证明等。在推行简易注销程序中,对于特定的企业在解散后由投资人作出承诺即可办理注销登记。在某些情况下,企业注销也可表现为行政强制性行为,即行政强制注销。

(2)企业注销是要式性行为。为尽量避免或减少因注销差错给利害关系人带来损害,企业注销需要根据企业登记管理的相关要求与程序进行,对于提交的申请文件内容,登记机关的审查方式,注销应履行的相关程序等均具有严格的法律要求。

(3)企业注销是公法上的行为。企业注销的实质是删销登记,商事登记就目前主流观点而言,被认为是行政机关的许可性行为,那么删销登记自然也属于行政机关的许可行为。因此,企业注销作为公法上的行为,既体现国家对企业的行政监管,也反映出一国对企业市场退出所持的基本态度。

2. 企业注销与企业终止概念之辨析

在我国一些法律、法规上,"解散""终止"与"注销"的概念并不十分清晰,不同时期、不同法规对上述概念存在混用现象。

其一,"解散"与"终止"概念混用。有些法律将解散原因作为企业终止原因予以对待。如《民法通则》第 40 条规定,"法人终止,应当依法进行清算,停止清算范围外的活动",该处的"终止"应理解为"解散"。

《民法通则》第 45 条规定:"企业法人由于下列原因之一终止:(一)依法被撤销;(二)解散;(三)依法宣告破产;(四)其他原因。"依我们之见,此处的"终止"应理解为"解散"。撤销、破产应视为解散事由而非终止情形。

《民法通则》第 36 条规定,法人的民事权利能力和民事行为能力,从法人成立时产生,到法人终止时消灭。《民法通则》第 46 条进一步规定,企业法人终止,应当向登记机关办理注销登记并公告。此处的"终止"应理解为企业人格的消亡,这一规定显然在对"终止"概念的理解与运用上与上述《民法通则》第 40 条的规定是相矛盾的。

其二,将"解散"与"撤销"视为并列关系。比如,最高人民法院在《关于贯彻执行〈中华人民共和国民法通则〉若干问题的意见》第 59 条中规定:"企业法人解散或被撤销的,应当由其主管机关组织清算小组进行清算。"此处"解散"与"撤销"被视为并列关系,实则撤销是解散的事由。该规定与《公司法》第 180 条规定的"公司因下列原因解散:(四)依法被吊销营业执照、责令关闭或者被撤销"产生矛盾。

其三,解散、清算、终止三者关系的规定颇为混乱。比如,依据《民法通则》和最高人民法院《关于贯彻执行〈中华人民共和国民法通则〉若干问题的意见》,企业法人解散或被撤销后应组织清算组进行清算,企业法人终止,应当向登记机关办理注销登记。但《企业法人登记管理条例》第 32 条规定："企业法人被吊销企业法人营业执照,登记主管机关应当收缴其公章,并将注销登记情况告知其开户银行,其债权债务由主管部门或者清算组织负责清理。"该规定通常会被理解为企业法人先终止然后再进行清算。

这些概念的混用现象一定意义上反映了我国在不同时期对企业法人退市制度在认识上的差异,以及在立法、司法实践上的不一致。

相对而言,现行《公司法》的相关规定显得清晰合理。《公司法》除明确依法被吊销营业执照、责令关闭或者被撤销等情形只是导致公司解散的原因外,更对公司解散、清算、终止三者的关系作出了合理的厘定:公司除因合并、分立而解散外,因其他事由解散的,应当在解散事由出现之日起 15 日内成立清算组,开始清算;逾期不成立清算组进行清算的,债权人可以申请人民法院指定有关人员组成清算组进行清算。人民法院应当受理该申请,并及时组织清算组进行清算;公司清算结束后,清算组应当制作清算报告,报股东会、股东大会或者人民法院确认,并报送公司登记机关,申请注销公司登记,公告公司终止。

二、企业注销与企业退市的功能互彰

(一)企业注销在企业退市行为中的作用机理

1. 企业注销状况对企业生存质量的反映

企业是市场微观主体,只有企业新陈代谢良好,一国经济才会更有活力。企业注销是企业退出市场的最后一步,注销本身不是目的,仅仅是一种手段。

法律之所以要关注单个企业的注销行为以及整体企业的注销状况,是基于多种因素考量。首先,完整的市场机制包括市场准入、市场交易和市场退出三个部分[①],在开放的市场体制下,企业退市和企业市场进入都是市场机制的重要组成部分,一个国家的企业运行了多长时间被注销,反映着这个国家内企业生存的质量。其次,有效率的经济组织是经济增长的关键,通过注销制度,可以释放和优化配置市场资源,并向社会提供企业消亡信息,有效地保护市场竞争与交易安全。再次,企业注销登记与开业登记相接应。如果只有企业开业登记,没有企业注销登记,那么登记制度就不是一个科学的闭环系统,登记制度的正当性就难以体现。

---

① [美]道格拉斯·诺斯、罗伯特·托马斯:《西方世界的兴起》,厉以平、蔡磊译,华夏出版社1989 年版,第 3 页。

正如自然人在社会生活中经历着生、老、病、死一样,企业作为市场主体也经历着设立、成长、消亡的"生命"过程。如果说开放的市场进入对于鼓励投资、形成公平竞争意义重大的话,那么,畅通的市场退出通道同样必不可少,它最能反映企业生存的质量状况。由此而论,企业自由退出市场是市场经济的需要,也是企业内在本质的要求。

企业存续时间的国际比较,反映出来的基本数据是企业存续时间不是太长。根据美国《财富》杂志统计,在美国,62%的企业寿命不超过 5 年,只有2%的企业能存活 50 年。贝塔斯曼(Bertelsmann)等人通过对经合组织(OECD)体系下 10 个国家的数据分析发现,20%~40%的企业在最初 2 年之内就会退出市场,40%~50%的企业可生存 7 年以上。通常来说,在一个给定的市场里,在 1 年之内大约有 5%~10%的企业离开市场。

而我国公司的"生命线"也不乐观,《财富》杂志之前公布的数据显示,中国中小企业的平均寿命仅 2.5 年,集团企业的平均寿命仅 7 年到 8 年。中国每年倒闭的企业有 100 万户之多。国家市场监督管理总局登记注册局、信息中心于 2013 年发布的《全国内资企业生存时间分析报告》(以下简称《报告》)也印证了这一点。在综合分析 2000 年以来全国新设企业、注销和吊销企业生存时间等数据的基础上,该《报告》指出,2012 年的数据反映的是,企业成立后存续时间为 5 年以下的企业占企业总量的 49.4%;企业成立后 3~7 年为退出市场高发期,即企业生存的"瓶颈期",其中企业成立后第 3 年死亡数量最多,死亡率达到最高;不同行业的企业呈现类型化特征;企业规模越大,存活率越高。企业存活率与注册规模呈正比,大规模企业较小规模企业生存曲线更平稳。如此看来,似乎我国企业的市场存活率要高于上述这些发达国家,但高存活率背后,反而凸显了实践中市场对企业退市的旺盛需求。

2. 企业注销状况对企业退市制度运行效果的检视

企业注销制度,一方面与市场经济相关联,是市场自我调控下的结果,另一方面又与宏观调控相对接,是政府引导市场的一种商事管理制度。

企业注销是企业退市的最后一环,没有企业注销制度的辅助,企业退市制度的价值也将名存实亡。市场主体的优胜劣汰是市场经济的必然规律,任何市场主体都可能会退出市场,这就需要有一套健全的市场主体退出制度来予以保障。[①]

---

① 李曙光:《完善市场主体退出制度意义重大》,载《经济日报》2019-08-02,第 1 版。

企业注销制度和注销方式,在反映国家、政府在市场经济中的作用定位是否合理的同时,也体现出商事登记制度的哲学理念与功能价值。当投资者创办了企业,在运行若干年后认定创业项目失利、企业经营不善时,因企业注销制度的原因不能及时注销旧企业,而是继续做账、报税,这既消耗创业者精力,又占用大量的市场资源,更影响交易第三人对这个企业交易信息的错误判断,这显然是由企业退市制度的不合理性导致的。

　　在 2015 年底,中央经济工作会议提出要进行供给侧结构性改革之后,市场主体的退出问题就成为中国经济改革中的一个焦点、难点和痛点问题。在党中央、国务院提出了以畅通市场主体退出渠道、降低市场主体退出成本为目标的市场主体退出制度改革和完善方案后,完善企业解散、清算、注销制度被赋予了推动经济高质量发展的时代任务,也成为当下《公司法》与《企业破产法》联动修改的制度枢纽。

　　3. 企业注销状况对企业投资者、经营者社会诚信的考量

　　在实践中,企业注销退出主要包括以下三种方式:①企业直接向商事登记部门提出申请注销而退出。②企业在资不抵债的情形下,主动或被动地通过司法程序以破产方式退出。③企业解散后未采取有效的清算与注销手段而被强制注销退出。上述三种企业注销退市方式,表面上看体现着自愿与强制的统一,实质上反映的是企业的社会诚信。企业在经营过程中最清楚的是自己的经营状况,一些企业明知自己经营状况不佳或资不抵债,应当自觉地履行注销程序而退市,却不去为之,而是被国家行政机关强制注销,其根本性的问题就在于企业投资者、经营者的社会诚信问题。

　　从实际效果看,虽然吊销营业执照是对企业最为严厉的行政处罚,但对于已无商业诚信的企业与企业投资者而言,实际上失去了应有的威慑作用,反而成为市场主体非正常退出市场的"主要渠道"和"最佳选择"。2016 年,我国市场监督管理部门吊销的公司数量为 411387 户,但吊销后主动注销的公司数量仅为 22790 户,注销公司占吊销公司数量的比例仅为 5.5%。[①]

　　(二)企业注销的法律效力及其评说

　　1. 企业主体资格终止说及其评说

　　2005 年修订的《公司登记管理条例》第 45 条规定,"经公司登记机关注销

------

　　① 李曙光:《论我国市场退出法律制度的市场化改革——写于〈企业破产法〉实施十周年之际》,载《中国政法大学学报》2017 年第 3 期,第 13 页。

登记,公司终止"。由此可见,传统的公司法理论和立法均认同,公司在履行了清算程序并办理了注销登记后,公司法人资格终止。公司完成注销登记程序,意味着公司作为一个具有独立法人人格的拟制生命体的消亡,也意味着公司作为一个民商事主体因为终止而彻底退出市场,其不能继续享有相应的权利,也不再承担相应义务与责任。

2. 企业经营行为终止说及其评说

对于企业注销行为,也有学者将其理解为企业经营行为终止。其主要观点是,企业并不都具有法人资格,如个人独资企业、合伙企业以及企业法人的分支机构。当这些不具有法人资格的企业以及分支机构办理注销申请,并由商事登记机关作出注销决定后,就意味着这些企业以及分支机构的经营资格丧失,该企业以及分支机构也就完成了退市环节。

3. 对上述学说的评说

上述学说是从不同的视角探讨企业注销对企业实体的影响性问题。对于具有法人资格的企业而言,企业注销是对企业营业资格与企业法人资格的双重否定性评价,即企业既丧失了营业能力又丧失了主体资格;而对于只有营业资格而没有法人资格的企业而言,注销丧失的仅仅是营业能力与营业资格。

针对不同企业类型去认识注销的法律效力,对于我们理解注销产生的法律后果具有现实意义。

三、企业解散后未注销:基于现实问题的反思

(一)企业解散后未注销的社会现象

1. 解散后未办理注销登记:企业数量上的检视

企业解散后未注销在我国目前成为一种常见现象。据我们对当地一些商事登记部门的调查,未办理注销登记的企业法人占已经解散并停止经营交易活动的企业总数的七成左右。

对于这类企业,如果让其继续存续,因其营业执照、印章等证章没有收缴或无法收缴,这些企业对外更具有欺骗性;如果认可其退出市场不再经营,由于其没有办理相关的清算程序,对债权人债权的实现产生严重影响。

2. 解散后未办理注销登记:引发诉讼上的检视

企业解散后未办理注销,其结果是企业的生产经营活动处于休眠状态,但企业的债权债务却未及时清理,债权人登门索债无人理,债权实现只能通过诉

讼途径进行。这类诉讼目前处于高发状态,一定程度上反映了企业解散后未办理注销登记给债权人利益带来的损害。

在企业未依法清算也未依法注销的情况下,债权人仍应以该企业为诉讼主体参与诉讼,2015年最高人民法院发布的《关于适用〈中华人民共和国民事诉讼法〉的解释》第64条规定:企业法人解散的,依法清算并注销前,以该企业法人为当事人;未依法清算即被注销的,以该企业法人的股东、发起人或者出资人为当事人。但现实情况是,该类企业大多情形是人财两空,引发生效判决书执行上的困难。为此,最高人民法院《关于民事执行中变更、追加当事人若干问题的规定》第22条规定:"作为被执行人的法人或其他组织,被注销或出现被吊销营业执照、被撤销、被责令关闭、歇业等解散事由后,其股东、出资人或主管部门无偿接受其财产,致使该被执行人无遗留财产或遗留财产不足以清偿债务,申请执行人申请变更、追加该股东、出资人或主管部门为被执行人,在接受的财产范围内承担责任的,人民法院应予支持。"这些规定,为债权人对那些企业解散后未办理注销登记的情形提起诉讼,寻求司法解决提供了司法指导。

3. 解散后未办理注销登记:企业受到处罚上的检视

一些企业在解散后未办理注销,仍按正常企业存续,但因提供不了企业年度经营报告,引起商事登记管理部门重视,如经检查存在企业解散情形又不在规定时间内进行清算与办理注销登记的,商事登记部门对该类企业实施撤销、吊销营业执照等处罚。

课题组对一些地区的调研数据进行分析,发现解散后未办理注销进而被市场监管部门给予吊销营业执照处罚的,约占解散后未办理注销企业总数的25%。

4. 解散后未办理注销登记:社会隐患上的检视

解散后未及时办理注销登记,形成客观上的僵尸企业,既死似活,既活似死,导致交易第三人无法进行有效的识别,给交易安全带来严重影响。

更有甚者,解散后未办理注销登记,使得国家相关部门的企业户数统计虚假失真;还造成企业员工被非法遣散,银行贷款与税收得不到清收,造成金融债权与国家税收大量流失,引发金融风险,危及财政根基。

(二)企业解散后未注销的根源

1. 企业解散后未清算

清算是一项法律要求比较高的行为,清算涉及债权债务的清理,涉及投资者出资不到位的催缴,涉及拖欠的员工工资与社保缴费的支付,涉及账册的提交与财产的造册,这对于一些长期做假账,长期拖欠员工工资,长期存在虚假出资与抽逃出资的违规经营企业而言,是无法正常面对的。因而,它们不愿正视企业清算这一现实,再加上烦琐的清算程序及高昂的清算成本,一部分企业往往会在清算这一步选择逃避,甚至干脆不清算。

没有清算,也就难以通过注销程序,这些企业只能选择以非正常方式退出市场,其结果是名为企业退市了,实际上企业仍存续。

2. 企业虽经清算但未形成清算报告

企业清算的最终结果需要形成清算报告,并经企业投资者签字确认,作为办理注销登记的重要文件。

但是,在现实生活中,一些企业由于账册的虚假性、出资的虚假性、分红的虚假性等,经清算存在诸多违法问题,清算工作进展到一定阶段后无法正常进行下去,结果是半途而废,难以形成具有公信力的清算报告,导致注销工作无法正常实施。

3. 企业虽经清算但无法提供完税证明

企业注销除了提交清算报告外,还需提交由税务部门出具的企业完税证明。

就注销的材料而言,有些比较容易取得,比如营业执照正、副本,企业注销登记申请书等,这些注销材料在企业开始清算时,就提交给相关部门进行备案;而有些文件是上一个阶段的工作结果,如清算报告也不难取得;但很多申请注销的企业是多年未正常经营的非正常企业,这些企业在办理税务注销时,由于存在欠、偷、漏税问题而无法取得税务部门出具的完税证明。如要税务部门出具完税证明,不但需要补税,而且还需补缴滞纳金,甚至还会面临罚款处罚。为了逃避税收,一些企业在解散后宁愿被商事登记部门处罚,也不愿去办理注销登记。

4. 企业清算达不到法定要求未被审核通过

一些企业走完了清算程序,但清算工作无论是清算内容的合法性还是清算程序的合法性均存在问题,提供的申请材料不全面,企业投资者仅为部分人员签字,清算报告也未经企业议事机关审议通过。

由于企业清算应具备的法定要求无法满足,最终无法在注销申请上获得商事登记管理部门的审核通过。

第二节　普通注销与简易注销：
两类注销制度的异同性评析

为了便利企业退出，原国家工商行政管理总局于 2015 年 5 月起开始探索、部署企业简易注销制度，以精简注销登记流程、降低企业注销登记成本为出发点，从地方试点到全国全面推开。与普通注销相比，简易注销改革对实现企业市场退出便利化具有重要意义，但作为一项新生事物，由于缺乏立法顶层设计，在制度运行中还存在不少问题，需要从理论上进行检视，从制度构建上给予完善。

一、企业退市的普通注销制度

（一）企业普通注销制度的法定要求

1. 实质性要求

以公司注销为例，根据《公司法》等相关法律法规的规定，公司从解散到注销涉及内外部的多个环节和时点，其中包括由股东会作出解散决议、成立清算组、清算组备案、对外公告、申报债权、清算报告经股东会确认、清算报告报送公司登记机关、注销公司登记、公告公司终止。

任何制度都会产生社会成本，但当社会收益大于社会成本时，该项制度的存设则具有一定正当性。就普通注销制度而言，它要解决的是，当准备让一个走向死亡的企业组织退市时，面对的现实性问题是，它毕竟从事了相当长时间的经营活动，涉及全体投资者、债权人、国家机关、企业员工诸多交错的利益关系，在国家、投资者、员工、债权人诸种利益进行协调、平衡的过程中，创设出注销制度所特有的一套较为繁杂的程序，以其严格且规范化的程序确保实体利益处理的公正与公平。

应当认为，在商事登记实行严格审查主义的背景下，这套注销制度具有一定的合理性。它构建的规则逻辑是：企业是"经济人"，具有私利性与追求自身利益的最大化；当它在市场上无利可图，继续经营将会损害其自身利益或进一步损害其自身利益时，企业就会选择退出市场，而且会选择以最简单的方式和最节约成本的方式退出市场；而市场退出是涉及多重主体利益诉求的交汇点，为平衡多重利益主体的利益关系，退出制度的构建应当公平、有序，且不因制度执行上的问题由执行机关来担责。

2. 程序性要求

不同类型企业在注销程序上，立法设定了不同的要求。

根据《公司登记管理条例》第 43 条规定，公司申请注销登记，应提交下列文件：①公司清算组负责人签署的注销登记申请书；②人民法院的破产裁定、解散裁判文书，公司依照《公司法》作出的决议或者决定，行政机关责令关闭或者公司被撤销的文件；③股东会、股东大会、一人有限责任公司的股东、外商投资的公司董事会或者人民法院、公司批准机关备案、确认的清算报告；④《企业法人营业执照》；⑤法律、行政法规规定应当提交的其他文件。其中第⑤项中的"其他文件"主要包括税务部门出具的完税证明、公司进入清算程序前的公告证明等。

（二）普通注销的制度困境

1. 构建理念：未能处理好安全与效率关系

注销登记，作为企业退出市场经营活动的重要环节，首先，必然贯穿着对效率的需求；其次，注销登记审查重点就在于保障安全价值。

近年来，我国市场主体注销难的问题不断凸显，2020 年我国注销吊销企业共有 438.2 万户，平均每天注销吊销 1.2 万户。自 2021 年 7 月国家市场监督管理总局制定的《市场监督管理严重违法失信名单管理办法》（国家市场监督管理总局令〔2021〕44 号）施行后，经营异常名录中原本就应当注销的企业纷纷寻求注销，导致注销量激增，如何解决注销难问题成为完善我国社会主义市场经济主体退出机制的一个重要问题，这一问题出现的原因主要集中在惩处违法失信企业的市场效应和注销过程本身的复杂、低效两个方面。

我国现行《公司法》《公司登记管理条例》等法律、行政法规以及部门规章对企业注销和个体工商户注销规定了过高要求，就其实质，比较注重注销过程的安全价值。

企业注销过程注重安全价值是必要的。企业注销与企业设立相比，由于大多数企业在注销前从事过经营活动，牵涉到诸多利益主体，必须对之前所产生的法律关系做一个了结，企业注销势必涉及私益与公益的双重保护问题。就私益而言，企业必须偿付债务，包括员工工资、各类债权等；就公益而言，企业必须缴清税款，如果卷入诉讼，还必须了结诉讼，另外，还必须注销公司账户，注销印章，注销营业执照。

但是，在相关注销制度构建上，寻求安全与效率的平衡性显得十分重要，过于强调安全,势必增加办理注销的时间和难度,进而引发企业退市的困难,最终结果是该退市而不让其退市,形成大量的"僵而不死""解而不散"的企业,既影响了市场机制的效率,又危及了市场秩序与交易安全,拖延了僵尸企业的出清时间,影响企业兼并重组的效率,也给商事登记机关造成很多不必要的工作负担。

在简易注销制度施行前,有学者曾对所在地 42 家公司制企业发放问卷,发现 90％的调查对象认为现行的注销程序烦琐。[①] 企业注销制度解决的是一家企业生命的终结问题,其立法及其操作施行的科学性和精细化程度,看似并不直接对市场经济繁荣和市场主体活力贡献几分,但却承载着对注销理念的价值追求。

2. 实际效果:企业退市通道不畅

企业注销的本质是解决企业主体的终止问题。在普通注销程序上,注销难究竟难在何处?从实证分析获得的结论看,难在三个主要点上。一是注销的前置程序复杂,需要提交的注销文件过多。二是注销实行严格审查主义,造成提供的申请资料进行实质审核而难以过关。三是涉及审查主体过多,办事流程复杂。由于注销难客观存在,实际执行效果是企业退市通道不畅。

因此,在市场主体便捷准入的同时,如何使陷入困境的市场主体遵循经济规律的要求,通过快速便利退出市场,释放被其自身占据的生产资源和要素,以重新完成生产资源和要素的优化配置,日益成为摆在商事制度改革面前的难题。

二、企业退市的简易注销制度

(一)简易注销制度的意涵与构建逻辑

1. 简易注销制度的意涵

简易注销制度,实质是对普通注销制度的简化。是指针对特定的市场主体,通过简化方式达到快捷退市的要求。

在 2021 年 8 月,由国务院制定的《市场主体登记管理条例》(国务院令第 746 号)颁布之前,我国的法律、法规对简易注销制度没有以法条的方式作出明文规定,简易注销制度的概念与相关制度构建来源于国务院相关部委的行政规章以及各地试点的规范性文件。《市场主体登记管理条例》第 33 条对企

---

① 王芳、彭健锋:《泉州市公司简易注销改革制度的思考与实践》,载《中国市场研究》2018 年第 5 期,第 36 页。

业简易注销作出了规定,但未给出明确的定义。

企业简易注销相对于普通注销,遵循的是"便捷高效、公开透明、控制风险"原则,在企业注销程序和提交材料等方面做出简化,具有降低成本、提高效能、整合资源等独特价值,被视为具有一定制度生命力和发展前景的企业退市制度。

企业简易注销制度,就其制度内涵而言,包括制度的适用范围、简易审查的基本要求、事后的追责等方面,是一项需要进行标准化建设的新事物。

2. 简易注销制度的构建逻辑

(1)简易注销的经济学逻辑。西方古典经济学中的"经济人"假设,认为人具有完全的理性,可以做出让自己利益最大化的选择。1978 年诺贝尔经济学奖得主西蒙修正了这一假设,提出了"有限理性"概念,认为经济人是介于完全理性与非理性之间的"有限理性"状态。人的行为都是经济的,所有的人都是经济人,任何一项事情是否应该去做,人们考虑的出发点是这项事情能否为自己带来利益,如果是的话,人们的思维就会进入下一步,即对成本的考量。经济人经过计算,发现所为行为获得的利益高出支付成本的,人们就会毫不犹豫地下手去做,反之,就会选择放弃。伴随市场经济的发展,市民社会的基础理论和自我共识正逐渐形成。市场主体的自我责任得到了进一步的体现。就注销制度而言,企业愿意注销,追求其经济利益,可以通过设定自我担责的许诺制度,满足企业想注销的意愿。企业作为经济人就会在是否走简易的注销程序中进行选择。

(2)简易注销的监管逻辑。安全和效率是市场监管的两种价值取向。强调安全意味着需要构建更多规制,进而产生更大的交易成本和对制度创新给予更低的包容度;强调效率则意味着相对简化规制体系,更多地支持市场经济契约、结构和交易安排,促进市场经济公平竞争。

对于企业退市行为监管者而言,它扮演私法的维护者与公法的执行者的角色,就私法维护者角色而言,应给市场主体提供一种受法律保护的自由,在私法框架内,由市场主体进行自我决策,进行市场交易,并自己承担相应的法律后果。就公法执行者的角色而言,需要站在法律和社会公共利益的角度,在市场失灵时适时介入,维护社会公共利益。

(3)简易注销的社会学逻辑。市场主体既是"经济人",也应该是"社会人"。作为"社会人",其完成自身利益最大化的追求不是在独立的个人活动中达成,而是在不断交换中实现。通过社会化,自然人在适应社会环境、参与社会生活、学习社会规范、履行社会角色的过程中,逐渐认识自我,并获得社会的认可,取得社会成员的资格。"社会人"理论认为,每个人都能成为市场交易的参与者和社会信用的监督者,市场主体的信用受到来自全社会的监督。市场主体一旦发生失信行为,其市场交易行为将受到限制,经济和名誉受到损失。因此,市场主体必须审慎对待自己的行为。人们在享受权利的同时,还需要承担相应的法律后果。市场主体需要对市场经济中的自身行为进行理性选择与判断,自己享有收益、承担风险。

(4)简易注销的现实制度逻辑。我国市场经济发展到今天,如何进一步激发市场主体竞争活力,促进正向激励和优胜劣汰成为深化改革的"深水区"。现行普遍注销制度存在的问题,导致企业退市的实施效果不甚理想。据最高人民法院统计,2014 年全国法院审结的破产案件仅为 2059 件,大部分资不抵债的企业在退出市场时并未适用破产程序,绝对数量并不多[①],从国家工商行政管理总局的统计数字看,2014 年全国企业注销数量为 50.58 万户,适用破产程序的企业占所有退出市场企业的比例不足 0.4%,大部分资不抵债的企业在退出市场时,本该适用的破产程序因为种种原因并未启动;被吊销营业执照后主动注销的企业数量仅占全部被吊销营业执照企业数量的 11.03%,大量应当注销而未注销的企业成了事实上的"僵尸企业"。

从商事制度改革情况看,推进符合条件的企业实行简化注销流程应成为一个改革方向。2019 年 6 月,经国务院同意,由国家发改委等 13 个部门联合发布了《加快完善市场主体退出制度改革方案》(发改财金〔2019〕1104 号),为简易注销制度的进一步推进与完善提供了政策指引。

(二)简易注销制度的创新价值

1. 效率优先与兼顾安全

"商事交易,固贵敏捷,尤须重安全。"[②]以普通注销程序为核心的传统注销制度在价值取向上表现出向交易安全倾斜的强烈色彩。[③] 然物极必反,"如果对安全的欲求变得无所不包,那么就会产生这样一种危险,即人类的发展会受到抑制或妨碍,因为某种程度的压力、风险和不确定性往往是作为一种激励成功的因素而起作用的。"[④]商事主体在设立与退出中过于强调交易安全,增

---

① 清华大学国家金融研究院、中国政法大学破产法与企业重组研究中心:《加强破产法实施依法促进市场出清》,载《清华金融评论》2016 年第 7 期,第 15 页。

② 张国键:《商事法论》,台湾三民书局 1980 年版,第 43 页。

③ 范健、王建文:《商法基础理论专题研究》,高等教育出版社 2005 年版,第 338 页。

④ 〔美〕埃德加·博登海默:《法理学:法律哲学和法律方法》,邓正来译,中国政法大学出版社 1999 年版,第 295 页。

加其设立与退出的不必要成本支出,则反而达不到制度设计所应有的预期。在退市操作中,"僵尸企业""歇业企业""休眠企业"的大量存在即为例证。

对于那些速进速退类的企业,推行简易注销制度可以彰显效率价值。如在简易注销制度中,规定未开业企业在注销登记过程中不再提交清算组备案证明,提交的多份文书材料合并简化为全体投资人承诺书;未开业及开业但无债权债务企业不再进行清算登报公告,利用网络技术手段进行网上申请、审查、登记与信息公示等。上述举措比较妥当地处理了效率与安全诉求的博弈关系,在制度设计的价值取向上由安全优先向效率优先转变。

2. 理性管制与营业自治

商事登记的目的不仅仅在于强化对市场准入行为与市场主体运行行为实施必要的监管,而且还在于服务和促进市场经济的发展。事实上,在商事活动领域,我国长期实行的是行政主导的管控模式。通过行政许可来对营业者资格准入进行限制,而非真正依靠市场力量激发商事主体的活力。[①]

简易注销制度是建立在对商事登记行为的理性管制基础之上的。简易注销制度的理性在于,它通过形式审查完成市场主体的退出程序,较好地解决了那些"速进速退"企业因经登记机关备案、公告、清算、申请等普通注销流程而怠于注销的问题,体现出市场监管者尊重市场理性,实现从规制型监管向服务型监管的理念转变。

简易注销制度同样建立在对企业的营业自治基础之上。营业自治是现代商事法中的一项基本制度,它将市场监管者的市场监管行为与市场经营者的自律行为两者有机地统一起来,以解决监管实践中政府对市场监管行为的不足与盲点问题。自由不仅意味着个人拥有选择的机会和承受选择的负担,它还意味着个人必须承担自由行动的后果,并接受对自己行为的赞扬或非难。自由与责任两者并不可分。[②] 诚如学者所言:"制度提供人类在其中相互影响的框架,使协作和竞争的关系得以确定,从而构成一种社会经济秩序。"[③]

3. 诚信推定与背信必惩

诚信推定是指商事主体依法进行的申请注销行为除非有相反证据证实其

---

①　崔文玉:《营业自由与公司资本制度的变革——以欧洲国家公司法中的营业自由为研究视角》,载《环球法律评论》2014 年第 1 期,第 152 页。

②　[英]弗里德里希·奥古斯特·冯·哈耶克:《自由宪章》,杨玉生等译,中国社会科学出版社1999 年版,第 10 页。

③　[美]道格拉斯·诺思:《经济史上的结构和变革》,厉以平译,商务印书馆 1992 年版,第195 页。

违法,都应当被认为是善意和合法的。同样,在没有相反证据可以提出异议的情形下,对商事监管机关作出的对某类特殊主体的注销行为也是善意和合法的,这是一种行为信赖。企业作为重要的商事主体与商事监管机关之间的行为信赖虽然不会带来直接的经济利益,但若缺失了这份信赖则可能带来不必要的损失。

具体到简易注销登记制度而言,这种信赖与信赖背信是通过构建"投资者承诺书""公告的公信力"与"失信制裁"制度来完成的。它们共同维护着一种公众与登记机关、公众与注销申请人、注销申请人与登记机关之间既存的信用关系,"只有当必不可少的信赖被保护时,人类才有可能在保障每个人各得其应得者的法律之下和平共处"①维护着交易市场的整体安全。

三、两类注销制度异同性之比较

(一)统一路径下的注销制度的共同性

1. 共同的价值信守:商业诚信

根据商事登记规范,简易注销登记涉及有限公司,也涉及非公司法人(如国有企业、集体企业)、个人独资企业、合伙企业等。

以作为企业主要形式的有限责任公司为例,当下企业退市的主要退出路径还是遵循着《公司法》第 10 章"公司清算和解散"以及《〈公司法〉司法解释(二)》中规定的各种原则与操作流程,遵循"解散→清算→注销"的路径,不管是采用何种方式进行注销,最终都殊途同归,在商事登记部门的注销登记,使得企业主体消亡。

2. 共同的目标实现:企业清退

简易注销与普通注销,其最终目标追求在于注销企业人格和商事能力,从而达到市场主体清退的目标。

企业注销了,市场主体从市场上清退的最终目标也就实现了,注销制度就达到制度设计的根本目的。

3. 共同的商事秩序维护:平衡各方利益

在企业注销中,最大的难点与堵点就是难以达成各方利益的平衡。

---

① [英]弗里德里希·奥古斯特·冯·哈耶克:《自由宪章》,杨玉生等译,中国社会科学出版社1999 年版,第 10 页。

简易注销处理不好就会造成对企业债权人利益、社会公共利益的不应有漠视；普通注销处理不好就会影响商事效益，挫伤投资积极性。

两大注销途径虽然形式各异，程序不一，但是都需要将平衡各方利益，维护商事秩序作为共同的秩序价值追求。

(二)统一路径下的制度差异

1.制度设定的内容差异

以公司注销为例，实行普通清算与注销的基本流程主要有以下几项。①成立清算组。按照《公司法》第183条的规定进行，公司在解散事由出现之日起15日内成立清算组，并进行清算公告。②清算组接管公司并设立清算账户。公司原法定代表人应当全面向清算组移交公司管理权，移交包括公司的公章、债权债务清册、资产清册、账务账册、职工花名册等在内的公司内部管理文件。③清理公司财产。清算组在确定公司的财产范围后接管公司财产，并要求占有清算公司财物的持有人交还其财物。④接管公司债务并开展债权回收。包括公司债务的确认和登记、催收应收款以实现债权的回收工作。⑤通知或者公告债权人申报债权，进行债权登记。⑥制作清算报告，报公司股东会确认。⑦向税务机关办理完税证明。⑧向商事登记机关提出注销申请。⑨商事登记机关进行审核，同意注销的，作出注销报告并进行注销公告与注销登记。

与普通注销程序需要提供的烦琐文件相比，如果采用简易注销程序，企业在整个流程中只需要提供四个文件，不再提交清算报告、刊登公告的报纸样张等材料。上述四个文件是指：①《申请书》。②《指定代表或者共同委托代理人授权委托书》。③《全体投资人承诺书》，强制清算终结的企业提交法院终结强制清算程序的裁定，破产程序终结的企业提交法院终结破产程序的裁定。④营业执照正、副本。在收到这四份文件后，对于公告期内未被提出异议的企业，企业应于公示期届满之日起20日内向登记机关申请注销登记。至此，简易注销程序终结，企业主体消亡。

由于简易注销无须再提交清算报告、投资人决议、清税证明、清算组备案证明、刊登公告的报纸样张等材料，极大降低了市场退出成本。对于便利市场主体的退出，释放社会资源有着积极意义。

2.因企而异

普通清算与注销适用于所有各类企业，而对于简易注销企业，目前在政策性文件中主要适用于公司制企业与个体工商户。

一个值得思考的问题是,非公司制企业能否适用简易注销程序?

我们的基本意见是,非公司制企业也可以适用简易注销程序。基本理由有:简易注销制度在推进的路径上,与普通注销制度的"解散、清算、注销"三个环节相比,仅仅少了清算环节。而清算应由哪些内容组成,有其特定性,与企业类型没有直接关联。

另外,对于已进入强制清算程序和破产清算程序的企业,在强制清算与破产清算结束后,宜采取简易注销程序。因为这两类企业已通过司法程序,其债权债务已清理完毕,故在注销程序上可以直接办理简易注销手续。

每个企业在设立后,相关经营活动具有极强的个体性与差异性。

首先,在简易注销程序中,允许两种企业,即前文所指的"未开业企业"与"无债权债务企业"自行决定是否采用简易注销程序以开启注销环节;决定采用的,相关企业在指定的国家企业信用信息公示系统进行公告作为简易注销程序的开始,无须像普通注销那样成立清算组,并到商事登记机关进行备案,再进行纸媒公告等程序。

其次,简易注销程序仍保留异议程序。当上述两类企业在国家企业信用信息公示系统中的简易注销栏目里,除以红色字体说明企业自行公告简易程序注销外,亦同时标出异议程序,这就表明在公示阶段,其他主体可以对该企业以简易程序注销提出异议。

再次,简易注销程序仍需接受相关主管部门的审查。根据 2016 年国家工商行政管理总局《关于全面推进企业简易注销登记改革的指导意见》(工商企注字〔2016〕253 号)的要求,对于"未开业企业"与"无债权债务企业"进入简易注销程序的公告,登记机关应当同时通过国家企业信用信息公示系统将企业拟申请简易注销登记的相关信息推送至同级税务、人力资源和社会保障等部门,涉及外商投资企业的还要推送至同级商务主管部门。在公告期 45 日内利害关系人及相关政府部门可以通过国家企业信用信息公示系统提出异议并简要陈述理由。登记机关对选择简易注销程序的企业提交的文件进行形式审查,对于公告期内被提出异议的企业,登记机关应当在 3 个工作日内依法作出不予简易注销登记的决定。被提出异议的企业将不能再适用简易注销程序,日后若再要进行注销则需重走普通注销的流程。国务院颁布的《市场主体登记管理条例》将公示期缩短为 20 日,在此期限内,相关部门、债权人与其他利害关系人无提出异议的,可以直接办理注销登记。但对提出异议如何处理?《市场主体登记管理条例》并未作展开性规定,可以适用《简易注销登记指导意见》的相关规定。

可见,在简易注销时,企业虽看似无经历烦琐清算程序之忧,却在事实上受到公告异议期这一达摩克利斯之剑的约束,一旦被异议则不再享有简易注销的便利,只能被迫转向普通注销之路。

第三节　简易注销制度在我国的实践与问题

法律制度总是在对目标价值追求的抉择中修改与完善起来的。企业简易注销制度在我国由地方实践到全国推行经历了演进性过程,这个演进性过程,体现着改革者的勇气与智慧,也留下了制度不断深化、完善而弥足珍贵的发展轨迹。

一、地方先试先行与差异化运行

（一）地方上的先试先行

2015 年 4 月,国家工商行政管理总局支持上海市浦东新区、江苏省盐城市、浙江省宁波市、广东省深圳市四地正式启动简易注销试点。同年 9 月,国家工商行政管理总局发出《关于进一步推动企业简易注销改革试点有关工作的通知》(以下简称《通知》),改革试点地区扩大到天津、内蒙古、浙江等 7 个省区市。明确提出凡符合《通知》要求,遵循便捷高效、公开透明、控制风险的原则,即可开展简易注销改革试点工作。简易注销制度由此在试点的基础上得到长足推行。

以 2015 年 4 月推行的全国四个"简易注销"改革试点区域之一的宁波市为例,宁波率先开辟"简易注销"通道,允许宁波市未开业的企业或无债权债务的个人独资企业、普通合伙企业、有限责任公司合法而快速地退出市场。简易登记制度推出后,截至 2016 年 5 月 25 日,宁波全市运用简易注销程序办理了 7119 家企业注销,其中有限责任公司注销 1669 家,个人独资企业注销 905 家,普通合伙企业注销 187 家,个体工商户注销 4135 户,其他类企业注销 223 家。①

上述试点地区所推进的商事简易注销制度是通过制定和颁布相关规范性

---

① 参见毛雷君:《宁波简易注销程序实施一年注销 7000 余家企业、个体户》,http://biz.zjol.com.cn/system/2016/05/31/021171427.shtml,2016 年 10 月 26 日访问。

文件,并适用于各自辖区内进行的。

（二）地方上的差异化运行

1. 对象的适用

在对先试先行地区一些规范性文件的比较分析中,我们注意到了各地之间在简易注销制度设计上的异同性问题。

在申请简易注销的条件认定中,除必须是未开业企业、无债权债务的企业这个大前提外,上海市浦东新区、广东省深圳市、浙江省宁波市、江苏省盐城市、天津市、内蒙古自治区呼和浩特市、辽宁省沈阳市、广西壮族自治区防城港市等各地试点地区,对简易注销适用的企业类型作了一些差异性的规定。如表7-1所示。

表7-1　试点地区对试用对象设定一览表

序号	试点地区	试用主体	文件依据
1	上海市浦东新区	有限责任公司(设立未满3年)、合伙企业(设立未满3年)	《上海市浦东新区企业简易注销登记管理试行办法》
2	江苏省盐城市	有限责任公司、股份有限公司、个体工商户、个人独资企业、合伙企业、非公司法人企业	《盐城市企业简易注销程序规定(试行)》
3	浙江省宁波市	个人独资企业、普通合伙企业、有限责任公司(设立已满1年且注册资本在500万元以上和暂不实行注册资本认缴登记制行业的27类企业除外)	《宁波市市场监督管理局开展企业简易注销改革试点的实施方案》
4	广东省深圳市	有限责任公司、合伙企业、个人独资企业	《深圳市企业简易注销登记规定》
5	天津市	除个体工商户、农民专业合作社外的所有类型企业	《天津市试点推行企业简易注销登记办法(试行)》
6	内蒙古自治区呼和浩特市	有限责任公司、未上市的股份公司	《呼和浩特市实行企业简易注销登记改革试点工作的实施意见》

序号	试点地区	试用主体	文件依据
7	辽宁省沈阳市	个人独资企业、普通合伙企业、有限责任公司[设立之日起已满1年或注册资本（金）人民币100万元及以上和暂不实行注册资本认缴登记制行业的27类企业除外]	《沈阳市企业简易注销登记管理办法（试行）》
8	广西壮族自治区防城港市	个人独资企业、普通合伙企业、有限责任公司（设立已满2年且注册资本在1000万元以上的企业、暂不实行注册资本认缴登记制行业的27类企业和外商投资企业除外）	《防城港市企业简易注销程序规定（试行）》

2. 注销申请材料的提交要求

对于简易注销申请材料,在各试点地区的规范性文件中均有规定,但有所不同。比如深圳市,省略企业清算备案和清算报告提交,要求额外提供解散决议书、无债权债务声明、责任承担承诺书、注销公告;盐城市则对企业分类提出不同的要求,除均需补充提交企业无债权债务情况说明材料外,合伙企业还需提交企业债务连带责任承诺书,公司制企业则还需提交债务承担承诺书;防城港市对股东决定解散的公司制企业仍然要求组成清算组清算,但无须清算组向登记机关备案登记这一环节,清算报告经股东会确认后可直接申请简易注销登记,其他类型的企业仅凭解散决定书和清算责任承诺文书即可申请登记。

3. 公告的形式及时间要求

在各试点地区的实践中,企业注销公告是企业简易注销的通用方式,但不是唯一方式。在天津市,企业可以选用报纸或者公示系统进行公告;在浙江省,企业可以通过浙江省工商行政管理局简易注销系统进行信息公示;在沈阳市,企业可以通过工商登记机关门户网站进行信息公示。

公告或公示完成的时间并不限定为45天,在试点地区中,仅深圳市和沈阳市仍规定公示45日,其他地区作了不同幅度的缩短。上海市、呼和浩特市、宁波市均规定公示时长为10个工作日,九江市则仅需7个工作日公示即可完成。

4. 简易注销差错的救济

为体现有错必纠,天津市和九江市设置了利害关系人异议程序,如有利害关系人提出异议,简易注销即告终结,即进入普通注销的程序回转环节。对于企业恶意注销以逃避债务的情形,天津市、呼和浩特市、宁波市、沈阳市、九江市均赋予利害关系人通过民事诉讼渠道维护自身合法利益的权利。对于企业利用虚假信息通过简易程序骗取注销登记的情形,宁波市、九江市、防城港市还要求工商登记机关通过撤销登记,于企业信用信息公示系统公示等途径承担纠错的职责。

(三)地方样本运行的实质性意义

针对简易注销制度的存设性问题,让地方先试先行,有所探索、有所创新,为全国性推行总结经验得失,以减少全面推行的试错风险。因此,地方实践样本中允许各地不固守一个模式是有其实际意义的。

但该项简易注销制度在初现实践效果的同时,试点中的问题也随之出现。试点地区对适用主体的界定存在差异,典型问题是"未开工企业""无债权债务企业"有无分类标准,非上市股份有限公司能否纳入范围,适用范围除外的规定是否过严。针对全体投资人出具的承诺书,其性质和效力难以明确。在实施程序上,注销公告的期限应予压缩。在清算程序的问题上,清算与注销程序的关系亟待厘清。在法律责任上,市场主体欺诈性简易注销,从民事责任和行政处罚角度均存在缺陷。就制度实施中行政机关存在的问题而言,税务注销程序实施不畅;行政机关与人民法院的沟通协调不畅;行政追责所依据的上位法缺失,导致追责主体、责任分担、国家赔偿等具体问题不能明晰;在注销登记存在隐瞒真实情况、弄虚作假的情形下,撤销登记等救济程序尚不完善。就制度实施中对第三方利益保护问题而言,主要表现为异议主体过于单一,异议提出方式尚不统一。

二、简易注销制度的全国性推行

(一)简易注销制度全国推行评述

2016 年 12 月,国家工商行政管理总局发布《关于全面推进企业简易注销登记改革的指导意见》(工商企注字〔2016〕253 号,以下简称《简易注销登记指导意见》),自 2017 年 3 月 1 日起,在全国范围内全面实行企业简易注销登记改革。这是商事主体简易注销制度在地方试点实践一年多以来博采众长的结果。

2019 年 1 月,国务院召开常务会议决定推出注销便利化改革措施。随后,国家市场监督管理总局等部门联合印发《关于推进企业注销便利化工作的通知》(国市监注〔2019〕30 号),聚焦企业注销中的"难点""痛点""堵点"。重点涉及的内容有:一是加强信息共享和业务协同,推行企业注销"一网"服务。二是改革企业登记注销制度,简化企业登记程序和材料。三是推行税务注销分类处理,提高清税速度。四是优化社保、商务、海关等登记注销,降低企业办事成本。五是针对特殊问题(如股东失联、营业执照遗失)制定方案,加大行政指导力度。六是强化信用管理,完善联合惩戒制度。

2019 年 7 月,国家发改委等部门为畅通市场主体退出渠道,推动经济高质量发展,印发了《加快完善市场主体退出制度改革方案》(发改财金〔2019〕1104 号)。2019 年 8 月 15 日,国家市场监督管理总局官网正式设立企业注销便利化专区。通过总局设立的企业注销便利化专区,汇集了全国 31 个省(自治区、直辖市)企业注销"一网"服务平台的链接,企业通过各地注销"一网"服务平台,可以便捷地获知各部门办理注销的环节流程、进度和结果。据统计,2019 年 4 月 1 日至 2020 年 9 月 30 日,全国共有 112 万户企业通过公示系统办理了清算组备案;108 万户企业通过公示系统发布了债权人公告。企业办理注销的时间从平均 105 天缩短至 70 天左右。

2021 年 2 月,国务院常务会议部署完善企业特别是中小微企业退出相关政策,提出了三个方面举措,包括完善中小微企业简易注销制度、建立企业破产和退出状态公示制度等。2021 年 3 月,在企业注销"一网"服务及简易注销的基础上,国家市场监督管理总局下发《关于同意扩大适用企业简易注销登记改革试点工作地域范围的批复》,同意将适用简易注销登记改革试点工作地域范围进一步扩展。

(二)简易注销制度创新点:与地方实践样本比较

与地方性样本相比,在简易注销设定的条件上,申请简易注销商事主体的大前提仍然是未开业、无债权债务的企业,在简易注销制度功能发挥的机制上,仍旧是通过缩短公示时间,简化注销流程,减少申请材料等方面便利符合条件的企业更快捷地退出市场,释放市场活力。但在相关制度的理念与具体操作步骤上则存在异于样本实践的诸多创新点。

(1)简化流程,压缩公示时间。将企业简易注销登记公告时间由 45 天(自然日)压缩为 20 天(自然日),公告期届满后 30 天(自然日)内,企业向登记机关申请注销登记。

(2)压减申请材料,扩大适用类型。改革后,通过完善全体投资人签署的

《全体投资人承诺书》,减少申请材料,简易注销不再提交清算报告、投资人决议、清税证明、清算组备案证明、刊登公告的报纸样张等材料。全体投资人需对提交材料的真实性、合法性负责。

(3)适用主体类型扩大。在原有企业简易注销登记适用范围基础上,将适用的企业类型拓展至领取营业执照后未开展经营活动、申请注销登记前未发生债权债务或已将债权债务清算完结的非公司企业法人、个人独资企业、合伙企业、非上市股份有限公司。另外,农民专业合作社、各类企业分支机构也可适用企业简易注销登记程序。

(4)建立企业简易注销容错机制。企业申请简易注销登记的,经登记机关审查存在"被列入企业经营异常名录""股权(投资权益)被冻结、出质或动产抵押等情形""企业所属的非法人分支机构未办注销登记"等不适用简易注销程序的,待异常状态消失后,允许企业再次依程序申请简易注销登记。对于因承诺书文字、形式填写不规范的企业,登记机关在企业补正后予以受理其简易注销申请。

简易注销改革使企业市场退出数量增多。单是改革实施的首年2017年,公司注销数量大幅提升,同比增长27.6%。[1] 2018年注销企业户数达181.35万户,新设企业与注销企业的数量比为3.69:1,即平均每进入市场3.69户企业,就有1户企业通过注销退出市场。2020年全国共注销、吊销企业1004.28万户,同比增长18.6%,是近几年数量最多的一年。[2]

(三)简易注销制度对注销制度完善的现实意义

1. 遵循企业自由与自治理念

在全国性的简易注销制度中,较好地处理了简易注销条件设定与是否必然实行简易注销两者的关系。质言之,对于具备简易注销条件的企业是否实行简易注销,遵循企业自愿。对领取营业执照后未开业,或开业后无债权债务的,其企业自主选择适用普通注销程序或简易注销程序。同时,对于人民法院裁定强制清算或裁定宣告破产的两类特殊企业,其清算组、管理人可向被强制清算人或破产人的原登记机关自主选择申请,直接办理简易注销登记,不需要前置公告程序。

---

① 李曙光:《论我国市场退出法律制度的市场化改革——写于〈企业破产法〉实施十周年之际》,载《中国政法大学学报》2017年第3期,第14页。

② 企查查大数据研究院、中国社科院城市与竞争力研究中心:《2020中国企业发展数据年报》,载《企业管理》2021年第4期,第15页。

在提交简易注销公告开始至正式提交简易注销登记申请这一期间,企业还可以有一次主动撤销简易注销公告的机会。

所有这些均表明,全国性的简易注销制度是以企业自主申请为原则、自身许诺为基础,由此支撑企业市场退出自主、自治的最本源的维度。

2. 区别对待的审慎监管理念

为体现审慎监管,在全国性的简易注销制度中,明确规定不得适用简易注销程序的情形。其中包括:①实施准入特别管理措施的外商投资企业;②被列入企业经营异常名录或严重违法失信企业名单的;③存在股权(投资权益)被冻结、出质或动产抵押等情形的;④有正在被立案调查或采取行政强制、司法协助、被予以行政处罚等情形的;⑤企业所属的非法人分支机构未办理注销登记的;⑥曾被终止简易注销程序的;⑦法律、行政法规或者国务院决定规定在注销登记前需经批准的;⑧不适用企业简易注销登记的其他情形。

在全国性的简易注销制度中,规定每户企业仅允许申请一次简易注销登记。一经登记机关拒绝申请,该企业只能选择普通注销程序退出市场。

3. 创设新型的商事登记审查模式

在国内外民商事的相关登记审查制度中,有采实质审查主义的,也有采形式审查主义的,还有采折中主义的。有学者言:"基于公共利益、经济安全乃至财政收入的考虑,适度的国家干预不可或缺,但干预仅是例外,营业自由才是一般原则。"[①]此次,在国家工商行政管理总局颁发的《简易注销登记指导意见》中明确提出:"登记机关在收到申请后,应当对申请材料进行形式审查……对于公告期内未被提出异议的企业,登记机关应当在 3 个工作日内依法作出准予简易注销登记的决定。"同时,在《简易注销登记指导意见》中还明确规定,当发现企业隐瞒真实情况、弄虚作假骗取注销登记的情形时,登记机关应依职权进行审查,主动依法作出撤销注销登记等处理。简易注销登记制度开启了既不同于实质审查主义(既审查还担责),又不同于形式审查主义(只审查不担责)的折中审查主义(有实质审查职权而不负有实质审查义务)模式。折中审查主义模式实质上以商事登记机关其自身的公信力为公示信息的可信赖性以及申请主体的信用担保为基础运行,是商事登记"依商事企业自己的自由意志去塑造与他人之间相互法律关系"[②]践行的结果。登记机关同时享有了实质

---

① 顾功耘、胡改蓉:《营业自由与国家干预交织下商主体营业资格之维度分析》,载《政治与法律》2011 年第 11 期,第 76 页。

② [德]梅迪库斯:《德国民法总论》,邵建东译,法律出版社 2000 年版,第 142 页。

审查的职权,而不负有实质审查的义务。我们认为,这种折中审查形式的开启对于完善企业注销制度具有借鉴意义。

三、简易注销制度实施问题

(一)简易注销制度下企业与投资者风险的担负

1. 简易注销登记被撤销情形下企业与投资者的责任风险

简易注销登记是在企业未经依法清算下进行的,根据《简易注销登记指导意见》的规定,申请人(企业)须对提交材料的真实性负责,提交虚假材料或者采取其他欺诈手段隐瞒重要事实,骗取企业简易注销登记的,市场监管部门应当撤销该企业简易注销登记,同时将被撤销登记的企业列入严重违法失信企业名单并依法实施联合惩戒。

由于简易注销的违法性而被商事登记机关依法予以撤销,就会导致一系列的法律问题。

其一,被注销的企业的事实状态认定问题。简易注销登记行为被撤销与设立登记行为被撤销,在性质上都属于对原登记行为的否定性结果。综合《行政许可法》(第 69 条)、《行政复议法》(第 28 条)、《公司法》(第 198 条)的相关规定,以及全国人民代表大会常务委员会法制工作委员会《关于公司法第一百九十八条"撤销公司登记"法律性质问题的答复意见》(法工委复〔2017〕2 号),撤销行为的性质,既不是行政处罚,也不是司法惩处,应属于行政处理,其目的和意义在于纠正登记错误,中止登记效力,回转原有登记状态。但是,注销登记行为被撤销应不同于设立登记行为被撤销,设立登记行为被撤销,就意味着否定企业的人格,使之恢复到企业设立状态中,而注销登记行为被撤销,意味着该企业被恢复为清算型企业,需要重新依照普通注销程序办理注销手续。

其二,提交虚假申请材料骗取简易注销登记的,行为人所应承担的责任方式问题。简易注销登记被撤销,多是因提交虚假申请材料骗取简易注销登记引起。其行为人有企业投资者,也有企业经营者。基于《公司法》第 198 条规定,撤销公司登记的过错方是公司,根据《行政许可法》第 69 条第 4 款的规定,被撤销行政许可的过错方是被许可人,在简易注销登记被撤销的情形下,行为人的责任会涉及企业的责任、投资人的责任以及经营者的责任等多重责任,不同责任主体所应承担的责任形式会有所差异。债权人、企业员工等利害关系人应依据该企业已被恢复到清算状态的实际情形,根据企业法的相关原理要求违法实施简易注销登记的行为人承担相应的民事责任,商事登记部门也可以依据行政处罚法的相关规定追究相关行为人的行政责任。

2. 案例所引发的思考

因虚假注销引发民事纠纷,在实践中不乏这方面的案例。在此以中国工商银行股份有限公司天津大港支行(以下简称"工商银行天津大港支行")与天津市沃森惠鑫商贸有限公司(以下简称"沃森惠鑫公司")、于立秋信用证纠纷一案作为问题分析的案例样本。

工商银行天津大港支行与沃森惠鑫公司于 2015 年 1 月签订《国内信用证开证合同》,原天津中亿滨海投资有限公司(以下简称"中亿有限公司")与工商银行天津大港支行签订《最高额保证合同》承担连带保证责任。中亿有限公司股东为于立秋,该公司于 2018 年 8 月 20 日办理了注销登记手续,中亿有限公司注销档案中显示:该公司无债权债务,不存在其他未了结事务,全体投资人承诺以上内容真实,如有违法失信,则由全体投资人承担法律责任。最终法院认为:中亿有限公司应该在 22 000 000 元最高额内就主合同项下全部债务承担连带保证责任。鉴于中亿有限公司已经于 2018 年 8 月 20 日被注销,应由其唯一股东于立秋在 22 000 000 元最高限额内承担赔偿责任。[①] 同样的判决思路也体现在王晓波与王伟、张勇等股东损害公司债权人利益责任纠纷一案中,盛圆公司股东在与王伟劳动争议案件诉讼过程中将盛圆公司注销,且全体投资人向登记机关出具了承诺书。最终法院判决:因盛圆公司在清算过程中未考虑王伟解除劳动合同经济补偿金的支付问题,王伟作为已知债权人,其债务未经清理即注销,给王伟的利益造成了重大损害,公司注销时作出承诺的股东即张勇、唐文胜、王晓波、卓勇应当承受原盛圆公司所有的债务。[②]

通常情形下,股东需对公司债务承担责任的类型有以下几种。如未在法定期限内成立清算组开始清算而导致公司财产贬值、流失、毁损或者灭失,需承担赔偿责任。如怠于履行义务,导致公司主要财产、账册、重要文件等灭失,无法进行清算,需承担连带清偿责任。如在公司解散后,恶意处置公司财产给债权人造成损失,或者未经依法清算,以虚假的清算报告骗取公司登记机关办理法人注销登记,需承担相应赔偿责任。如未经清算即办理注销登记,导致公司无法进行清算,需承担清偿责任。如未经依法清算即办理注销登记,股东或

---

① 中国工商银行股份有限公司天津大港支行诉天津市沃森惠鑫商贸有限公司、于立秋信用证纠纷案,引见天津市第三中级人民法院津 03 民初〔2019〕18 号《民事判决书》。

② 王晓波诉王伟、张勇等股东损害公司债权人利益责任纠纷案,引见重庆市第一中级人民法院渝 01 民终〔2019〕7488 号《民事判决书》。

者第三人承诺对公司债务承担责任,则需承担相应民事责任。实务中,对于公司债务均在广义角度上理解,既包括民事关系形成的债务,也包括劳动关系中的债务;既包括日常经营形成之债,也包括对外担保等原因形成之债。特别是担保之债,注销清算时公司是否需承担责任可能尚处于不确定状态。如担保之债债务人按期履行义务,则担保义务自动解除,担保人无须承担任何责任。反之,则担保人需履行担保责任。

但公司注销清算导致公司独立法人资格灭失后,无论债务形成基础及类型,只要公司为债务人,则波及股东且承担连带责任是毋庸置疑的。就算是到了执行程序,若公司所负债务正在法院强制执行过程中,且无资产可供执行,此时投资人将公司简易注销,则执行申请人可依据最高人民法院关于《民事执行中变更、追加当事人若干问题的规定》第 21 条之规定直接向执行法院申请变更、追加股东作为被执行人,从而全体股东需要对公司正在执行的债务承担连带清偿责任。

(二)简易注销制度下社会性风险的担负

1. 简易注销制度下社会性风险担负的现实可能性

首先,无论是无开立企业还是无债务企业,其认定依据的来源仅仅是企业及其投资者的陈述,仅凭陈述就认定无债权债务也就无清算的必要,即行予以注销。在社会信息不对称的情形下,该项陈述是否客观真实,只能由日后予以检验。企业的经营风险未及时处置极易转化为日后引发的社会性风险。

其次,简易注销中的利害关系方主要涉及企业的债权人以及税务机关。简易注销程序中,如何保障交易安全,保护债权人、税务机关的合法权益,防范企业及其股东恶意利用简易注销程序逃避债务是关键。避免简易注销登记程序产生负面问题的关键一点还是如何防止有些企业投资人利用这个程序恶意逃避责任。

再次,企业主体资格消灭即意味着大股东、中小股东、债权人、劳动者等众多主体的"连接点"消失,企业不再能够成为法律上的诉讼主体,人员将会离失,财产将被分配,账簿在法定期限经过后将难以觅得,因此,企业解散和清算制度也有保障谨慎和完备的价值目标。

2. 简易注销制度下社会性风险担负的困难性

首先,在合伙企业中,《个人独资企业法》第 28 条规定"个人独资企业解散后,原投资人对个人独资企业存续期间的债务仍应承担偿还责任,但债权人在五年内未向债务人提出偿债请求的,该责任消灭"。《合伙企业法》第 2 条规定

"普通合伙人对合伙企业债务承担无限连带责任,有限合伙人以其认缴的出资额为限对合伙企业债务承担责任",第91条规定"合伙企业注销后,原普通合伙人对合伙企业存续期间的债务仍应承担无限连带责任"。在公司制企业上,《公司法》第3条规定"有限责任公司的股东以其认缴的出资额为限对公司承担责任;股份有限公司的股东以其认购的股份为限对公司承担责任"。这些都为在简易注销制度中相关成员是否承担责任的抗辩提供依据与事由。

其次,在简易注销制度背景下,企业投资者由原应主动清理债务转化为被动清理债务,其结果是日后债务发生后,纠错机制的实施会出现诸多困难。这种困难集中在:纠错成本被落实到守信方与社会组织上,造成究竟是纠错追责还是予以放弃,往往成为守信方与社会组织考量的焦点,从概率上讲,总会存在一定比率的放弃行为,这为违法行为人的违法行为提供了空间,违法成本降低会触动违法动机与愿望。

再次,在简易注销制度背景下,企业投资者原应及时清理债务转化为日后清理债务,这为企业投资者逃避债务提供了时间上的可能性。一旦这些企业投资者转移财产、注销债务企业,日后由债权人再去追索,往往难以达到预定的目的。商事交易"如果只图敏捷,而不求安全,则今日所为的交易,明日即可能发生问题,甚至于遭受意外的损害"[①]。

(三)简易注销制度存在的设计局限

1. 简易注销制度设计局限的客观存在

简易注销制度设计得是否完备,是否在运行中保持了与普通注销制度的安定性与和谐性,与人们对简易注销制度的认知水平、社会环境条件具有关联性。

就简易注销中的商事主体来看,该制度涉及适用范围、承诺书、法律责任等要素。这些制度要素是否充分地承载了简易注销制度的价值追求,需要将其放入与普通注销制度的对比考察上来分析问题,也需要将其放入我国营造营商环境、推进经济高质量发展的时代背景下来解决问题。

2. 简易注销制度设计局限的主要问题

目前简易注销制度在体系化设计上存在的问题,集中体现在以下方面。

(1)在适用范围上,应当适用哪些类型的企业需要作进一步的探讨。

(2)在承诺事项与承诺事项违反上,如何区分有限责任、过错赔偿责任、连

---

① 张国键:《商事法论》,台湾三民书局1980年版,第43页。

带责任等,没有作出区分性的设计,结果是要么加重了公司制企业股东的法律责任,要么减轻了合伙人与个人独资企业投资者的责任。

(3)部门间信息共享和业务协同性还有待进一步加强。在行政机关与司法机关的协调机制构建上不甚完备,行政追责所依据的上位法缺失,导致追责主体、责任分担、国家赔偿等具体问题不能明晰。

(4)在注销登记存在隐瞒真实情况、弄虚作假的情形下,撤销登记等救济程序尚不完善。

(5)在简易注销程序中的第三方利益的保护上,存在异议主体无规定,异议提出方式不统一等问题。

简易注销制度之所以面临如上现实困境,归根结底还是因为我国市场退出法律制度存在体系性困局,破解这个困局涉及多层次的领域,需要立法机关、商事管理部门、市场监管部门、税务机关等部门建立联动机制,形成相互配合、高效快捷的工作流程。[1]

第四节 简易注销制度的体系化构建

企业退市中的简易注销制度与多年来存在的普通注销制度相比是一项新生事物,其制度能否系统性生成以及能否实效运作,检验着制度本身所应具有的正当理性。同样,其制度能否深入推行还需要外部社会环境给予有效的扶持与推动。

一、简易注销制度与可适用企业配选

(一)适用基础与问题提出

哪些企业可适用简易注销制度,哪些企业不可适用简易注销制度,其认定的基础与依据是什么,这是目前在理论与实务界首先应考虑的问题。

依我们之见,适用基础不在于企业清算环节、清算程序的难易程度,而在于对那些不经清算即注销之行为所引发的社会后果的评价上。诚然,企业清算环节、清算程序之"难"只是为建立简易清算制度提供问题性思考,但它不是简易注销制度得以存续与推进的选用基础。简易注销制度得以推进的基础应

---

① 张瑞轩:《我国公司注销制度的探究》,载《商法研究》2020 年第 9 期,第 80 页。

当是不同企业类型对清算行为完成与否的对外影响性,以及企业设立后对债权债务产生与处理的现状。

（二）企业类型与企业行为对简易注销制度适用的影响性

1. 不同企业类型对简易注销制度的适应性

将企业划分为法人企业与非法人企业,我们就会发现,这两类企业对简易注销制度的适应性是存在差异的。依我们观点,所有非法人企业或企业的分支机构可以适用于简易注销制度,而法人企业中,仅可以将那些无开立或开业后无企业债权债务的,或经特别程序已清偿债务的,适用于简易注销制度上。

其一,所有非法人企业可以适用于简易注销制度。理由是,非法人企业的投资者对企业债务是承担无限责任的,在企业解散后注销前,企业能组织清算当然应予以倡导,但没有组织清算也不会因为企业注销而丧失承担企业债务责任的担责主体,适用简易注销程序,不损害债权人利益。

如按我国现行法规定,个人独资企业是由一个自然人投资,企业财产为该投资自然人所有,投资人对企业债务承担无限责任的企业组织形式;合伙企业是由 2 个以上合伙人投资设立,无论是普通合伙还是特殊有限合伙,普通合伙人对合伙企业债务承担无限责任。由于合伙企业仅具有有限人格,适用简易注销程序,不损害债权人利益。"我国法上对合伙人对于合伙债务的责任,同时采取补充主义与连带主义,一方面突出了商事合伙的团体性和独立性,另一方面又注意保护合伙债权人的利益。"[1]企业简易注销是以"其自身的公信力为公示信息的可信赖性以及申请主体的信用担保为基础运行的"[2]。

其二,企业的分支机构可以适用简易注销制度。因为企业分支机构本身不具有独立人格,也没有独立的财产与资本,其债权债务最终系由开设的主体予以承担。对分支机构采取简易注销程序对债权人债权的实现途径与实现效果并不带来直接、严重的影响。

其三,法人企业中那些无开立或开业后无企业债权债务的,或经特别程序已清偿债务的,可以纳入简易注销程序上。主要包括以下几种情形:①企业领

---

① 赵中孚:《商法通论》,中国人民大学出版社 2017 年版,第 66 页。

② 郑曙光、董梦琪:《商事主体简易注销制度:制度生成逻辑与实践创新》,载《法治研究》2017 年第 5 期,第 123 页。

取营业执照后未开展经营活动,企业解散时尚未发生债权债务的。[①] ②已将债权债务清算完结。③人民法院裁定终结强制清算程序的,清算组或者管理人可持法院的终结裁定,申请简易注销登记。④人民法院裁定终结破产程序的,清算组或者管理人可持法院的终结裁定,申请简易注销登记。

我们强调法人企业以适用普通注销为主,简易注销为辅,主要是基于法人型企业的投资者以其出资为限对企业债务承担有限责任,在此情形下,如果该类企业准许适用简易注销制度,极易损害企业债权人利益。故对于公司制企业、国有企业、集体企业这些具有法人资格型企业,以及农民专业合作社这一法人型组织,只有具备未开立或开业后无债权债务的条件才可纳入简易注销程序之中。

2. 不同企业行为对简易注销制度的适用性

在企业行为选择上,对于企业分立与合并可以适用简易注销程序。

在企业合并与分立情形下,原企业的债权债务由合并后的企业来承担,即使在普通注销情形下也无须进行清算程序,因而适用简易注销程序具有合规性。

3. 禁止的除外情形确定

在符合上述适用简易注销情形下,根据企业的特殊性以及经营行为的特殊性,从维护市场安全的价值观出发,应当设定不得适用简易注销的情形。

依我们思考,主要有以下方面:①法律、行政法规规定应当实施准入审批的特殊类型有限责任公司,比如金融类有限责任公司。②上市公司。③根据《外商投资法》的规定,我国在特定领域对外商实施准入特别管理措施,即"负面清单"管理制度的企业。④被列入经营异常名录或严重违法失信企业名单的企业。这类企业不可仅凭一纸承诺注销登记。⑤企业存在担保、股权(投资权益)被冻结、出质或动产抵押等情形的。⑥企业有正在被立案调查或采取行政强制、司法协助、被予以行政处罚等情形的。⑦法律、行政法规或者国务院决定规定在注销登记前需经批准的企业。⑧不得适用企业简易注销登记的其

[①] 原国家工商行政管理总局《关于全面推进企业简易注销登记改革的指导意见》(工商企注字〔2016〕253号),在规定正面情形中,将企业领取营业执照后未开展经营活动与企业解散时尚未发生债权债务的规定作为两类情形对待,事实上,只要企业开展了经营活动,即便是再简单甚微的活动都会对外产生债权债务关系,在未开业的情形下可能没有民事债权人,也不排除因被处罚(罚款)产生的行政债权人。因此,完全可适用简易注销程序实施注销登记的情形应是指企业解散时尚未发生债权债务的情形,而不是指未开展经营活动的情形。

他情形。

通过以上分析,我们建议对适用简易注销程序的企业采取"企业类型＋除外情形"法作出明确规定,总体原则是在建立信用保证与容错机制的同时,适当扩大适用简易注销登记的主体范围。

二、简易注销制度与登记审查主义联结

(一)简易注销制度下登记审查制度

1. 简易注销制度下的注销登记程序

根据国务院制定的《市场主体登记管理条例》、国家工商行政管理总局《关于全面推进企业简易注销登记改革的指导意见》(工商企注字〔2016〕253号)及相关政策规定,企业以简易注销程序实施注销登记的需完成以下步骤。

(1)申请公告。企业需先通过国家企业信用信息公示系统《简易注销公告》专栏主动向社会公告拟申请简易注销登记及全体投资人承诺等信息,公告期为45日。国务院制定的《市场主体登记管理条例》中,将公告期缩减为20日。公告期满后,企业方可向企业登记机关提出简易注销登记申请。在人民法院裁定强制清算或裁定宣告破产的情况下,有关企业清算组、企业管理人可持人民法院终结强制清算程序的裁定或终结破产程序的裁定向被强制清算人或破产人的原登记机关申请办理简易注销登记。

(2)提交文件。简易注销程序将提交的文件合并简化为《申请书》《指定代表或者共同委托代理人授权委托书》《全体投资人承诺书》以及营业执照4份文件。在人民法院裁定强制清算或裁定宣告破产的情况下,强制清算终结的企业提交人民法院终结强制清算程序的裁定,破产程序终结的企业提交人民法院终结破产程序的裁定以及营业执照即可。

(3)审查。登记机关在收到申请后对申请材料进行审查,审查时可利用国家企业信用信息公示系统对申请简易注销登记企业进行检索检查。对于不适用简易注销登记的申请,登记机关以书面或其他方式告知申请人不符合简易注销条件。对于公告期内被提出异议的企业,登记机关应当在3个工作日内依法作出不予简易注销登记的决定。对于公告期内未被提出异议的企业,登记机关在3个工作日内依法作出准予简易注销登记的决定。

2. 从实质审查走向折中审查与形式审查

依1988年国务院发布的《企业法人登记管理条例》及后来颁发的《公司登记管理条例》,我国在企业登记审查方面,采取实质审查原则,即企业登记机关

对申请人提交的申请材料,不仅在形式上需审查其是否完备和齐全,而且还需在实质上审查其是否真实和合法。

但 2004 年颁发的《行政许可法》改变了上述实质审查的做法,这一改变主要体现在《行政许可法》第 31 条的规定上。依《行政许可法》第 31 条规定,申请人在申请行政许可时,应对其所提交的申请材料实质内容的真实性负责,即由申请人保证申请材料真实。除规定由申请人保证申请材料实质内容真实外,《行政许可法》第 34 条同时规定了行政机关对申请人提交的申请文件的审查方式。这种审查一般只限于对申请人提交的全部申请文件是否符合法律规定的形式以及是否齐全进行审查,如发现虚假或错误的应予以纠正,即折中审查。如果申请材料符合相关法律规定,行政机关即可当场作出准予行政许可的决定。

《行政许可法》实施后,国家工商行政管理总局于 2004 年颁布了《企业登记程序规定》(总局令〔2004〕第 9 号,2020 年废止),为了配合《行政许可法》又在 2005 年修改了《公司登记管理条例》等相关规定。这些相关规定修订以后,在企业登记审查方式方面,保持了与《行政许可法》的一致性,即对于企业的程序性申请,登记机关通常采取形式审查的方式,大多数情况下只对申请文件进行形式审查,只有在登记机关"认为"需要核实的时候才进行实质审查。

国务院制定的《市场主体登记管理条例》第 17 条规定"申请人应当对提交材料的真实性、合法性和有效性负责",在第 19 条规定"登记机关应当对申请材料进行形式审查"。至此,包括简易注销在内的商事登记机关的登记审查似乎有从实质审查主义走向形式审查主义之趋向。

(二)简易注销制度下登记审查主义重构

1. 非实质审查主义下的注销纠错

企业登记审查会产生一定的制度成本。过严的制度设计势必造成社会福利损失。商事审查是商事登记的核心环节。审查制度势必涉及审查方式,它既体现着商事登记制度的哲学理念,又能折射出一个国家政府在市场经济中的作用。

目前针对商事主体登记事项,存在形式审查、实质审查、折中审查三种审查方式。

形式审查与实质审查的价值取向不同,形式审查强调效率价值,程序简捷,公权有限介入,登记机关充分尊重意思自治,将登记内容视作商事主体的真实意思表达。

实质审查则强调安全价值,登记程序较为烦琐且公权力全面介入,但一经登记就具有较高公信力。

折中审查则介于形式审查与实质审查两者之间。其基本意涵是登记材料审查是登记机关的职权,登记机关有权对提交的登记材料的真实性、合法性、有效性进行审查,一旦发现存在的问题,有权要求申请人纠正。但审查并不构成登记机关的法定义务,因登记材料不符合上述"三性"而导致登记错误的责任系申请人承担。

对于上述三种登记主义,在注销登记中,我们倾向于折中主义。其基本理由为以下方面。

其一,形式审查主义过于宽松,极易产生登记差错。如果仅从登记机关和企业两者的视野出发考虑,形式审查制度确实有着不可比拟的优越性,但面对错综复杂的登记事项所递交的登记资料,难以辨别其内容的真伪。形式审查情形下,仅仅是对登记资料进行形式审查,未对登记资料实质内容的真实性进行审查,但这些登记资料所载明的事实有时也会造成登记和变更所记载的客观事实的错误,形式审查也增加了市场交易中的不确定性,从而增加了交易成本。所以,必须通过妥当的制度安排来消解形式审查制的负外部性。[①]

其二,形式审查主义也不符合我国商事登记的性质。在我国,商事登记机关实施的商事登记行为是行政许可行为还是行政确认行为,目前仍存在争议。通常认为是行政许可行为,如果按行政许可行为对待,许可前的审查是必经程序,采取形式审查主义与我国行政许可工作规程、工作要求相悖。坚持折中审查主义可以比较好地解决形式审查主义与实质审查主义所面临的困境,也可以提高行政许可效率。

折中审查制下,通过告知承诺制补足未采取实质审查之不足,对于违反承诺的失信者,加大惩戒力度。在事前保障机制与违法责任追究机制共同作用下,商事主体基于自身利益,会倾向于维持良好信用记录,更有利于形成诚信的市场环境。

基于以上论述,构建以告知承诺制为基础的、以折中审查主义为主要审查制度的企业注销登记制度,可以有效提高企业注销登记的效率和维护市场的安全秩序,进一步提高我国市场经济的规范化和成熟度水平。

2. 注销登记提示功能的发挥

在简易注销登记制度重构时,可以考虑增设注销登记提示功能。根据国

---

① 王妍:《我国企业登记形式审查制的社会福利损失》,载《当代法学》2020 年第 1 期,第 98 页。

家工商行政管理总局与国家税务总局联合发出的《关于加强信息共享和联合监管的通知》(工商企注字〔2018〕11号),登记机关在企业信用信息公示系统增设了提示服务,以提高简易注销登记的通过率。[①] 增设提示服务,既体现了商事登记机关为企业服务的特点,又发挥了信用信息公示平台的优势。

我国企业的市场退出方式大多是依申请的方式启动,登记机关的及时提醒就显得格外重要。[②] 当登记机关发现企业有符合退出市场的法定情形,可以通过信用信息公示系统进行公示或者通过邮件、电话的方式提醒企业办理注销登记,并予以告知不办理登记的法律后果。此种方式既符合登记机关的理性监管要求,又有利于企业的及时退市。

三、简易注销制度与投资者承诺制度对接

(一)信用承诺对简易注销制度作用机理

为有效维护交易安全和市场主体各方权利,在现行登记审查主义规则设计下,建立投资者信用承诺制度,以防范有关当事人恶意利用简易注销登记程序损害债权人利益,具有必要性与正当性。

信用承诺是指行政相对人根据行政机关的要求和诚实信用原则,对自身的信用状况、申请材料的真实性以及违约责任作出书面承诺。建立信用承诺制度是构建以信用为核心的新型市场监管机制的重要内容,是创新社会治理方式、加强事中事后监管的重要举措,是推动市场主体自我约束、诚信经营的重要手段,是深化"放管服"改革、优化营商环境的内在要求。[③] 目前信用承诺制度广泛运用于事前、事中监管环节。

信用承诺制度在简易注销程序中具有关键作用。其作用性在于以下几个方面。

其一,增强了简易注销工作的责任性。简易注销是建立在缩减注销流程、未履行清算程序的基础上的,在为企业投资者提供便捷市场退出条件的同时,也为债权实现埋下了隐患。设立信用承诺制度,投资者想逃债就会祸及投资者自己,这势必强化了简易注销工作的责任性。

其二,构建起承诺、履诺、兑诺的相关制度体系。承诺制度就其内容而言,

---

① 王妍:《我国企业登记形式审查制的社会福利损失》,载《当代法学》2020年第1期,第98页。

② 郑曙光、董梦琪:《商事主体简易注销制度:制度生成逻辑与实践创新》,载《法治研究》2017年第5期,第126页。

③ 陈兴华:《浅议简易注销程序中信用承诺制度的引入》,载《中国信用》2019年第6期,第117页。

是一个承诺、履诺、兑诺的运行系统,有了承诺,就会有履诺,也就会有对不履诺的制裁措施,这为社会信用体系建设提供了制度保障。以信用承诺为基础构建完整的企业注销制度,可以达成制度高效。

其三,信用承诺应用于简易注销之中,为推进注销登记的折中审查主义提供了制度基础。它向社会彰示这样一种理念,简易注销引发的错误注销行为如果是由投资者的虚假、不诚信行为导致,那么法律后果直接由投资者自己来承担。

其四,信用承诺是完成注销登记制度改革内在逻辑统一的必然要求。注销登记制度改革推进中最集中的问题是效率与安全的平衡问题。信用承诺可以弥合在效率和安全价值取向上的裂痕,在效率提高的同时,以加重申请人注意义务和责任承担的方式,保证安全价值的实现。

(二)投资者承诺制度在简易注销制度中运用

我们通过检索国家市场监督管理总局官网,获得现行通用的《简易注销全体投资人承诺书》(以下简称《承诺书》)。其文本格式如下所示。

简易注销全体投资人承诺书

现向登记机关就申请＿＿＿＿＿＿(企业名称)的简易注销登记,并郑重承诺:

本企业申请注销登记前未发现债权债务/已将债权债务清算完结,不存在未结清清算费用、职工工资、社会保险费用、法定补偿金和未交清的应缴税款及其他未了结事务,清算工作已全面完结。

本企业承诺申请注销时不存在以下情形:涉及国家规定实施准入特别管理措施的外商投资企业;被列入企业经营异常名录或严重违法失信企业名单的;存在股权(投资权益)被冻结、出质或动产抵押等情形;有正在被立案调查或采取行政强制、司法协助、被予以行政处罚等情形的;企业所属的非法人分支机构未办理注销登记的;曾被终止简易注销程序的;不适用企业简易注销登记的其他情形。

本企业全体投资人对以上承诺的真实性负责,如果违法失信,则由全体投资人承担相应的法律后果和责任,并自愿接受相关行政执法部门的约束和惩戒。

全体投资人签字(盖章)

年　　　月　　　日

从全体投资者《承诺书》的文本中，可以分析出相关内容，并发现相关问题。

首先，就《承诺书》内容看，实际包含三个方面的承诺：①除外情形承诺。根据简易注销政策文件规定，有8种情形不适用简易注销。企业在申请简易注销前应当对是否存在8种情形进行确认，并由全体投资人签署承诺书，郑重承诺不存在这8种情形。②债权债务承诺。承诺本企业申请注销登记前未发生债权债务，或者已将债权债务清算完结。③清算工作承诺。承诺企业的清算工作已全面完结，不存在未结清清算费用、职工工资、社会保险费用、法定补偿金和未交清的应缴纳税款及其他未了结事务。

其次，就《承诺书》的责任追究看，设定了违法失信所应承担的法律责任。即由全体投资人承担相应的法律后果和责任，并自愿接受相关行政执法部门的约束和惩戒。该项责任既包括民事责任，也包括行政责任。相比正常运行的普通注销程序，简易注销会给企业投资者带来更大风险①，在企业投资者无法确定企业是否已将债权债务清算完结情况下，贸然按简易注销程序申请，势必为自己招致无妄之灾。

再次，就《承诺书》作出的相对方而言，承诺并没有特指某一相对方，应理解为向社会各方作出了承诺，只要该承诺严重违法失信，应对受损方承担相应的民事责任。同时，该《承诺书》又明言，"自愿接受相关行政执法部门的约束和惩戒"，可以构成行政管理方与相对人存在行政监管关系的事实依据。

四、简易注销制度与信息公示制度对接

（一）信息公示对简易注销的促进作用

信息公示通常是指企业的登记信息、经营信息应通过一定公开平台、履行公开方式而进行公开与公示，为交易相对方便捷地获取相关信息提供保障。简易注销制度得以运行，需要信息公示制度得以支撑。信息公示制度对于简易注销制度的作用性与意义不言而喻。

其一，可以拓宽企业简易注销登记的公告渠道。利用网络媒体进行公布，选择影响力较大的公告媒体平台进行简易注销登记公告，不仅能够缩短公布时间，还能大幅度提升简易注销程序的工作效率，从而帮助企业更快地推进注

---

① 张钦昱：《公司重整中出资人权益的保护——以出资人委员会为视角》，载《政治与法律》2018年第11期，第18页。

销进程。

其二,可以推进企业注销"一网"服务。将企业注销在国家企业信用信息公示系统发布,提高企业注销办事效率。

其三,可以推进相关监管部门间的业务协同。实行监管各部门注销业务"信息共享、同步指引"。

(二)公示期限压缩与注销时限减缩

根据《关于全面推进企业简易注销登记改革的指导意见》及相关政策规定,企业简易注销公告由国家统一规定,在全国企业信用公示系统进行发布,公告期为45日,注销成功时间也比较长。

事实上,对于商事登记机关而言,进行简易注销的企业大多数为小型企业,注销原因基本上大同小异,如因经营者自身问题、企业管理不当、筹备不充足等问题而进行企业注销。因此可以适当压缩公告时间,按照一些试点地方的做法,将企业简易注销登记公示时间由45天(自然日)压缩为20天(自然日),公示期届满后30天(自然日)内,企业向登记机关申请注销登记。2021年8月国务院颁布的《市场主体登记管理条例》将简易注销公示时间确定为20日,企业应将承诺书及注销登记申请通过国家企业信用信息公示系统公示,公示期为20日。在公示期内无相关部门、债权人及其他利害关系人提出异议的,企业可以于公示期届满之日起20日内向登记机关申请注销登记。

第五节　企业退市注销制度的立法完善

任何改革都不是一蹴而就的,正如马克思所说,"哲学家们只是用不同的方式解释世界,而问题在于改变世界"。在今天的企业退市注销制度构建中,既充满着改革的前进动力,也充斥改革的前进阻力。"如果一个市场社会希望成为一个文明社会,那么法律原则是不可或缺的。"[①]企业退市注销制度的立法完善是推进依法治国、建设法治国家、促进国家治理体系和治理能力现代化转型的内在要求。

---

① [美]杰瑞·穆勒:《市场与大师——西方思想如何看待资本主义》,佘晓成、芦画泽译,社会科学文献出版社2016年版,第481页。

一、两类注销制度的明文确认

（一）商事登记统一立法的进程推动

1. 商事登记分散立法在我国的实践

商事主体登记是由登记机关依法通过登记确认商事主体资格和一般经营资格，签发营业执照，并予以公示的行为。我国商事登记长时间采混合、分散立法模式。

自 1978 年改革开放以来，伴随着我国社会主义市场经济的发展，商事登记制度取得了长足发展，国家先后制定出台了《公司法》《合伙企业法》《个人独资企业法》《农民专业合作社法》等商事组织法，在此基础上也分别颁布了《企业法人登记管理条例》《公司登记管理条例》《合伙企业登记管理办法》等多部商事登记法规。

上述法律法规在推动经济发展和维护社会稳定等方面发挥了重要作用，"先证后照""多证合一""证照分立"等商事登记改革举措更是取得积极效果。

由于我国没有"商法典"，也没有制定"商法通则"，在此情形下，商事登记分散立法是我国商法发展进程中所呈现的一种阶段性特征，它适应了一定阶段市场经济发展的要求，迎合了商法发展的制度需求，但也为市场经济的进一步发展以及商法的深化推进带来了一定的负面影响，从分散立法走向统一立法应当成为一种发展趋势。

2. 从分散立法走向统一立法的必要性

首先，商事登记理念的确立需要统一立法。商事登记的性质是什么，商事登记的法律效力有哪些，商事登记采哪种登记主义，要回答这一系列问题，需要统一立法。在市场经济改革推进过程中，存在一些困惑和问题，如何将安全与效率达到理想中的平衡状态一向是困扰经济制度设计者的难题。如果过分强调安全价值，就会极大地限制企业的活力，让市场竞争变得过于谨慎小心，同时一定程度上限制了效益目标的实现；如果片面坚持效率价值优先，部分不诚信者利用信息不对称营造不公平的交易环境，获取非法利益，就存在着不利交易安全的弊病。这些问题能否得到较好解决与我国应建立一种什么样的商事登记制度有着直接的关联。

其次，商事登记标准的确立与统一需要统一立法。分散立法的模式虽然有利于登记机关的管辖，也有利于对不同的商事登记主体采取差异性的登记政策，但是不利于商事登记制度体系的构造。同时，还会造成商事登记规则的重叠和矛盾,造成了法律适用的困境。通过商事登记统一立法解决法律规范较为分散、不同主体规则差异、标准程序不够统一等问题。

再次,市场经济的深化发展呼唤商事登记的体系重构。近年来,商事制度改革的持续深化,市场经济的迅猛发展,都为制定统一的商事登记法积累了丰富的实践经验和社会基础,市场经济的深化发展呼唤商事登记的体系重构。商事登记统一立法可以进一步推动市场经济的深化发展与市场监管体制的完善。

2021年8月由国务院颁布的《市场主体登记管理条例》开启了商事登记从分散走向统一的进程。在今后发展方向上,建议制定"商法通则",其中专设一编(或一章)"商事登记",其内容为:①将"市场主体登记"更换为"商事主体登记"。目前,在市场监管系统与政府的政策性文件中,将"商事主体"以"市场主体"替代。其实,"市场主体"与"商事主体"相比是一个更为宽延的概念,除市场经营主体外,还包括政府监管主体、社会中间层组织(如商会、行业协会等)。我们认为,"商事主体"一词更具有概念的准确性。②将《市场主体登记管理条例》中行之有效的登记制度吸纳到"商法通则"中,如普通注销与简易注销并存制度、登记事项制度、登记与备案分设制度、相应法律责任制度等。同时将实施中需要修正或完善的制度作出修正与完善。如登记主义是否需要从许可主义走向确认主义,审查主义是否需要从折中审查主义走向单纯的形式主义等。

(二)两类注销制度的并存与协同运行

1. 两类注销制度并存的客观基础

我国长期以来采用普通注销制度,只是近几年在不断探索的基础上推进简易注销制度。但从目前实践而言,适用简易登记注销的商事主体数量有限,大量的企业仍需适用普通注销程序,据此而论,简易注销登记虽为完善商事主体市场退出机制开启了航灯,但实则并未触及商事主体市场退出机制的全部内容。

应当认为,两类注销制度都有其存续的社会经济客观基础。在充分顾及效率与安全关系的基础上,今后发展的方向应当是,能采简易注销的应当积极推进简易注销,但完全将普通注销制度取消,由简易注销制度替代,这既不可能,也不现实。两类制度并行推进应当成为制度理性的必然要求。

2. 两类注销制度的协同运行

两类制度在并行推进的同时,还应注重协同运行。普通注销制度可以借鉴简易注销制度的一些经验,在有些环节与程序上提高运行效率。

第一,转换注销公告形式。注销公告中必要的,无论是简易注销还是普通注销都不应省略。现《公司法》和其他企业法中采用向社会登报公告的做法,随着企业信息公示平台的建立与不断完善,可以采用在企业信息平台中进行注销公告或公示。这样做的意义在于,改变现有的公告与公示的乱象,从注重形式走向注重实效;进一步发挥企业信息平台的作用,真正使企业信息平台为社会所关注。

第二,省略部分注销环节。按现有的《公司法》或其他法律规定,在普通注销程序上,企业需提交清算报告、投资人决议、清税证明、清算组备案证明、刊登公告的报纸样张等材料;而在简易注销环节上,却以全体投资人签署的《简易注销全体投资人承诺书》作了替代与涵盖。由于普通注销制度适用于已开展过经营活动的企业,在注销环节上应注重解散清算程序无可厚非,但基于注销申请人与清算义务人对债权债务清理文件与材料的真实性负责的要求,除保留清算报告外,诸如清税证明、清算组备案证明、刊登公告等相应程序可作必要的删减。

第三,设立特别清算、强制注销环节。与简易注销程序不同的是,在普通注销程序上,往往存在清算不能情形,比如,现实经济生活中存在的被吊销营业执照后未实施清算、被主管机关依法撤销后发生清算障碍、司法解散公司后未经清算等,对此应构建特别清算制度与强制清算制度。

二、商事登记性质与内容的改造与革新

(一)商事登记性质的改造与革新

1. 商事登记的许可主义——现行观点评述

从广义上看,商事登记既包括了民商事行为,也包括了行政行为,是兼具私法行为和公法行为的综合性行为,对于这样一个综合性行为,对它性质的认定往往会存在多种解释。

以市场规制法视角而论,商事登记是一项市场准入制度,是对市场主体从事市场行为的确认,是对经济行为的有效引导与适当控制,并借助信息公示平台达到对公共利益的维护。从商法的立场出发,商事登记兼具私益与公益的性质,商事登记的功能在于信息传递与公示,减少信息不对称,在保障私权的同时,也在最低层级上维护公共利益。从现行行政法的规定上看,商事登记是一种行政许可。行政许可是指行政主体根据行政相对人的申请,通过颁发许

可证或执照等形式,依法决定是否赋予特定的行政相对人从事某种活动或实施某种行为的权利或资格的行政行为。这种行政许可,既包括在商事设立登记中,也包括在商事注销登记中。其立论依据有以下方面。

其一,商事登记赋予了市场主体从事经营活动的合法资格。商事登记是通过"登记"方式授予申请人营业执照,赋予从事生产经营活动的资格。

其二,我国严格取缔无照(营业执照)经营行为。这意味着没有取得商事登记便没有营业执照,就不可以从事经营活动。从事经营资格有无就在于是否通过登记行为的行政许可。

其三,《行政许可法》第12条规定了可以设定行政许可的相关事项,其中将"企业或者其他组织的设立等,需要确定主体资格的事项"予以列入。

2. 商事登记的确认主义——学术观点评述

近几年,一些学者提出,商事登记应当将其认定为行政确认行为。其立论依据有以下方面。

(1)就其权利的来源而言,公民从事经营活动的权利(即行商权)并非源自行政授予,而是一项代表了自由意志的公民基本权利。作为商事登记只是对它作了行政确认而并非是行政授予。商事登记的实质是通过登记机关的审核认定,对公民自由行使经营权利作出确认。

(2)商事登记就其确认机制而言,并没有创设新的私法上的相对权,只是通过登记与公示的方式产生了对世权(对抗权)。因此,商事登记不同于行政许可。商事登记行为所产生的法律效力仍然是确认效力。

(3)商事登记就其目的而言,主要是维护市场经营秩序,因此,商事登记从行政许可行为走向行政确认行为,会更加强调商事主体的经营责任,更能释放商事主体的市场活力。长期以来,我国商事登记制度带有传统的政府管制的印记,商事登记机关和其他商事审批机关的职责不清、权力错位。其中深层次的问题是,商事登记机关承担了主体许可和营业审批的多重职能。

(4)从近几年我国改革实践走向看,我国正在积极探索商事主体登记确认制度。比如,2019年8月,国务院印发的《中国(上海)自由贸易试验区临港新片区总体方案》中就提及,"探索试行商事主体登记确认制,尊重市场主体民事权利,对申请人提交的文件实行形式审查";2020年9月,上海市市场监管局发布的《中国(上海)自由贸易试验区临港新片区商事主体登记确认制实施办法(试行)》中就指出,在临港新片区,申请人只要符合法定条件并经登记确认就能实现快速开业。再比如,在2012年制订、2020年修订的《深圳经济特区商事登记若干规定》中,第3条就规定:"商事登记,是指申请人向商事登记机关提出申请,由商事登记机关将商事主体的设立、变更或者注销事项登记于商事登记簿予以公示的行为。"该条款虽然没有提及行政确认,但是从对商事登记的定义来看,商事登记被认为是一种行政确认。

3. 革新商事登记性质应正视的问题

商事登记在性质上从许可主义走向确认主义,应当成为今后发展的方向,但不能认为我国现行登记制度已经采用确认主义模式了。

依我们看来,我国目前的企业登记制度仍实行的是许可主义。《市场主体登记管理条例》第 3 条规定,"未经登记,不得以市场主体名义从事经营活动";第 43 条规定对未经设立登记从事经营活动科之以法律责任;以及整个《市场主体登记管理条例》区分登记与备案两种情形并设定不同法律要求。这些规定向社会彰显了这样一个立法理念,即登记行为仍属于行政许可行为,而备案行为则为行政确认行为。

商事登记从许可制转向确认制,是一项系统性工程。它除涉及《行政许可法》与《行政确认法》中对行政监管事项的科学合理划分,还会涉及对营商行为的行为属性与权利获得的基础性理论的科学把握,以及我国基本国情的立足点、国际上通行经验的借鉴等。面对这一系统性、复杂性的制度构建,需要我们对此作出科学、认真的探索,以理论作用于立法实践,以立法实践统领商事登记制度改革。

(二)商事登记内容的改造与革新

1. 商事登记事项之扩充

在商事登记内容上,除继续保留设立登记、变更登记、注销登记外,还应创设歇业制度。

所谓歇业制度,是指商事主体决定暂停经营,且在此期间不发生任何交易的,应当向登记机关提出申请,歇业期间可以继续保留商主体资格。

歇业制度意在维持企业主体资格,为符合歇业条件的企业日后恢复经营提供制度保障。

在歇业期间,企业恢复开展经营活动的,应当在恢复经营活动前向商事登记机关提出申请,以恢复营业。

歇业制度在构建上,会涉及歇业条件、歇业期限、歇业恢复、登记机关的确认等制度元素。就登记机关确认上,究竟是采用歇业登记还是歇业备案,现行的《市场主体登记管理条例》一改《商事登记管理条例》(征求意见稿)的立法安排,将"歇业登记"修改为"歇业备案"。这表明,在我国现行的商事登记制度构建上，一方面，将歇业行为纳入登记管理调整的范围，另一方面又将对歇业的监管性质从行政许可转向行政确认。在理论与实践中，需要进一步关注的是，在"歇业"存在法定条件的情形下，歇业备案制度如何处理好申请人意愿与登记机关的"存而备查"的关系；企业的歇业行为事关交易第三人与社会公众的利益保护，歇业备案制度与歇业登记制度在保护第三人利益与社会公众利益上具有哪些差异性，这种差异性是否符合商事登记制度改革的总目标与总方向。

2. 主体资格与营业资格相分离之推行

主体资格是指企业通过商事登记成为法律上的主体，营业资格是指通过商事登记具有经营资质。有学者曾指出："依照法理，主体资格与营业资格应为两个不同层面的问题。主体资格亦为法律人格，而营业资格（营业权利能力和营业行为能力）以主体资格的存在为前提。只有先具有了主体资格才谈得上营业资格。"[1]

主体资格与营业资格相分离，其逻辑关系主要表现在以下方面：第一，主体资格先于营业资格。第二，如果营业范围不属于特许事项，成立后即可从事经营活动。营业执照此时具有主体资格和"一般营业"资质的双重证明功能。第三，主体资格终止于注销登记，营业资格也随之终止。第四，营业资格的限制对主体资格不产生影响。第五，处于清算阶段的企业仍然具有主体资格，但不能从事与清算无关的经营活动。

主体资格与营业资格相分离，其实益在于以下方面。

其一，厘定了设立许可与经营资格许可二者的关系，进而将商事主体资格登记与经营资质许可各自独立进行。即设立许可仍属于前置审批，而经营资格许可则纳入审批后置。比如，设立银行、保险公司、证券公司等商事主体，法律、行政法规规定商事主体的设立应当经有关部门批准的，申请人应当在申请商事主体设立登记前办理相关批准手续。在法律性质上，这种许可属于设立许可，不同于经营资格的许可。再如，消防、环保、文化、卫生等虽然也需要履行审批程序，但它属于经营资格许可，不再作为商事主体登记的前置条件而通过商事主体成立后的后置审批即可。人们将其形象地称为"先发出生证，再办工作证"。在这种情况下，主体资格与特许经营资格实现了完全的分离。[2]

---

① 顾功耘：《商主体营业资格应与主体资格相分离》，载《扬州大学学报》（人文社科版）2011年第2期，第31页。

② 孙效敏：《论吊销营业执照的法律效力》，载《现代法学》2004年第4期，第126页。

其二,科学地厘清登记机关与其他审批机关的职能划分。通过统一规定市场主体进出的条件、责任、规则和程序,使不同行政主体的审批职能科学化,而且也降低了企业的设立门槛,使得更多的投资者进入创业领域,有助于提升经济活力。[①]

其三,较好地解决了企业法人资格和经营资格相分离的实施途径。把设立登记、注销登记作为取得和终止企业法人资格的唯一标准;把颁发营业执照、缴销或吊销营业执照作为企业法人经营资格取得和终止的唯一依据和标准。

3. 注销提示制度之确立

据报道,北京市交通管理局为了督促驾驶人注销到期驾驶证以及办理其他相应手续,通过邮政商业信函局定期向逾期驾照的驾驶人发放信函,用信件提醒当事人及时办理驾驶证注销手续。[②] 北京市交管局的做法对于商事登记机关而言也不失为一种值得借鉴的思路。

鉴于我国企业法人注销登记的启动,在多数情形下实行的是申请主义,因而,注销申请是商事登记机关履行注销登记程序的初始程序。企业未进行注销申请,商事登记机关不能依职权主动进行注销。现实生活中,既存在一些"僵尸""歇业""休眠"企业怠于注销后退市,也存在一些经营期限届满后未能及时注销而滞留在市场之中,此时,商事登记机关的注销提示职能显得尤为重要。

增加注销提示功能,这既是商事登记机关服务企业的有效方式,也是商事登记机关利用信息平台的优势所在。从原先的企业年检制度转向年度经营申报与公示制度以来,商事登记机关建立起了企业信用信息公示系统,与之相联系,商事登记机关可以通过建立企业信息电子数据库,关注企业经营信息的变化。倘若发现企业有退出市场的法定情形,应以信函等方式善意地提醒企业及时进行相应的注销程序,告知其不办理注销登记的法律后果。这既有利于企业,也有利于监管,可谓一举两得。为保障注销提示督促企业退市效果的实现,在注销提示制度构建上,善意提醒的次数以两次为限。倘若企业经登记机关两次提醒仍未办理注销申请的,商事登记机关可通过相关规定将该企业列

---

① 黄爱学:《我国商事登记制度的改革、创新与发展——评深圳和珠海商事登记立法》,载《法治研究》2013 年第 11 期,第 82 页。

② 参见白冰:《交管寄信通知车辆报废》, http://news.sina.com.cn/c/2005-08-04/14347412747.shtml, 2014 年 8 月 28 日访问。

入企业经营异常名录或严重违法失信名单予以惩戒。

4. 经营信息公示与互通机制之构建

商事登记机关一手连着企业,一手连着市场,政府在市场主体退出方面扮演着重要的角色。政府通过商事登记,能够协调解决各利益相关者信息不对称问题,这有利于提高市场出清的效率。有学者在研究中发现,针对处于持续经营与濒临破产之前"过渡"状态企业的处理,负债确认是核心。[①] 如果商事登记机关能够运用年度经营信息申报与公示制度,并充分利用企业信用信息公示平台,通过与司法、海关、税务部门协同,在遵守国家法律规定对相关信息予以保密的前提下,及时披露企业资产、负债与所有者权益的信息,能够防范企业因"隐性"债务负担不断扩大而最终成为僵尸企业,也才能更有效地保护债权人的利益。因此,在相关商事登记制度构建上建立经营信息公示与异议制度显得十分必要。

另外,还可建立、构筑国家政务系统公告互通机制,企业通过国家企业信用信息公示系统发布简易注销公告后,系统同步将企业申请简易注销登记相关信息推送至同级税务、人力资源和社会保障等部门,涉及外商投资企业的推送至同级外资主管部门,实行各部门简易注销业务"信息共享、同步指引",强化各部门业务协同,强化控制风险。同时明确登记机关接受税务、企业债权人等有关第三人以"以未开业或者无债权债务"为理由对申请适用简易注销的企业提出异议,以及对那些向登记机关提交虚假材料或者采取其他欺诈手段隐瞒事实,恶意利用企业简易注销程序取得注销登记的行为,可以采取救济途径和方法,切实保障交易安全。

三、简易注销相适应制度构建

(一)撤销登记制度构建

撤销登记是指商事登记机关对不应予以登记许可的登记行为予以撤销,是一项行政处理行为。现行的商事登记法并没有对该项制度作出明确的规定。

建立撤销登记制度,其实质是对于提交虚假材料、隐瞒重要事实取得商事登记的,登记机关可以依职权或依利害关系人的申请,在完成调查、公示等程

---

① 沈剑飞:《发挥好财务信息在破解僵尸企业难题中的作用》,载《管理世界》2017 年第 1 期,第 184 页。

序后,撤销虚假商事登记,并通过国家企业信用信息公示系统向社会公示。

以企业撤销设立登记为例,撤销设立登记制度主要体现在《公司法》第198条和《公司登记管理条例》第64条和第65条,虚报注册资本、提交虚假材料或者采取其他欺诈手段隐瞒重要事实取得公司登记的,由公司登记机关责令改正,情节严重的,撤销公司登记或者吊销营业执照。据此,公司被撤销设立登记的原因是,该公司实施了虚报注册资本、提交虚假材料或者采取其他欺诈手段隐瞒重要事实,以取得设立登记的行为。

《市场主体登记管理条例》在监管管理中提及"撤销",但在法律责任中却未对撤销登记作出规定,由此引发的问题是,针对提交虚假材料或者采取其他欺诈手段隐瞒重要事实取得市场主体登记的,按第44条之规定,"由登记机关责令改正,没收违法所得,并处5万元以上20万元以下的罚款;情节严重的,处20万元以上100万元以下的罚款,吊销营业执照"。但无撤销处理的规定,这就使得第37条由登记机关作出撤销决定的情形难以落到实处。

在我国目前的实践中,撤销企业设立登记面临着理解和适用的困境,其表现是,撤销企业设立登记的性质是行政处罚、行政处理、行政确认抑或其他行政行为,在认识上还存在争议;撤销设立登记缺乏明确的法定程序,相关法律(如《公司法》《公司登记管理条例》)对"情节严重"没有作出明确规定,相关配套性规定和司法解释也没有对此作出更详细的说明。

在当下简易注销制度中,加入撤销制度尤其重要,因为,简易注销以"当事人申请+投资者承诺+形式审查"为基本制度要素,极易产生因提供虚假材料导致错误注销的后果,需要在这一制度设计中嵌入相匹配的撤销制度,防止企业及其投资者利用简易注销登记恶意逃避债务。

撤销登记并不是登记的种类,也不要当事人提出登记申请为前提。撤销登记是登记机关的职权行为。

撤销登记以当事人违法为基础,被撤销登记的"企业",其主体资格及相应的权利在实体上并不成立,这一登记事项自始无效。这意味着,被撤销登记的"企业",在其存续期间对外所发生的债权债务行为应由企业投资者承担。

(二)强制注销制度构建

强制注销及类似制度在我国曾有过历史痕迹。国家工商行政管理总局《对关于私营企业注销登记有关问题的请示的答复》(工商个字〔1992〕213号,以下简称《答复》)规定,私营企业领取营业执照后,由于情况变化不再具备相关条件,不能继续开展生产经营活动,停业1年以上的,应主动到原登记主管机关办理注销登记;否则,工商行政管理机关有权予以注销。彼时,原国家工商行政管理总局将该规定视为行政处罚，该《答复》在 1998 年被废止。也就是说，在《公司法》施行前后的一段时间内，我国曾存在过强制注销制度，无非适用的是私营企业。《企业法人登记管理条例》第 22 条似有赋予登记机关强制注销职权之意图。该条规定，企业法人领取营业执照后，满 6 个月尚未开展经营活动或者停止经营活动满 1 年的，视同歇业，登记主管机关应当收缴营业执照及副本，收缴公章，并将注销登记情况告知开户银行。对于视同歇业行为，由登记机关作出收缴经营性文件的决定，更像是一种强制注销行为。从严格意义上讲，这些碎片化的规定尚不能认为我国已建立了强制注销制度。

强制注销制度的实质是，当企业出现法定事由而企业没有消除或改正不力时，商事登记机关将该企业从市场主体的名录中移除，不再作为在册有效的企业统计数据，该企业的名称在保留一段时间后可由其他市场主体申请获得，但企业的债权债务关系维系不变。强调商事主体被强制退出后，其清算义务人依法承担的组织清算义务不变，仍需办理注销登记。

2021 年 8 月由国务院颁布的《市场主体登记管理条例》未对企业强制注销制度作出规定，使得该项制度并没有得到全国性法律、法规的认可。就目前而言，地方性法规与地方政府的规范性文件曾就强制注销作了一些规定与相应的制度设计。比如，上海市人大常委会于 2021 年 9 月审议通过的《上海市浦东新区市场主体退出若干规定》第 6 条规定，市场主体被吊销营业执照、责令关闭或者撤销的，清算义务人应当依法组织清算；满 6 个月未办理清算组公告或者申请注销登记的，登记机关可以作出强制除名决定。在第 8 条、第 10 条进一步规定，强制除名决定生效届满 6 个月，市场主体仍未办理清算组公告或者申请注销登记的，登记机关应当通过公示系统或者政府网站催告，并启动强制注销程序。强制注销决定生效后，市场主体资格终止。除因登记机关违反本规定的条件和程序作出决定外，强制注销决定不予撤销。深圳经济特区人大常委会于 2020 年 11 月修订通过了《深圳经济特区商事登记若干规定》，其中在第 27 条、第 29 条规定了除名制度之后，进而在第 31 条规定了强制注销制度，商事主体存在依法被吊销营业执照的、依法被责令关闭的、依法被撤销设立登记的、依法被除名的，商事登记机关可以对其作出依职权注销决定。2019 年 3 月，浙江省市场监督管理局等相关部门联合作出《关于全省开展吊销未注销企业强制注销试点的通知》（浙市监信〔2019〕1 号）以及《浙江省吊销未注销企业监督管理暂行办法》（以下简称《办法》），在该《办法》第 8 条规定，对于吊销未注销企业，经催告、通知后仍不办理吊销未注销企业清算组备案手续或者申请注销登记的，办理该企业登记注册的市场监督管理机关根据《行政许可法》第 70 条规定,予以强制注销,并作出强制注销决定书。

我们认为,强制注销制度有构建并上升到国家法层面的必要。它是对当事人申请注销的补充,也是对当事人不申请注销行为的法律威慑,更是维护市场经济秩序的法律保障。在构建这一强制注销时,应坚持后置性(以当事人申请注销为前置)、法定性(设置强制注销的法定条件)、处理性(强制注销应认定其为行政处理行为而非行政处罚性质)这些基本规则。

(三)代位注销制度构建

在市场主体退出方面,经常发生"失联企业"和"僵尸企业"难以注销问题,解决它的有效途径就是构建代位注销制度。

代位注销制度是指在企业注销过程中,因直接性的清算义务人或注销申请人缺位导致清算与注销无法正常进行,由权利继受主体或对企业开办负有责任的主管机关承接相应的注销行为。日常经济生活中最为常见的情形有:①企业已注销而分支机构存续的;②投资企业已注销,或自然人股东已死亡而投资设立的企业存续的。

在这一方面,深圳的实践值得借鉴。2012 年制订、2020 年修订的《深圳经济特区商事登记若干规定》第 22 条规定:"因商事主体已经注销导致其分支机构或者其出资的企业无法办理注销等相关登记的,可以由该已经注销商事主体的继受主体或者投资主体代为办理。因商事主体之外的其他主体已经撤销或者注销导致其管理或者出资的企业无法办理注销等相关登记的,可以该已经撤销或者注销的继受主体或者上级主管单位代为办理。"这一规定较好地处理了企业需要注销时却又没有注销义务人与注销责任承继人的问题。

代位注销制度不仅要解决谁是代位人问题,而且还需要明确代位人的权利与职责问题,代位人是否需要对被代位人的对外债务承担清偿责任问题。

四、过错追责制度进一步完善

(一)社会共治体系的建设与推进

社会管理过渡到社会共治,其实质是从由上而下的管理模式转变为上下结合、国家与社会相结合的治理模式。商事行为引入社会共治理念,从"政府管"转向政府、市场主体、相关利益者共同参与治理,这是市场监管理念的一大转变,简易注销制度与传统的普通注销制度相比,在引入社会共治理念方面的突出点体现在以下两大方面。

一是强化了公告异议的社会公众参与功能。如在注销公告期内,有关利害关系人及相关政府部门可以在国家企业信用信息公示系统《简易注销公告》专栏中提出异议并简要陈述理由。在公告期满后,有关利害关系人也可向工商管理部门书面提交异议申请。

二是强化了登记机关的监管职能。对于被提出异议的企业,登记机关依法作出不予简易注销登记决定。企业对申请材料的真实性负责,如有债权人、相关利害关系人举报反映市场主体在办理注销登记过程中隐瞒事实,提交虚假材料,造成其合法利益受到损害的,登记机关将撤销其注销登记,并将其列入经营异常名录,通过企业信用信息公示系统公示。

但是,简易注销制度在引入社会共治方面,还需要建立起企业的商事诚信奖惩体系与社会责任制度体系。共治的前提是企业对社会责任的切实履行,没有一整套企业内生的对利益相关者所应承担的责任约束体系,社会治理方案设计得再好,也难以真正起到实效。

在简易注销程序下,清算不再是企业注销的前提。因此,如何防止企业通过简易程序恶意注销,怎样保障债权人利益成了实践中凸显的问题。

企业在简易注销登记中隐瞒真实情况、弄虚作假的,登记机关可以依法做出撤销注销登记等处理,在恢复企业主体资格的同时将该企业列入严重违法失信企业名单,并通过国家企业信用信息公示系统公示,有关利害关系人可以通过民事诉讼主张其相应权利。

简易注销登记以全体投资人的自我承诺为核心,以诚信推定、背信严惩的方式作为保障措施,实现企业高效率、低成本的市场退出。为了稳定经济秩序,保障利益相关者的合法权益,可以通过民事责任、行政责任以及刑事责任相结合的方式,配套相应的救济程序。对恶意利用企业简易注销程序逃避债务或侵害他人合法权利的,有关利害关系人可以通过民事诉讼,向投资人主张其相应民事责任,投资人违反法律、法规规定,构成犯罪的,依法追究刑事责任。

(二)有效债权追诉制度的设定与完善

适用简易注销登记的一个前提是对外无债权债务。依作者理解,此处所谓的"对外无债权债务"应是指企业的对内对外债务,包括企业内部的劳动债权。一旦该企业按简易注销登记进行注销,如果企业与劳动者之间尚有未清的债权债务,劳动者的合法权益就很难得到保障。

应当认为,无论是简易注销程序还是普通注销程序,要有效认定债权债务已结清这一事实并不容易。最有效的制度设计在于引入追诉机制。在兼顾效率与安全的前提下,针对所存在的未清结债权情形,应对提交虚假证明材料者以及清算义务人予以惩处。

美国特拉华州《公司法》规定,公司经法定事由解散后并不意味着公司法人人格的消灭,公司实体还可以再延续 3 年,主要用于处理之前的民事、刑事、行政案件纠纷以及与利害关系人逐步终止原业务关系,处理债权债务清偿事宜;在纽约州,在合同纠纷的 6 年追诉期内,民事侵权的 3 年追诉期内,法定事由解散的公司仍然可以作为民事案件的当事人被提起诉讼。[①] 根据我国现有企业法之规定,企业一旦注销,意味着企业主体资格即消灭,美国法中解散后的公司仍可作为追诉主体显然与我国法律规定相悖,但可以为我国所借鉴之处在于,设定一个注销后的追诉期,对那些为逃避债务利用虚假信息骗取登记机关注销登记的,债权人以及相关利害关系人在追诉期内可以要求提交虚假证明材料者、清算义务人承担相应的法律责任。

① 魏磊:《着眼主体资格和经营资格分离重构市场主体退出机制——以公司为例》,载《中国工商报》2016-12-22。

第八章 执转破制度与企业退市制度
对接融会的检视与建构

执转破制度,也称执转破衔接制度,这项制度设定的目的是更好地打通强制执行程序和破产程序的关隘,将客观存在的部分"执行不能案件"转入破产处理程序中,以解决执行难和清退债务企业难的困境。[①] 由于是两项制度的叠加与衔接,在现实生活中表现出"强弱"判然的不对称性,加之当事人申请主义的采用,在衔接机制上存在启动困难与互动不足问题,因而对企业退市的作用发挥相对有限。为有效发挥执转破制度在企业退市中的作用,需要将执转破制度与企业退市制度进行融会化推进,通过体系化研究,寻找它们之间融合发展的关键因素。在此基础上,对现有机制加以完善,对相关制度作出重构。

第一节 执转破制度的构造机理与现实回应

执转破制度是将诉讼程序(主要是民事诉讼程序)中的执行制度与破产法中的破产制度有机地对接起来,将一部分"执行不能案件"转化为破产案件,转化的过程是两项制度有机衔接的活动。就现有制度构架而言,两项制度衔接虽有较为清晰的路径框架,但实施过程中仍面临诸多困境。为检视现行的执转破机制运行现状,更好地回应社会经济对该项制度的现实需求,需要从执转破衔接制度的构造入手,在分析机制运行机理的基础上发现制度建构的不足与问题。

---

① 丁海湖、田飞:《"执转破"操作模式及相关实务问题研究》,《法律适用》2017 年第 11 期,第 27 页。

一、执转破制度的意涵与历史沿革

（一）执转破制度的意涵与特征

1. 执转破制度的意涵

执转破制度，也称执行转破产衔接制度[①]，意指当面对企业法人存在实质上缺失偿债能力时，法院执行机关依据执行申请人或被执行人的申请，裁定终本执行，将该案件移交被执行人所在地法院，由该法院决定是否适用破产程序对案件进行处理的制度。

执转破制度源于司法创新性实践，后被法律认可，成为一项解决诉讼判决"执行难"和破产受理"启动难"的司法制度[②]，对于切实减少执行案件的积压，打通企业清退的堵点具有实践价值。

2. 执转破制度的特征

转破制度特征的认识需要结合两项制度的运行特点展开分析。

（1）两项制度的独立性。执行制度与破产制度原本属于两项各自独立的制度，它们被分别规定于《民事诉讼法》与《企业破产法》中。[③]

（2）两项制度的转换性。两项独立的制度通过一定的衔接机制将它们联结起来，把执行程序中"执行不能"的案件转化为破产案件，从而实现各自的价值目标与共同的目标价值。

（3）两项制度的融合性。两项制度转换只是为它们之间搭起了运行的桥梁，真正实现运行的实际效果，需要促成两项制度的融合发展。在融合发展中会涉及不同法院、不同职权、不同当事人之间的协调与合作，这是一项系统性工程。

---

① 目前在研究中对该制度的语称不一。据笔者有限统计，存在执行转破产制度、执行转破产机制、执行转接破产程序、执行移送破产程序、"执转破"制度、"执转破"程序、执行程序与破产程序衔接协调机制、"执转破"衔接机制等称谓。有学者提出执破制度之间并非单向的衔接关系，故此处笔者以"执破衔接制度"来指称该制度。参见浙江省温州市瓯海区人民法院课题组：《从"执转破"到"破涉执"——执破双向互通联动机制之司法探索》，载《法律适用》2019年第3期，第51页。

② 张艳丽：《破产重整制度有效运行的问题与出路》，载《法学杂志》2016年第6期，第96页。

③ 原《民事诉讼法》有企业破产还债程序，但在2007年《民事诉讼法》修订时删除了第十九章的企业破产清算程序，企业破产清算案件只需要适用《企业破产法》，不再适用《民事诉讼法》。

（二）执转破制度的立法缘起与演进

1. 执转破制度在全国的推进

关于执转破衔接制度构想在我国的实现，可以将不同的法规文件、司法解释的颁发时间作为节点进行切分，将执转破衔接制度的立法进程划分为两个时期。

第一个时期（2015—2017 年），在执行制度中引入执转破程序。执转破制度的立法缘起可以追溯至 2015 年最高人民法院发布的《关于适用〈中华人民共和国民事诉讼法〉的解释》（法释〔2015〕5 号，以下简称《民诉法司法解释》）。《民诉法司法解释》第 513～516 条就执转破衔接制度勾勒出了基本的司法态度，并对制度遵从的基本程序和原则作出规定，可以视为执转破衔接制度在我国民事诉讼执行制度中得到正式确立。但是，仅 4 条条文，难以达到对执转破衔接制度表达详尽、构建完善的程度，仍有大量可细化的程序性规定有待制定。

2017 年 1 月，最高人民法院发布《印发〈关于执行案件移送破产审查若干问题的指导意见〉的通知》（法发〔2017〕2 号，以下简称《执转破指导意见》），标志着执转破衔接制度的规则建设迈出第二步。《执转破指导意见》对执转破衔接的具体规则进行填补，使得执转破衔接制度的规范体系向着深化和细化的方向迈进。具体而言，《执转破指导意见》对执转破衔接制度中执行法院及受移送法院的对接程序进行了细节性的规定，对受移送法院受理案件的相关程序性事项及相应的监督进行了明确的条文规定，极大地丰富了我国执转破衔接制度的规则构造，并通过细化的程序规定提升了执转破衔接制度的可操作性。

第二个时期（2018 年至今），执转破程序得到破产审判工作的认可。2018年 3 月，最高人民法院《印发〈全国法院破产审判工作会议纪要〉的通知》（法〔2018〕53 号，以下简称《破产审判会议纪要》），就破产审判的总体要求再次进行明确，并对执转破衔接制度的目标和定位作了进一步的强调。《破产审判会议纪要》提到"要将破产审判作为与立案、审判、执行既相互衔接、又相对独立的一个重要环节，充分发挥破产审判对化解执行积案的促进功能，消除执行转破产的障碍，从司法工作机制上探索解决'执行难'的有效途径。"[①]这是从破

[①]　参见最高人民法院《印发〈全国法院破产审判工作会议纪要〉的通知》（法〔2018〕53 号），2018年 3 月 4 日发布。

产审判的角度对执转破衔接机制的制度建设作出了进一步的探索。

2. 执转破对接机制的初步构建

(1)构建了执转破的程序性对接机制。最高人民法院在《执转破指导意见》中对民事执行和破产程序的对接机制进行了规定。主要包括:①执行案件移送破产审查的工作原则、条件与管辖;②执行法院的征询、决定程序;③移送材料及受移送法院的接收义务;④受移送法院破产审查与受理;⑤受移送法院不予受理或驳回申请的处理。

(2)构建了执转破的内外部配套制度。如相关资料交接保管、程序衔接推进、财产核查分配等相关制度,以及政府、法院多部门联动机制建设等。

3. 执转破制度在地方的实践

经济与法治之间的密切关系,决定了特定区域经济的超前发展需要法治的先行作为支撑;同时,只有法治的先行才能促进特定区域经济的快速和高质量发展。① 执转破衔接制度的建设也同样如此。

由于市场经济在中国各地区的发展水平存在较大的差异,通过执转破衔接制度,将"执行不能案件"转入破产程序的需求的急迫性自然各不相同。有鉴于此,对执转破衔接制度的探索并不停留于法律制度建构层面。最高人民法院在浙江、江苏、广东等地总计 21 家地方法院进行试点改革,地方法院同样在该过程中探索与地方实际相适应的执转破衔接制度规则。

浙江省的民营经济发达程度在全国同期处于较为领先的水平,故以浙江为例来检视地方法院在执转破衔接制度地方落地过程中的探索经验有一定的示范意义。2016 年 5 月,浙江省高级人民法院作出《关于执行程序与破产程序衔接若干问题的纪要》(浙高法〔2016〕62 号,以下简称《浙江执转破纪要》),该《纪要》共 19 条,分别就启动、材料移送、审查立案、指定管理人、结案等程序及相应的监督作出明确规定。包括浙江省高级人民法院在内的地方法院所发布的文件中有许多涉及执转破实施的有益做法,被 2017 年最高人民法院发布的《执转破指导意见》吸收,为建构全国性的执转破衔接制度作出了贡献。

经研究发现,执转破衔接制度在地方实践中存在一定的差异性。有研究者以 2017 年、2018 年、2019 年数据为样本,对江苏省、浙江省、河北省、辽宁省四省推行情况进行分析比较,相关数据显示:江苏省分别是 22 件、274 件、192件,浙江省分别是 13 件、295 件、32 件,河北省分别是 1 件、3 件、0 件,辽宁省

---

① 王春业:《论我国"特定区域"法治先行》,载《中国法学》2020 年第 3 期,第 110 页。

分别是 0 件、1 件、1 件。[①] 且在上述 3 年年份中,2018 年为执转破的高峰年份,这与 2017 年最高人民法院发布的《执转破指导意见》在 2018 年得到推行有直接关联。

二、现行执转破制度构造模式

（一）适用条件设定的严格主义

1. 适用对象的局限性

依据最高人民法院发布的《执转破指导意见》第 2 条之规定,"当执行案件移送破产审查时,应当符合被执行人为企业法人的条件",这表明自然人、其他组织不能适用该项执转破的规定。这一规定与我国《企业破产法》实行企业法人破产主义相关。

2. "执行不能"及其认定

执转破针对的是执行程序中的"执行不能案件"而不是笼统性的"难以执行案件"。何谓"执行不能案件",目前尚没有统一的定论。上海市长宁区法院根据破产法"临界破产界限"的规定,在司法实践上设定了三个条件:一是经执行程序认定被执行人的财产不足以清偿债务,执行案件中止。二是将执行案件所涉债务总额与破产企业注册资本的数额进行比较,债务总额高于注册资本总额。三是不能清偿债务呈现出持续的状态。[②]

3. 具备破产能力

"执行不能案件"为移送破产法院提供了基本的移送条件,但进入破产程序还需要具备破产能力。

所谓破产能力,通常认为应具备资不抵债、不能清偿到期债务的条件,依我们观点,还应具备以下两个方面:一是具有多数债权人;二是具有一定的财产予以清偿。否则就没有必要移送到破产法院按破产程序处置,在执行程序中直接进行债权分配程序即可。

4. 意思表示真实

"执行不能案件"的执行申请人与执行被申请人有意愿按破产程序处理,

---

① 常鑫:《执转破实施进程之地区差异原因探析》,载《法制博览》2019 年 11 月（上）,第 85 页。

② 陈琳:《完善执行转破产程序衔接中的信息双向沟通机制》,载《人民司法》2020 年第 28 期,第71 页。

且该意愿的意思表示客观真实,没有外在的胁迫因素存在。

以强制执行程序还是以破产程序来解决执行申请人与被执行人之间已形成的债权债务关系,属于私权范畴,应贯彻私法自治原则。当事人寄希望于通过何种途径解决债务纠纷,司法应当给予充分的尊重,这是秉持意思表示真实的真正缘由。

(二)申请程序的当事人主义

1. 当事人主义的意涵与法条表达

就现有的执转破制度而言,需要通过启动、移送、审查、受理四个阶段的有机衔接,其中在启动程序中,现行法则采当事人申请主义。

我国《民诉法司法解释》第 513 条规定,"……执行法院经申请执行人之一或者被执行人同意……"①,即确定执转破衔接的程序开启以当事人主义为原则。就此而言,执行法院并无独立启动执转破衔接制度的能力,但这并不意味着法院无法在程序的启动阶段施加影响。

《执转破指导意见》也明确指出执行案件移送破产审查的,"必须经由被执行人或者有关被执行人的任何一个执行案件的申请执行人书面同意"。其中第 4 条规定:"……执行法院采取财产调查措施后,发现作为被执行人的企业法人符合破产法第二条规定的,应当及时询问申请执行人、被执行人是否同意将案件移送破产审查……"

从民事诉讼中诉权与审判权的关系来看,征得当事人同意,实际上是法官在尊重当事人意思自治,同时在此基础上行使释明权,启发当事人在知晓法律后果的前提下作出符合其真实本意的理性决定。②

当发现执行案件满足移送破产审查的法定条件时,尽管执行法院无法独立启动执破衔接机制,但执行法院可以向申请执行人和被执行人作出说明,以促使申请执行人或被执行人提出启动执破衔接机制的主张。虽然上述规定叠加了司法职权主义的色彩,但这并不改变当事人申请主义的主导地位。

2. 当事人主义对执转破衔接机制的影响

由于启动阶段采当事人申请主义,这可能是导致执转破程序转换困难并导致破产案件数量过少的原因之一,即当事人申请破产的意愿不足。

---

① 参见《最高人民法院关于适用〈中华人民共和国民事诉讼法〉的解释》(2020 年修正)第 513 条。
② 陈琳:《完善执行转破产程序衔接中的信息双向沟通机制》,载《人民司法》2020 年第 28 期,第71 页。

基于此,许多学者提出应扩大法院在启动执转破程序中的作用,以解决执转破案件数量不足的问题,或者认为应在特殊情况下辅之以法院职权启动其程序,甚至主张所有执转破程序均应由法院依职权启动。

(三)受理与审理程序的职权主义

1. 职权主义的意涵与法条表达

所谓职权主义也称司法干预主义,是指在执转破移送、审查、受理相关环节中,依司法机关相关职权而启动。从现有的制度架构来看,对于案件能否通过执转破衔接机制完成最终的移送,执行法院和受移送法院都有独立审查、决定的权力。

在移送阶段,当申请执行人之一或被执行人同意移送案件时,执行法院中承办法官经合议庭评议和院长签署移送决定后,得将相关材料移送,同时执行法院应当裁定中止执行,将相应财产清单等在法定时间内移送至被执行人住所地人民法院。

在审查阶段,被执行人住所地人民法院于接收移送材料后30日内审查完毕,并作出是否受理的裁定。

在受理阶段,被执行人住所地法院受理与否将产生不同的结果。若被执行人住所地法院受理该案,则案件转入破产案件处理阶段,执行法院将在接到被执行人住所地人民法院裁定后裁定终结对被执行人的执行;若被执行人住所地法院做出不予受理或驳回申请裁定,则将相应材料和财产退回原作出执行行为的法院,由执行法院恢复执行。此后,执转破衔接机制不得因任何事由再次被启动。

实践中,为减少异地法院之间移送的随意性,基层法院在将执行案件异地移送破产审查之前,应先报请所在地的中级人民法院执行部门审核同意,然后再向受移送法院移送相关破产审查材料、被执行人的财产状况、已分配财产清单及相关材料、被执行人的债务清单等。

就此而言,执转破衔接机制作为破产制度和强制执行制度的中枢桥接点,具有导流"执行不能案件"的效果。但是,就现有执转破衔接机制能否良好发挥预设的功能,切实实现案件的导流效果,仍需要通过对现有机制的适用现状进行评价后才能得出。

2. 职权主义对执转破衔接机制的影响

在执转破衔接机制中,司法职权主义是司法机关通过审查、裁定、移送、监督等相关职权行为表现出来的。

职权主义对执转破衔接机制的影响,主要表现在对不同受理法院所产生的影响。在通常情形下,法院执行机关将案件移送到同一法院的其他审判机关(执行庭移转到破产审判庭),各职能机关之间的协同性相对较好,执转破的移出率、结案率较高。而发生于不同法院之间的执转破案件,实际运用效果则相对差些。这主要在于,尽管执转破机制的实施具有合理性与合法性基础,我国法院在司法实践中也作出了大量的探索,甚至在不少地方法院(主要是省高院层面)也发布了较为详细的指导性文件,但执转破工作往往受办案力量、办案经费、办案质量等因素的影响,表现出不同的热情与效果,执转破的制度功能未能在实践中得到很好的发挥。① 案件"移不出""立不上""破不了"的问题未根本解决,执转破动力不足现象客观存在。

三、执转破衔接制度运行的现实需求

(一)解决"执行不能案件"的现实需求

1. "执行不能"的症结窥视

"判决易,执行难"是当前司法实践中面临的一个重要问题。现今仍有几大问题阻碍着人民法院执行工作的展开,主要有:"部分有履行能力的被执行人逃避履行;无财产可供执行的案件在其中占比较大;部分执行案件财产变现难度变大,执行手段过于单一;其他部门干扰执行的现象仍然存在。"②

对执行问题的分析,要界定好"执行难"和"执行不能"两个概念在内涵上的差异性。

"执行难"是指被执行人拥有财产可供执行,但是由于各种原因导致法院未能成功执行完毕;而"执行不能"通常是因被执行人丧失履行能力、无财产可供执行或不具备执行条件,即使执行法院穷尽一切手段③,案件仍无法得到执行的情形。"民事执行不能"可以分为"相对执行不能"和"绝对执行不能"。"相对执行不能"是指被执行人无可执行财产是暂时的,将来有财产状况好转的可能性。"绝对执行不能"是指依照我国《民事诉讼法》第233条规定的应当

---

① 浙江省温州市瓯海区人民法院课题组:《从"执转破"到"破涉执"——执破双向互通联动机制之司法探索》,载《人民司法》2019年第3期,第52页。

② 沈钧儒:《最高人民法院执行工作报告》,http://www.court.gov.cn/zixun-xiangqing-17712.html,2017年10月访问。

③ 穷尽一切手段,通常是指穷尽强制执行措施、穷尽财产调查手段和穷尽执行制裁措施。

裁定终结执行的情形,即被执行人无任何恢复履行法院判决书的可能性。[①]

具体到执转破制度的讨论中,完善执转破衔接程序的直接需求来自现实中的案件处理的需要。

一方面,对强制执行制度而言,"执行难"已经成为强制执行中的一大问题症结。对于一些根本无力足额偿债的企业法人而言,仅对它们适用执行程序,只会产生大量在终结执行与恢复执行之间不断循环的"抽屉案件",无法起到执行的实际效果。[②]另一方面,又因为现实中大量"执行不能案件"堆积在执行法院的程序中,导致法院的司法资源被大量牵扯,司法效率难以得到有效提升。当通过强制执行制度对"执行不能"的案件难以获得处理效果时,将此类案件通过破产程序进行解决不失为一种"良策"与"良药"。

2. 执转破制度对解决"执行不能"的作用机理

"执行难"和"执行不能"两者的处理机制是不同的。"执行难"的处理强调对于执行过程的整体优化,要在立法上制定"强制执行法",改善执法环境,建立能够威慑被执行人的刚性执行手段以及信用惩处机制。而"执行不能"的案件的处理则应建立合法有效的企业退出机制,从而更有效地保护债权人的合法权益。

执转破制度对于解决"执行不能"的作用机理在于,通过执行案件的分类化运行,提升了精准执行的能力。

执转破制度使得破产制度自身的价值得到了更好的发挥,打通了"执行不能案件"走向破产之路的关隘。

执转破制度还有效地解决了"执行不能案件"单纯采取执行程序中的财产分配方式导致众多债权人利益的不公平处理的问题,通过破产程序,债权公平受偿得到了有效的体现。

近年来,最高人民法院在全国范围内部署 63 万件执行案件转破产工作,涉及 2 万户被执行企业,集中解决一批僵尸企业市场出清问题,促进一批僵尸

---

① 《民事诉讼法》第 264 条规定,有下列情形之一的,人民法院裁定终结执行:(一)申请人撤销申请的;(二)据以执行的法律文书被撤销的;(三)作为被执行人的公民死亡,无遗产可供执行,又无义务承担人的;(四)追索赡养费、扶养费、抚养费案件的权利人死亡的;(五)作为被执行人的公民因生活困难无力偿还借款,无收入来源,又丧失劳动能力的;(六)人民法院认为应当终结执行的其他情形。

② 刘旭东:《执破衔接视阈下"执转破"要点透视及规范进路》,载《河北法学》2019 年第 4 期,第176 页。

案件彻底退出执行程序。[①]

（二）提供债权实现的创新性途径

1. 债权实现的三种途径

当债权人想通过合法方式实现其债权时，可以通过三种途径实现：强制型、参与型、破产申请型。

如果债务人能够偿还到期的债务，债权人可以向法院申请对债务人实施强制执行。若出现债务人没有完全的偿还能力，且债权人在2人以上时，那么具有执行申请人身份的债权人可以通过在执行活动中以参与分配的方式获得部分受偿。若出现债务人无法抵偿到期债务，且债权人众多时，便可以通过申请破产而实现债权公平受偿。

然而，在执转破制度出台前，上述三种债权实现途径系各自分离的，一旦其中一种途径走不通，很难通过相应的衔接机制自动地走入另一种解决途径。

2. 三种途径对接联动对债权实现的意义

执转破衔接制度为债权的三种途径联动实现提供了一种制度设计上的可能。

在执行案件中，被执行人已无财产可供执行，但没有启动执转破衔接程序时，法院一般会按债权分配程序进行处理，最终按"终结本次执行"（以下简称"终本案件"）予以结案。

类似这类案件，在法院内部的司法统计和年终考核均按照结案来进行处理，若在终结本次执行后又发现了被执行人的新财产线索，可向法院申请恢复执行，采用"执恢字"案号，但不能作为新案件放入司法统计中，这种结案方式严重拖累法院司法资源，且实际生活中债权债务关系并没有终结，影响司法的公信力。

如果确立起执转破的衔接机制，在当事人申请下，此类"执行不能案件"就会通过破产程序来处理，对于债权人而言，债权得到了实现，债务企业被依法清出了市场。

---

① 最高人民法院：《关于研究处理对解决执行难工作情况报告审议意见的报告》，载《人民法院报》2019-04-24。

（三）推进问题企业市场清退的现实需求

1. "执行不能案件"转换解决途径对企业清退的影响

对"执行不能案件"的司法处理，从我国 40 多来的探索经验与实践看，曾产生过四种主要方式：一是将"执行不能案件"暂时退出作出中止执行裁定。二是对"执行不能案件"作出中止执行裁定的同时，发放债权主张证明（一些地方有过这一实践）。三是将"执行不能案件"进行终止处理，如当事人要求按破产程序处理的，告知当事人另案向有破产案件管辖权的人民法院提起。四是在民事执行程序中直接引入破产程序，以及时解决"执行不能案件"。

以上四种途径对企业清退的影响是不同的。前两种仍是沿用着执行程序的理念，后两种则开启了执转破的新路径。应当认为，对市场中执行不能的问题性企业予以彻底的处置，促使其有序地退出市场是执转破衔接制度建构的重要因素。执转破衔接制度的功能设置与制度完善正在于为强制执行程序和破产程序搭建可转化通道，进而将"执行不能案件"转化为破产案件，以实现企业清退市场的目的。因此，现实存在的案件处理和制度功能实现的需要呼唤着执转破衔接机制的出现，并为其制度的不断完善提供动力支持。

2. 企业破产量增多对企业清退的影响

一国经济的发展速度，与市场活力是否得到有效发挥存在正向的相关性。"有效的市场"的重要性在于，引导企业家按照要素禀赋的比较优势来选择技术和产业。[①] 而问题性企业的存在，一方面会阻碍经济秩序的正常运转，导致市场经营风险的增加和市场发展效率的下降；另一方面也会为国家的技术和产业升级带来负面影响。此种情况显然与建立"有效市场"的经济发展和市场建设需求相悖。

对现有执转破衔接制度的诘问直接来自执转破衔接制度在应对问题性企业处理上的无力性。现有执转破衔接制度最急需解决的问题可进行这样的改写：如何通过执转破衔接制度有效地将问题性企业吸收到破产程序中来？

---

① 林毅夫：《产业政策与我国经济的发展：新结构经济学的视角》，载《复旦学报》（社会科学版）2017 年第 2 期，第 148 页。

第二节　执转破制度运行困境与成因

"执行不能案件"的处理与市场中问题企业的清退成为执转破制度应运而生的根本动因。现有的执转破制度虽已提供了较为清晰的路径框架,但由于在启动中实行当事人申请主义,以及运行机制中存在的问题,这一制度在实际运行中存在较大的困难,需要对现行制度进行相应调整,对运行机制进行补充与完善,以期促使执转破制度的功能得到有效发挥。

一、执转破衔接制度运行的适应性考察

（一）相关数据的分析

1. 数据所彰显的相关现实

执转破司法实践从运行伊始至今已有 6 年多时间。从数据统计中,可以窥视执转破衔接机制的功能发挥现状。

就全国而言,相关报告显示,2014 年涉及企业依法退市案件的数量为 1.2 万件(破产案件在该数据中占有一定比例),2015 年企业破产案件的数量(包括股权转让)则为 1.4 万件[①],2016 年审结破产案件 3373 件,2017 年达 1.2 万件,2018 年达 1.6 万件,2019 年达 1.8781 万件,2020 年达 1.01 万件(其中破产重整案件 728 件)。[②] 自 2014 年以来我国每年受理或审结破产案件在数量上总体呈明显的上升趋势。

各级地方法院破产案件受理、审结数据亦反映出上述变化趋势。以浙江省为例,从浙江省高级人民法院工作报告的数据看,在 2014 年至 2016 年期间,浙江省共受理破产案件数分别为 307 件、619 件、849 件,而审结数则分别为 219 件、312 件、427 件。而在 2019 年至 2020 年期间,全省共审结破产案件数分别为 1704 件、2828 件。浙江省破产案件审结数呈现出明显的上升趋势。而执转破衔接机制起到的作用可以根据 2017 年的数据来进行推算。2018 年

---

① 按照数据总体所呈现的趋势来看,2014 年和 2015 年破产案件的实际占比可能极低。

② 考虑到疫情期间法院难以正常开展工作,2020 年数据的大幅下降与新冠疫情的发生可能具有较大的关联性。而由于数据样本存在无法控制的变量干扰,故该数据不列入整体审结案件的计数样本中。

的《浙江省高级人民法院工作报告》显示,浙江省在全国首推执行案件移送破产审查的做法,"执转破"案件达1236件,化解涉企执行老案2.2万件。[①] 与近年浙江省的破产案件的审理数量进行比较,"执转破"案件的数量上升趋势显得更加可观,执转破衔接机制在发挥执行案件导流效果上较为明显。

2. 数据反映出的相关问题

"执转破"伴随着最高人民法院于2016年提出的"三年基本解决执行难"推进至今,尽管"执转破"案件的数量发展较快,但是就目前广泛存在的"执行不能案件"而言,该数据表现仍不能得出理想的运行结果。除少数地区如广东、江苏、浙江等经济发达地区运行较好外,在众多地区,申请移送难、破产受理难仍然存在。这些问题主要表现在进展不稳定、地区不平衡、效果不理想,"执转破"功能价值未能全面持续发挥。究其原因,既有认识问题,亦与一些体制性、机制性问题尚未有效解决有关。[②]

对于企业破产的适宜比例,有学者根据比较研究给出年企业破产数应当占企业总数1%的数据。[③] 以此为标准,在我国现阶段,每年受理的企业破产数并未达到该标准。如果按我国企业拥有量为3000万户计,则企业的破产数量应在3万件左右,而目前全国的企业破产数量仅为1.5万件上下。这从一个侧面说明仍有大量案件未能进入破产程序。虽然执转破衔接机制运行后客观上起到了将"执行不能案件"移送破产审理的作用,且已取得了一定的成就,但是该机制的适用潜能仍有待挖掘,现有的制度构造也有进行因应性调整的必要。

（二）参与主体存在的适用性困境

1. 申请执行人的抵触与适应

从执转破制度的现实适用情况来看,最为突出的就是在启动过程中,遭受到申请执行人的抵触。

对申请执行人而言,执转破衔接机制的程序启动对其造成两方面的不利影响。

一方面,申请执行人在司法程序中所需要付出的成本及风险显著上升。

---

① 李占国:《浙江省高级人民法院工作报告》,载《浙江日报》2018-02-07,第4版。
② 陈唤忠:《"执转破"常态化实施路径优化研究》,载《法律适用》2020年第3期,第135页。
③ 曹思源:《破产立案数据的差异意味着什么?》,http://www.aisixiang.com/data/19216.html,2021年3月21日最后访问。

根据当事人主义的立法原则,执转破制度的程序启动需要经申请执行人或被执行人的同意。而启动执转破衔接机制的举证活动及由此产生的费用支出需要由申请人承担,客观上加重了申请人的成本负担。当案件由破产法院受理,申请人就不得不经受更为长久与复杂的案件处理流程,新增加的诉讼活动势必增加申请人的成本支出。

另一方面,当案件经由执转破衔接程序转入破产案件处理流程时,申请执行人的受偿风险更具有不确定性。破产程序与强制执行程序相比,明显的变化就是主张债权的人数增加。且由于破产偿还的顺位限制,排在较后顺位的申请执行人就有可能无法如愿实现债权清偿。

由于在破产制度和强制执行制度两种制度的运行方式选择中,债权人利益实现的可获得性存在巨大差异,故其自然在两种制度的路径选择中形成对于前者的偏好。另外,在司法工作实践中,对执行法院而言,执行法官在向当事人征询"执转破"移送意见时,往往简单而流于形式,难以破除当事人形成的对执行程序的路径依赖。①

2. 债务企业的抵触与适应

执转破制度的司法构造也遭受到债务企业的抵触。对个案中的债务企业即被执行人而言,其同样依法享有向法院申请启动执转破衔接程序的权利。但是,现实中大量存在债务企业宁愿选择举债经营,也不愿主动向法院申请启动破产程序来结束既有的债权债务关系。

此种现象的发生,一方面与普通民众对破产制度的广泛误解存在相当的关联关系。就并未专门学习过法律知识的民众而言,在其意识中所形成的直观印象就是企业违法经营才会发生破产情形。另一方面,由债务清偿案件转化为破产清偿案件,对被执行企业的投资者而言,一旦企业转入破产程序,同样意味着既失企业又失投资的厄运。

更深层次的原因在于,现实中债务企业发生"执行不能"的情况时,往往有企业经营不规范甚至违法情形的存在。比如,企业投资者与企业发生的人格混同与财产混同,一旦企业进入破产程序,在清算中极易被发现与挖掘,其后果是企业投资者不得不对企业债务承担相应的连带或赔偿责任。更严重的情况是,企业控制人担心被追究出资不实、侵占资产、挪用资金、违规担保、关联

① 白田甜、景晓晶:《"执转破"衔接机制的优化原则与实践完善》,载《法律适用》2019 年第 3 期,第 63 页。

交易、经营失范等相关行为,宁可跑路也不愿破产。[①]

3. 司法机关的抵触与适应

在实际运行中,执转破衔接机制中的司法运行方式也会遇到一些司法机关的抵触。

执转破案件需要将执行案件所在地法院转入破产企业所在地法院,在多数情形下,由于民事诉讼中"原告就被告"制度,诉讼发生于被告所在地法院,执转破程序变更的只是对案件的处理方式,不发生管辖法院的变更。但也有一些案件,原告是以"约定管辖"与"专属管辖"提起诉讼的,诉讼管辖法院在原告所在地或第三地。当实行执转破程序时,需要将案件移送到被告所在地法院。而对受移送法院而言,破产程序工作量大,耗时长,有些案件逾越多年都结不了案,难以与以结案率为核心的考核体系相容。在大量案件涌入的情况下,执转破程序的运行不得不大量吸收法院系统中有限的人员以满足案件处理的需求。更有甚者,破产案件利益关系复杂,纷争多,协调难度大,还容易引起群体事件,一些法官自然避之不及。[②]法院间的案件流转,涉及各级法院之间协调与配合,有效的配合协调机制如果没有建立起来,就会造成此项工作推进中的诸多困难。

4. 地方官员的抵触与适应

地方政府对执转破衔接程序的态度也影响到了此项程序的实际适用。对地方政府而言,由于地方的经济增长系主政官员政绩考评的重要指标,招商引资、发展经济就成了地方政府所必须承担的重要任务。

而地方企业的存续与地方的财政税收、就业率等经济数据相挂钩,地方企业的破产直接意味着相应数据的减少,显然与经济发展的主旨相悖,更遑论大量地方企业的破产对本地营商环境评价也会产生一定的负面影响。

因此,地方政府并不乐见于企业破产事件的发生。尽管在司法体制建设中强调司法独立,但地方政府的不主动配合与支持,难免对现实中的执转破案件处理产生负面影响。

---

① 陆晓燕:《运用法治手段化解产能过剩——论破产重整实践之市场化完善》,载《法律适用》2016 年第 11 期,第 69 页。

② 王雪丹:《试论破产程序与执行程序的竞争与共生》,载《江西师范大学学报》(哲学社会科学版)2018 年第 5 期,第 129 页。

二、执转破衔接制度运行困境的成因分析

（一）两项制度价值取向的差异对制度衔接运行的影响

1. 执行制度与破产制度的价值差异性

执行制度与破产制度既具有同源性，也具有异质性。[①]

首先，从两者的性质而言。强制执行制度是强制要求拒不履行生效法律文书的债务人履行义务，是实现债权人按判决书所记载的财产权益的一项法律制度。其制度价值在于实现个别或部分债权人的合法权益，属于个别执行。[②] 而破产制度则是债务人资不抵债或明显缺乏清偿能力时，一次性清理全部资产及债权债务关系的法律制度，属于概括执行。[③]

其次，从两者行为的特点而言。强制执行具有单向性，强调债权人中心主义，债务人在执行程序中负有容忍和配合执行的义务。而破产清算具有多向性，由于有些债权人在进入破产程序后申报债权，准许债务企业对债权的数据、性质、有效与否进行抗辩，不再单纯强调债权人中心主义；另外，在破产程序中，除了债权人与债务人，还涉及清算组织、人民法院、破产管理人等相关机关与组织，涉及主体多而复杂，需要构建出一整套运行规则与体系。

再次，从两者确立的清偿原则而言。强制执行制度在债权人之间适用优先执行原则。[④] 具体而言，多个普通债权人按照申请执行的先后顺序清偿，并顾及财产保全和执行中查封、扣押、冻结财产的先后顺序清偿。强制执行要解决当事人有能力履行而不履行的问题，在债务人具有充足财产的情形下，可以说民事执行程序是实现债权人利益的最佳手段。而破产制度实行的是公平受偿原则。为落实公平受偿原则，破产法确立严格的债权申报与确认制度、债权人会议制度，对债权进行合理分类。为最大限度满足全体债权人的受偿利益，破产法规定破产撤销权、出资加速到期、高管非正常收入追回、关联企业实质合并等特别制度，以实现可供清偿的财产利益最大化。[⑤]

[①] 马伟坚、胡名态：《"执转破一体化"的实证图景与理性进路——以 242 份裁判文书为分析视角》，载《法制与社会》2019 年第 1 期，第 98 页。

[②] 范健、王建文：《破产法》，法律出版社 2009 年版，第 2 页。

[③] 张卫平：《民事诉讼法》（第 3 版），法律出版社 2013 年版，第 453 页。

[④] 江伟主编：《民事诉讼法》（第 3 版），复旦大学出版社 2016 年版，第 259 页。

[⑤] 陈琳：《完善执行转破产程序衔接中的信息双向沟通机制》，载《人民司法》2020 年第 28 期，第 71 页。

最后，从两者确立的制度功能而言。两种制度所适用的案件类型并不具有同一性。适用强制执行制度的案件的前提在于被执行人的财产可供清偿全部债务，而债务人拒绝清偿其债务使得成诉。[①] 强制执行旨在了结个案债务，其单纯地表现为微观层面的债权债务关系消除，体现效率与个别正义；而破产制度追求的是对债权人的平等保护，侧重维护公平和一般正义。若没有破产制度，在债务人无力清偿到期债务时，极易出现"先下手为强，后下手遭殃"的局面。这就使得两种制度的功能分界线非常明确，两种制度所适用的范围各自处在彼此的外部，执转破衔接制度建构的契机就此产生。

2. 两项制度价值取向的差异对制度衔接运行的影响

其一，就债权人对两项制度的选择意愿而言，选择执转破程序并不具有明显的优势。现实中无论债务企业是否已经存在缺乏清偿债务能力的情形，大量债权人都会基于其自身利益考量，选择启动强制执行程序以实现其债权。其结果是，大量本应进行破产程序的案件却进入了强制执行程序中，本该移入破产程序的案件却被执行法院处理。

就对个别债权人利益保护的角度分析，原告作为债权人，原本在原告所在地提起的诉讼，也进行了财产保全工作。转入破产程序，需要移送到被告所在地法院，通过申报债权引入众多的债权人并公平受偿。这对于执行案件的原告债权人而言，原有强制执行程序所具有的优势不再存在。因而，先提起诉讼进而优先进入强制执行的当事人不愿意进入破产程序。

其二，从破产制度和强制执行制度各自功能价值的选择来看，两项制度依照各自的预先设计，功能相斥客观存在，并不具有天然的关联性。这往往导致现实环境中两种制度的边界并不明确。直接表现为本应适用破产程序的案件，却以单一原告提起诉讼的方式进行并转入强制执行的程序中，造成"执行不能案件"的出现，进而导致我国"执行难"现象的屡发。

其三，两种制度的现有构造形成了互为因果、相互牵制的关系，实践中也践行着某种"马太效应"的逻辑。即强制执行制度强者愈强，破产制度弱者愈弱。想要摆脱如此趋势，现实中的可行方案就是执转破衔接制度的科学构建。故最终又回到了如何完善执转破衔接机制的规则，以发挥其制度功能的问题

---

① 韩长印：《破产界限之于破产程序的法律意义》，载《华东政法大学学报》2006 年第 6 期，第 114 页。

企业市场退出新问题及法律治理研究

上来。①

(二)执转破的制度性制约因素对推进工作的影响

1. 优先受偿权制度对执转破运行效果的影响

对可优先受偿的债权人而言,执行程序或破产程序对其优先受偿权并无影响。根据《民诉法司法解释》第516条的规定,当事人不同意移送破产或者被执行人住所地人民法院不受理破产案件,仍然可以保障优先债权人的优先受偿权,而且执行程序效率更高,故执转破机制对优先债权人而言并无吸引力,其没有主动启动执转破机制的动力。

对普通债权人而言,按我国《企业破产法》,只有担保债权才享受破产程序上的优先受偿权,而在强制执行程序中,先起诉的债权人、先实行财产保全或轮候查封的债权人均具有一定的优先受偿的权利。这意味着,执行程序中的优先受偿原则与破产程序中的优先受偿原则是不同的。质言之,执行程序中的优先起诉人、优先财产保全人的优先受偿原则在破产程序中是被排除的。这就导致在申请人主导的制度规范下,部分申请人由于破产财产分配激励不足而拒绝申请执转破程序。

2. 回转执行制度对执转破运行效果的影响

在司法实践中,在破产审查时会发现某些情况下无法继续进行破产,需要回转到执行程序。

这些情形主要包括:①仍有可处置财产,且通过执行强制力能够使财产处置更为高效。因此有必要整合两个程序的各自优势。可处置的财产应先在执行程序中予以变现,待分配时再转入破产程序以实现公平清偿更为妥当。②没有可处置的财产,但被执行人有能力和解的情形。产生这一情况,有主观及客观两方面的原因。主观上,部分企业投资者心理上仍不愿意接受企业陷入破产境况。客观上,企业在执行中被列为被执行人时并不影响投资者等相关人员,导致不讲信用而逃废债务的行为比较普遍。但若进入破产程序,企业投资者有可能承担相应责任,因此愿意出面还债以清偿债务。

构建回转执行制度,在具体实施中应坚持该"执"则执、该"破"则破的原则。如这一制度能得以推行,一方面可以起到执行案件与破产案件的科学分流的作用,另一方面也能切实提升执转破的实效性。

---

① 李帅:《论执行案件中法院职权主义破产启动程序的构建》,载《法律适用》2015年第11期,第50页。

326

（三）两项制度的不对称性对制度运行的影响

1. 两项制度生成时间上的差异性

从历史的角度来看，我国《企业破产法》自 2007 年 6 月 1 日起施行，此后就该法而言并没有进行重大修订，而存有三部司法解释对该法的具体司法实施提供规则适用上的指导。①

《民事诉讼法》相较于《企业破产法》而言，具有更为漫长的存续时间。如不将 1982 年 3 月试行的《民事诉讼法》考虑在内，则现今距 1991 年《民事诉讼法》实施已有 30 多年之久。且 2017 年最新修订的《民事诉讼法》出台之时，《民事诉讼法》已历经了三次大修订。②

2. 两项制度推拉力上的差异性

长短不一的发展时间使得两种制度的完备性存在差异，又由于价值追求上的不同，使得两种制度的实际适用效果也产生了明显的差异，从而引发两项制度在推拉力上的差异性。

推拉力因素系人口学家用于分析人口流动的理论工具，用来分析城乡之间的高下差异促使人口从条件较差的农村向条件较好的城市流动的原因。③而破产制度和强制执行制度之间"优劣分明"的比较甚至形成了某种推拉力的效果，以此为角度进行切入，可以观察两种制度的不对称性。

---

①　最高人民法院关于《企业破产法》的相关司法解释有：2011 年 9 月 9 日，经最高人民法院审判委员会第 1527 次会议通过，自 2011 年 9 月 26 日起施行的《最高人民法院关于适用〈中华人民共和国企业破产法〉若干问题的规定（一）》（法释〔2011〕22 号）；2013 年 7 月 29 日，经最高人民法院审判委员会第 1586 次会议通过，自 2013 年 9 月 16 日起施行的《最高人民法院关于适用〈中华人民共和国企业破产法〉若干问题的规定（二）》（法释〔2013〕22 号）；2019 年 2 月 25 日，经最高人民法院审判委员会第 1762 次会议通过，自 2019 年 3 月 28 日起施行的《最高人民法院关于适用〈中华人民共和国企业破产法〉若干问题的规定（三）》（法释〔2019〕3 号）。

②　《中华人民共和国民事诉讼法》于 1991 年 4 月 9 日第七届全国人民代表大会第四次会议通过。根据 2007 年 10 月 28 日第十届全国人民代表大会常务委员会第三十次会议《关于修改〈中华人民共和国民事诉讼法〉的决定》进行第一次修正；根据 2012 年 8 月 31 日第十一届全国人民代表大会常务委员会第二十八次会议《关于修改〈中华人民共和国民事诉讼法〉的决定》进行第二次修正；根据 2017 年 6 月 27 日第十二届全国人民代表大会常务委员会第二十八次会议《关于修改〈中华人民共和国民事诉讼法〉和〈中华人民共和国行政诉讼法〉的决定》进行第三次修正。

③　"推拉理论"是研究流动人口和移民的重要理论之一。它认为，在市场经济和人口自由流动的情况下，人口迁移和移民搬迁的原因是人们可以通过搬迁改善生活条件。于是，在流入地中那些使移民生活条件改善的因素就成为拉力，而流出地中那些不利的社会经济条件就成为推力。人口迁移就是在这两种力量的共同作用下完成的。参见李强：《影响中国城乡流动人口的推力与拉力因素分析》，载《中国社会科学》2003 年第 1 期，第 126 页。

从处置问题的时间效益上，两项制度所需要的操作程序平均适用时间存在比较大的差异。根据相应研究课题得出的数据，企业破产清算案件平均审理天数为 709.6 天。[①] 而另一研究统计数据表明，"执转破"案件适用普通审理程序的平均审理周期为 314.2 天。[②] 破产案件动辄数年的案件处理时间与强制执行程序旬月可至的案件处理时间的对比反差，相当程度上巩固了债权人选择强制执行制度以实现债权的倾向。故尽管执行法院通过破产撤销权、无效行为、出资义务加速到期、高管非正常收入的追回等制度措施以实现债务人财产价值的最大化[③]，也无法提振债权人选择破产制度的"热情"。

执转破衔接制度中的当事人主义立法构造为债权人的权利行使提供了有力抓手。由于现有制度中执转破衔接机制的启动必须获得申请执行人之一或被执行人的同意，如果参与行为的主体的利益实现与法律所追求的效果并不一致，而法律又赋予该主体以行为的主动权，则其在向利益最大化的方向组织行为时，就难免遁入道德的窠臼中，使得既有的法律功能无法得到有效发挥。

综上而言，执行程序的简易化、大众化与直接化，使得执行程序具备了便捷、快速和受众范围广的制度优势。[④] 在各项制度相继竞能的时代，主体的客观行为践行着如此的基本逻辑：在给定条件的前提下，理性主体会根据从利的偏好进行路径选择。而回到两种机制的讨论中，由于两种制度的规则架构在同类对比下所呈现的"不对称性"，破产制度的弊端形成了推力，强制执行制度的优势形成拉力，使得债权人在两种制度的路径选择中自然倾向了后者。

三、执转破衔接制度从分离走向整合的价值张力

（一）执与破衔接的可能性与联系性

1. 执转破机制对"误入"强制执行程序案件的纠错功能

虽然执与破制度的适用对象不具有相关性，两种制度天然也不具有互通性，但是，面对本应由破产程序进行解决而"误入"强制执行程序的案件，执转

---

① 周剑敏、朱淼蛟、钱峰、朱建军、林长华：《努力破解破产案件审理中的难题》，载《人民法院报》2016-07-21，第 8 版。

② 何新、杨林法、章丽美、郑扬、潘黎：《优化执转破审判工作 助力"基本解决执行难"》，载《人民法院报》2019-01-31，第 8 版。

③ 徐阳光：《执行与破产之功能界分与制度衔接》，载《法律适用》2017 年第 11 期，第 22 页。

④ 唐英茂：《为什么执行程序处理破产问题？》，载《北京大学学报》（哲学社会科学版）2008 年第 6 期，第 18 页。

破机制却具有了纠错功能。即在执转破衔接机制中,当"执行不能案件"发生后,通过申请人申请破产程序,执行法院裁定终结执行,转由被执行人住所地法院进行破产审理,实现对执行"错案"的"对号入座"。通过这种纠错行为,展示出了两项制度各自价值实现的最大张力。

遵循各自的价值取向,破产制度和强制执行制度的取舍天然包含了一个明确的个体与一定的群体之间的取舍。事实上,公法和私法领域不同的价值导向在此种抉择中产生了最直接的碰撞。当债权人选择向执行法院申请启动强制执行程序时,其脱离群体而成为原子化的个体。此时其自然地完成了从破产制度的公平价值追求向强制执行制度的优先受偿过渡,因而客观的收益达到最大。而一旦该案件转入破产程序中,则其收益不得不进入一个明显下降且风险增加的过程。在目前执转破仍推行当事人申请主义的模式下,执转破机制对"误入"强制执行程序案件的纠错功能还相对有限。

总体而言,执行程序和破产程序的对接可以防止"以执行代破产"问题的出现,在公平、协同地解决债务问题与债务企业清退上也向前推进了一大步。

2. 相关制度实施在路径构造上的重合性

执行程序侧重于效率,破产程序追求公平,而两者的衔接,就会实现公平与效率兼顾。若债务人财产能够清偿全部债务,强制执行能够满足债权实现的效率,债权人自然优先选择执行程序实现其债权;而一旦债务人财产不足以清偿全部债务,"公共鱼塘"效应凸显时,破产程序就显示出其公平清偿债务的优势。故此,执行与破产程序有殊途同归之效。[①]

在执、破两项制度中,针对债务人财产的调查、清理、催收、变卖的相关路径构造具有较强的重合性。针对债务人的财产调查和处理,如果说财产调查是人民法院民事执行的始点、前提,对财产的变卖则是民事执行的关键。[②] 那么,在破产程序中,对财产的清理(含调查)、催收与变卖也同样具有重要地位。究其原因,在于破产制度和强制执行制度都需要获取财产和分配财产,在实际处分前都需要对债务人的财产进行清点、评估、变卖。

---

① 马伟坚、胡名态:《"执转破一体化"的实证图景与理性进路——以 242 份裁判文书为分析视角》,载《法制与社会》2019 年第 1 期,第 98 页。

② 苏福:《民事执行中"完成财产调查"的认定标准与运用向度》,载《东方法学》2017 年第 5 期,第 138 页。

(二)执与破衔接对债务处理功能的影响

1. 解决债权处理的投机性

从客观上来说,强制执行制度的利益多占为债权人的投机行为提供了空间。由于强制执行制度中所规定的是"先到先得"的偿债顺序,而破产制度规定的则是存有不同顺位且同一顺位公平受偿的偿债顺序。就破产程序中无法获得全部债务清偿的债权人而言,在理想情况下,选择强制执行程序可以使得其可获得的债权清偿数额较破产程序更多,更完善的强制措施和失信惩戒制度亦更能保障债权人的利益。除此之外,由于强制执行程序的大部分成本都由执行法院承担,从而进一步扩大了强制执行程序和破产程序之间的"不对称性"。

从制度的规则比较而言,强制执行制度中的参与分配制度为债权人提供了现实渠道。参与分配制度,意指在执行过程中,因为债务人的财产不能清偿所有债权人的全部债权,申请执行人以外的其他债权人依据有效的执行根据申请加入已经开始的执行程序,全体债权人就执行标的物的变价公平受清偿的制度。[1]

就参与分配制度建立的目的而言,在于最大限度地、平等地保护执行过程中所有债权人的合法权益,使他们的债权能够在统一执行程序中得到公平的受偿。[2] 此意义上的公平,实际上遵行的是强制执行法上的公平,即排除未经诉讼或虽经诉讼但未提起执行申请的债权人。在此基础上按照起诉先后、财产保全先后等进行债权分配。可见,在此情形下,虽然公平价值也占据了比在一般强制执行程序中更为重要的位置,但参与分配的本质属性决定了该制度仍然以"效率"为首要价值追求。[3] 而又由于我国长时间未有关于个人破产的立法规定,参与分配程序的设立实质上在于弥补现行《企业破产法》中有限破产主义的不足,替代个人破产程序发挥平等清偿的功能。[4]

2. 法的社会整体利益观的实现

就强制执行制度和破产制度进行整体性考虑时,可以发现强制执行制度已成为规避破产制度而实现机会性收益的现实渠道。当债权人选择通过参与

---

① 张卫平:《民事诉讼法》(第 3 版),法律出版社 2013 年版,第 465 页。
② 田平安主编:《民事诉讼法学》(第 4 版),法律出版社 2015 年版,第 401—402 页。
③ 尚彦卿:《民事执行中参与分配制度研究》,西南政法大学 2018 年博士学位论文。
④ 肖建国、庄诗岳:《参与分配程序:功能调整与制度重构——以一般破产主义为基点》,载《山东社会科学》2020 年第 3 期,第 67 页。

分配的制度以满足其债权实现的目的时,由于时间相较破产程序较短且确实有利可得,参与分配制度甚至从某种意义上发挥着"简易破产"程序的功能。而大量企业法人适用参与分配制度,事实上让《企业破产法》处于"弃用"状态,僵尸企业激增。[①] 而又因为参与分配制度功能设定的暧昧之处,破产制度和强制执行制度的明确分野也趋向于模糊,进一步导致了原本应该适用破产程序的案件对执行法院的司法资源的挤占。

两者制度功能定位上的差异必然导致两者在实际运行之间的冲突。[②] 就执转破衔接制度的建构而言,破产制度和强制执行制度的价值取向使得两项制度的内在逻辑具有矛盾性的一面。

虽然破产制度有其作为私法的制度底色,但由于企业破产的事项发生,其影响力往往超出企业主体及债权人范围而触及社会领域,故而通常对破产法的制度选择就会汇入社会效益因素的考量,这就不可避免地导致破产法的私法公法化现象。

就强制执行制度而言,其制度的起点始于债权人的债权主张,终点尽于债权人的债权实现。其前提是债权人相对单一,且执行申请人能够满足债权清偿。在此情形下,全然以债权人自身的个人利益考量为导向,并无掺杂社会效益考量的余地。在债务人的财产不能满足所有债权人的清偿要求时,破产制度则以概括执行程序的方式对个别执行制度予以否定和排除,实际上就是意图解决有限的"公共鱼塘"的分配问题。[③] 这是强制执行制度无力解决的问题,引入执转破制度的社会价值就在于此。

第三节　执转破制度与企业退市制度对接融会机理

在现行法下,将"执行不能案件"从强制执行案件中分离出来进入破产处理,在解决执行难问题的同时将没有生存能力的企业出清市场,客观上为企业退市制度提供了有效的方式与途径。而如何将执转破制度赋予企业退市清退

---

① 曹兴权、尚彦卿:《民事执行中参与分配程序的适用条件》,载《政法论丛》2017 年第 5 期,第 77 页。

② 齐树洁、陈洪杰:《破产程序与执行程序的冲突及其协调》,载《厦门大学学报》(哲学社会科学版)2007 年第 3 期,第 108 页。

③ 韩长印:《破产程序的财产分配规则与价值增值规则——兼与个别执行制度的功能对比》,载《法商研究》(中南政法学院学报)2002 年第 3 期,第 63 页。

功能,则需要将执转破制度与企业退市制度相对接,形成对问题性企业市场清退的双管齐下效果。在处理"执行不能案件"的同时又处置市场中的问题性企业清退,应当成为执转破衔接制度生成并得到发展的根本动因,这也是司法能动作用于企业清退领域的实践体现。就此而言,现有的执转破制度虽已提供了较为完整的路径框架,但对两项制度融会的突破点构建尚有深入讨论的必要。

一、两项制度对接融会的意涵与现实可能

(一)两项制度对接融会的意涵与问题预设

1. 两项制度对接融会的意涵

执转破制度与企业退市制度对接融会,是指在执转破的实施与推进过程中,将"执行不能案件"的处理对接到符合"问题性企业"的清退中,以破产处理为交会点,通过融会达到清偿债务与清退问题性企业的双重目标。

我国目前存在强制执行制度、企业法人破产制度、企业退市制度等多项具有关联性的制度。其中,强制执行制度、企业破产制度以《民事诉讼法》《企业破产法》单行法的形式作出表达,而企业退市制度却被包含于各项企业立法中,目前尚未制定出适合我国国情的单行法规。如何将三项制度有机地结合起来,尤其是如何将企业破产制度与企业退市制度有机地对接起来,通过一定的衔接机制促成制度之间的融会进而达到共同的功能目标,这是需要思考与关注的问题。

2. 两项制度对接融会的问题预设

分析执转破制度与企业退市制度对接融会的可能性,以及能否通过相应的制度构造得以融会实现,在理论上需要重点阐释以下几个问题。

(1)执转破制度针对的企业是"执行不能案件"的企业,企业退市制度所针对的企业是具备退市条件的企业,那么,这两类企业在识别标准上是相同的还是相异的?这直接关系到两种制度对接融会的基础是否存在。

(2)执转破制度仅仅是为了通过司法程序解决企业债权债务问题还是应当具备挽救转机的企业、清退无力挽救的企业的功能?这就会关系到两项制度对接融会中其功能是否具有重合性。

(3)执转破制度是一项司法性制度,而企业退市制度是行政与司法共同推进的制度体系,它们之间进行对接融会是否会受到体制障碍。

对上述相关问题进行预设,并对此作出分析,符合提出问题的学术逻辑自

洽,也为证成问题提供基本技术路线。

（二）两项制度对接融会的现实可能性

1. 不同语境下企业形态在实质性内容上的契合性

在执转破制度上,对于部分处于强制执行中的债务企业被界定为"执行不能案件"企业,这类企业按照最高人民法院《关于执行案件移送破产审查若干问题的指导意见》第2条规定,在司法审查时需要满足的基本条件为:①被执行人为企业法人;②被执行人或有关被执行人的任何一个执行案件的申请执行人书面同意将执行案件移送破产审查;③被执行人不能清偿到期债务,并且资产不足以清偿全部债务或者明显缺乏清偿能力。这实际上规定了"执转破"程序中主要包括对象条件、意思表示条件以及原因条件。

在主要包括的对象条件上,仅限定为法人企业。也就是说,债务人是具有法人资格的企业。在现阶段,自然人以及企业法人以外的组织不适用"执转破"程序,这与我国《企业破产法》采法人企业破产主义相关联。

在意思表示条件上,"执转破"程序的启动采当事人主义,须由被执行人或者申请执行人书面同意。如果被执行人或申请执行人均不同意启动"执转破"程序,人民法院不能依职权主动启动该程序。

在原因条件上,指的是"执转破"程序中,被执行人所需要具备的破产制度意义上的原因,也就是以《企业破产法》第2条之规定为核心的破产程序启动条件。只要债务人经强制执行程序初步认定财产无法清偿全部债务,则可被认定为明显缺乏清偿能力,从而符合"执转破"程序的原因条件。

从以上三个条件设定上,可以看到,其中第二个程序与执行转破产程序相关,而其他两个条件均与能否进入破产受理的实质性条件相关。

在符合清退条件应当予以清退的企业中,根据本书第二章的分析,界定的企业种类主要为两项,一类是僵尸企业,另一类是大量的"解而不散"企业。至于本著作中所阐析的僵局企业并不包括在本章节所述的问题性企业中。因为僵局企业主要是运行机制性问题,并不必然表现为债务处理性问题。

通过比较,我们发现,执转破制度与企业退市制度在对实质性内容的界定方面并无二致,具有高度的契合性,针对的基本是经营亏损、资不抵债、存在多数债权人的企业,即所谓的"问题性企业"。

从经济学视角而言,问题性企业的形成有其内在和外在的客观因素。由于经营风险的客观存在,例如企业的决策失误、市场的环境变化、国家产业布局调整等因素,都有可能导致企业经营出现问题,最终变成应当被市场淘汰的问题性企业。

从法学视角而言,问题性企业的形成原因仅作为分析因素,而不作为认定标准。因为,在对问题性企业的处理上,不会因形成原因的不同而采取具有差异性的处理政策。除非某些问题性企业从业领域的特殊性,如公共企业、自然垄断产业,立法可能对其作出特殊的规定。

从宏观政策视角而言,执转破制度的法治化实现在于其社会效益的实现,即通过对问题性企业的市场出清机制来实现这一功能目标。

2. 两项制度在调整目标上的同一性

一国市场经济发展的方向由自身的资源要素禀赋决定,也受一国经济体制制约。市场之性如水,似弱实强,似无实有,散则阴柔,聚则汹涌,狎之者易溺,轻之者易覆。[1] 在对市场规律进行客观研究的基础上,对市场的内在逻辑进行把握进而因势利导,是使市场成为有效市场的必由之路。而在向产业链上游攀越的过程中,积极调整自身的市场结构,追求能够发挥比较优势的产业布局,以求在国际分工中找到自身的位置,亦是经济发展的应有之义。就此而论,有关市场主体的法律制度建构就成为调整经济、布局市场的重要基础和有力抓手。

就破产制度而言,在破产功能的确立上,表现为破产法立法价值的嬗变,即由个人本位让位社会本位。[2] 破产法的社会利益考量使其向公法领域靠近,即商法作为私法的公法化特征。但这并不代表破产法就失去了其作为私法的制度底色。在破产法的制定过程中融入一定社会利益的考量,其根本原因在于实现破产法作为企业出清与企业更生法的作用。市场经济的优胜劣汰规则亦要求市场经济法治为市场主体退出做好制度安排。[3]

法治是现代市场经济体制的基础。[4] 法治化营商环境是市场经济发展到高级阶段的必然结果,具有稳定预期、激发活力及优化政企关系的功能。[5] 而

① 翟东升:《关键在波动而非压力——从拿破仑大陆封锁体系的失败看经济战规律》,载《江海学刊》2019 年第 1 期,第 178 页。

② 杨姝玲:《论破产重整中对有财产担保债权的限制与保护》,载《河北法学》2015 年第 2 期,第 78 页。

③ 李曙光:《破产法的宪法性及市场经济价值》,载《北京大学学报》(哲学社会科学版)2019 年第 1 期,第 151 页。

④ 钱颖一:《市场与法治》,载《经济社会体制比较》2000 年第 3 期,第 11 页。

⑤ 翁列恩、齐胤植、李浩:《我国法治化营商环境建设的问题与优化路径》,载《中共天津市委党校学报》2021 年第 1 期,第 72 页。

建构法治化营商环境也对司法法治提出了更高的要求。司法法治是法治化营商环境建设的重要支撑，其贯穿于优化司法环境的全过程，可以有效回应法治化营商环境建设的时代诉求和践行法治化营商环境建设的基本要旨。[①]

3. 债权人的利益保护与市场秩序维护之联动性

执转破，将问题性企业按破产程序进行处理，并促使问题企业退出市场，其价值目标究竟是单一的（即仅满足债权人利益保护）还是多元的（除债权人利益保护外，还具有维护市场秩序等的功能）？我国《企业破产法》第 1 条就明言，制定与实施破产法是为了"规范企业破产程序，公平清理债权债务，保护债权人和债务人的合法权益，维护社会主义市场经济秩序"。即债权人利益保护与市场秩序维护是破产法所共同维护的立法宗旨。执转破制度理应遵循这一立法宗旨，而执转破与企业退市两项制度的融会就更好地维护了这一立法价值。

当一项法律制度构建时，对债权人利益最大化的遵从或者背离程度都与其在制度之外的社会和经济政策连在一起。[②] 在执转破制度所适用的具体案件中，存在着个体债权人之间的利益对立。由于可供执行财产的有限性，各个债权人之间就形成了零和博弈，其背后存在的是具体的个体债权人与抽象的群体债权人之间的利益矛盾。一旦债权人向法院提出强制执行的请求，则其实现了从后者向前者的身份过渡。当"执行不能案件"一直积压在执行案件中时，从客观意义上来说，抽象的群体债权人的利益便始终被损害。在具体案件的利益衡量中，当事人的具体利益只有放置在利益的层次结构中进行衡量，才能保证公正和妥当。[③] 而具体到"执行不能案件"中，因通常涉及众多当事人，此类案件的公共性便要求案件的处置以债权人整体利益的最大化为目标，追求债权实现的公平价值。[④]

债权人的利益保护与市场秩序维护各有侧重，但相互关联。执转破制度与企业退市制度就运行机制的功能建构而言，无法绕开的一个重要命题就是债权人的利益保护与市场秩序维护的统一。强制执行程序中执行申请人（执

①　石佑启、陈可翔：《法治化营商环境建设的司法进路》，载《中外法学》2020 年第 3 期，第 697 页。

②　韩长印：《企业破产立法目标的争论及其评价》，载《中国法学》2004 年第 5 期，第 86 页。

③　梁上上：《利益的层次结构与利益衡量的展开——兼评加藤一郎的利益衡量论》，载《法学研究》2002 年第 1 期，第 58 页。

④　郭洁：《论强化法院对涉众案件执行转破产程序的职权干预——基于 2011 年至 2014 年沈阳市两级法院执行不能案件的分析》，载《法学》2016 年第 2 期，第 140 页。

行债权人)的单一性债权保护、破产制度中群体债权人的利益保护在表现形式上具有差异性,但尊重与保护债权人利益这一整体目的应是相同的。当保护单个债权人利益与保护群体债权人利益在利益追求中产生冲突时,两项制度就会在维护市场秩序这一总体目标下寻求利益保护上的平衡性。

执转破制度与企业退市制度融会的意义在于:当符合破产条件时,法律程序的价值取向从维护单一债权人合法权益转向实现全体债权人权益的最大化①,而转向全体债权人利益保护的动因又在于,当各类市场主体引发利益矛盾时,需要相应的制度进行协调、平衡,以此来维护市场经营秩序。

4.司法在治理企业退市中的能动性发挥

执转破衔接在层面上以处置债权债务纠纷为目的,然放置于更广阔的场域来看,它是国家治理现代化对法院在纠纷治理体系中的角色提出的新要求。②

司法是制度建构的产物,是一种公共产品。③ 在能动司法的理念之下,司法审判需要进行集体主义取向思维,要有大局意识,注重在保障个体权益的同时维护和服务国家中心任务。④ 在问题性企业的处置过程中,确实存在着市场和社会两种维度的利益关切。减少市场中存在的问题性企业符合有效市场建构的需求,亦符合社会整体利益的实现。我国《企业破产法》的制度建设以广义的破产法为概念基础,即我国的《企业破产法》包含破产清算程序、和解程序、重整程序三个部分。这意味着减少问题性企业的方式既包括将问题性企业从市场中清退,亦包括使问题性企业通过破产重整程序获得新生。执转破制度作为司法制度而存在,其运行的实效性应当成为法治化营商环境建构的重要内容。

针对体制与机制性障碍问题,最高人民法院于 2019 年相继发布了《关于深化人民法院司法体制综合配套改革的意见——人民法院第五个五年改革纲要(2019—2023)》(法发〔2019〕8 号,简称《五五改革纲要》)、《关于深化执行改革健全解决执行难长效机制的意见——人民法院执行工作纲要(2019—2023)》(法发〔2019〕16 号,简称《五年执行工作纲要》),特别是 2019 年 7 月,

---

① 谷佳杰:《中国民事执行年度观察报告(2017)》,载《当代法学》2018 年第 5 期,第 156 页。
② 廖丽环:《正当程序理念下的执行转破产机制:基于法理视角的反思》,载《法制与社会发展》2018 年第 3 期,第 138 页。
③ 顾培东:《人民法院改革取向的审视与思考》,载《法学研究》2020 年第 1 期,第 3 页。
④ 李红勃:《通过政策的司法治理》,载《中国法学》2020 年第 3 期,第 132 页。

由中央全面深化改革委员会第五次会议审议通过,由国家发改委、最高人民法院等 13 个单位联合发布的《加快完善市场主体退出制度改革方案》(发改财金〔2019〕1104 号),2019 年 7 月由中央全面依法治国委员会审议通过,中央政法委发布的《关于加强综合治理从源头切实解决执行难问题的意见》(中法委发〔2019〕1 号),明确包括人民法院在治理破产清退与救治市场主体方面的职能与作用,赋予了人民法院新任务、新使命。

二、两项制度对接融会对特定企业的治理机理

(一)两项制度对接融会对特定企业治理的作用发挥

1. 执转破制度在"僵尸企业"治理中的作用发挥

在实践中,当大量民事诉讼发生后,作为被告的被执行人实际上已经失去了裁判文书的履行能力。它们在起诉前已连年亏损、资不抵债,处于停产、半停产状态,以政府补贴或银行续贷勉强维持经营,无非在起诉之前没有被引爆,这类企业属于实质意义上的"僵尸企业"。

企业僵尸化并不必然表现为停产停业。在多数情况下其以对外债务无法清偿为表现形式。处置僵尸企业,根本途径是将其清出市场。然而,单凭强制执行程序无法解决对其市场出清问题。这是因为:其一,僵尸企业面对法院执行中的债务问题,可以通过"拆东墙补西墙"的方法临时性地筹措资金,强制执行程序本身无法从根本上解决其内在机能上的痼疾。其二,强制执行本身不具有对被执行人(债务企业)进行市场出清的功能。即使拒绝履行生效判决,执行机关所拥有的最后手段是认定无可执行财产,裁定终本执行。唯有通过执转破程序来解决其市场清退才是最终解决之策。

从宏观层面检视,自 2015 年起,我国国民经济的经济结构性改革被提上了国家议事日程,特别是供给侧结构性改革成了当前和今后一段时期的工作重点。在稳增长、调结构的大背景下,将执行程序与破产制度相对接,通过破产手段淘汰一批产能落后、亏损严重、无发展潜力企业,彰显出执转破制度的生命力。

因此,需要科学合理地运用"执转破"程序,为"僵尸企业"的市场清退提供思路和方案。

2. 执转破制度在"解而不散"企业治理中的作用发挥

解而不散企业,通常是指已经解散程序但却不愿意完成清算过程,最终未走向注销的企业形态,是我们在前几章研究中的其中一类病态企业。

如何将解而不散企业,通过制度引导促使其走向消亡一直是法学理论界与实务界所关注的重点。其中,强制清算、强制注销不失为重要手段,但通过执转破制度来终结解而不散企业同样具有特定的功效与作用机理。

　　解而不散企业通常是债台高筑的企业,且债权人也众多。由于日常经营管理混乱,在解散事由发生后却不作清算,造成诸多债权人无法获得债权实现。在此情形下,一些企业债权人通过诉讼方式单向性地主张债权,但多数情形下会导致"执行不能案件"而被终止执行,实际处理效果并不理想。在执转破制度下,通过将"执行不能案件"移送到破产审理法院,既能保证众多债权人对债权的公正、公平受偿,又能使解而不散企业依法走向死亡,可谓"一石二鸟",制度的扩放效应与针对效应较为明显。

　　(二)两项制度对接融会对特定企业治理的实效性考量

　　两项制度对接融会在解决特定问题企业清退上,具有相互推动的作用。

　　首先,执转破制度的存在,会进一步强化对"执行不能案件"进行科学的识别与认定。在未构建执转破制度时,虽然也将未能终结的执行案件区分为"执行不力"或"执行不能"两种情形,但这只是法院内部为执行工作考核而设定的。建立执转破制度并与企业退市制度融会后,识别"执行不能案件"的过程实质上是识别"执行不能"企业的过程,并将执行程序中的"执行不能"转化为破产程序中的"资不抵债,不能清偿到期债务"。

　　其次,"执行不能"企业的识别为企业退市提供了基础。"执行不能"企业严格意义上不属于某类特定的企业,它由僵尸企业、解而不散企业等多种病态企业组成。在建立执转破制度下,就有可能将僵尸企业、解而不散企业纳入破产清算程序。

　　再次,对僵尸企业的破产清算,并非绝对地将僵尸企业清出市场。如有挽救价值的,可以促使僵尸企业获得新生。若对强制执行制度和破产制度的制度内容进行考察,则可以发现执行申请人的利益实现在企业法人通过破产重整程序获得新生时达到最大。而这又与被执行人之间形成了明确的利益共同点,即通过重整维护企业存续。因此,积极开展破产重整程序的司法指导,真正将破产制度中的拯救功能发挥出来,才是引导执行申请人的因应之道。[①]执转破衔接制度的功能发挥本身也需要依靠破产制度和强制执行制度的规则

---

　　① 邹海林:《供给侧结构性改革与破产重整制度的适用》,载《法律适用》2017年第3期,第61页。

完善才能达至理想效果。①

这意味着,上述两项制度的融会发展对于僵尸企业、解而不散企业的治理比单一性治理方式来得更加科学合理,也更富于实效。

三、两项制度对接融会的现实困境

(一)当事人申请主义对两项制度对接融会的影响

1. 当事人申请主义在两项制度中的实行

在执转破制度构造中,当事人申请主义系一项已被确立的司法原则,体现出在破产程序中的债权人自治。② 最高人民法院在《民诉法司法解释》和《执转破指导意见》中均规定,执行法院应经申请执行人或被执行人申请并同意移送审查。

实践中对执转破的启动条件存在认识差异。有的法院规定,当事人可以申请执行案件移送破产审查,而执行法院也有义务主动根据执行查询情况作出初步判断,这属于法院的职权行为。有的法院认为,当事人在破产申请被驳回后又提出执行移送破产审查申请,没有必要重复设置当事人移送破产审查的申请权。对当事人再次启动执转破程序申请权的驳回行为属法院职权行为。③ 依我们之见,无论是法院对当事人申请权的初步判断还是再次申请权的驳回,其实质仍以当事人申请主义为前提。依现行司法解释,启动程序中的当事人主义是执转破制度的一项原则。

而在企业退市制度中,以普通清算退市方式退市也是围绕当事人申请主义展开的。即使强制清算退市抑或破产清算退市,基于私法所确立的私权自治原则,在相关制度构建上也以当事人主义申请为启动条件。与执转破程序所不同的是,待日后引入强制注销制度,职权主义才有可能在启动企业退市程序中得以应用。

当事人申请主义之所以倡行,可以从比较法的视角进行切入性思考。在晚近立法观念中,破产是以私权关系的特别处置为主流观点的,故国家并无干

---

① 王启江:《执行工作长效机制建构下的立审执衔接问题研究》,载《法律适用》2019年第11期,第40页。

② 许德风:《破产法基本原则再认识》,载《法学》2009年第8期,第49页。

③ 陈琳:《完善执行转破产程序衔接中的信息双向沟通机制》,载《人民司法》2020年第28期,第71页。

预的必要。① 因此,世界各国大多采取当事人主义作为破产程序启动的立法体例。

2. 当事人申请主义对两项制度深化发展的影响

执转破衔接制度的功能设定,被考量为通过机制运作将"执行不能案件"移送破产程序,并实现问题性企业从市场领域的清退。故现有的矛盾就表现为破产申请意愿、案件移送、清退问题性企业的需求与执转破衔接机制功能发挥不足的矛盾。而以如此尺度评价现有执转破衔接制度中的当事人主义则方见其短。

破产申请动因的不足本来就是破产制度的"痼疾"。② 就一般意义而言,在执转破衔接程序中试图通过直接的利益给予以对债权人进行引导存在现实的不可能性。当已经向法院申请启动执行程序的债权人启动该机制,其所导致的直接结果就是该个体债权人的成本风险上升和收益下降,即总体损失的增加。而此种结果的发生是执行制度与破产制度两种制度客观作用的结果,除非保证该个体债权人可以通过其他制度获取额外收益以弥补其损失,否则按照"理性人"的假设,个体债权人作为由利己优先性主导的个体,启动执转破衔接程序成为违反其理性逻辑的选择。

从现有制度的实践情况来看,以当事人主义为原则建立的执转破程序,表现为当执行申请人或被执行人拒绝启动执转破衔接程序时,法院无法自行启动该机制。由于当事人主义的立法构造,启动执转破衔接机制的权利操于申请执行人和被执行人之手,使得执转破衔接机制并未起到预期的导引"执行不能案件"进入破产程序的作用。因此,如何有效激发当事人的破产申请热情,便自然成为执转破衔接机制能否有效发挥其功能的关键。同时,如何对当事人主义的弊端进行修正就成了学者研究相关问题的重点。

3. 对当事人申请主义的必要修正

在执转破程序启动上,有三种立法主义可资借鉴,即当事人主义、职权主义、辅助职权主义。

当事人主义,前面已有所阐述,在此不作赘述。

职权主义,意指要求执行法院对案件是否应当转交被执行人所在地法院按破产程序审理拥有独立的裁量权。只要被执行人(债务人企业)具备破产原

---

① 范健、王建文:《破产法》,法律出版社 2009 年版,第 8 页。

② 韩长印、何欢:《破产界限的立法功能问题——兼评〈企业破产法司法解释(一)〉的实际功效》,载《政治与法律》2013 年第 2 期,第 2 页。

因,法院可以在没有当事人申请的情况下自行开启执转破衔接机制。职权主义的适用在我国台湾地区"破产法"中可以找到例证。依台湾地区"破产法"第60条规定:"在民事诉讼程序或民事执行程序进行中,法院查悉债务人不能清偿债务时,得依职权宣告债务人破产。"

辅助职权主义,又被称为折中主义,意指在对现有的当事人主义立法模式加以保持的基础上,仅在发生法律规定的特殊情况时允许法院介入并启动执转破衔接机制。[①] 所谓特殊情形的具体指向需要立法作出明示。辅助职权主义并不试图完全否定当事人主义的立法实践,而是试图在保证当事人主义对绝大多数情形适用的基础上,就特定的可以由法院依职权启动执转破衔接程序的情形予以明确。[②] 质言之,以当事人主义为原则,以职权主义为例外。

究竟采何种主义,考量着执转破程序的价值理性与实践理性。

严格意义而言,破产程序并非单纯的私益程序,亦非单纯的公益程序,而是公私益混合的程序类型。执转破衔接机制在破产程序的公私益混合属性上更具有程序公益特性。[③] 当事人申请主义有其存在的合理性,但也存在相应的弊端。因此,对当事人主义作出修正是必要的。依我们观点,因为当事人申请主义与职权主义并不是一个二选一的问题,故采辅助职权主义能起到独特的作用,对当事人申请主义的修正应朝辅助职权主义方向挺进。

首先,当事人申请主义没有被完全摈弃的必要。当事人申请主义确实存在问题,但可以通过相应的制度修正予以解决,修正并不意味着对现有制度的全盘否定。相反,在肯定当事人主义积极意义的基础上,采用辅助职权主义的立法模式,允许法院自行对强制执行程序中的特殊情形进行相应的处理或不失为可行之道。[④] 如果用职权主义的立法体例取代当事人主义的立法体例,天然意味着对当事人主义利弊的一并放弃,并不符合私法自治的基本价值。

其次,公权力的介入并不以当事人主义退位为代价。破产程序是在公权力监督下的债权人自治程序。[⑤] 破产程序本身的启动、进行和终止受到私权

[①] 也有学者主张以职权主义为主,当事人主义为辅进行启动程序的建构。但该意见的提出系存于《执转破指导意见》出台前,而《执转破指导意见》出台之后未见类似主张,故本文中不作展开讨论。参见张艳丽:《破产重整制度有效运行的问题与出路》,载《法学杂志》2016 年第 6 期,第 96 页。

[②] 王富博:《关于〈最高人民法院关于执行案件移送破产审查若干问题的指导意见〉的解读》,载《法律适用》2017 年第 11 期,第 4 页。

[③] 赵泽君、林洋:《"执转破"程序启动模式的分解与重塑》,载《政法论丛》2018 年第 3 期,第 66—67 页。

[④] 范志勇:《论"执转破"的启动与程序衔接》,载《商业研究》2019 年第 7 期,第 147 页。

[⑤] 李永军:《重申破产法的私法精神》,载《政法论坛》2002 年第 3 期,第 30 页。

博弈推动,公权力的介入应被限定在维持破产秩序的范围内。[①] 贸然在强制执行程序和破产程序之间建立由法院自行主导的执转破衔接机制,难免有对启动强制执行程序的执行申请人意思自治的直接否定之嫌。

再次,采辅助职权主义在制度构造与实践运行中更富于效率价值。其相对当事人申请主义而言,制度的变动幅度不大,立法成本不高。而当现实情况发生转变时,辅助职权主义的立法构造又可以发挥司法的能动性作用,为温和调整留下纵深空间。

因此,以当事人主义为主,以职权主义为辅的辅助职权主义的立法进路应成为我国今后可以采用的完善执转破衔接机制之策。正如有学者所说,职权主义体现了国家的干预,但过分干预也会影响司法的自治性,甚至有时会造成程序性成本浪费。[②]

(二)执转破制度功能局限对两项制度对接融会发展的影响

1. 执转破制度功能及其局限性

应当指出的是,不同法律制度的选择都会存在各自的利弊。诚然,执转破制度在功能体现上存在一定的局限性。除了当事人主义影响执转破制度的运行空间与运行机能外,其中还存在以下局限性。

一是适用范围不广。仅局限于具有法人资格的企业,从而使大量的"执行不能案件"仍被困于司法执行程序中,难以将它们放入执转破衔接机制中。

二是衔接机制便捷性不强。执转破程序中的接转程序过于复杂,产生大量制度性成本,从而难以提高新生制度所带来的制度效益。

三是实施中缺乏公开、透明的市场化机制。[③] 这表现为以市场化为导向的常态化运行不足,尚未建立起适应新经济形态并服务于新经济形态的执行转破产审判工作机制。[④]

四是对于以特定给付为执行标的的"执行不能案件"能否执转破未作出明确规定。在司法执行实践中存在的具有身份性质的给付行为、以继续履行为

① 齐明、焦杨:《破产法体系构建的功能主义指向及其市场依赖》,载《当代法学》2012 年第 5 期,第 96 页。

② 李永军、王欣新、邹海林、徐阳光:《破产法》(第 2 版),中国政法大学出版社 2017 年版,第 7 页。

③ 李曙光、王佐发:《中国〈破产法〉实施三年的实证分析——立法预期与司法实践的差距及其解决路径》,载《中国政法大学学报》2011 年第 2 期,第 77 页。

④ 龙亮:《民事执行中破产程序启动难困境与突破》,载《广西民族大学学报》(哲学社会科学版)2018 年第 3 期,第 176 页。

诉讼的给付行为,能否在执转破衔接程序中得以推行,需要在相关制度构建中作出明确的规定。

2. 执转破制度功能问题对两项制度对接融会带来的影响

执转破的制度功能与强制执行功能相比,不应被认为是单一的而应当是多元的。执转破制度承载的基本功能是债务清偿,但它又不局限于单一的债务清偿功能。与破产制度相联系的是,执转破制度还具有债务企业退市或债务企业重整的功能。

执转破制度所具有的债务企业退市或债务企业重整功能,正好与企业退市制度的基本功能相契合,不同制度之间的功能契合为推进这两项制度的融会发展打下了基础,能起到合力推进的功效。

第四节　执转破制度与企业退市制度对接融会发展途径

执行程序不具有市场主体的出清功能,当出现被执行企业资不抵债情形且债权人众多时,移送破产审理是必然选择。而破产审理程序又如何与企业退市制度相融会,促使两项制度在彰显各自特定功能的基础上发挥出共同性功能并形成合力,更好地服务于社会经济生活,这是执转破制度与企业退市制度在走向常态性运行中所需要检视并着力解决的问题。

一、两项制度对接融会的基础性制度构造

(一)两项制度对接融会关隘打通的制度设计

1. 执转破制度对接融会的障碍清理

其一,在破产制度适用对象上,以一般破产主义替代企业法人破产主义。通过适用对象的适度扩充,囊括非法人型企业,如合伙企业、个人独资企业等,与企业退市制度的适用对象保持一致。

其二,扩大法院在启动执转破程序中的作用。就这一制度补正思路可按两种途径进行选取,一是主张所有执转破程序均应由法院依职权启动,即由当事人主义转向法院职权主义;二是认为机制设计仍应以当事人主义为原则,但在特殊情况下需要辅之以法院职权启动其程序,即辅助职权主义。所谓特殊情形需要立法作出明示,如发生财产隐匿状况的案件、债权人众多的案件、涉及公共利益的群体性案件、涉及"僵尸企业"市场清退的案件等。

其三,在制度设计上加强对破产制度、注销制度的整合。企业退市制度必须打破既有法律制度相对封闭的藩篱,对商事法律规定与行政法律规定进行通盘考虑,明确将行政性解散与后续的破产、注销程序相连接,形成企业退市制度的整体存在,并建构相应的强制性注销制度,避免破产程序与注销程序在实务中的适用脱节问题。

2. 实施对象的标准设定

两项制度的对接融会既要明确总方向上的"合",也要注重具体规则设计的"分"。在此基础上完善制度功能,强化制度配合,促成制度对接融会。

在实施对象的标准设定上,既应坚持企业破产条件的法定标准性,又应考虑企业退市条件的个体差异性。在共同性上,都应坚持资不抵债、无清偿能力作为处置"问题性企业"的基本条件。在差异性上,企业退市的条件并不仅局限于经营失败,对于企业已解散、已僵局情形的也应作为退市情形处理。

就此而论,各类企业退市实施的条件要比执转破实施的条件来得广泛,其包含的"解散、清算、注销"等制度内容也应比执转破实施的内容更加丰富。

3. 实施程序的标准设定

无论是执转破制度还是企业退市制度,实施程序应以简便、高效为原则,并根据各自的运行特点构建相应的必经程序。

执转破制度的主要程序包括"转"的程序(申请、审查、移送、受理)与"破"的程序(债权申报与核定、债权债务清理、破产重整、破产宣告等)。在程序性环节上显得相对繁杂,在保护全体债权人利益的前提下,应坚持能简则简,以减少制度性成本支出。

企业退市制度的主要程序因普通清算、强制清算、破产清算的不同而有所差异,但解散、清算与注销为必经程序。在确保债权人利益的前提下,对于设立后未开业,或设立后债权债务已清理或无债权债务的,在企业投资者作出承诺的前提下,推行简易注销制度。

(二)为"问题性企业"寻求重生的制度设计

1. "破"与"救"功能的多元化呈现

就制度功能实现的角度而言,设置执转破制度的主要原因在于为企业主体的自我拯救和退出市场提供有效的制度供给与实施途径。利用破产制度的压力,促进企业改善经济管理,提高经济效益,优化社会资源的配置与使用,调整企业的产业与产品结构。现代破产制度的价值构成逐渐演变为一种在债权人利益、债务人利益、社会利益之间寻求均衡的三维结构,而现代破产法对利益保护机制的重心更多地在于利益趋同的多方协调。

企业退市制度设置的目标是清退符合退市条件的企业,但清退也只是其中的一项目标,清退中包括挽救与让企业更生。在清退中,通过产权并购、投资者引入等途径消除了企业的僵尸化、僵局化等问题,从而使企业起死回生而不再清退,这是企业退市制度功能多元化发展的必然要求。

2."破"与"救"制度构建的基本要求

一是坚持该破则破、能救则救原则。这是现代破产制度的基本特点,也是执转破制度、企业退市制度对接融会所应坚持的工作规则。执转破的重点在于"破",但也不排除"救",究竟对执行不能的债务企业采取"破"还是"救",应按制度预设的条件实施,不同功能设定直接影响制度所要追求的价值目标。

二是坚持有的放矢、精准施策原则。执转破制度、企业退市制度相融会,针对性的企业主要是僵尸企业与"解而不散"企业两个大类,在具体实施中需要因"企"而宜,准确施策,实施效果是衡量制度执行力的重要标准。

三是坚持自愿与干预相结合原则。首先,强化市场主体自治与自律是推进两项制度对接融会发展的基础。干预是一种外在力量,如果没有市场主体制度选择与适用的内生力,再好的干预措施也难以奏效。其次,由于市场主体的逐利性,在债务人清偿能力有限的情形下,个体债权单一性实现与全体债权公平化实现具有不同的社会效果,故应通过适度干预促成社会效益的整体实现。

(三)司法与行政协调推进的制度设计

1. 司法性与行政性在两项制度中的个体呈现

执转破制度是执行制度与破产制度的对接,其着力点在于一个"转"字。执转破中的"转",其意涵一是仍在司法制度下"转",将原强制执行制度转化为破产制度,并未跨越司法体系框架。二是"转"是两项司法制度的对接与转换,属于司法内部的运行性机制问题。可见,执转破带有明显的司法性特性,是一种司法制度的创新。

与执转破的司法性相比,企业退市制度则兼具司法性与行政性的特点。首先,企业退市的一系列制度生成与推动更多地来自政府部门的政策推动,具有较为强烈的行政特色。其次,在企业退市制度中,有依赖司法途径实施,也有依赖行政手段实施。如强制清算式退市、破产式退市是通过司法途径实施的,但强制注销式退市、自愿清算式退市则是通过行政手段推进的。再次,企业退市的政策推动因素较为明显,通常会表现为一定的时期性(如经济结构调整期)、政策的促进性(如纾困基金援助)、退市制度的两重性("退"与"救"并重)等。因而,行政干预性相对较为强烈。

认识两项制度个体差异,其目的在于在对接融会制度构建中应遵循司法、行政运行规律,体现出司法、行政应有的行为特色与价值功能;既要防止司法行政化,也应纠正行政司法化的倾向。

2. 两项制度对接融会规则体系之完善

其一,完善破产预审查制度。开展破产预审查制度,有助于提升案件处理的效率与质量。预审查的重点内容可以设定为:①企业的经营现状、资产状况,不限于进入执行程序的财产。②企业的债权债务关系,不限于已到期债务。③启动破产程序可能面临的财产评估、变现及移转、职工安置等问题的处置预案。④就同一被执行人名下案件或关联企业案件进行分类。在预审查阶段,对于申请执行人众多、社会影响重大的案件可以吸纳债权人、政府相关部门参加,吸取相关意见,为相应案件转入破产程序处理打下基础。

其二,共同推动信用体系建设。政府与司法部门应联合构建针对企业清退行为的激励与约束相结合的信用体系,加强清退"问题性企业"的施策动能,以推动营商环境的构建与完善。

二、两项制度对接融会的常态化推进

(一)常态化推进的意涵与现状

1. 常态化推进的意涵

所谓常态化,是指事物发展处于持续性、稳定性、有效性的正常状态。执转破制度与企业退市制度对接融会的常态化,其意涵是两项制度在对接融会中不因人、因事、因地而变,应当充分遵循司法规律和市场经济规律,促成相关制度具有恒定性、持续性及稳定性,在对接融会中呈现出强大的生命力并建立起长效机制。

常态化推进既是两项制度对接融会的必然要求,也是企业退市制度走向法治本身的特性使然。

2. 常态化推进现状与存在的问题

执转破制度与企业退市制度,其制度生存的基础是社会经济生活对这些制度的强烈需求,因而其存设具有深厚的社会根基。

"执转破"最终目的是"破"。这一要求意味着,不仅要从执行程序向破产程序转换,更要从强制执行审查标准向破产审查标准转换,防止利用强制执行功能去消解破产功能的作用发挥。

就目前推进实践看,存在的问题集中表现为以下方面。

(1)欠缺整体设计,仍有"运动式"推进的印迹。在一些地方法院,为了更好地践行执转破工作的制度创新,在法院内部以一定的行政手段,运动式推进"执转破",将执行案件移送破产审查作为一项硬性指标分配给执行法官,并作为短期突击性工作任务来完成,导致标准把握不严、推进过程过于草率、差错率较高等问题的发生。

(2)注重形式推进,不注重实际效果。一些地方法院为消化历年执行积案,提升执行率,在执转破制度推行中,看重的是"执行不能案件"数量的识别与统计。至于是否实际移交,是否转化为破产案件审理并不作为考核指标,以此来消化陈年积案,表面化地提升执行到位率和执结率。

(3)地方保护主义影响整体性制度效益的发挥。在涉及跨地区的执转破案件处理中,个别法院不愿意接受来自其他法院的案件移交,利用《执转破指导意见》规定的移送决定或受理裁定通知送达时间差,阻却或拖延原受案法院的财产清单与债务清单接受。司法实务集中反映为执转破案件移送不顺畅,财产移交梗阻等问题。

在执转破制度试点初期,作一些突击式、运动式推进也许有其一定的现实意义。但在目前,该项制度已实际运行了一定时期,应当摒弃这一理念,然而如何将它们常态化、长期性运行,考量着制度设计者与制度执行者的理性智慧。

(二)深化常态化推进的制度着力点

1. 两项制度对接融会的长效性机制的立法促进

(1)建立府院间的协作交流与信息共享机制。从严格意义上讲,执转破制度是一项纯司法性制度,而企业退市制度是一项行政与司法综合运用的制度。将上述两项制度对接融会起来,更好地服务我国当前经济体制改革中的供给侧改革与企业高质量发展,需要行政与司法共同发力。应建立起政府与司法机关的协作交流与信息共享机制。协作交流重点是建立协作组织,构建企业破产清算地方支持政策,强化执转破工作的社会维稳力量。信息共享重点是构建府院间的信息共享平台,及时反馈当地企业尤其是僵尸企业、"解而不散"企业的运行实况,并进行跟踪监测。如有僵尸企业、"解而不散"企业涉诉并成为被申请人,具备破产条件,应尽快进入执转破通道。政府与司法部门应联合构建针对企业的激励与约束相结合的信用体系。

（2）建立执行机关与破产审理机关之间的工作对接机制。由于破产程序和强制执行程序在不同法院、不同机关实施，且"执行不能案件"从识别、审查到移送、受理再到审理，程序多而严格。因此，做好执行机关与破产审理机关之间的工作对接机制是畅通流程、提升效率的关键。一方面，执行机关要充分利用好法院网络或"点对点"执行查控系统的优势，通过信息平台定期发布执行信息，建立信息共享机制，让破产法院法官能提前知悉执行移送企业的执行信息。[①] 另一方面，还应当建构执行法院和破产法院的证据、财产对接程序，以便于两者的资源互通，进而完善执转破衔接的工作。另外，还需要对接好债务人企业在执行阶段、破产阶段的相关财产查封、扣押、冻结、保管、拍卖、变卖、分配等相关工作流程，切实保护债权人权益。[②]

2. 两项制度的功能整合制度的有机构建

以内在的机理而言，执转破衔接制度的常态化实现在于破产制度和强制执行制度各自功能的回归与正常发挥。目前在实践中，两项制度相互错位现象比较突出。

一是在强制执行制度、参与分配制度与破产制度上产生运作上的越位。强制执行制度及其中的参与分配制度成为单个债权人规避破产程序以谋取利益的路径。实际执行中，简易破产制度的缺失，使得参与分配制度成为简易破产制度的替代品。[③] 此种因素的关键原因不在于强制执行制度设计存在问题，而在于其没有很好地与破产制度进行对接。

二是在执转破制度与企业退市制度融会上表现为故步自封。实际工作中未作有序、有效的对接，即执转破制度未更好地服务于企业退市工作，没有协调机制，没有对接管道，更没有可供一体化推行的行动方案。

任何一项改革均会在一定意义上促发原有制度的变迁，而变迁的实质都指向风险及利益分配机制的重塑，故其核心目标应当是寻求有效率的平衡。[④]

对于强制执行制度而言，有学者提出应当将强制执行制度从《民事诉讼法》的法律体系中剥离出来，并相应制定规则、单独立法，形成专门的《民事执

---

① 张元华：《论执行移送破产程序的激励性引导与规制》，载《甘肃政法学院学报》2016 年第 6 期，第 146 页。

② 陈琳：《完善执行转破产程序衔接中的信息双向沟通机制》，载《人民司法》2020 年第 28 期，第 71 页。

③ 丁亮华：《参与分配：解析与检讨》，载《法学家》2015 年第 5 期，第 107 页。

④ 冯辉：《破产债权受偿顺序的整体主义解释》，载《法学家》2013 年第 2 期，第 90 页。

行法》。其认为,《民事执行法》的制定会使得民事执行规范更具有体系化、具体化和规范化,这样的法律将更有利于解决执行乱和执行难的问题。[①]

促进两项制度的功能整合主要是在赋予各自特有功能的基础上,力求改变现有的缺位、越位现象,将两项制度求同存异,在共同性功能上形成合力。推进这项工作的重点在于以下方面。

一是强化破产审判的多功能发挥。对于执转破案件,在破产处理上,除解决债权公平受偿外,还应强化依法促进市场主体再生或有序退出,优化社会资源配置、完善优胜劣汰机制的独特功能,成为保障供给侧结构性改革、推动化解过剩产能的重要司法手段。[②]

二是发挥企业退市制度中司法主导模式的作用。目前,涉及企业退市的主导模式主要有企业自行清算而退市模式、司法强制清算而退市模式、破产清算而退市模式、行政强制注销而退市模式。其中,企业退市中的强制清算、破产清算都建立在司法主导模式之下运行。因此,将企业退市制度中业已存在的上述模式,划出各自可适应领域具有现实作用。

三是加强制度构建层面的对接。两项制度对接融会发展,首先遇到的问题是不同制度在运行中具有差异性。减少因差异性引发矛盾性的有效手段是做好制度之间对接性因素的重构,以防止或减少制度设计时考虑不周而引发的矛盾与内耗现象。通过执转破衔接制度的建构,推动破产制度和强制执行制度间的互动关系向分工有序、相互补充、互相配合的良性互动关系发展。

(三)两项制度对接融会发展的政策构建

1. 处置僵尸企业专项基金的建立与运行

处置僵尸企业,尤其是处置因产业政策因素、特定行业因素、经济周期性因素所形成的僵尸企业,事关市场经济高质量发展与社会稳定。在处置僵尸企业的过程中,职工的劳动或社保待遇补偿,以及职工的再就业等,会引发社会稳定等现实性问题。因此,在处置中除遵循市场规律,债务风险由企业自担外,还应考虑社会性风险的防范,通过政府建立专项纾困基金的方式,推动僵尸企业的有序退出。

2. "执"与"破"案件有序分流的政策推动

现有的案件受理中错配现象非常突出,大量本应进入破产程序的案件却

---

① 张卫平:《中国民事诉讼法立法四十年》,载《法学》2018年第7期,第55页。

② 聂晶、方资:《供给侧改革背景下破产审判存在的问题及对策研究》,载《河北法学》2018年第2期,第194页。

人为地进入执行程序中,造成"执行不能案件"积压,并进一步形成我国执行案件"执行难"的现实格局。而破产案件的数量偏少不仅害及破产制度的社会价值实现,而且不利于债权人的利益保护。

执转破衔接机制客观上提供了案件导流路径[①],通过执转破衔接机制将"执行不能案件"导入破产程序中,就可以相应减少可能进入强制执行程序中的案件。

执与破制度案件的有序分流需要有可靠的数据支持,而数据又可以作为认知和识别的客观标准。就此而论,现代信息技术对推进执与破有序分流而言是关键性因素。

3."立转破"与"执转破"的整体化构造

破产程序冗长导致破产案件审理效率低,单位时间内案件办理数量少,制约着"执转破"制度的功能发挥。建立破产案件繁简分流机制是一项应对当事人不同诉求的司法程序,也是一条优化司法资源配置、节约司法成本的最佳路径。

最高人民法院作出的《破产审判会议纪要》明确提出要建立破产案件审理的繁简分流机制。目前多数法院仅仅是从"执转破"审查程序、破产案件审理程序上进行简化、优化。从源头上分流,即从"立转破"着手更为必要。

所谓"立转破"是指在执行案件立案时就作出相应审查,根据所在法院对该企业以往司法执行情况,能初步确定属于"执行不能案件"的,即进行执转破立案登记,只要当事人同意,即直接进入执转破程序。

应当认为,从移送审查、指定审理到立案时管辖分流前移,即"立转破"探索,将会是推动"执转破"机制建设的重要的制度性创新。[②]

三、两项制度对接融会的法治化推进

(一)相关法律法规的修订与完善

1.破产法的针对性修订

(1)在我国《企业破产法》中引入执转破制度,并设定相应条款。我国《企业破产法》制定于 2006 年,在当时社会经济背景下,立法者尚未思考执行与破

---

① 张美欣:《终结本次执行程序案件的彻底终结制度研究》,载《法律适用》2016 年第 4 期,第 80 页。

② 陈唤忠:《"执转破"常态化实施路径优化研究》,载《法律适用》2020 年第 3 期,第 136 页。

产之间的制度对接问题。作为一项法律制度,单凭破产法相关司法解释进行创设欠缺上位法依据。因此,需要在《企业破产法》中引入这项制度。法条设计中可以就执转破的申请人、执转破的债权人加入与债权申报、原执行案件申请人对普通债权的受偿顺位等作出相应的规定,以丰富现有破产法内容,形成更加完善的破产制度。

(2)将有限的企业法人破产主义修改为企业破产一般主义。我国现行的《企业破产法》对破产债务人仅限定为具有法人资格的企业,从而使得强制执行程序中的大量的"执行不能案件"中的个人独资企业、合伙企业、合作社组织等无法通过执转破程序进入破产审理中,这不仅削弱了执转破制度功能的发挥,也因债务人身份上的差异,导致"执行不能案件"采取了两种不种的处置方式,制度的统一性受到了质疑。因此,在《企业破产法》修订时,应将有限的企业法人破产主义修改为企业破产一般主义。

2. 民事诉讼法的针对性修订

(1)修改《民事诉讼法》执行制度,引入执转破制度。我国《民事诉讼法》以专编(第3编)共4章的形式专门规定执行程序,但未有执转破的相关条文。仅在最高人民法院的《民诉法司法解释》中勾画出执转破的相关规则,但属粗线条式的。执转破作为一项司法制度,需要在民事诉讼的基本法中作出规定。因此,在《民事诉讼法》修改时,应当重点就执转破的条件、执转破的受理法院、执转破案件的执行中止与终结、移送程序、审查审核等相关内容作出规定。

(2)将执转破启动中的当事人主义修改成辅助职权主义。应当对辅助性职权主义适用的具体案件类型作出明确的切分,进而对辅助职权主义适用的程序规范进行完善性的建构,并嵌入现有的当事人主义的立法程序中,以实现其制度功能的发挥。针对发生财产隐匿状况的案件、债权人众多的案件、涉及公共利益的群体性案件、涉及僵尸企业清退的案件,在当事人未提出执转破申请时,由执行法院依职权启动执转破衔接机制,并移送至被执行人所在地法院以适用破产程序。

在辅助职权主义作为一项制度作出规定后,法律应当规定执行申请人和被执行人享有相应的异议权。当执行法院依职权将执行案件移送至被执行人所在地法院,应当告知执行申请人与被申请人,准予它们提出异议,以周延对执行申请人和被执行人的利益保护。

（二）两项制度对接融会发展的制度完善

1. 破产信息公示制度之构建

执转破程序中，需要将"执行不能案件"进入破产审查及破产程序启动的信息广而告之。在多数情形下只通知了已知债权人，未通知未知的债权人。应大力推进信息化应用，完善执行与破产的信息交流和共享机制，建立起更加公正透明的破产信息公示机制。执行部门应在执行系统中及时更新被执行案件移交破产审理的信息。

2. 财产查控信息共享制度之构建

破产程序中的查询不同于执行程序，重点不在于审查资金流向，而是全面清查追收破产企业的财产线索。应合理运用执行阶段查控信息，避免破产程序中的重复劳动，提高程序效率。

3. 破产预审查制度之构建

在执转破衔接程序中，开展破产预审查制度，可以提升效率与质量。预审查的重点内容可以设定为：①企业的经营现状、资产状况，不限于进入执行程序的财产。②企业的债权债务关系，不限于已到期债务。③启动破产程序可能面临的财产评估、变现及移转、职工安置等问题的处置预案。④就同一被执行人名下案件或关联企业案件进行分类。在预审查阶段，对于申请执行人众多、社会影响重大的案件可以吸纳债权人、政府相关部门参加，吸取意见，为转入破产程序打下基础。

4. 简易破产制度之构建

繁简分流已是破产程序发展的大势所趋。[①] 在对案件进行梳理和分流的基础上，在现有的破产制度中建构简易破产制度，以形成繁简分流的案件受理和审判机制，就成为实现法治化治理的重要内容。建立简易破产制度不仅可以有效应对大量僵尸企业致使破产案件量增加的司法现状，还是对最高人民法院关于"多元化纠纷解决原理和程序繁简分流"诉讼指导政策的有力贯彻与执行。[②]

---

① 徐阳光、殷华：《论简易破产程序的现实需求与制度设计》，载《法律适用》2015 年第 7 期，第100 页。

② 赵树文、王嘉伟：《僵尸企业治理法治化保障研究——以破产法及其实施机制的完善为研究路径》，载《河北法学》2017 年第 2 期，第 86—87 页。

破产程序的成本和收益直接和破产的公平和公正相关。① 对简易破产程序的设计需要从债权申报期限、审理期限、破产分配次数等方面着手,并对程序的启动方式和管理人制度等规定进行综合调整,以有效减少程序适用的时间和经济成本。形成科学有效的简易破产程序,对破产的公平公正实现尤为关键。

(三)两项制度对接融会发展的规则体系完善

1. 执行制度与破产制度对接中相关权利的司法救济与保护

(1)给予债务人企业对"执转破"程序的复议申请权。与单一制的申请破产不同,职权主义的"执转破"更强调法院的职权性。权利的扩大难免引发行使职权时侵害私权利的问题。因此,需要防止司法权力的滥用。法院在依职权进行"执转破"的过程中必须严格审查是否有必要转入破产程序,这个"必要性"可以从社会公共利益的考量出发,即如果不启动"执转破"、让企业继续存续会对社会利益造成损害的情况下才能施行。为了监督司法权的运用并救济当事人的权利,在当事人的权利因此程序受到侵害或认为自身并无破产必要时,当事人可以向上一级法院申请复议。②

(2)若法院未依法告知或者征询申请执行人和被执行人的意见就强制破产,该情况现行法中并无规定如何救济。这种情形属于程序错误,应当赋予当事人异议权,允许当事人向执行法院或接受破产案件移送的法院提出异议。执行法院异议后应当重新征询当事人的意见,受移送法院若发现并未进行征询决定程序的,应当退回执行法院。

(3)若执行法院将执行案件移送破产法院,破产法院不予受理的,同样应当保障当事人的权利。《执转破指导意见》的第18条规定若受移送法院作出不予受理或驳回申请的裁定,执行法院应当恢复执行;第19条规定破产案件移送审查程序不得重复启动,即使有新证据证明被执行人已经具备破产条件,法院也不得再次启动"执转破"程序。但是此时申请执行人以及被执行人都可以向有权管辖此破产案件的法院申请破产。

2. 参与分配制度从执行制度下剥离的规则

参与分配制度曾是执转破制度既有格局之外的特定产物。但在执转破衔

① 李曙光、王佐发:《中国破产法实施的法律经济分析》,载《政法论坛》2007年第1期,第8页。

② 李帅:《论执行案件中法院职权主义破产启动程序的构建》,载《法学论坛》,2015年第11期,第53页。

接制度已被塑造的如今,参与分配制度暧昧的功能定位和欲求平衡的价值追求使其成为执转破衔接制度建构中首遭质疑的制度组成。[①] 可以考虑将参与分配制度剥离出强制执行制度。剥离参与分配制度后的执行制度有助于其重回迅捷实现债权人债权的执行本质。[②]

3. 执转破案件的移送审查管辖规则

执转破案件移送审查,属基层法院管辖还是中级以上人民法院管辖,涉及审级管辖规则的建立与运行体系。

《执转破指导意见》第 3 条规定,执行案件移送破产审查,以中级人民法院管辖为原则,基层人民法院管辖为例外。中级人民法院经高级人民法院批准,也可以将案件交由具备审理条件的基层人民法院审理。

目前,在实践中,"执转破"的管辖模式主要有三种:一种是深圳模式,即由中级人民法院集中审查集中审理。第二种是江浙模式,即主要以债务人企业注册地或者主要经营地所在基层人民法院审查审理为主。第三种试点模式,即以中级人民法院集中审查受理后,指定债务人企业注册地或者主要经营地所在基层人民法院审理为主。

我们认为,在规则设定上,应当考虑两个主要因素。一是执行案件的法院层级,二是跨省移送还是省内移送。如果执行案件在省内各级人民法院立案执行,那么,省辖区内移送,可以在债务人所在地或注册地中级人民法院审查,也可由中级人民法院指定基层人民法院审查。如果执行案件跨省移送,那么原则上应当在债务人所在地或注册地中级人民法院审查。

---

① 赵吟:《个人破产准入规制的中国路径》,载《政治与法律》2020 年第 6 期,第 124 页。

② 朱昕昱:《执行体制视野下我国参与分配制度之反思——兼与大陆法系参与分配制度相比较》,载《东北大学学报》(社会科学版)2020 年第 6 期,第 107 页。

第九章　企业清算与清偿的法律制度构建

企业市场退出需要对企业债务作出处理,或清理清偿,或承诺担责。目前存在的主要问题是,一些企业在债务未清理与清偿情形下实施退市,严重影响债权人、员工、国家多方利益。造成这一问题的深层次原因之一在于我国在这一领域的立法不甚完善,至今尚未制定一部企业清算与债务清偿法。探讨企业清算与清偿立法,既是分析问题的原点,也是解决问题的终点。

第一节　企业清算与清偿的意涵与行为属性

企业清算与债务清偿是企业市场退出在"企业清算"环节中的两个方面,也是构建企业退市制度的重要内容。从一定意义上讲,注销环节是否规范化运行,甚至在退市后是否留下后遗症,完全取决于企业清算与债务清偿是否依法进行。

一、企业清算与清偿的意涵

（一）企业清算的基本特征

1. 企业清算的概念厘定

企业清算,也称解散清算,是指企业解散事由发生后自愿或被迫进行的清理与结算。

在现行法框架下,企业清算被设定为一定的基本流程。当企业解散事由发生后,清算的主要工作流程表现为:成立清算组→清算组接管→发布清算公告→通知债权人→登记债权与债权审核→制定与确认清算方案→费用清算→偿还债务→剩余财产分配。

在现行法框架下，企业清算成为企业解散注销制度的重要组成部分，其出发点在于实现对企业投资者、债权人、企业职工乃至社区诸方面利益的维护与平衡，其归宿点是通过清算环节，了结企业在营业过程中所产生的各类债权债务关系，从而使企业不带一身债务而"净身离世"。

2. 企业清算的基本特征

企业清算作为企业退市中的重要环节与法律行为，其基本特征体现为以下方面。

其一，企业清算出现于企业生命周期的特定阶段。即发生在企业解散之后，企业注销之前，是完成企业终止的基本性程序。

其二，企业清算有一定的法定要求。企业清算是一系列过程性环节的有机整合，它由清理、清偿、完税、剩余财产分配等诸环节组成，倘若一个环节遗漏或违法操作，就会造成清算不当或清算错误的法律后果。

其三，在不同类型企业中，法律对企业清算所设定的要求与条件会有所不同。对于法人型企业，由于企业投资者（股东）责任的有限性，因此，为尽可能保障债权人利益，立法对企业清算提出了较高的要求，以避免企业注销后企业债务无人接管、无法清偿等问题的发生。而对于非法人型企业，如个人独资企业、合伙企业，由于企业投资者对企业债务承担的是无限责任或无限连带责任，立法对企业清算设定的要求不甚严格，如果企业未经清算而注销，企业债务最终会落到投资者身上。

（二）企业清偿的基本特征

1. 企业清偿的概念厘定

企业清偿，即企业对外债务清偿，是指在企业清算过程中，通过履行债权通知与申报程序，以现有的企业资产去清偿债务，当资不抵债时，通过采取特殊的清算程序（破产清算）使债权公平受偿，从而了结企业的对外债务。

企业清偿既发生于日常经营中，也发生于市场退出之前的对企业所有债务的了结上。二者的不同点是，在企业日常经营中，企业债务清偿具有"一对一"的特点，而在企业市场退出之前，即具有"一对多"的特点。企业市场退出之前的债务清偿发生于清算环节，构成清算环节中最为重要的内容。本章所要探讨的企业清偿仅指企业市场退出前的企业清偿行为。

2. 企业清偿的基本功能

企业清偿虽不能视为企业解散到注销的独立阶段或独立环节，但它是企业清算阶段中极为重要的内容。

企业清算程序基本上是围绕企业债务清偿这一中心工作而进行的。成立清算组、对企业进行接管,其目的是尽可能减少企业解散期间财产的流失,从而提升企业债务清偿能力;在清算期间,公告与通知债权人,其目的也是尽可能使各类债权公平受偿,从而保护债权人的合法利益。

对企业清偿,立法所关注的是,是否存在债务隐瞒与遗漏,是否存在不经债务清偿而注销退市,是否存在债务清偿中的不公平现象,是否存在债务清偿程序上的违法性。企业清偿工作做得好坏,直接影响到企业清算的成效,也影响着企业市场退出的质量。

二、企业清算与清偿的行为属性

(一)清算与清偿行为的阶段性属性

1. 行为的阶段性表现

无论是企业清算还是清偿,都发生于企业清算过程中。可以这样认为,企业清算是相对于企业解散、企业注销这些退市行为中的阶段性行为而言的,而企业清偿行为则仅仅是清算行为的一个侧面。因此,两者在概念上有一定的包含关系,企业清算是属概念,而企业清偿是种概念。

2. 行为的阶段性对相关制度构建的影响

在企业清算制度构建上,重点是构建起从解散到清算,再从清算到注销的闭环系统,在企业退市中并不因为该闭环系统构建上的问题而使企业清算流于形式,最终造成利益相关者利益受损。而在企业债务清偿制度构建上,重点是构建起债务清偿的实质性、程序性的规则体系,从而使企业债务得到切实有效的清偿,以提升清算阶段的清算质量。

企业清算与企业债务清偿仅发生于清算阶段或清算过程,但两者所要表达的内容是有差异的。企业清算行为反映的是企业清算所应遵循的基本规则,其基本内容为企业清算的清算义务人、企业清算实施的组织、企业清算的基本程序、企业清算的债权债务清理、企业清算结果的确认等。而企业债务清偿行为所应反映的基本内容是企业债务清理中各类债务清理规则、清偿规则、债务遗漏的处理规则等。

(二)清算与清偿行为的自愿性属性

1. 行为的自愿性表现

在自愿清算情形下,企业清算与清偿行为具有自愿性。即通常是在企业决策机关决策后,由执行机关负责清算与清偿,由内部监督机关负责监督,以确保每一项清算工作都在法定的条件与法定的程序下进行。

企业清算与清偿应以自愿为原则,以强制为例外。

2. 行为的自愿性对相关制度构建的影响

行为的自愿性属性决定了,在实施企业清算与清偿行为中,要强化企业自治与自律的作用。应充分发挥企业法人的《企业章程》、合伙企业的《合伙协议》的自治、自律作用,将企业清算与债务清偿的相关运行规则充分反映到自治性文件上。

企业清算与债务清偿立法应鼓励企业自愿清算,因为自愿清算、清偿与其他清算方式(强制清算、破产清算)相比具有效益性、和谐性与短时效性,应为立法所倡导。

(三)清算与清偿行为的强制性属性

1. 行为的强制性表现

在自愿清算难以实施时,企业清算只能通过强制清算与破产清算来推进。

强制清算与破产清算是在司法机关的主导下进行的,需要由专门的清算机构介入清算活动。某些特殊类型企业的强制清算则是在相关行政机关的主持下进行,如银行机构的破产清算,此类清算也被称为特殊清算,在此我们将其列入强制清算中。对于由行政机关主持的特别清算,在早期的"三资企业"(即中外合作经营企业、中外合作经营企业、外资企业)中也有过相应的规定①,由于行政色彩较浓,清算中存在的问题较多,且难以较好地对接司法主导下的强制清算,故在日后的清算立法中不再作为一种清算方式被保留。

2. 行为的强制性对相关制度构建的影响

通过强制性手段推进企业清算与清偿行为,会因制度因素引起相应成本,因此,如何构建起既富于效力又兼顾公平的清算、清偿法律制度及运行体系,给清算、清偿工作提出了重大课题。

---

① 1996 年颁布的《外商投资企业清算办法》(对外贸易经济合作部令〔1996〕2 号,以下简称《清算办法》)第 3 条规定:"企业能够自行组织清算委员会进行清算的,依照本办法关于普通清算的规定办理。企业不能自行组织清算委员会进行清算或者依照普通清算的规定进行清算出现严重障碍的,企业董事会或者联合管理委员会等权力机构(以下简称企业权力机构)、投资者或者债权人可以向企业审批机关申请进行特别清算。企业审批机关批准进行特别清算的,依照本办法关于特别清算的规定办理。企业被依法责令关闭而解散,进行清算的,依照本办法关于特别清算的规定办理。"该《清算办法》于 2008 年被废止。

另外,对于行为的强制方式究竟采取司法主导的单一性形式(如破产清算、司法强制清算)还是采取司法、行政双重模式(即在破产清算、司法强制清算的同时,再另行设置行政特别清算),这又是需要认真研究并切实予以解决的问题。

(四)清算与清偿行为的多重关系属性

1. 行为多重关系的表现

在企业清算与清偿关系中,相对应的主体众多,涉及企业清算义务人、企业清算组织、企业清算债权人、企业清算参与人(如强制清算程序下的国家机关),在此,既涉及私法领域,又涉及公法领域。

在市场经济体制下,企业发生解散情形之时,有无清算,如何清算,事关债权人、投资者权益,也事关国家和企业职工利益。

表 9-1　清算程序中涉及的法律关系一览表①

序号	相关主体	涉及的法律关系
1	清算企业与员工	劳动合同关系、借贷关系
2	清算企业与投资者	出资关系、借贷关系、担保关系、剩余财产分配关系、债权转让关系、债务转移关系(企业债权债务整体转移与股东)、固定资产买卖关系(股东根据自身需要按照固定资产净值购入或者分配清算企业的固定资产)
3	投资者与投资者	合资合同关系、合作合同关系,清算方案本身也是确定股东之间清算义务的合同
4	清算企业与债权人	债权债务关系、担保关系
5	清算企业与债务人	债权债务关系、担保关系、债务抵销关系(双方互负债权债务可以抵销的情形)
6	债权人与企业投资者	股东出资不到位时的债权追偿关系、股东代清算企业清偿债务关系、担保关系
7	债务人与企业投资者	清算企业向股东转让债权后,债务人与股东建立债权债务关系

① 参见郭亚飞:《外商投资企业自行清算法律实务》,http://www.lawyers.org.cn/info/4bd5992a9f06497989fed1b7f4d4457c,2020 年 12 月 5 日访问。

续表

序号	相关主体	涉及的法律关系
8	清算组与企业投资者	清算期间决策与执行的关系、清算组成员发生违法清算时的损失追偿关系
9	清算组与债权人	清算组核定债权人债权、清算组成员发生违法清算时的损失追偿关系
10	清算企业与关联企业	借贷关系、担保关系、债权转让关系、债务转移关系、债务抵销关系、固定资产买卖关系
11	清算企业与清算组	清算期间的诉讼代表关系、清算组成员发生违法清算时的损失追偿关系
12	清算企业/清算组与政府机关	行政注销程序过程中的行政管理关系

2. 行为多重关系对相关制度构建的影响

企业清算、清偿行为的多重关系性容易影响清算、清偿工作的复杂性程度。

企业债务清偿则主要是针对债权人的债权所作的分配。其所遵循的基本原则是当企业财产数额确定后,先进行债权分配,剩余财产再进行投资者分配。因此,企业债务清偿行为直接与企业债权人、国家税务机关、社区等第三人发生利害关系,如没有依法进行企业债务清偿就会损害第三人的利益。

三、企业清算与清偿现有问题及其成因

(一)现有的问题

1. 自愿清算率较低

就各类企业清算与债务清偿的实际情况而言,普遍存在自愿清算率较低的问题。

相当多的企业在解散事由发生后,并没有自觉地立即启动清算程序,任其继续处于客观上不能营业的休眠状态,既不清算,也不办理注销手续,等企业因未按规定提交年度经营信息报告,被商事登记机关认定经营信息异常后,被依法吊销了营业执照,他们认为企业就终止了,可以逃过清算环节。

2. 强制清算欠缺具体规定

企业解散后,企业应当清算而未清算,按法理,应当启动强制清算程序。

但按目前我国现行法,由于强制清算制度相对欠缺,因而启动强制清算程序比较困难。如强制清算的条件是什么,强制清算机构为谁,强制清算如何启动,强制清算基本程序有哪些,强制清算人的义务与责任是什么。凡此种种,现行法规与规章对这些问题的展开并不充分。

3. 债务清偿欠缺公平性

一些企业虽在形式上进行了清算,也实行了债务清偿,但存在严重的公平性问题。如股东债权与普通债权人债权处于同一清偿顺位受偿,员工对企业的债权与企业普通债权人对企业的债权在同一清偿顺位受偿,国家税收债权与普通债权也在同一清偿顺位受偿。

对于这些问题,在企业财产能够清偿债务的情形下并不突出,但在资不抵债情形下如果处于同一清偿顺位受偿,就会影响债务清偿行为的公平性。

4. 未认缴的出资未纳入清算资产

我国《公司法》在 2013 年修订后,规定除 27 个行业仍保留实缴资本制外,其他类型的公司均实行认缴资本制。

尽管在理论上大多主张认缴资本制的公司在公司对外有债务时,不应轻易实施注册资本加速到期制度,但当企业解散时,认缴而未缴付的出资即使出资期限未届满也应如数履行出资义务,以承担对公司债权人的债权清偿责任。

在现实生活中,认缴企业的发起人经过了多轮的股权转让,受让股东大多不愿意在公司解散清算时自愿将认缴但未出资的部分予以补缴,造成公司清偿能力下降,进而危及债权的安全与债权的及时实现。

(二)成因分析

1. 市场主体类型上的变化

根据我国有关法律规定,清算一般属于企业法人自身所为(强制清算、破产清算除外),并无相应的第三方介入的监督机制。

当企业法人不履行清算义务时,企业在存续期间所产生的债权债务就无法处理。前些年,因我国的市场主体主要以全民、集体所有制企业为主,这些企业均有上级主管部门,且管理严格、操作规范,企业自身不清算,上级主管部门就会主动介入清算,因而上述问题并不十分突出。随着我国改革开放的不断深入,市场经济的不断发展,尤其是《公司法》颁布后,传统的全民、集体所有制企业纷纷实施公司制改建,现行的企业类型多为公司、合伙企业、个人独资企业,再加上我国的商事登记机关一向存在重登记轻管理的倾向,一些企业进入解散程序,投资者便撒手不管,逃之夭夭,给企业清算与清偿带来了诸多新问题。[①]

2. 市场监管方式上的变化

2014 年 2 月,国务院颁布《注册资本登记制度改革方案》(国发〔2014〕7号),我国对市场监管模式开始由"严进宽管"转变成"宽进严管",这一监管模式的转型,对企业清算与债务清偿的影响是客观存在的。

其一,市场的进入与退出数量发生了重大变化。进入市场主体数量的增加,导致市场退出主体数量也相应增加,市场退出时未经清算或债务未经清理而采取休眠策略的企业也不在少数,最终结果是这些企业只有违法退出。

其二,认缴资本制给企业清算与债务清偿带来了重大影响。公司制企业认缴资本制的实施,助长了公司股东不愿意在公司解散、清算时如数实际缴付出资的臆想,公司债权人的债权实现遭到了非法阻却。

3. 企业法治理念上的缺失

其一,企业投资者欠缺企业清算与债务清偿理念。认为企业经营亏损了,企业的债务自然像自然人债务一样"一笔勾销"。反正企业没钱可还,清算不清算都是一个样。

其二,企业经营管理者欠缺企业清算与债务清偿理念。认为企业清算与债务清偿的决定权在企业以及企业投资者,企业与企业投资者不考虑清算与债务清偿,没有必要自作多情去主动启动清算与债务清偿;企业未经清算与债务清偿的,相应的责任也不会落实到企业经营者身上。

由于企业清算与债务清偿存在着法治理念上的问题,导致企业清算与债务清理可做可不做,随意处置,随心所为。

4. 相关制度的不完善

首先,企业清算机构任职条件不甚明确。通说认为,清算机构既可以由一个清算人担任,也可以由两个以上的清算人组成,具体人数由企业或强制清算机构视情况而定。企业不仅有类型的区别,还有规模大小、资金多少、股东众寡、业务繁简等差异,故立法不作统一规定,以求以最低成本完成清算之目的。但从我国《公司法》第 191 条和第 192 条的规定来看,排除了一人清算机构的

---

① 周斌:《我国企业法人非破产终止问题》,载《法学》2000 年第 4 期,第 45 页。

可能性,无论公司自愿解散还是强制解散,都必须以"清算组"的形式开展工作。这显然不完全符合投入产出、成本效益等经济规律的要求,无形中增加了许多小公司的清算成本并由此加重了公司股东甚至债权人的负担。

其次,清算机构的职责不甚明确。清算机构的任职资格、清算中的职权与职责、清算报酬、违法清算的法律责任等应由相关法律作出明文规定。然我国现行的企业法,对此未作充分而全面的规定。这不利于企业清算的顺利进行,还可能为一些人滥用职权、谋取私利、钻法律漏洞提供机会。

再次,清算机构的法律地位不明确。主要表现在清算机构与企业内部各机构(决策机关、执行机关、监督机关)的关系处理上。按国际上的通例,清算人上任后即取代董事会,并接管董事会的全部权力,对外代表清算法人意思,对内执行清算事务,与公司解散前的董事会地位相同。董事、经理的职权随清算组织成立而自动解除。但我国现行《公司法》并未就此作出明确规定。这会导致清算中的公司出现董事会、清算组两个机构并存、权力相争、职责模糊的尴尬局面。如依《公司法》第 193 条第 7 项的规定,清算中的公司由清算组"代表公司参与民事诉讼活动"。然而,"清算组代表公司"指的是内部的权利规定还是直接可以作为诉讼主体,《公司法》对此规定也并不明确。另外,当清算组代表清算中的公司参与民事诉讼活动之时,董事长作为公司的法定代表人,依法享有的代表公司进行民事诉讼活动的权利并未因公司的清算而被法律明确剥夺。这样,将出现清算组和董事长争当或推任代表人的局面,并可能因此而阻碍清算事务的进行。与董事会地位不同的是,清算中公司的股东大会、监事会仍应存在,并依法对清算机构执行清算事务进行监督。就此问题,目前我国立法同样不明确,这又可能给上述机构(特别是监事会)的职权行使造成两难困境。如想监督,没有法律依据,《公司法》关于监事会职权的规定中没有"对清算人执行职务的情况进行监督"这一项;如不想监督,股东利益恐难保障。

第二节　企业清算与清偿立法现状评析

企业清算与清偿需要通过构建相应的制度来运行。我国在企业清算立法上的不完善,导致解散企业大多疏于清算与清偿工作,有的甚至为逃避债务而故意不作清算与清偿,严重影响了市场经济的有序发展。针对这一社会现象,需要从多层面进行检视,其中立法现状应当成为检视的重点。

一、对立法现状的总体评价

（一）立法实践

1. 商事单行法的立法实践

从总体而言，在商事单行法层面，当前我国有关企业清算与债务清偿的立法并不完善。

关于国有企业、集体企业在其终止时如何组织清算，《全民所有制工业企业法》《全民所有制工业企业转换经营机制条例》《乡村集体所有制企业条例》《城镇集体所有制企业条例》等虽有条款规定，但这些规定极其原则，难以作为清算工作的规范和准则。《城镇集体所有制企业条例》在第 19 条中较具体地规定了集体企业终止时有关财产的清偿顺序，但其规定也仅仅是作为清算规范的一个侧面，至于大量的在清算过程中应遵行的制度与规则仍未作明确规定。

中外合资经营企业、中外合作经营企业、外资企业在终止时如何组织清算，1979 年制定的《中外合资经营企业法》、1986 年制定的《外资企业法》、1988年制定的《中外合作经营企业法》①对此也有过规定。然而，上述"三资企业法"所提及的依照法定程序进行清算却在长时期内没有以立法形式建立起一套清算规范。1996 年 7 月，经国务院批准，国家对外贸易经济合作部发布了《外商投资企业清算办法》（对外贸易经济合作部令〔1996〕2 号，已废止），第一次比较全面地规定了对设在我国境内的中外合资经营企业、中外合作经营企业、外资企业有关清算办法，并将清算分为企业组织的普通清算与行政主管部门组织的特别清算。由于该清算办法适用面较窄，法规等级效力不高，导致实际执行过程中存在一些问题。

随着我国社会主义市场经济体制的确立，我国的企业立法模式也发生转化，从过去偏重所有制层面立法逐渐向企业的投资方式和责任制度转化。②20 世纪 90 年代之后，国家陆续颁布了《公司法》《合伙企业法》《个人独资企业法》。

对于公司制企业终止时的清算问题，《公司法》在其第八章规定了有关公

---

① 简称"三资企业法"，该"三资企业法"随着《中华人民共和国外商投资法》的制定于 2020 年1 月被废止。

② 漆多俊：《市场经济企业立法观》，武汉大学出版社 2000 年版，第 53 页。

司解散时清算组的成立时间(应在 15 日内成立)、清算组的组成人员(有限公司的清算组由股东组成、股份有限公司的清算组由股东大会确定其人选)、逾期不成立清算组的法律补救办法(债权人可以申请人民法院指定有关人员组成清算组进行清算)、清算组的职权范围(共七项)、清算工作的法定程序(通知、公告债权人,债权人有关债权的申报,清算方案的制定与确认,债务清偿的顺序,清算结束后清算报告的上报与报送)、清算组成员勤勉要求及清算组成员因故意或重大过失给公司或者债权人造成损失的有关赔偿责任问题。但需指出的是,《公司法》的这些规定主要是公司自行性的普通清算,而对于公司未组织清算,可否强制清算以及如何强制清算未作明确规定,造成实际工作中无法可依现象常有发生。

对于合伙企业、个人独资企业终止时的清算问题,《合伙企业法》在第四章"合伙企业解散清算"第 85 条至 92 条规定了合伙企业的解散、清算、债务清偿、破产清算、注销等相关问题;《个人独资企业法》在第四章"个人独资企业的解散和清算"第 26 条至 32 条对个人独资企业的解散、清算、注销等作出规定。就清算问题,规定为投资者个人清算与指定人民法院清算。综观《合伙企业法》《个人独资企业法》对解散、清算、注销的法条规定,有一个立法上的特点,均对企业注销后债权清偿责任消灭的条件作了规定,即企业解散后,如债权人在五年内未向债务人提出偿债请求的,该责任消灭。就总体而论,针对解散、清算、注销相关规定,由于条文过于简单,给实务运作带来了不少困难。

2. 民事基本法的立法现状

1986 年 4 月由全国人大通过、1987 年 1 月实施、2021 年 1 月失效的《民法通则》作为新中国成立后的第一部民商事的基本法与市场经济的基础法,对企业终止、解散、清算、注销仅在第 40 条、第 45 条、第 46 条、第 47 条共 4 个条款有所涉及。其中第 40 条规定"法人终止,应当进行清算,停止清算范围外的活动"。至于如何清算,则未作详尽规定。

2020 年 5 月由全国人大通过的《民法典》对法人的解散、清算、破产终止问题作出了一些规定,其中,相应的法条为第 68 条、第 69 条、第 70 条、第 71 条、第 72 条、第 73 条。立法所确认的基本性要求为:法人发生解散情形后,除合并或分立的,理应进行清算;清算义务人应当履行清算职责;清算应由清算组织实施;清算组织应按相关清算程序进行。但对营利性法人债务清偿相关问题未作具体清晰的制度性构建。

（二）基本评价

1. 肯定性评价

经过 20 多年的立法推动，企业清算与清偿走向了法治化运行的轨道。具体表现为以下几个方面。

（1）企业清算与清偿有了原则性规定。无论是按照所有制进行立法的企业法还是按照责任制进行立法的企业法，针对各类企业均有了相关清算、清偿的立法规定。

（2）建立起了企业清算的分类制度。将企业清算划分为普通清算（自行清算）、强制清算（指定法院清算）、特别清算（行政清算）、破产清算。

（3）立法与司法解释呈现良性互动态势。近几年，针对企业解散与清算中的司法实践，最高人民法院颁发了相关司法解释，在司法解释的推动下，清算规则体系得到了相应的完善。最高人民法院部署推动在北京、上海、深圳三地成立专门的破产法庭。2019 年 1 月 14 日，全国首家破产法庭——深圳破产法庭揭牌成立；同年 1 月 30 日，北京破产法庭揭牌成立；同年 2 月 1 日，上海破产法庭揭牌成立，全国首批破产法庭完成布局。为解决司法实践中企业强制清算与破产清算审理中的问题，最高人民法院分别颁发了《关于适用〈中华人民共和国企业破产法〉若干问题的规定》（一）（二）（三）、《关于审理公司强制清算案件工作座谈会纪要》（法发〔2009〕52 号，以下简称《强制清算会议纪要》），进一步明确公司破产、公司强制清算案件的审理原则，细化有关程序和实体规定，以更好地规范公司退出市场行为。

（4）破产清算与强制清算数量急剧上升。相关数据显示，以广州市中级人民法院为例，自 2016 年 12 月成立清算与破产审判庭以来，2017 年广州市中级人民法院受理破产及强制清算案件 189 件，审结 94 件；2018 年受理 266 件，同比增长 40.7％，审结 247 件，同比增长 162.8％；2019 年受理 367 件，同比增长 38％，审结 313 件，同比增长 26.7％。[1] 以南京市基层人民法院与中级人民法院两级法院为例，2017 年到 2019 年，新收破产类案件 1252 件，审结 1043 件，相较前五年（2012—2016）分别增长 121.59％和 143.69％。[2]

---

[1] 何生廷：《广州中院发布破产审判白皮书及十大典型案例（2017—2019）》，载《新快报》2019-12-31。

[2] 南京市中级人民法院：《南京法院：破产审判白皮书及十大破产典型案例（2017—2019）》，http://www.njfy.gov.cn/www/njfy/sftj_3_mb_a39190702126571.htm. 2020 年 1 月 20 日访问。

2. 对存在问题的评价

在肯定企业清算、清偿制度对社会经济生活调整能力的同时,也应清醒地看到,目前我国的清算、清偿制度的构建仍处于"粗线条"阶段,存在不少问题。

(1)相关规则散乱,未能建立各类企业所能普遍适用的清算制度。从清算立法的模式看,由于清算规范散见于各种企业立法中,而各种企业法规对该问题的规定又囿于简单的条款上,没有一部统一的清算法规,致使目前清算方面法条简单而散乱,难以建立起适应社会主义市场经济需要的清算制度和准则。从清算的类型看,清算由自愿清算、强制清算、特别清算、破产清算四个类别组成。但现有的法律与法规却主要规定了自愿清算与破产清算,至于强制清算与特别清算涉及甚少。

(2)仅作原则规定,缺乏可操作性。企业解散后如何组织清算,涉及大量的法律问题,不是某个法规中一、二个条文所能解决的,如清算组织应由谁组织成立,清算组织成立后如何开展清算活动,债权如何申报,债权的种类和性质如何核定,等等。对这些纷繁复杂的法律问题,现有的企业法规仅作原则性的规定,对企业清算工作缺乏指导性和可操作性,无法从根本上甄别清算行为的有效和无效、合法和违法。

(3)法律文件在内容上既存在矛盾重叠,又有"空白"和"盲点"。同样属法人型企业终止清算,由于法律依据不同,清算规定也就不同。比如,按《外商投资企业清算办法》第36条规定:"企业进行特别清算,由企业审批机关或其委托的部门组织中外投资者、有关机关的代表和有关专业人员成立清算委员会。"那么如果企业审批机关或者委托的部门未组织清算,债权人是否可申请人民法院指定有关人员组成清算组进行清算,该清算办法未作规定,最高人民法院在有关司法解释中认为,"三资企业"由人民法院组织清算没有法律依据[①];而对公司制企业,"逾期不成立清算组进行清算的,债权人可以申请人民法院指定有关人员组成清算组,进行清算。人民法院应当受理该申请,并及时指定清算组人员,进行清算"。二者之间的规定就存在不一致之处。再比如,按《外商投资企业清算办法》第17条规定:"清算委员会应当自成立之日起10日内,书面通知已知的债权人申报债权,并应当自成立之日起60日内,至少两次在一种全国性报纸、一种当地省或者市级报纸上刊登公告。"而《公司法》第185条规定,"清算组应当自成立之日起10日内通知债权人,并于60日内在报纸上公告"。对于公告的要求(报纸类别、公告次数)二者的规定也不一致。

(4)清算立法滞后,无法解决司法实践中遇到的诸多问题。清算问题不是一个孤单的问题,它往往与破产、债权诉讼诸方面相联系。比如在企业进入普通清算程序后,一方债权人向法院提起诉讼,要求清算组织中止清算,主张将该清算企业财产单独受偿,那么该诉讼是否应予中止,债权人应否纳入统一的债权申报工作中来?立法未作规定。再比如,按原《合同法》第286条(建筑工程价款优先权)、《海商法》第21条(船舶优先权)规定,特定的债权人享有优先受偿权,这一优先受偿权,在企业清算时如何得以进一步体现,仅凭现有的清算法条难以解决。

(5)尚无债务清偿专项立法。企业清算除了清理外,还包括清偿。对外债务如何清偿,除了《企业破产法》涉及破产清偿并形成相关清偿制度外,非破产清算中则没有形成清偿制度。其结果是,有效债权被任意排挤得不到清偿现象时有发生;清偿期间个别债权人诉讼阻却整体性清偿活动的现象时有发生;企业投资主体债务责任被非法免除的情形时有发生。

二、分层评价:清算立法与清偿立法的协同性问题

(一)清算立法与清偿立法的协同性不足窥视

1. 从条文数量上反映出的问题

在对企业清算、清偿相关法条梳理时,我们发现,现行的法律条文中,涉及清算的条文所占比例较高,而涉及清偿的条文数量则少之又少。

在有些立法中,以清算条款来代替清偿条款的内容;有些立法仅仅规定清算制度,而无清偿制度的具体内容;有些立法中清算制度的相关条款寥寥几条,无实质性展开,更无清偿条款的内容。

以《民法典》中的清算、清偿条文而言,《民法典》针对清算立法的规定,重点提出的基本内容有:第70条规定了清算义务人,第71条规定了法人清算的法律适用,第72条规定了清算的法律效果。但没有债务清偿制度的构建,其至连"债务清偿"文字表述都没有。

以《公司法》中的清算、清偿条文而言,《公司法》针对清算立法的规定,重点设定的基本内容有:第183条规定了清算组的成立,第184条规定清算组的职权,第185条规定债权申报,第186条规定清算方案及其确认,第187条规定破产清算,第188条规定申请注销。其中在第185条中提及"在申报债权期间,清算组不对债权人进行清偿"。在第186条中对公司财产分配中涉及清偿

公司债务,但没有详细的有关清偿制度的构建。

就"三资企业法"中的清算、清偿条文而言,原《中外合资经营企业法》对企业解散、清算与债务清偿未有专条涉及;原《中外合作经营企业法》第23条规定,"合作企业期满或者提前终止时,应当依照法定程序对资产和债权、债务进行清算。中外合作者应当依照合作企业合同的约定确定合作企业财产的归属。合作企业期满或者提前终止,应当向工商行政管理机关和税务机关办理注销登记手续"。从条文内容看,涉及清算,但无债务清偿。原《外资企业法》第21条规定,"外资企业终止,应当及时公告,按照法定程序进行清算。在清算完结前,除为了执行清算外,外国投资者对企业财产不得处理"。就条款内容而言,也仅提及清算而未提及企业债务清偿。

2. 从规定的内容上反映出的问题

在现行清算、清偿制度构架下,清算立法与清偿立法之间的协同性相对较弱。

首先,从条文的内容上,对相关清算启动、清算组织、清算活动、清算结果、清算责任作出了规定,但未对债务清偿中的债权范围、债务清偿中的债权顺位、债务清偿中的不实清偿责任等相关内容作出规定。

其次,在《合伙企业法》《个人独资企业法》中规定了企业解散后超过一定年限(5年)债权清偿权消灭,引入了具有一定特色的消灭时效制度。但这项制度规定仅限于上述两类企业中。

再次,从条文的识别度上,将清算与清偿混用。如在相关法条中,表述为:清算的基本程序为:①支付清算费用;②职工工资和劳动保险费用;③缴纳所欠税款;④清偿公司债务;⑤清偿后的剩余财产按照股东的出资比例分配。这实际上是规范清偿行为的内容,应纳入清偿制度,而非清算条款。

(二)强化协同性构建的意义与方向

1. 强化协同性构建的意义

实际上,将清算立法与清偿立法作一个适度的区分是有现实意义的。这主要基于两者的内容有所差异,两者的功能目标有所不同。

就内容而言,清算重在清理,而清偿重在分配。

就功能目标而言,清算重在对接解散与注销之间的程序,成为解散与注销的桥梁;而清偿重在债权的实现。

2. 强化协同性构建的方向

其一,应充实企业债务清偿的具象化制度内容。债务清偿与债权申报、核定以及未经申报债权如何受偿有直接关联。因此,构建债务清偿制度的核心是建立债权范围规则、债务清偿中的债权顺位规则、债务清偿中的不实清偿责任规则。

其二,应强化企业清算与企业清偿之间的无缝对接。清算必然涉及债务清偿,虽然两类制度在内容指向、价值目标、责任体系上有所差异,但应当形成一个整体,不应人为割裂。构成清算与清偿的直接对接点是"财产",清算是围绕财产的清理进行的,清偿是围绕财产的分配进行的。

其三,应加强企业债务清偿差异性的研究。在普通清算与破产清算中,由于普通清算是建立在企业自行清算上且以资大于债为基础进行的,企业债务均能得到清偿,而在破产清算中,存在资不抵债的情形,企业普通债权只能公平地按比例受偿,这就产生了债务清偿的顺位问题。另外,在法人企业与非法人企业的债务清偿中也会有所差异。法人企业的有限责任制度决定了企业债务难以落实到投资者承担上,而非法人企业的债务清偿在企业无财产清偿时,清偿责任可以由投资者承担。这些担责制度上的差异,势必影响清偿制度的差异化构建。

三、分层评价:破产清算与非破产清算的分类化构建问题

(一)破产清算与非破产清算立法实践

1. 破产清算的立法实践

我国专门制定了《企业破产法》,在《企业破产法》中针对破产清算作了详细的展开。其基本的制度内容体现在以下方面。

(1)关于破产清算组织。2007年制定的《企业破产法》改变了1986年《企业破产法(试行)》中"清算组"的概念,而是引入"管理人"的概念。同时该法第13条规定,"人民法院裁定受理破产申请的,应当同时指定管理人"。在破产宣告后,由管理人履行清算组织工作。实际上,到了宣告破产阶段,管理人的主要职责转化为清算组织的职责。可以认为,从破产企业所涉及的外部债权债务法律关系看,破产企业清算组织是代表破产企业对外进行意思表示的表意机关或代表机关。从破产企业内部组织和管理角度看,破产企业清算组织是在人民法院指导下对内管理破产企业并执行清算义务的执行机关。破产企业清算组织作为破产企业清算人,其具体功能或职责应由法律来规定,而不是由破产企业与清算组织或破产企业债权人(破产企业债权人委员会)与清算组织自由约定。

（2）关于破产清算程序。《企业破产法》第115条、第116条规定破产财产的制订与认可执行规则，第120条规定了破产企业无财产可供分配的处理规则，以及管理人在最后分配完结后终结破产程序的基本要求。第121条规定了管理人履行办理破产企业注销登记的规程。

（3）关于债权申报与审核。《企业破产法》第48条规定债权申报规则，第57条规定了管理人收到债权申报材料后的工作要求。

（4）关于破产财产的确认。《企业破产法》第109条、第110条规定了担保债权与普通债权及其受偿原则。

（5）关于破产财产分配。《企业破产法》第30条规定债务人财产范围，第114条、第115条规定破产财产的分配方式，第113条规定清偿顺位，第118条规定分配财产未受领的提存规则。

（6）关于破产清算违法责任的追究。《企业破产法》第130条规定了管理人未勤勉尽责，忠实执行职务的相应法律责任。

2. 关于非破产清算的立法实践

由于我国没有专门的非破产清算法，有关企业普通清算主要规定在《公司法》第10章"公司解散与清算"中。

在《公司法》中，涉及普通清算的内容主要有以下方面。

针对清算组织的组成、职权事项，《公司法》第183条规定了清算组的组成规则，以及逾期不成立清算组进行清算的，债权人可以采取的救济方式；第184条规定了清算组在清算期间行使的职权。

针对清算期间的债权申报与审核，《公司法》第185条规定了债权申报通知与债权申报要求。

针对清算方案以及债务受偿，《公司法》第186条规定了清算组制定清算方案及清算方案确认规则，同时也规定了公司财产的清偿顺位。

针对清偿不能以及公司清算后注销事项，《公司法》第187条规定了清算过程中发现公司财产不足清偿债务的向人民法院申请宣告破产的要求；第188条规定了公司清算结束后由清算组申请注销公司登记的要求。

针对清算组的法定义务与法律责任设定，《公司法》第189条规定了清算组、清算组成员的法定职责与法定义务，以及在清算活动中实施违法行为所应承担的法律责任。

（二）分离主义立法对清算与清偿制度的影响

1. 整体制度构建上的影响

破产清算与非破产清算都属于清算制度范畴，将它们分开立法有其独特的意义。

其一，《破产法》是各国都有的法律。在立法模式上，大多数国家将破产清算与非破产清算采取分离主义的立法态度。

其二，破产清算是在司法主导下进行的，实行的是特殊的诉讼制度。

其三，破产制度所要解决的是在企业资不抵债情形下如何了结企业生命，具有特殊的制度功能。

其四，《企业破产法》不可能不去调整破产清算问题。因而，保持《企业破产法》对于破产清算上的相对独立性有其制度生成的自身逻辑。

2. 协同性的影响

在分离主义立法下，破产企业清算与非破产企业清算不在一部法规上得以呈现，而是采取分别立法的模式，从而影响两类制度的协同性运行是显而易见的。

将它们分别立法，对制度协同性的影响集中体现在以下几个方面。

其一，企业清算与清偿制度的统一性受到了破坏。由不同的法律进行构建，很难获得制度构建整体性的效果。

其二，企业清算与清偿制度的内部结构和谐性受到了破坏。由不同的法律进行构建，难以获得制度结构上的逻辑自洽。

其三，企业清算与清偿制度的责任体系受到了影响。由不同的法律进行构建，给责任的设定与实施带来了一定的困难。

3. 立法结构上的影响

在分离主义立法模式下，有关破产清算与清偿的相关规定被设置于《企业破产法》中。这就意味着，非破产清算中的普通清算、强制清算、特别清算则从《企业破产法》中分离出来，被规定于其他商事组织单行法中，以另外一部法规的形式进行整体性构建。

那么，究竟应规定在哪部商事组织单行法中，目前没有统一的做法可供借鉴。如果仍将它们散落到《公司法》《合伙企业法》《个人独资企业法》等商事组织法之中，显然达不到整体性构建的效果。依我们看来，目前可有两种路径选择，一是在日后制定的"商法通则"中专设"商事主体清算与清偿"章，二是单独制定"企业清算与清偿法"。我们比较倾向于单独制定《企业清算与清偿法》。

四、企业清算与清偿制度构建的基本原则

（一）利益均衡保护原则

1. 利益均衡保护原则的意涵

利益均衡保护原则是指在企业清算与清偿中，由于各类主体利益处于集聚与冲突之中，应在利益衡量的基础上，实行利益均衡保护。[①]

在企业清算与清偿中，不仅要维护股东、董事、监事、高级管理人员等各类企业内部主体之间的利益，还需要维护公司债权人、职工、供应商、用户、消费者、当地居民的经济利益，同时也应顾及税收、环保等社会整体利益。

2. 贯彻这一原则的基本要求

首先，这一原则要求对各主体的利益诉求作出科学的分类。企业清算与清偿涉及的利益可以划分为国家利益（税费）、债权人利益（债权）、投资者利益（红利及剩余资产分配）、经营者利益（董事、监事、高级管理人员的酬薪与期权）、职工利益（工资及劳保待遇）。因此，科学划定利益种类与各自利益关系是各种利益得以保护的前提与基础。

其次，这一原则要求将利益诉求划分成不同层级，从而更好地实现顺位受偿。利益均衡保护并不是同顺位保护，也不是因债权人社会地位的高低或债权数额的多寡而显示特殊。它是从权利的属性寻求利益受偿的公平性与合理性。由于各类权利的性质不同，涉及的利益受偿的顺位也应有所差异。一般而言，国家利益（税收）应先于私益而获得受偿；担保债权应先于无担保债权而获得受偿；职工劳动报酬类债权应先于普通债权获得受偿；对外债权应先于投资者债权而获得受偿。

再次，这一原则要求对全体债权人利益进行整体保护。保护债权人整体利益是启动普通清算、强制清算、特别清算的首要价值目标；在清算期间不得单独清偿债务；当企业财产不足于清偿各类债权时，立法应设定特殊的清算程式（破产清算）以防止一部分债权捷足先登而其他债权分文未偿现象的发生；通过程序性义务的约束及清算责任和义务的负担等方式，均衡保护各方主体的利益。如果债权人因自己的重大过错没有在规定期限内申报债权，且清偿工作已结束的，丧失从其他债权人中重新分割利益份额的权利，甚至丧失从股

---

① 任容庆：《论公司强制清算制度的完善》，载《现代管理科学》2018年第11期，第118—120页。

东获得的剩余财产分配中要求予以清偿的请求权。

(二)程序正当原则

1. 程序正当原则的意涵

这一原则是指在企业清算与清偿中,凡是涉及相关过程性的程序应以强制法的形式予以明确,以确保程序的正当性与合理性。

清算与清偿事务在传统企业立法中属企业自治范畴,企业退出市场本应以自行清算为主,但在实践中,一些企业的投资者利用清算制度在企业法框架下的模糊性规定,千方百计规避清算与清偿,严重损害了债权人利益,更影响了市场经营秩序、社会经济秩序的稳定。由于清算事务复杂,清偿启动不易,强调程序正当实为必要。

2. 贯彻这一原则的基本要求

首先,这一原则强调清算与清偿的程序性要求。什么时候可以申报债权,谁有权对申报的债权进行审核确认,企业资产与负债如何核定,清算与清偿方案应由谁作出确认,如此内容,均与程序的正当性相关联。就一定意义上讲,公正不仅仅是实体条件的科学把握,更在于解决实体问题的程序正当。

其次,这一原则在自行清算中显得更为重要。自行清算不同于强制清算,也不同于破产清算,没有法院居中审理,完全由利益相关方之一的股东方启动并主导整个清算程序,在现行清算制度难以进行细密设计的情形下,难免会出现往股东方"单边倒"现象。若在清算与清偿程序中不作必要的监管,势必会因不正当程序对债权人造成损害,需要通过规定责任承担的方式体现程序正当原则。

再次,这一原则要求在企业清算与清偿中贯彻公平受偿。在债务清算程序中,公平受偿表明处于同一清偿顺序的各清算债权人享有平等的受偿机会,各种不同类型的债权人不论其隶属于国家、集体或者个人,也不论其债权数额的大小都有权公平受偿。公平原则要求债务清算立法时,在清算法律机制设计上注重体现效率优先、兼顾公平的价值取向,以最大限度地保障企业清算行为中各种当事人的合法权益。

(三)国家适度干预原则

1. 国家适度干预原则的意涵

这一原则是指在企业清算、清偿中应划出国家行政干预的合理边界,通过适度的监督以确保清算、清偿高效运作,进而最大限度实现各方利益。

在现代市场经济条件下,针对企业的清算行为,一方面反映为企业内部的、自愿的行为,其他债权人往往很难参与监督的特点,另一方面广大的债权人、劳动者又以分散的个体出现,经济力量微弱,在企业清算与清偿行为中极易受到伤害。为解决清算、清偿行为的不公平与不公正问题,迫切需要通过一定的法律程序强化监督。因此,企业清算、清偿立法应体现国家适度干预原则。

2. 贯彻这一原则的基本要求

一是通过特别清算程序对那些本应清算而又不予清算的企业采取强制清算措施。在清算、清偿立法中,通过对清偿顺位作出强制性要求来实现不同权利主体各自的经济利益。

二是通过对清算后果加以干预,强化自行清算的自觉性与主动性。如因违法经营导致企业被上级主管机关撤销或被商事登记机关责令吊销营业执照的,通过清算监督手段强化清算责任,强化追究违法当事人法律责任的力度。

三是清算立法需要体现干预适度的要求。既保证国家适当干预或调控的有效实施,也对其干预或调控的任意性加以限制,对其实施干预或调控的行政权力进行制约。

(四)清算效率原则

1. 清算效率原则的意涵

这一原则是指在清算、清偿活动中,通过减少不必要的制度性成本支出以提高清算效益。

依制度经济学原理,任何一项制度在现实经济生活中运行,都会产生相应的制度成本,为减少制度成本,需要在制度设计时体现效益原则。有效益的制度才是具有理性的制度。

让清算活动在法律框架下运行是有制度性成本的,清算效益的高低是与清算成本相比较的结果。如何在平衡各方利益关系的同时提升清算效率是立法所应当正视的问题。

2. 贯彻这一原则的基本要求

如何使清算制度性成本降至最低,确保清算的效益,通常需要从以下两个方面思考问题:一是缩短清算期间,二是减少不必要的清算环节。这也是所有清算企业都非常关注的问题。

在实务操作中,上述两个目标能否达到,主要依赖清算组织及相关清算人员的专业能力与专业品行,依赖于清算与清偿制度设计对时间效益的追求,还依赖于对清算、清偿过程中发生的问题进行裁断的高效化设计。

比如,企业解散事由发生之日起多少时间内应启动清算程序,清算过程应在多长时间予以结束,清算过程中的公告、通知的时间及次数,以及自愿清算不能进行时多长时间内应启动强制清算程序等。

《公司法》中对清算组的成立时间、通知公告时间的规定,都是基于控制清算时间所作出的法律要求;《〈公司法〉司法解释(二)》和《强制清算会议纪要》规定了在强制清算情形下召开听证会通知时间、决定是否受理申请期间、清算期间等各种时限,亦明确公司强制清算转入破产清算后,可继续指定符合法定条件的原强制清算中的清算组担任破产管理人,均出于避免清算时间的拖延和减少清算费用的考虑。

第三节　企业清算制度的体系化构建

企业清算的规范化运行需要有体系化的法律制度予以保障,而体系化的法律制度构建的难点在于如何把握这一制度的基本点以及如何呈现这一制度的基本面。依我们理解,这一制度的基本点就是在清算活动中平衡各方利益关系,基本面就是以清算为中心,搭建起运行有序、责权利相统一的清算制度架构。

一、企业清算的类别设定

(一)现行法下对清算类别的划定

1. 企业清算的四大分类

按现行法对企业清算的相关规定,企业清算可以分为四个大类。

(1)企业解散时由企业投资者所进行的普通清算(也称自行清算、自愿清算)。

(2)企业因违反法律、行政法规被依法解散后由有关主管机关组织的特别清算(也称行政清算)。

(3)在普通清算不能推进的情形下债权人申请人民法院进行的强制清算(也称法院指定清算)

(4)企业被依法宣告破产后的破产清算。

2. 四大分类的基本特点

在对上述清算类型的比较考察中,可以发现以下特点。

其一,普通清算体现出企业所具有的自我管理、自我监督和自我抉择的主体地位。在普通清算中,由于企业、企业债权人、其他利害关系人所处地位的不对等、信息不畅通所引发的信息不对称客观存在,加之国家公权力的监督也处于缺位状态。一旦企业投资者在清算中违反其诚信义务,或者故意阻碍清算的进行,或企业资产不能完全清偿债务,普通清算很难具有客观公正性,更达不到其目的。

其二,强制清算是普通清算与破产清算中间的一座桥梁,具有自己独特的制度价值。从普通清算的主体进一步到特别清算主体最后到强制清算主体,体现出清算的企业自主性越来越降低,外在监督越来越强化。因此,普通清算被限于资产足以清偿债务企业之中,有其制度考量上的必要性。

其三,破产清算就目前清算制度的完整性程度而言是其他清算类型所无法比拟的。因此,可以从破产清算中寻找清算的基本制度因子,并选择性地应用于其他清算类别上,这对于完善各类清算制度具有现实价值。

其四,清算终结的标志是企业资产以偿债的方式全部分配处理完毕。在不同类型的清算中,终结的方式有所不同。在破产清算中,债权人,尤其是普通债权人很难获得全额受偿,通过对债务企业的破产达到债权人对债权期待利益落实的心理预期。

(二)理论上对清算类别的探讨

在清算类别构建上,是否继续保留特别清算,理论界与实务界对此鲜有深入的研究,依我们之见,应予以废止。其基本立论有以下方面。

其一,行政主导的特别清算很难找到相对应的行政机关。随着我国行政管理体制的改革,大部制改革方案的推行,小政府大社会将成为改革走向,企业不再有过去行业管理模式下的行政主管部门,在此情形下,推行行政主导的特别清算,在实际中欠缺可操作性。

其二,行政主导的特别清算会使清算类别过于复杂。当行政主导的特别清算遇到困难时,是否进入司法主导的强制清算?如是,就会人为地导致清算过程过于冗长,不利于有效保护债权人的利益。

其三,在某些特殊类型企业保留行政主导的特别清算,在实际执行中社会效果也并不太好。比如,1998年发生金融风险的海南发展银行,在资不抵债后,推行行政组织的特别清算,至今债务尚未处置完毕。

（三）不同清算类型的转换

在清算实践中,清算类型的转换时有发生,在相应制度构建上明确清算类型转换的基本原则、基本条件、基本要求就显得必要。

就基本原则而言,自行清算可以转换为强制清算,强制清算可以转换为破产清算,但破产清算不能逆转为自行清算与强制清算。

就基本条件而言,自行清算转换为强制清算是基于"自行清算不能"与"清算障碍情形"的发生。根据《〈公司法〉司法解释(二)》第7条的相关规定,主要是指:①公司解散逾期不成立清算组进行清算的;②虽然成立清算组但故意拖延清算的;③违法清算可能严重损害债权人或者股东利益的。

自行清算转化为破产清算,或强制清算转化为破产清算是基于"清算不能"与"资不抵债情形"的发生。但我国《企业破产法》在立法上采取有限的企业法人破产主义的立场,对于一些非法人企业在清算中出现资不抵债的,因不能适用《企业破产法》,只能继续由强制清算程序实施完成。

就转换要求而言,在程序上,何种情形下基于当事人申请,何种情形下基于公权力机构的职权行为应作出明确规定,就转换后应履行哪些基本程序也应作出明确规定。

各类清算相互之间的转换在现行法中未作出明确规定,导致在实践中缺乏有机的转换程序,致使清算工作达不到应有的效果。

为此,2019年的《全国法院民商事审判工作会议纪要》(法〔2019〕254号,简称《九民会议纪要》)第117条规定,债务人同时符合破产清算条件和强制清算条件的,应当及时适用破产清算程序实现对债权人利益的公平保护。债权人对符合破产清算条件的债务人提起公司强制清算申请,经人民法院释明,债权人仍然坚持申请对债务人强制清算的,人民法院应当裁定不予受理。依我们理解,该条实际上针对同时符合破产清算条件和强制清算条件的企业,规定了以下两项原则,即优先适用破产清算的原则与及时适用破产清算原则。

二、企业清算主体制度的科学构建

（一）企业清算义务人主体的确立与责任体系

1. 企业清算义务人主体的确立

清算义务人是企业清算程序的发起者、组织者,是企业清算活动的"主角",也是企业清算环节的真正核心。合理确定清算义务人是企业清算制度中不可或缺的内容。

我国现行《公司法》未界定"清算义务人"，按《〈公司法〉司法解释（二）》相应规定，事实上是将有限责任公司的全体股东作为清算组成员，同时又作为清算义务人。这意味着部分中小股东如未履行清算职责给债权人利益造成损害的，需承担赔偿责任甚至连带责任，这对于根本无法管控公司或插手公司事务，甚至难以知晓公司实际运营状况的普通中小股东而言，有失公允。特别是自 2012 年最高人民法院发布第 9 号相关指导案例后，法院在对相关案件裁判的过程中不当适用《〈公司法〉司法解释（二）》第 18 条规定，使中小股东动辄承担连带责任的现象屡见不鲜。法院往往以有限责任公司全体股东为清算义务人，将债权人的请求权认定为损害赔偿请求权。当然，也有地区法院在审理案件过程中，并未机械套用该司法解释第 18 条的规定，对连带责任判定持谨慎态度。由此，在司法审判中事实上形成了两种裁判思路。为了统一司法裁判尺度，更好地保护小股东利益和平衡公司内外部利益关系，2019 年 11 月最高人民法院发布的《九民会议纪要》中指出，"关于有限责任公司股东清算责任的认定，一些案件的处理结果不适当地扩大了股东的清算责任"，并提出"小股东举证证明其既不是公司董事会或者监事会成员，也没有选派人员担任该机关成员，且从未参与公司经营管理，以不构成'怠于履行义务'为由，主张其不应当对公司债务承担连带清偿责任的，人民法院依法予以支持"。《九民会议纪要》颁发后，对法院审判案件起到一定的指导作用。

2017 年 3 月由全国人大通过的《民法总则》第 70 条首次使用了"清算义务人"一词，并明确规定"法人的董事、理事等执行机构或者决策机构的成员为清算义务人。法律、行政法规另有规定的，依照其规定"。2020 年 5 月通过的《民法典》完全援用了《民法总则》的该项规定。①

将企业的清算义务人确定为法人的董事、理事等执行机构或决策机构的成员，更具公平合理性或现实可行性。以公司制企业为例，公司董事会作为负责公司日常经营管理的执行机构，是最熟悉公司日常经营管理情况的机构，其组成人员更适合作为启动清算程序的负责人。另外，启动清算程序的前提是掌握或了解公司的财务、账册及重要文件等情况，显然，前述材料一般由公司董事会掌握。因此，由董事作为清算义务人，更有利于实质推动清算程序的启动。基于《〈公司法〉司法解释（二）》的实践情况，如果不分股东是否实际参与了公司的决策与经营管理活动，一概将股东作为清算义务人，容易导致不应当

---

① 殷洁、何煊：《论有限责任公司清算义务人范围及立法完善》，载《常州大学学报》（社会科学版）2020 年第 3 期，第 3 页。

承担责任的股东承担责任,难以达到应有的法律效果与社会效果。

2. 企业清算义务人的相应责任

当企业投资者被确定为清算义务人时,其存在抽逃出资或恶意处置企业财产危害债权的行为,应当在抽逃出资或恶意处置财产的范围内承担责任;对于清算义务人违法清算,侵占企业财产,造成清算义务人的财产与清算企业财产混同的,应当适用"法人人格否认"制度,要求清算义务人对企业债务承担连带责任。

在最高人民法院审理的再审申请人林铭洋、林华与被申请人烟台银行股份有限公司(以下简称烟台银行)清算责任纠纷一案中①,法院认为,申请人林铭洋和林华夫妻作为康宇有限公司、永恩有限公司的仅有两名股东,分别担任两公司的法定代表人,在自行清算的过程中,在明知两公司的资产不足以清偿案涉烟台银行债权的情况下,既未通知烟台银行申报债权,亦未依法向人民法院申请进行破产清算,反而以虚假的清算报告骗取公司登记机关办理了注销登记,其行为损害了债权人烟台银行的利益,依法应当认定为故意侵权行为。关于申请人林铭洋、林华应当承担的责任范围问题,一方面,《公司法》第189条第3款规定:"清算组成员因故意或者重大过失给公司或者债权人造成损失的,应当承担赔偿责任。"申请人的违法清算行为的直接后果,就是导致债权人烟台银行因债务清偿主体消灭而无法主张债权。故原审判决将申请人的违法清算行为给烟台银行造成的损失认定为债权本息的全部,并无不当,判决公司股东林铭洋、林华对公司所负1400万元债务承担连带清偿责任。该案所彰显的司法裁判规则为:有限责任公司股东自行实施的违法清算行为,系对法人独立地位和股东有限责任的滥用,既不能产生债务人公司免于清偿部分债务的法律后果,也不能让股东再受到股东有限责任原则的保护,其违法清算行为侵害了债权人的利益,依法应当认定为故意侵权行为。

清算义务人未按照规定履行通知债权人义务的,应当对债权人未能及时申报债权造成的损失承担赔偿责任。该项赔偿责任是一种侵权责任,股东作为清算义务人的,其赔偿责任既不受股东有限责任制度的保护,也不应以股东在公司清算中获得的剩余财产为限。在王忠岗、孙高伟民间借贷纠纷再审案

---

① 参见最高人民法院《林铭洋、林华再审审查与审判监督民事裁定书》(最高法民申字〔2015〕916号)。

中①，最高人民法院认为，在涉案公司清算期间，清算组成员应将公司解散清算事宜书面通知债权人，由于其未履行通知和公告义务，导致债权人未及时申报债权而未获清偿，根据《〈公司法〉司法解释(二)》第11条第2款的规定，作为涉案公司股东及清算组成员应对债权人的损失承担赔偿责任。股东主张涉案公司的债权债务已经全部清理完毕，不应承担赔偿责任，理由不能成立。

(二)企业清算组织的设立与责任体系

1. 企业清算组织的设立

清算义务人与清算组系两个不同主体，不应滥用。清算义务人是清算的决定者，而清算组则是清算活动的执行者。

企业解散后进入清算阶段，其性质为清算法人。清算组取代原企业机关行使清算法人机关的职能，对内从事清算活动，对外进行清算相关的民事活动(包括诉讼活动)，清算组负责人(组长)取代企业原法定代表人行使职权。

企业清算须通过一定的清算组织实施，清算组织应在什么时候成立，其成员应由谁出任，清算组有哪些工作内容与职责，清算组的法定义务与责任应由哪些组成，如此等等，均是构建清算制度所面临和必须解决的问题。

我们认为，清算组织何时成立，应结合解散事由，以解散事由发生后尽快组建为原则，拟在解散事由发生之日起15日内成立为宜。

清算组成员应由谁组成，现行的《公司法》规定了有限责任公司的清算组由股东组成，股份有限公司的清算组由股东大会确定人选，这样规定是可行的，但从企业清算制度着眼考虑还不够周全。因为在社会经济生活中，还存在大量的非公司制的企业法人和其他企业组织，对这些企业法人和其他企业组织如何成立清算组织尚需进一步规范。清算组产生方式除遵行法定性规范外，还可适用委任性规范。即清算组人员可以分为法定清算人、章定清算人、选任清算人和选派清算人。但最终应强调两点，一是逾期不成立清算组的，债权人可以申请人民法院指定有关人员组成清算组，负责进行清算。二是从国外的立法实践看，无论通过哪一种方式产生的清算组织，都必须具备一定的资格。凡属未成年人、被禁止治产人、被剥夺公民权利尚未恢复者、破产尚未复权者、曾任清算人而被法院解除者均不得被选派为清算人。② 目前我国法律

---

① 参见最高人民法院《王忠岗、孙高伟民间借贷纠纷再审审查与审判监督民事裁定书》(最高法民申〔2020〕1412号)。

② 马俊驹：《现代企业法律制度研究》，武汉大学出版社2000年版，第23页。

对清算人资格尚无类似的限制性规定。不仅如此,对清算人的解任也无规定,这实际上反映了我国在这一方面法律制度上的不完善。

清算组在清算期间职责有哪些,《公司法》规定为 7 项,原《外商投资企业清算办法》规定为 8 项,即除《公司法》规定的上述 7 项外,再加一项"提出财产评估作价和计算依据"。我们认为,分析清算组职责范围应着眼于清算工作全过程,从这一出发点看,上述规定仍不够全面,还应当包括以下几项:一是清算结束后,制作清算报告,报企业决策机关或主管机关确认,并报送登记机关。二是向登记机关申请办理注销手续。三是在清算过程中发现资不抵债,已有的企业财产不足清偿债务的,应向人民法院申请宣告破产,经人民法院裁定宣告破产后,应将清算事务移交给人民法院。

在规定清算组职责时,立法还应对清算完结期限、清算文件的保存、清算人责任的解除、发现财产的重新分配等问题作出规定。

2. 企业清算组织的相应责任

对于清算组织的相应责任,主要是针对清算组织是否尽到充分的勤勉义务与忠实义务而展开。《公司法》第 189 条规定,清算组成员应当忠于职守,依法履行清算义务。清算组成员不得利用职权收受贿赂或者其他非法收入,不得侵占公司财产。清算组成员因故意或者重大过失给公司或者债权人造成损失的,应当承担赔偿责任。

在企业清算实践中,清算组成员承担赔偿责任的具体情形主要表现为以下几个方面。

(1)清算组未按规定履行通知和公告义务,导致债权人未及时申报债权而未获清偿,从而给债权人造成损失的,清算组成员对因此造成的损失承担赔偿责任。该项责任的承担,在《〈公司法〉司法解释(二)》第 11 条中作出了对应性规定。

(2)清算组执行未经确认的清算方案给公司或者债权人造成损失的,清算组成员应承担赔偿责任。该项责任的承担,在《〈公司法〉司法解释(二)》第 15 条中作出了对应性规定。

(3)清算组成员从事清算事务时,违反法律、行政法规或者公司章程给公司或者债权人造成损失的,应当向公司或者债权人承担赔偿责任。该项责任的承担,在《〈公司法〉司法解释(二)》第 13 条中作出了对应性规定。

（三）企业清算程序制度的科学构建

1. 对外通知、公告及其效力

企业清算会涉及债权通知和债权申报，按现行《公司法》规定，清算组成立后，应当自成立之日起 10 日内通知已知债权人，并于 60 日内在报纸上公告。在我国已建立企业信用信息公示平台的情形下，我们建议应在企业信用信息公示平台进行公告，且在通知已知债权人时同时进行公告，使公告更富有实际效果与效益。

"已知债权人"是企业清算组应掌握其主体身份、交易信息并留有有效通信地址的债权人，与清算中的企业曾经存在合同关系的债权人一般应识别为已知债权人。对于已知债权人，清算组应以书面形式进行个别通知为基本要求。司法实践中，股东等清算义务人在公司清算时仅以在报纸上公告的方式履行通知债权人的义务，对于已知债权人并未按照《〈公司法〉司法解释（二）》第 11 条的规定履行"点对点"的书面通知义务，清算义务人以其已经以公告通知债权人为由主张不承担赔偿责任的，该主张不应得到支持。[①]

债权人在规定的期限内未申报债权如何处理，《公司法》未作明文规定，在实践工作中形成多种意见。第一种意见认为，应按债权人弃权处理，即过了申报时间再申报，即使发生在清算结束之前都不得再主张权利。第二种意见认为，如在清算结束前申报的，应将其列入清算范围，否则不列入清算范围。第三种意见认为，应视清算企业实际而定，如果清算企业明知债权人而未通知的，不受申报时间限制。非因债权人责任造成逾期未申报，并且在清算财产分配完结前申报的，不在此限。第四种意见认为，因未在债权申报期间内申报债权的，可作为被排除的债权人，只能在未分配给股东的财产范围内请求予以清偿，一旦分配完剩余财产，则丧失权利。我们认为，可借鉴《企业破产法》第 56 条之规定，"在人民法院确定的债权申报期限内，债权人未申报债权的，可以在破产财产最后分配前补充申报；但是，此前已进行的分配，不再对其补充分配"。

债权人在申报债权的同时，又向法院提起了诉讼，或者债权人对清算组核定后的债权有异议，如何处理，这是构建清算制度中应当作出明确规定的问题，但现行法规对此并未作出明确的规定。我们认为，债权人在企业清算期间

---

① 有关这方面的司法裁判可参见：(1)最高人民法院《王海森、青海昆源矿业有限公司再审审查与审判监督民事裁定书》(最高法民申〔2020〕5085 号)。(2)最高人民法院《北京满疆科技开发有限公司、赵智林合同纠纷二审民事判决书》(最高法民终〔2019〕1983 号)。

诉讼活动应中止,法院应当根据《民事诉讼法》相关规定,告知原告先向清算组申请解决。

2. 清算报告的确认及其效力

企业清算的最终结果是企业清算报告。该清算报告需要得到相关机关的审议与确认才具有法律约束力。

在自行清算中,清算报告的审议、批准权应归属于企业投资者,在投资者人数为多数时,需要一定的会议形式、表决程序行使决定权。

在强制清算中,清算报告应经企业投资者确认,如债权人与企业投资者对清算报告有异议,对异议部分的裁定权应归属于司法机关。

在破产清算中,清算报告应经债权人会议审议,当债权人会议审议时发生异议无法通过有效表决的,最终裁定权应归属于司法机关。

3. 清算期限的规定

企业清算应在法定的期限内完成,立法应规定清算事务的时限。规定清算期间的主要目的,就是监督清算义务人清算行为和节约清算成本。

由于企业清算的种类不同,发生企业清算的原因也有差异。因此,法律在规定清算的时限上也应有所不同。就总体而言,企业清算的期限可以 6 个月为限,如在期限内不能完成的,清算义务人应向有关部门或法院申请展期。可以借鉴我国台湾地区"公司法"的相关规定:"清算人应于六个月内完结清算,不能于六个月内完结清算时,清算人得申叙理由,向法院申请展期。"[①]

(四)企业清算债权人保护机制的科学构建

1. 企业债权清收规则

企业债权清收规则是企业清算中平等保护债权人利益的一项重要制度。它既要防止部分债权人利用法律制度上的漏洞而捷足先登达到全额满足的意图,又要防范部分债权人虚构债权而损害其他债权人的利益。在企业债权清收规则设计上,重点应把握以下几个方面。

(1)债权清理规则。债务企业应结合财务记录,将相关债权进行清理,对于已知债权人应及时通知债权人申报债权,对于债务企业未知的债权,应进行公告,及时了解债权人的债权申报情况,清理债权的目的是防范债权遗漏。

(2)债权确认规则。债务企业对于债权人所申报的债权应进行甄别,区分

是有效债权还是失效债权,是担保债权还是无担保债权,是协议所生债权还是侵权所生债权,需要进行谨慎、全面的确认,确保债权数额与性质无误。

(3)债权催讨规则。债务企业对于债权人的债权催讨应视有效催要、无效催要分别设置处理规则。

(4)债权分配规则。应建立起不同债权不同清偿顺位的处理规则。将债权分为普通债权与担保债权、公益上的债权与私益上的债权、债务企业投资者的债权与对外债权人的债权、劳动债权与非劳动债权,分别构建清算规则。

2. 债权人的清算程序启动权

立法应当赋予债权人清算程序启动权,即当企业解散后,清算义务人不履行或不适当履行清算义务时,债权人有权向人民法院申请,由人民法院指定组成清算组织启动特别清算程序,及时实现债权人的债权。

但该项启动权的行使应当设定前置条件,即债权人应当向债务企业提出过明确清算要求。只有在债务企业予以拒绝或不予理会的情形下,法律赋予债权人清算程序启动权。

3. 债权人的清算监督权

现行的普通清算无债权人介入权,导致的结果是清算公允与否难以事前与事中监督,等事后发现问题再进行纠错就会有较大的纠错成本支出,一旦清算结束难以达到纠错效果。因此,有必要赋予债权人清算监督主体的地位。

立法应明确规定,在企业普通清算中,应推选债权人代表对清算行为与清算过程行使监督权,对于清算义务人怠于履行清算义务导致企业财产贬值、流失,债权人代表有监督建议权,有权要求义务人停止侵权行为。同理,对于清算组织未尽到勤勉与忠实义务,从而给债权人利益造成损害的,债权人代表有权要求清算组织履行职责。

第四节 企业清偿制度的体系化构建

企业清偿是企业资产对企业负债的分配,也是企业作为债务人对债权人利益的清结,处理好企业清算过程中清偿行为的公正性与效益性是清偿制度建设的核心问题。由于企业类型不同,清算类型不同,在清偿方式、清偿程序与清偿结果上也会存在诸多差异,但就企业清偿制度构建的重点而言,应在保持制度整体性的同时处理好差异性设计,使该项制度在实际运行中更具有执行力。

一、企业清偿制度构建

（一）自行清偿的线与面

1. 自行清偿的"线"——清算程序

企业清算程序呈现出较为明显的线状结构。

这一线状结构由以下若干个主要环节单向连接而成：①出现解散事由是自行清算启动的前提。②根据解散事由情形判定是否报有关主管部门审批。③成立清算组，办理清算组向商事登记机关备案。④发布清算公告。⑤清算组制定清算方案。⑥权力机构确认清算方案。⑦清算组执行清算方案。⑧在执行清算方案中清缴税款，办理税务登记的注销手续。⑨清算方案执行完毕后由清算组制作清算报告。⑩权力机构确认清算报告。⑪办理商事登记注销。

2. 自行清偿的"面"——法律关系

如果说清算程序是一条"线"，那么清算程序中涉及的法律关系就是以多个法律主体为点连成的一个"面"。

整个清算程序中的法律主体有：清算企业、股东、债权人、债务人、员工、清算组、关联企业以及政府机关，这些主体之间相互交织着比较复杂的法律关系，其中清算企业是清算程序中众多法律主体的核心。

（二）债务清偿中的"母子公司"关联关系

1. "母子公司"的独立法人地位

母公司与子公司就基本法理而言都具有独立的法人人格，因此，子公司在清算过程中涉及的债务应由子公司自身的财产进行清偿。同理，母公司在清算过程中涉及的债务应由母公司自身的财产进行清偿。

从对第三人（债权人）的财产责任来讲，会存在以下两种情形。

第一种情形，母公司解散或破产对子公司的影响。母公司直接占有并经营管理的财产不足以清偿第三人的债务时或破产或解散，母公司在子公司的全部资产或股份应当用来为母公司偿债，但这并不影响子公司的独立法律地位。这种清偿应考虑到子公司营业的继续性，不可以以连锁破产的方式去实现第三人债权，此时的清偿方式应当在对子公司资产评估的基础上进行股权转让或由若干个股东（债权人演变而来）共同拥有子公司的股权。

第二种情形，子公司解散或破产对母公司的影响。子公司以直接占有的财产不足清偿第三人债务时,或破产或解散,母公司一般只以投资额为限承担责任,只要其投资真实到位并未有抽资事实发生,就不发生对子公司的债务连带清偿责任。子公司只以其全部财产(包括对"孙公司"的投资)对第三人负责清偿。

2. 子公司人格被否认情形下的清偿规则

现实情况中,通常会发生由于母公司的不当行为造成子公司的人格被否认,在此情形下,无论是母公司或子公司解散或破产,其清偿规则发生了较大的变化。

一是"母子公司"的人格混同。主要体现为企业人格混同、业务混同、财务混同、人事混同、住所与经营场所混同。母子公司的人格混同将会严重损害债权人利益。按《公司法》第20条规定,公司股东滥用公司法人独立地位和股东有限责任,给债权人造成损害的,公司与公司股东承担连带责任;公司股东滥用股东权利给公司或者其他股东造成损失的,应当依法承担赔偿责任。

二是母公司对子公司在关联交易中的过度支配与控制。主要体现为在关联交易中"母子公司"之间进行利益输送的,收益归一方,损失却由另一方承担。在此种情形下,利用关联关系损害公司利益或债权人利益的,按《公司法》第21条的规定,公司的控股股东、实际控制人、董事、监事、高级管理人员不得利用其关联关系损害公司利益,给公司造成损失的,应当承担赔偿责任。在此也可进一步宽展为,当母公司或子公司在清算时发现该不当关联交易的,可以要求母公司或子公司承担相应的赔偿责任。

(三)债权受偿顺位制度

应通过立法,有必要将债权划分为优先债权、普通债权、劣后债权。优先债权是优先于普通债权获得受偿的债权,而劣后债权是后于普通债权获得受偿的债权。

就清偿顺位原则而言,人身损害赔偿债权应优先于财产性债权,私法债权应优先于公法债权(国家税款除外),补偿性债权应优先于惩罚性债权。最高人民法院于2018年3月发布的《全国法院破产审判工作会议纪要》(法〔2018〕53号,以下简称《破产审判工作会议纪要》)第28条体现出这样的一个立法意图。

但问题是,由于没有债务清偿法,对于上述三类债权的概念、范围、认定标准、受偿顺序、参与分配的权利、条件和范围均没有作出明确的规定,导致实务运行中的困难。因此,需要建立起一套完整的债权分类与清偿顺位体系。

其中,最为关注的是劣后债权清偿制度的建立。何谓劣后债权,我国现行法律并没有对其作出明文规定。2015 年 3 月,最高人民法院发布的典型案例"沙港公司诉开天公司执行分配方案异议案",以案例的形式开启了劣后债权的处理规则。①

　　在该案中,开天公司作为被执行人茸城公司的股东出资不实,上海市松江区人民法院因此扣划开天公司 45 万元作为茸城公司的资产,而开天公司对于茸城公司又享有借款债权,松江区人民法院在执行分配中将外部债权人沙港公司和被执行人的股东开天公司的债权作为同一顺位按比例清偿,沙港公司对此提出异议,并向松江区人民法院起诉。松江区人民法院审理后认为:"公司法律明确规定有限责任公司的股东以其认缴的出资额为限对公司承担责任。开天公司因出资不实而被扣划的 45 万元应首先补足茸城公司责任资产,向作为公司外部的债权人沙港公司进行清偿。开天公司以其对茸城公司也享有到期债权要求参与其自身的被扣款项的分配,对债权人是不公平的,也与公司股东以其出资对公司承担责任的法律原则相悖。690505.68 元执行款中的 45 万元应先让沙港公司受偿,余款再按比例进行分配。"

　　最高人民法院认为此案的典型意义在于,本案当事人对执行分配方案的主要争议在于,出资不实股东向公司外部债权人承担出资不实的股东责任并被扣划后,能否以其对公司的债权人与外部债权人就上述款项进行分配,对此我国法律并没有作出明确规定,而美国历史上深石原则案所确立的衡平居次原则对本案的处理具有一定的借鉴意义。

　　深石原则是美国破产司法实践中一项重要的原则,又称"衡平居次原则",它是指控制股东对公司的债权,若出于不当目的而设定,无论有无担保,在公司破产时,可被要求次于公司的其他债权而受清偿,以保护从属公司的债权人。该原则在 1939 年"泰勒兄弟诉标准燃气电力公司(Taylor v. Standard Gas & Electric Co.)"案中确立。②

　　最高人民法院印发的《破产审判工作会议纪要》第 28 条和第 39 条分别规定了破产受理前产生的民事惩罚性赔偿金、行政罚款、刑事罚金等惩罚性债权和关联企业成员之间不当利用关联关系形成的债权劣后于普通债权清偿的原

---

　　① 参见上海市松江区人民法院审理的《沙港公司诉开天公司执行分配方案异议案民事判决书》[松民二(商)初字〔2010〕275 号]。

　　② 转引自许德风:《破产法论——解释与功能比较的视角》,北京大学出版社 2015 年版,第 186 页。

则。一般认为,该会议纪要正式提出了我国破产法体系中劣后债权的体系雏形。

结合其他法规、司法解释,我国劣后债权的种类可以设定为以下几类:①行政、司法机关对破产企业的罚款、罚金、滞纳金。其中包括税收滞纳金。最高人民法院于 2012 年发布的《关于税务机关就破产企业欠缴税款产生的滞纳金提起的债权确认之诉应否受理问题的批复》(法释〔2012〕9 号)的规定,破产企业在破产案件受理前因欠缴税款产生的滞纳金属于普通破产债权。②股东、关联公司对破产企业的不当债权。就目前司法解散相关规定看,仅仅就关联企业成员之间的不当利用关联关系的关联企业等的债权应当为劣后债权,并未对存在不当行为的股东的债权作出规定,只能从上述沙港案为代表的相关案件中去借鉴类推。如股东存在出资不实、抽逃出资、滥用公司独立法人地位、股东与公司之间以及同一实际控制人控制的关联企业之间不当关联交易等诸多问题。③其他劣后债权。如侵权损害赔偿的惩罚性部分,典型的消费者权益保护法中的"假一赔三"的惩罚性赔偿,再如主债权在破产程序期间的利息、债权人为个人利益而参加破产程序的费用。

(四)债务清偿中的财产分配问题

1. 财产分配的一般规则

按照《公司法》第 185 条规定,清算期间公司存续,但不得开展与清算无关的经营活动。公司财产在未依照前款规定清偿时,不得分配给股东。

结合会计实务,企业应将整个清算期间视为一个单独的会计期间,采用收付实现制原则对企业的资产变现、债务清偿和剩余财产分配进行会计处理,编制清算资产负债表、清算财产表、清算损益表,制定清算方案。

剩余财产计算和分配的计算公式如下:剩余财产＝资产可变现价值－清算费用－职工薪酬－税款－债务企业股东分配的剩余财产金额＝剩余财产×持有清算企业权益性投资比例(通常为持股比例)。

2. 在破产清算下债权受偿的基本顺位

按照我国《企业破产法》第 113 条之规定,破产财产在优先清偿破产费用和共益债务后,依照下列顺序清偿:①破产人所欠职工的工资和医疗、伤残补助、抚恤费用,所欠的应当划入职工个人账户的基本养老保险、基本医疗保险费用,以及法律、行政法规规定应当支付给职工的补偿金。②破产人欠缴的除前项规定以外的社会保险费用和破产人所欠税款。③普通破产债权。破产财产不足以清偿同一顺序的清偿要求的,按照比例分配。

（五）个别清偿行为法律后果的确认规则

1. 个别清偿行为的违法性

在企业清算期间，对个别债权人的个别清偿，直接影响到资不抵债企业的其他债权人利益，也是对公平受偿原则的极大损害。因此，在企业清偿制度构建上，应对此项禁止性行为及其违反后果作出相应的法律确认，应按可撤销或无效的清偿行为作出处理。

《企业破产法》分别在第 31 条、第 32 条和第 33 条规定了可撤销的债务人清偿和无效的清偿，对于可撤销的清偿和无效清偿，管理人负有撤销和主张无效的义务。否则，管理人应向债权人承担造成债权人损失的赔偿责任。

对于破产法中的可撤销行为，立法者认为，可撤销的行为是指对债务人在破产申请受理前一定期限内所为的有害于破产债权人整体利益的行为予以撤销，使其失去效力。管理人行使撤销权带来两个法律后果，一是债务人所实施的行为失去效力；二是因债务人的行为而被转让的财产可以依法追回，纳入债务人财产的范围。

2. 个别清偿行为的时间节点认定

个别清偿行为可发生于普通清算情形，也可发生于强制清算与破产清算情形。

在普通清算与强制清算中，凡企业在清算期间所发生的个别清偿行为均被视为违法，事后债权人知道该违法行为且损害了其合法权益的，可以通过司法救济途径处理。

在由强制清算程序转入破产清算程序过程中，如何认定个别清偿行为的时间节点？2013 年 9 月，最高人民法院颁布了《关于适用〈中华人民共和国企业破产法〉若干问题的规定（二）》（法释〔2013〕22 号，以下简称《破产法若干规定（二）》），其中第 10 条第 2 款规定，公司由强制清算程序转入破产程序的，《企业破产法》第 31 条、第 32 条规定的可撤销行为的起算点为法院裁定受理强制清算申请之日。其规定的意涵是，若企业由强制清算程序转为破产清算程序，在人民法院受理强制清算案件前一年内，若债务人企业存在以不合理的价格进行交易、对原本没有财产担保的债务提供财产担保、对未到期的债务进行清偿、放弃债权、无偿转让财产的情形；在人民法院受理强制清算案件前 6 个月内，企业已存在破产原因，且清偿到期债务不能使债务人财产受益的情况下进行的个别清偿，管理人有权请求人民法院撤销。

二、参与分配与申请破产清偿：两类制度的协调与构建

（一）参与分配与申请破产清偿：两类制度的异同性评述

1. **两类制度的共通性**

参与分配是指在人民法院执行程序中对资不抵债的被执行人继续实施执行措施，被执行人的财产在执行申请人（债权人）之间依民事诉讼法相关规定进行分配，从而将执行案件终结。最高人民法院《关于适用〈中华人民共和国民事诉讼法〉的解释》（法释〔2015〕5 号，以下简称《民诉法解释》）第 508 条到512 条，以及最高人民法院《关于适用〈中华人民共和国民事诉讼法〉执行程序若干问题的解释》（法释〔2008〕13 号，以下简称《执行程序解释》）第 25 条、第26 条规定了申请参与分配制度。被执行人为公民或者其他组织，在执行程序开始后，其他已经取得执行依据的债权人发现被执行人的财产不能清偿所有债权的，可以向人民法院申请参与分配。

申请破产是指人民法院在执行程序中对于资不抵债的被执行人告知执行申请人是否需要按破产程序进行，如果有执行申请人或执行案外债权人提出破产申请的，终结执行程序，将案件移交破产法院并按破产程序处理。

在我国，目前各级人民法院受理的强制执行案件中，相当部分是资不抵债的企业，在此情形下按参与分配处理还是按破产程序处理产生了两类制度在司法实践中的适用性问题。

上述两类制度在我国同时并存，均能在一定范围内有效化解企业财产不足以清偿全部债务的矛盾纠纷。从广义上讲，两类制度均属于强制执行法的范畴，为企业法人财产不足以清偿全部债务情形下的权利实现及冲突化解提供有效解决方案。

由于我国《企业破产法》仅适用于企业法人，参与分配在某种程度上是对非法人企业不能适用破产程序的一种制度上的弥补，既可在较短的时间内实现债务的有效清偿，亦可弥补破产法无法周延至自然人、非法人组织等商事主体的不足。因此，在人民法院执行中参与分配制度有其存在的空间。在对债务企业纠纷的处理上，参与分配与破产两种法律制度均不可偏废，宜应相得益彰。

2. **两类制度在选择上的差异性**

（1）两类制度在效益性的比较。企业破产制度在解决债务企业矛盾纠纷问题上所付出的成本较参与分配更高。就时间成本而言，破产所需要的时间

远远长于参与分配。破产案件的审理,在立法上并无时间长短的限制,从司法实践来看,从立案前的审查到正式立案,再到破产程序的终结,少则一年半载,多则2~3年,甚至会更长。而适用参与分配的案件由于受到法定执行期限的规制,扣除评估、拍卖等期间,一般会在6个月内执结。就费用成本而言,破产的费用成本通常会高于参与分配所产生的执行费用。破产案件的费用包括诉讼费、管理人报酬以及管理人因监管、处理和分配债务人的财产而发生的公告、评估、审计等费用。而对于参与分配制度而言,费用只有按单个案件计收的执行费用,处置财产的费用也很有限,除评估费之外一般不会产生其他费用(处置财产的过户费用一般由买受人承担)。

(2)两类制度在实现债权公平性方面的比较。企业破产制度在解决债务企业矛盾纠纷上所能实现的公平程度较参与分配制度更高。在参与分配中,法院一般不会因为有其他潜在债权人存在而等待分配,因无分配前通知和公告程序,往往也不会主动通知现有债权人。《民诉法解释》《执行程序解释》中体现的基本分配原则是,多份生效法律文书确定金钱给付内容的多个债权人分别对同一执行人申请执行,各债权人对执行标的物均无担保物权的,按照执行法院采取执行措施的先后顺序受偿。对执行制度的立法设计主要还是贯彻执行优先主义,债权分配"先到先得",参与分配制度只是部分吸收了破产法的债权平等受偿的思想。

(3)两类制度对市场机制影响性比较。破产制度在解决债务企业矛盾纠纷上较参与分配制度更能契合市场经济的内在规律。参与分配并非直接导致企业法人市场主体资格的终止,而破产则促使企业法人依法真正退出市场而消亡。参与分配完毕后,未获清偿的部分债权中止执行,债权人针对该企业法人有权申请恢复执行,然而司法实践中鲜有恢复执行情形的发生。债务得到了即时清理,但债务人作为市场主体的地位仍然存在。

(二)两类制度适用中的优位选择

1. 优位选择的考量因素

对于债权人人数较少、债务企业财产较少、执行案件数量较少、所涉债权金额较少、所涉法律关系较简单的企业法人,尽量选择适用参与分配制度,充分发挥参与分配高效解决矛盾纠纷的制度优势,以使债权人免于陷入成本高、极其烦琐的破产程序,从而实现公平与效率平衡统一。

对于债权人人数较多、债务企业资产较多、执行案件数量多、涉及债权金额较多、所涉法律关系较复杂的企业法人,积极适用破产制度,以充分保障全体债权人的合法权益,并最大限度地发挥《企业破产法》规范市场主体退出、优化资源配置的功能作用,从而实现更高水平的公正。在两种制度竞合时,破产程序应优先适用,这符合各国对待两项制度竞合的惯例。

2. 强制性破产制度的引入与构建

参与分配与破产具有天然的内在联系,在制度设计上相互具有可借鉴性。

鉴于当前参与分配案件明显多于破产案件的现实,可借鉴国外法院依职权将参与分配转入破产的做法,建立强制性破产制度,如英国、新加坡均有相应的立法。

在我国《企业破产法》修订时,通过立法赋予法院强制宣告债务企业破产的职权,从而建立符合我国审判特点的强制破产机制。这样既可以强化破产法的功能作用,又可以有效缓解当前执行难、执行效果差的局面。[①]

第五节　《企业清算与债务清偿法》的法条设计与立法构建

通过前文分析可以看出,我国现行的企业法中对企业清算与债务清偿的立法是不完整的,欠缺体系化设计,究其原因在于欠缺一部与企业清算与清偿相适应的专项性法规。近几年,有学者提出制定统一的企业清算法时机已经成熟,也非常必要。[②] 为适应市场经济发展,应通过理论准备与实践检验,推动该法规的制定进程。依我们的基本观点,该部法规可命名为《企业清算与债务清偿法》,据此,如何构建起该法规的基本框架与法条内容体系便成为对该问题思考的出发点。

一、立法体例选择与法技术构造

(一)立法体例选择

1. 认识论上的思考

立法体例,即实行合并式或分立式的立法模式,不仅仅是一个立法技术问

---

① 张勇:《参与分配与破产在企业法人债务清偿中的选择适用——以基层法院的司法实践为基础》,载《人民司法》2015 年第 11 期,第 49—52 页。

② 孙长民:《制定〈企业清算法〉非常必要》,载《法人杂志》2007 年第 8 期,第 20 页。

题,它作为企业组织法领域法制的形式要素,实际上根植于企业法律制度存在和发生作用的特定生活条件,依托于特定民族的认知方式,还受制于相关法律制度所形成的"路径依赖"。所以,不管未来的《企业清算与债务清偿法》在体例上做何选择,这种形式与内容间的互动及其相互协调问题都不能被忽视。

立法体例是一项法律制度需要以成文法表达时首先会思考的问题。作为部门法性质的法律,立法上以单行法的形式予以呈现应属无疑,但当非部门法性质的法律制度构建时究竟是以单行法的形式呈现还是将其中一些制度内容以法条扩充的形式并入其他单行法中,或以行政法规的形式(如由国务院制定条例)予以制定,都会涉及立法体例问题。

2. 企业清算与清偿的立法体例的比较与筛选

企业清算与清偿立法体例如何,这是构建企业清算、清偿法律制度应解决的问题,应以系统化立法为选择模式。在系统化立法方面,可以结合当前我国立法实际,着手从以下方面进行考虑。

(1)单独制定一部《企业清算法》,与今后修改的《企业破产法》相配套。

(2)将企业清算法与破产法合二为一,对现有的破产法加以改造,将清算行为与破产行为这两个既联系又区别的法律行为规范在一起,统一制定一部《企业清算与破产法》。

(3)针对当前企业债务清偿立法上的欠缺,着手制定《企业清算与债务清偿法》,将债务清算与债务清偿进行统一立法。

无论将来采用何种体例,须摈弃以所有制种类来进行债务清算立法模式。倘若以所有制种类作为立法模式基础,并以此分别构建与之相配套的清算制度,这不仅使清算立法复杂化,而且也难以建立一整套完善的清算制度。当前我国企业清算立法在形式上的极度分散性不仅妨碍了清算制度的有机构建,而且不利于具体操作。因此,迫切需要通过制定一部统一的《企业清算法》来解决当前存在的问题。

我们建议,破产清算已有《企业破产法》调整,且破产清算是在司法主导下进行的,由其单独制定并实施具有合理性,也符合国外通行的做法,故不考虑将破产清算纳入《企业清算法》中。企业清算应强化债务清偿,清算与清偿应合并立法,故应制定一部《企业清算与债务清偿法》。

(二)企业清算与清偿的法技术构造

1. 法规之间的和谐性与安定性

在指导思想上,企业清算与债务清偿立法应与构建社会主义市场经济体制的法律框架体系相协调,以弥补当前法律框架体系之不足。既要立足现实,也要兼顾经济体制改革的大趋势,既要尊重国情,也要借鉴国外的经验,以适应市场经济体制对企业债务清算、清偿行为的法律要求。

因此,设想中的《企业清算与债务清偿法》应保持与其他法规的和谐相处。首先,将该法规落入民商事法规之中,成为民商事法规群的组成部分。其次,应将原民商事法规中对企业清算与清偿的相关规定集聚到该部法规中,形成整体性制度设计。加强与相关法规的协调。已制定的一些法规中对企业清算与清偿的规定存在差错的,应在本法规中作出新的规定,待原法规修订时加以修补。

另外,设想中的《企业清算与债务清偿法》还应保持与其他法规的安定性。当新的法规调整新的特定的社会关系之后,应当将原法规在调整该方面社会关系的任务划转到新的法规中来,其中需要关注的问题是,新法规与原法规不因调整对象的变化而引发矛盾与冲突。

2. 该法的可操作性与可诉性

在立法的价值趋向上,应注重可操作性和可诉性。应当看到,清算与清偿制度只是法律的应然规定是一种理想状态,其功能的具体发挥还有赖于各权利主体积极自觉地去行使职责和权利,各主体之间实质上是一种互动关系,一旦一方主体不尽职,就会使这种约束机制陷于停滞或失效,在此情况下就需要借助司法救济的力量。

在当前我国经济立法与民商事立法中,存在一个比较突出的问题是法律规范的可操作性和可诉性不强。就现有的企业清算方面法条而言,存在着大量的不可诉现象,造成可诉性缺陷。比如,企业营业执照被吊销后,企业的开办单位、主管单位或股东没有在规定期限成立清算组织,债权人如何通过诉权要求司法机关责令实施强制清算;清算组织未依法尽通知和公告义务,给债权人的债权申报带来影响,债权人如何通过诉权实现实体权利;清算组人员未尽勤勉清算职责,给债权人债权的实现带来损害,如何通过诉权得以保障,如此等等,由于现行法条对可诉问题的规定不甚明确,其结果往往是种种违法清算现象得不到应有的追究。

"有权利必有救济",没有司法救济的权利不是真正的权利。[①] 因此,在企业清算与清偿立法上,规定权利救济司法程序与规定实体权利内容同样重要。

---

① 颜运秋:《论经济法的可诉性缺陷及其弥补》,载《当代法学》2000 年第 1 期,第 21 页。

3. 该法的层级性

《企业清算与债务清偿法》作为一部民商事法规,它与《企业破产法》具有同级层次。由于破产清算已写入《企业破产法》中,故在《企业清算与债务清偿法》中,在第一章总则中可以规定:破产清算适用《中华人民共和国企业破产法》的相关规定。

倘若目前我国制定《企业清算与债务清偿法》尚不具备条件,也可以先制定行政法规,以国务院《企业清算与债务清偿条例》的形式颁布,待条件成熟后再转化为法律。

二、《企业清算与债务清偿法》基本结构构思

(一)总体结构安排

1. 章节安排

倘若从单独制定《企业清算与债务清偿法》的立法体例考虑,《企业清算与债务清偿法》可由第一章"总则"、第二章"普通清算"、第三章"强制清算"、第四章"企业债务清偿"、第五章"法律责任"、第六章"附则"构成。

2. 各章安排

第一章"总则"。着重规定的内容为:立法宗旨、适用范围。

第二章"普通清算"。着重规定的内容为:清算期限、清算组织、通知与公告、债权性质与债权核定、债权人会议职权与议事规则、债权清偿顺序、清算财产的评估与处理、清算终结。

第三章"强制清算"。着重规定的内容为:特别清算情形、特别清算组织、债权人会议与议事规则、清算方案与清算报告、清算终结。

第四章"企业债务清偿"。着重规定的内容为:企业债务清偿时效、企业债务清偿顺位、企业债务清偿终结、企业债务不能清偿时的破产程序转化。

第五章"法律责任"。着重规定的内容为:清算义务人未组织清算的法律责任、清算组织未依法实施清算工作的法律责任、相关责任人实施清算违法行为的法律责任。在具体条文设计中,对违法清算情形的规定主要有:在进行清算时,不依照规定通知或者公告债权人的;隐匿财产,对资产负债表或者财产清单作虚假记载或者在未清偿债务前分配公司财产的;清算组不依法向公司登记机关报送清算报告,或者报送清算报告隐瞒重要事实或者有重大遗漏的;清算组成员利用职权徇私舞弊、谋取非法收入或者侵占公司财产的;在清算期

间开展与清算无关的经营活动。

第六章"附则"。着重规定的内容为：法律施行日期。

（二）主要章节内容的适度展开

1. 普通清算编章法条内容的安排

普通清算是企业清算制度的重点。在这一章节中，关键性的制度内容应从以下方面作出安排。

（1）确立普通清算义务人。应结合不同企业类型确定清算义务人，从而使普通清算启动落实到实处。

（2）确立普通清算启动时间。根据不同解散事由，确定清算启动时间，原则上解散事由发生之日起 15 日内启动清算程序。

（3）确立清算机构。用"清算机构"来取代现行法中的"清算组"这一称呼，并允许企业根据实际情况决定清算机构的规模，允许清算机构仅由一名"清算人"或由两名以上"清算人"构成。对清算人的任职资格、职责、解任、报酬等作出规定。对不合法定任职条件或不称职的在任"清算人"，得由任命人随时解任。

（4）明确规定清算机构的法律地位。清算机构成立后即取代企业的执行机关，并接管企业执行机关的全部职权，对外代表清算企业的表示意思，对内执行清算事务。企业执行机关随清算机构的成立而解散。但企业的决策机关、监督机关仍然存在，且其法律地位不变。作为企业权力机关，依法有权批准清算机构制定的清算方案，并在清算结束后，审议确认清算机构制作的清算报告。企业监督机关有权监督整个清算过程，对清算人执行职务时的违法行为及损害企业、投资者、债权人利益的行为有权加以制止。

（5）明确清算机构的权力、义务与责任。可在对现行《公司法》第 193 条和第 194 条规定加以重新梳理的基础上，作出如下规定。清算机构的职权范围包括：处理企业未了结业务，清缴企业所欠税款，收取企业债权，清偿企业债务，为清偿企业债务或分配剩余资产的需要变卖、处理企业资产，代表企业起诉或应诉，依法获取报酬。清算机构的义务设定为：就任后，全面调查企业的财产状况，并据此编制财产清单及资产负债表；在法定期限内通知、公告债权人申报债权；对债权人申报的债权进行登记；妥善保管和处理企业资产；若有企业投资者请求，应随时报告清算情况，或提供有关条件，以保证企业投资者的知情权在清算期间仍能实现。

清算机构成员与企业是委任关系，故对企业负有忠实义务及善良管理人的注意义务。清算机构成员因故意或过失给企业、企业投资者和债权人利益造成损失的,应承担损害赔偿责任。

2. 强制清算编章法条内容的安排

强制清算是一种既不同于破产清算又不同于普通清算的清算程序。但作为一种特殊的清算方式,在拥有其特殊性的同时,与普通清算仍有一些共性。因此,在法条设定时,并不需要对带有共性的清算问题作出重复规定,重点是增设适用强制清算规则与程序的一些特别规定。关键性的制度内容应从以下方面作出安排。

(1)强制清算的原因。强制清算只有在普通清算无法启动或普通清算开始后出现下列原因之一时,才能开始:①企业决策机关不能正常启动清算活动;②普通清算在实施中发生显著障碍时(如公司财产关系复杂,账簿缺损或账目不清,致使清算机构无法独立完成清算事务);③企业负债超过资产有不实之嫌时(如企业负债数额不真实,或企业资产账面价值明显低于市价)。但若企业负债超过资产确实无疑时,则应依《公司法》第 196 条的规定,"立即向人民法院申请宣告破产"。

(2)强制清算的申请与受理机关。强制清算实行当事人申请主义,受理机关确定为企业所在地的人民法院。

(3)强制清算程序的适用。从适用时间上看,强制清算须是在普通清算无法启动或普通清算程序开始后,而不能在尚未启动普通清算的情况下直接适用。因为在非破产清算的情况下,倘若普通清算尚未开始,无法知道清算是否发生障碍,也无法知晓企业负债是否已经超过资产。若普通清算尚未开始时就已经知道公司负债总额超过其资产的话,则无须再开始普通清算,而只要直接进行破产清算即可。

(4)强制清算的中止与终止。强制清算程序启动后,若发现无强制清算的必要,应中止强制清算程序。对于强制清算程序的终止,立法应规定以下两种终止方式:一是强制清算程序因完成而终止;二是在强制清算过程中,发现企业法人财产不足以清偿债务而转入破产清算程序而终止。[①]

(5)强制清算不得转换破产清算的例外情形。对于不具有法人资格企业的强制清算,在清算过程中发现资不抵债的,继续实施强制清算。

---

① 张璨:《我国公司解散与清算法律制度的不足及完善》,载《华东政法学院学报》2001 年第 2 期,第 39 页。

3. 企业债务清偿编章法条内容的安排

企业债务清偿是企业清算活动的重要环节,专设编章有其特定作用。主要内容可作以下安排。

其一,确立企业债务清偿规则。清偿规则可设定为:有效债权依法受偿;同一性质债权按同一顺位受偿;债权受偿以货币受偿为原则,以实物、权利受偿为例外;在清算期间不得个别清偿。

其二,确立企业债务清偿程序。企业债务清偿应于企业债权确定,企业财产清收完成并编制企业财产分配方案报企业决策机关(普通清算)或司法机关(强制清算)确认之后。

其三,确立企业债权受偿顺位规则。整体上将企业债权划分为优先债权、普通债权、劣后债权,并对优先债权、普通债权、劣后债权的构成条件与适用问题作出相应的规定。

其四,确立企业遗漏债务清偿规则。企业遗漏债务是指在企业注销后发现有遗漏"债务"并未及时进行清偿的情形。应根据遗漏债务的原因属于虚假清算故意遗漏、债权人未申报而遗漏、清算程序存在瑕疵以及或有债务未能及时发现等情形,分别确立相应的处理规则与责任承担规则。

4. 法律责任编章法条内容的安排

(1)对解散后不清算或违法清算的追究。所谓解散后不清算就是指企业在解散事由发生之后没有依照相关规定进行清算。而违法清算是指没有严格按照法定要求与法定程序进行清算。应针对以上两种情形,对清算义务人与清算组织相应的法律责任进行追究。

(2)对未依法实施债务清偿行为的追究。针对债务清偿中存在的个别清偿行为、未依顺位清偿行为等违法情形,对企业清算义务人、清算组织及其相关人员相应的法律责任进行追究。

(3)对责任方式的规定。对违反清算与清偿行为,责任方式主要为追究行政责任、民事责任与刑事责任。在行政责任方面,主要有罚款、没收非法所得、信用惩罚等;在民事责任方面,应严格区分清算责任(组织责任)、清算赔偿责任与清偿责任三个方面责任内容的差异性。[①] 清算责任以行为方式来履行,而赔偿责任与清偿责任则以金钱方式来履行,主要有依法退回、赔偿、非法所

[①] 薛智胜、周陈:《论公司市场退出机制的完善——以社会主义核心价值观为视角》,载《天津市社会科学界第十五届学术年会优秀论文集:壮丽七十年辉煌新天津(中)》,天津出版传媒集团、天津人民出版社 2020 年版,第 691 页。

得归入原企业等,其中还涉及连带责任、赔偿责任等责任承担方式。

三、《企业清算与债务清偿法》对现有立法司法资源的吸收与镜鉴

(一)对现有立法资源的吸收与镜鉴

1.《民法典》的相关法条

可以吸收到《企业清算与债务清偿法》中的《民法典》法条如下。

【《民法典》第68条】有下列原因之一并依法完成清算、注销登记的,法人终止:

(一)法人解散;

(二)法人被宣告破产;

(三)法律规定的其他原因。

法人终止,法律、行政法规规定须经有关机关批准的,依照其规定。

【《民法典》第69条】有下列情形之一的,法人解散:

(一)法人章程规定的存续期间届满或者法人章程规定的其他解散事由出现;

(二)法人的权力机构决议解散;

(三)因法人合并或者分立需要解散;

(四)法人依法被吊销营业执照、登记证书,被责令关闭或者被撤销;

(五)法律规定的其他情形。

【《民法典》第70条】法人解散的,除合并或者分立的情形外,清算义务人应当及时组成清算组进行清算。

法人的董事、理事等执行机构或者决策机构的成员为清算义务人。法律、行政法规另有规定的,依照其规定。

清算义务人未及时履行清算义务,造成损害的,应当承担民事责任;主管机关或者利害关系人可以申请人民法院指定有关人员组成清算组进行清算。

【《民法典》第71条】法人的清算程序和清算组职权,依照有关法律的规定;没有规定的,参照适用公司法律的有关规定。

【《民法典》第72条】清算期间法人存续,但是不得从事与清算无关的活动。

法人清算后的剩余财产,按照法人章程的规定或者法人权力机构的决议处理。法律另有规定的,依照其规定。

清算结束并完成法人注销登记时,法人终止;依法不需要办理法人登记

的,清算结束时,法人终止。

【《民法典》第73条】法人被宣告破产的,依法进行破产清算并完成法人注销登记时,法人终止。

2.《公司法》的相关法条

可以吸收到《企业清算与债务清偿法》中的《公司法》法条如下。

【《公司法》第180条】公司因下列原因解散:

(一)公司章程规定的营业期限届满或者公司章程规定的其他解散事由出现;

(二)股东会或者股东大会决议解散;

(三)因公司合并或者分立需要解散;

(四)依法被吊销营业执照、责令关闭或者被撤销;

(五)人民法院依照本法第一百八十二条的规定予以解散。

【《公司法》第182条】公司经营管理发生严重困难,继续存续会使股东利益受到重大损失,通过其他途径不能解决的,持有公司全部股东表决权百分之十以上的股东,可以请求人民法院解散公司。

【《公司法》第183条】公司因本法第一百八十条第(一)项、第(二)项、第(四)项、第(五)项规定而解散的,应当在解散事由出现之日起十五日内成立清算组,开始清算。有限责任公司的清算组由股东组成,股份有限公司的清算组由董事或者股东大会确定的人员组成。逾期不成立清算组进行清算的,债权人可以申请人民法院指定有关人员组成清算组进行清算。人民法院应当受理该申请,并及时组织清算组进行清算。

【《公司法》第184条】清算组在清算期间行使下列职权:

(一)清理公司财产,分别编制资产负债表和财产清单;

(二)通知、公告债权人;

(三)处理与清算有关的公司未了结的业务;

(四)清缴所欠税款以及清算过程中产生的税款;

(五)清理债权、债务;

(六)处理公司清偿债务后的剩余财产;

(七)代表公司参与民事诉讼活动。

【《公司法》第185条】清算组应当自成立之日起十日内通知债权人,并于六十日内在报纸上公告。债权人应当自接到通知书之日起三十日内,未接到通知书的自公告之日起四十五日内,向清算组申报其债权。

债权人申报债权,应当说明债权的有关事项,并提供证明材料。清算组应当对债权进行登记。

在申报债权期间,清算组不得对债权人进行清偿。

【《公司法》第 186 条】清算组在清理公司财产、编制资产负债表和财产清单后,应当制定清算方案,并报股东会、股东大会或者人民法院确认。

公司财产在分别支付清算费用、职工的工资、社会保险费用和法定补偿金,缴纳所欠税款,清偿公司债务后的剩余财产,有限责任公司按照股东的出资比例分配,股份有限公司按照股东持有的股份比例分配。

清算期间,公司存续,但不得开展与清算无关的经营活动。公司财产在未依照前款规定清偿前,不得分配给股东。

【《公司法》第 187 条】清算组在清理公司财产、编制资产负债表和财产清单后,发现公司财产不足清偿债务的,应当依法向人民法院申请宣告破产。

公司经人民法院裁定宣告破产后,清算组应当将清算事务移交给人民法院。

【《公司法》第 188 条】公司清算结束后,清算组应当制作清算报告,报股东会、股东大会或者人民法院确认,并报送公司登记机关,申请注销公司登记,公告公司终止。

【《公司法》第 189 条】清算组成员应当忠于职守,依法履行清算义务。

清算组成员不得利用职权收受贿赂或者其他非法收入,不得侵占公司财产。

清算组成员因故意或者重大过失给公司或者债权人造成损失的,应当承担赔偿责任。

【《公司法》第 190 条】公司被依法宣告破产的,依照有关企业破产的法律实施破产清算。

3. 《市场主体登记管理条例》的相关法条

可以吸收到《企业清算与债务清偿法》中的《市场主体登记管理条例》法条如下。

【第 32 条】市场主体注销登记前依法应当清算的,清算组应当自成立之日起 10 日内将清算组成员、清算组负责人名单通过国家企业信用信息公示系统公告。清算组可以通过国家企业信用信息公示系统发布债权人公告。

清算组应当自清算结束之日起 30 日内向登记机关申请注销登记。市场主体申请注销登记前,应当依法办理分支机构注销登记。

【第 33 条】市场主体未发生债权债务或者已将债权债务清偿完结,未发生或者已结清清偿费用、职工工资、社会保险费用、法定补偿金、应缴纳税款(滞纳金、罚款），并由全体投资人书面承诺对上述情况的真实性承担法律责任的，可以按照简易程序办理注销登记。

市场主体应当将承诺书及注销登记申请通过国家企业信用信息公示系统公示，公示期为 20 日。在公示期内无相关部门、债权人及其他利害关系人提出异议的，市场主体可以于公示期届满之日起 20 日内向登记机关申请注销登记。

个体工商户按照简易程序办理注销登记的，无须公示，由登记机关将个体工商户的注销登记申请推送至税务等有关部门，有关部门在 10 日内没有提出异议的，可以直接办理注销登记。

市场主体注销依法须经批准的，或者市场主体被吊销营业执照、责令关闭、撤销，或者被列入经营异常名录的，不适用简易注销程序。

【第 34 条】人民法院裁定强制清算或者裁定宣告破产的，有关清算组、破产管理人可以持人民法院终结强制清算程序的裁定或者终结破产程序的裁定，直接向登记机关申请办理注销登记。

(二)对现有司法资源的吸收与借鉴

1. 最高人民法院《〈公司法〉司法解释(二)》的相关规定

【第 11 条】公司清算时，清算组应当按照公司法第一百八十五条的规定，将公司解散清算事宜书面通知全体已知债权人，并根据公司规模和营业地域范围在全国或者公司注册登记地省级有影响的报纸上进行公告。

清算组未按照前款规定履行通知和公告义务，导致债权人未及时申报债权而未获清偿，债权人主张清算组成员对因此造成的损失承担赔偿责任的，人民法院应依法予以支持。

【第 18 条】有限责任公司的股东、股份有限公司的董事和控股股东未在法定期限内成立清算组开始清算，导致公司财产贬值、流失、毁损或者灭失，债权人主张其在造成损失范围内对公司债务承担赔偿责任的，人民法院应依法予以支持。有限责任公司的股东、股份有限公司的董事和控股股东因怠于履行义务，导致公司主要财产、账册、重要文件等灭失，无法进行清算，债权人主张其对公司债务承担连带清偿责任的，人民法院应依法予以支持。上述情形系实际控制人原因造成，债权人主张实际控制人对公司债务承担相应民事责任的，人民法院应依法予以支持。

【第 19 条】有限责任公司的股东、股份有限公司的董事和控股股东，以及公司的实际控制人在公司解散后，恶意处置公司财产给债权人造成损失，或者未经依法清算，以虚假的清算报告骗取公司登记机关办理法人注销登记，债权人主张其对公司债务承担相应赔偿责任的,人民法院应依法予以支持。

【第20条】公司解散应当在依法清算完毕后,申请办理注销登记。公司未经清算即办理注销登记,导致公司无法进行清算,债权人主张有限责任公司的股东、股份有限公司的董事和控股股东,以及公司的实际控制人对公司债务承担清偿责任的,人民法院应依法予以支持。

【第23条】清算组成员从事清算事务时,违反法律、行政法规或者公司章程给公司或者债权人造成损失,公司或者债权人主张其承担赔偿责任的,人民法院应依法予以支持。

2.最高人民法院《关于企业下落不明、歇业、撤销、被吊销营业执照、注销后诉讼主体及民事责任承担若干问题的处理意见(试行)》的相关规定

【第24条】企业被注销登记时,清算主体或第三人在工商管理部门承诺企业注销登记后遗留的债权债务由其负责的,债权人可以作出承诺的清算主体或第三人为被告,要求其承担清算责任。这也就是说,在公司注销后,仍有未处理的债务存在的情况下,清算主体或有利害关系的第三人应承担清算责任。根据权利义务对等原则,在公司注销后存在未处理债权的情况下,清算主体也应可以自己的名义作为原告提起诉讼。

【第26条】被注销登记的企业为债权人的,如有权利义务承受人,可应其申请直接变更其为诉讼主体;无权利义务承受人或权利义务承受人表示不参加诉讼的,终结诉讼。如债权在公司清算中,已作出相关债权在原股东中的分配或向第三人转让,根据相关处理协议文件,继受的新债权人可作为权利主张主体。

3.最高人民法院《九民会议纪要》的相关规定

【14.怠于履行清算义务的认定】

《〈公司法〉司法解释(二)》第18条第2款规定的"怠于履行义务",是指有限责任公司的股东在法定清算事由出现后,在能够履行清算义务的情况下,故意拖延、拒绝履行清算义务,或者因过失导致无法进行清算的消极行为。股东举证证明其已经为履行清算义务采取了积极措施,或者小股东举证证明其既不是公司董事会或者监事会成员,也没有选派人员担任该机关成员,且从未参与公司经营管理,以不构成"怠于履行义务"为由,主张其不应当对公司债务承担连带清偿责任的,人民法院依法予以支持。

【15.因果关系抗辩】

有限责任公司的股东举证证明其"怠于履行义务"的消极不作为与"公司

主要财产、账册、重要文件等灭失，无法进行清算"的结果之间没有因果关系，主张其不应对公司债务承担连带清偿责任的，人民法院依法予以支持。

（三）吸收立法司法资源的基本形式

1. 移植式吸收

移植式吸收是在对上述法规的法条或司法解释条文鉴别的基础上，对其表示认同，全部移植到《企业清算与债务清偿法》中，作为部分条款的组成内容。

移植式吸收一般是在充分考量了供体在法的实施中所具有的强大调整能力后采取的途径。移植后还需要顾及与受体构成有机的整体，不产生排异性问题，让它们之间在同一规律支配下，互不排斥，互相吸纳。

基于《民法典》相较于《企业清算与债务清偿法》为上位法，对相关条文作移植式吸收是必要的。而对于一些司法解释的条文，可以考虑条文的规范性问题，有些可以作移植式吸收，有些则应作修改式吸收。

2. 修改式吸收

修改式吸收是在对上述法规的法条或司法解释条文鉴别的基础上，对其立法精神表示认同，但应作必要的修改完善，在此基础上将其吸收到《企业清算与债务清偿法》中，作为部分条款的组成内容。

修改式吸收可以表现为对原条文规范化不足所作的修改，也可以表现为对条文规定内容不够完善进行补充所作的修改。

修改式吸收应当成为吸收立法、司法资源的主要方式。因为，《企业清算与债务清偿法》有其特有的调整对象与调整方法，为体现立法的针对性，在取舍基础上对原立法、司法资源进行利用，这一做法具有合理性。

参考文献

一、中文专著与译著

1.〔美〕埃德加·博登海默:《法理学:法律哲学和法律方法》,邓正来译,中国政法大学出版社 1999 年版。

2.〔美〕道格拉斯·诺思:《经济史上的结构和变革》,厉以平译,商务印书馆 1992 年版。

3.〔美〕道格拉斯·诺斯、〔美〕罗伯特·托马斯:《西方世界的兴起》,厉以平、蔡磊译,华夏出版社 1989 年版。

4.范健、王建文:《破产法》,法律出版社 2009 年版。

5.范健、王建文:《商法基础理论专题研究》,高等教育出版社 2005 年版。

6.〔英〕弗雷德里希·奥古斯特·哈耶克:《自由宪章》,杨玉生等译,中国社会科学出版社 1999 年版。

7.黄韬:《公共政策法院:中国金融法制变迁的司法维度》,法律出版社 2013 年版。

8.江伟:《民事诉讼法》(第 3 版),复旦大学出版社 2016 年版。

9.〔美〕杰瑞·穆勒:《市场与大师——西方思想如何看待资本主义》,佘晓成、芦画泽译,社会科学文献出版社 2016 年版。

10.〔德〕康德:《宇宙发展史概论》,上海外国自然科学哲学著作编译组译,上海人民出版社 1972 年版。

11.〔美〕莱纳·克拉克曼、亨利·汉斯曼等:《公司法剖析:比较与功能的视角》(第 2 版),罗培新译,法律出版社 2018 年版。

12.李昌麒:《经济法学》,中国政法大学出版社 2002 年版。

13.李曙光、刘延岭主编:《破产法评论》(第 1 卷),法律出版社 2018 年版。

14.李曙光:《转型法律学——市场经济的法律解释》,中国政法大学出版社 2003 年版。

15. 李永军、王欣新、邹海林、徐阳光：《破产法》(第2版)，中国政法大学出版社2017年版。

16. 刘俊海：《现代公司法》，法律出版社2011年版。

17. 刘庆飞：《经济转型背景下的中小企业促进法研究》，北京大学出版社2012年版。

18. [美]罗·庞德：《通过法律的社会控制·法律的任务》，沈宗灵、董世忠译，商务印书馆1984年版。

19. 马俊驹：《现代企业法律制度研究》，武汉大学出版社2000年版。

20. 毛亚敏：《公司法比较研究》，中国法制出版社2001年版。

21. [德]梅迪库斯：《德国民法总论》，邵建东译，法律出版社2000年版。

22. 欧阳峣：《中国支持中小企业发展的政策和服务体系研究》，中国社会科学出版社2009年版。

23. 庞继英、张建华：《金融机构市场退出问题研究》，中国金融出版社2008年版。

24. 漆多俊：《市场经济企业立法观》，武汉大学出版社2000年版。

25. [荷]乔安妮·凯勒曼、雅各布·德汗、费姆克·德弗里斯：《21世纪金融监管》，张晓朴译，中信出版社2016年版。

26. 田平安：《民事诉讼法学》(第4版)，法律出版社2015年版。

27. 王文宇：《公司法论》，中国政法大学出版社2004年版。

28. 王作全、马旭东、牛丽云：《公司利益相关者法律保护及实证分析》，法律出版社2010年版。

29. [德]威尔海姆·杜茨：《劳动法》，张国文译，北京法律出版社2005年版。

30. 巫文勇：《金融机构市场退出中的国家救助法律制度研究》，中国政法大学出版社2019年版。

31. 吴弘、胡伟：《市场价格法论——市场监管法的基础理论与基本制度》，北京大学出版社2006年版。

32. [美]伊查克·爱迪思：《企业生命周期》，赵睿等译，中国社会科学出版社1997年版。

33. 尤春媛：《市场经济·契约文明·法治政府》，中国政法大学出版社2012年版。

34. 张国键：《商事法论》，台湾三民书局1980年版。

35. 张卫平：《民事诉讼法》(第3版)，法律出版社2013年版。

36.赵民：《金融机构市场退出机制研究与案例分析》，知识产权出版社2008年版。

37.赵中孚：《商法总论》，中国人民大学出版社1999年版。

38.郑曙光、汪海军：《市场管理法新论》，中国检察出版社2005年版。

39.［德］阿图尔·考夫曼：《法律哲学》，刘幸义译，法律出版社2011年版，第12页。

40.［美］罗斯科·庞德：《通过法律的社会控制》，沈宗灵译，商务印书馆2010年版，第10页。

二、中文论文文献

1.白田甜、景晓晶：《"执转破"衔接机制的优化原则与实践完善》，载《法律适用》2019年第3期。

2.曹东海、宋立志：《金融业企业划型规定对金融机构编码管理的影响及建议》，载《金融电子化》2016年第4期。

3.曹兴权、尚彦卿：《民事执行中参与分配程序的适用条件》，载《政法论丛》2017年第5期。

4.柴丽：《河南省僵尸企业破产清算法律问题研究》，载《许昌学院学报》2020年第4期。

5.常鑫：《执转破实施进程之地区差异原因探析》，载《法制博览》2019年11月（上）。

6.陈海疆：《平衡于市场效率与交易安全之间——关于注册资本认缴制改革的几点思考》，载《中国工商管理研究》2013年第7期。

7.陈唤忠：《"执转破"常态化实施路径优化研究》，载《法律适用》2020年第3期。

8.陈佳贵：《关于企业生命周期的探讨》，载《中国工业经济丛刊》1988年第2期。

9.陈琳：《完善执行转破产程序衔接中的信息双向沟通机制》，载《人民司法》2020年第28期。

10.陈小霞：《论问题金融机构的市场退出》，载《营销界》2021年第7期。

11.陈兴华：《浅议简易注销程序中信用承诺制度的引入》，载《中国信用》2019年第6期。

12.陈兴华：《市场主体信用承诺监管制度及其实施研究》，载《中州学刊》2019年第5期。

13. 成明峰：《问题中小金融机构市场化退出机制研究》，载《金融经济》2019 年第 24 期。

14. 崔文玉：《营业自由与公司资本制度的变革——以欧洲国家公司法中的营业自由为研究视角》，载《环球法律评论》2014 年第 1 期。

15. 戴庆康：《论作为公司强制解散替代路径的股权强制收购——从林某诉凯莱公司、戴某等公司解散纠纷案谈起》，载《东南大学学报》2015 年第 5 期。

16. 翟东升：《关键在波动而非压力——从拿破仑大陆封锁体系的失败看经济战规律》，载《江海学刊》2019 年第 1 期。

17. 翟小波：《"软法"及其概念之证成——以公共治理为背景》，载《法律科学》2007 年第 2 期。

18. 丁海湖、田飞：《"执转破"操作模式及相关实务问题研究》，载《法律适用》2017 年第 11 期。

19. 丁亮华：《参与分配：解析与检讨》，载《法学家》2015 年第 5 期。

20. 鄂志寰、周景彤：《美国信用评级市场与监管变迁及其借鉴》，载《国际金融研究》2012 年第 2 期。

21. 范志勇：《论"执转破"的启动与程序衔接》，载《商业研究》2019 年第 7 期。

22. 冯果：《由封闭走向公开——关于商事信用的若干理论思考》，载《吉林大学学报》(社会科学版)2003 年第 1 期。

23. 冯辉：《破产债权受偿顺序的整体主义解释》，载《法学家》2013 年第 2 期。

24. 高晓燕等：《我国中小银行市场退出背景下的并购重组研究》，载《华北金融》2021 年第 2 期。

25. 耿利航：《公司解散纠纷的司法实践和裁判规则改进》，载《中国法学》2016 年第 6 期。

26. 谷佳杰：《中国民事执行年度观察报告(2017)》，载《当代法学》2018 年第 5 期。

27. 顾功耘、胡改蓉：《营业自由与国家干预交织下商主体营业资格之维度分析》，载《政治与法律》2011 年第 11 期。

28. 顾功耘：《商主体营业资格应与主体资格相分离》，载《扬州大学学报》(人文社科版)2011 年第 2 期。

29. 顾培东：《人民法院改革取向的审视与思考》，载《法学研究》2020 年第

1 期。

30.郭慧阳:《单纯休眠公司长期存续制度研究》,载《中国市场监管研究》2020 年第 6 期。

31.郭洁:《论强化法院对涉众案件执行转破产程序的职权干预——基于 2011 年至 2014 年沈阳市两级法院执行不能案件的分析》,载《法学》2016 年第 2 期。

32.郭天爱:《公司司法解散适用条件实践样态分析》,载《河北企业》2021 年第 4 期。

33.韩夏、马浩:《企业死亡研究纵览》,载《外国经济与管理》2019 年第 6 期。

34.韩长印、何欢:《破产界限的立法功能问题——兼评〈企业破产法司法解释(一)〉的实际功效》,载《政治与法律》2013 年第 2 期。

35.韩长印:《破产程序的财产分配规则与价值增值规则——兼与个别执行制度的功能对比》,载《法商研究》(中南政法学院学报)2002 年第 3 期。

36.韩长印:《破产界限之于破产程序的法律意义》,载《华东政法大学学报》2006 年第 6 期。

37.韩长印:《企业破产立法目标的争论及其评价》,载《中国法学》2004 年第 5 期。

38.何大安、童汇慧:《理性行为人:对修正"理性经济人"范式的探讨》,载《浙江学刊》2014 年第 9 期。

39.何帆、朱鹤:《"僵尸企业"的识别与应对》,载《中国金融》2016 年第 5 期。

40.何乐乐:《商业银行退出机制的国际比较与借鉴》,载《中国外资》2020 年 5 月下旬刊。

41.何鸣、刘炳荣:《解散公司诉讼的几点思考》,载《人民司法》2007 年第 2 期。

42.贺雪喆、陈斌彬:《金融机构破产对现行〈企业破产法〉适用的挑战及因应》,载《南方金融》2021 年第 1 期。

43.胡文锋:《浅议"僵尸企业"的清退》,载《法制与社会》2016 年第 9 期。

44.黄爱学:《我国商事登记制度的改革、创新与发展——评深圳和珠海商事登记立法》,载《法治研究》2013 年第 11 期。

45.黄海燕:《歇业登记制度:如何规范休眠公司存续——商事登记改革下的思考》,载《中国流通经济》2020 年第 11 期。

46. 黄少卿、陈彦:《中国僵尸企业的分布特征与分类处置》,载《中国工业经济》2017 年第 3 期。

47. 黄婷、郭克莎:《国有僵尸企业退出机制的演化博弈分析》,载《经济管理》2019 年第 5 期。

48. 计红:《僵尸企业的法律认定与规制对策》,载《长春大学学报》2020 年第 9 期。

49. 剑飞:《发挥好财务信息在破解僵尸企业难题中的作用》,载《管理世界》2017 年第 1 期。

50. 蒋大兴:《论休眠公司的注册规则》,载《中国市场监管研究》2020 年第 6 期。

51. 金祥荣、李旭超、鲁建坤:《僵尸企业的负外部性:税负竞争与正常企业逃税》,载《经济研究》2019 年第 12 期。

52. 李滨:《"市场准入"的门槛作用》,载《中国质量技术监督》2002 年第 2 期。

53. 李东侠、郝磊:《注册资本弱化视角下的公司债权人利益保护》,载《人民司法》2015 年第 5 期。

54. 李红勃:《通过政策的司法治理》,载《中国法学》2020 年第 3 期。

55. 李建伟:《司法解散公司事由的实证研究》,载《法学研究》2017 年第 4 期。

56. 李莉莎、刘赛眉:《网贷平台市场退出的障碍与完善路径——基于投资者保护视角》,载《技术经济与管理研究》2020 年第 6 期。

57. 李粮:《公司治理、内部控制与混改国企协调发展——基于利益相关者理论的视角》,载《经济问题》2020 年第 5 期。

58. 李露:《简析"公司僵局"及风险预防措施》,载《中国律师》2020 年第 11 期。

59. 李玫、刘涛:《我国银行行政接管的法律诠释与制度完善》,载《法学杂志》2012 年第 7 期。

60. 李曙光、王佐发:《中国破产法实施的法律经济分析》,载《政法论坛》2007 年第 1 期。

61. 李曙光:《论我国市场退出法律制度的市场化改革——写于〈企业破产法〉实施十周年之际》,载《中国政法大学学报》2017 年第 3 期。

62. 李曙光:《破产法的宪法性及市场经济价值》,载《北京大学学报》(哲学社会科学版)2019 年第 1 期。

63. 李曙光：《浅析我国市场退出法律制度的市场化改革》，载《中国市场监管研究》2017年第6期。

64. 李帅：《论执行案件中法院职权主义破产启动程序的构建》，载《法律适用》2015年第11期。

65. 李雄良：《金融市场退出的法律问题研究》，载《福建金融管理干部学院学报》2008年第4期。

66. 李旭超、刘丁华、金祥荣：《僵尸企业的生成、危害及处置——文献综述和未来研究方向》，载《北京工商大学学报》（社会科学版）2021年第1期。

67. 李旭超、鲁建坤、金祥荣：《僵尸企业与税负扭曲》，载《管理世界》2018年第4期。

68. 李永军：《重申破产法的私法精神》，载《政法论坛》2002年第3期。

69. 李竹青：《瑕疵出资股东的权利限制研究》，载《现代商业》2020年第1期。

70. 梁上上：《利益的层次结构与利益衡量的展开——兼评加藤一郎的利益衡量论》，载《法学研究》2002年第1期。

71. 廖丽环：《正当程序理念下的执行转破产机制：基于法理视角的反思》，载《法制与社会发展》2018年第3期。

72. 林婷、王玮思：《融资与还贷视角下僵尸企业的存亡选择——基于逆向归纳法的企业、政府、银行三方子博弈精炼纳什均衡分析》，载《中国商论》2015年第12期。

73. 林艳新：《论企业的市场退出战略》，载《沈阳建筑工程学院学报》（社会科学版）2004年第1期。

74. 林毅夫：《产业政策与我国经济的发展：新结构经济学的视角》，载《复旦学报》（社会科学版）2017年第2期。

75. 刘敏：《关于股东请求解散公司之诉的若干问题的思考》，载《法律适用》2006年第10期。

76. 刘旭东：《执破衔接视阈下"执转破"要点透视及规范进路》，载《河北法学》2019年第4期。

77. 刘训智：《商事登记制度中的市场退出机制研究》，载《无锡商业职业技术学院学报》2015年第5期。

78. 刘逸斐、尹怡波：《商事登记制度从"严进宽管"到"宽进严管"》，载《发展》2013年第12期。

79. 龙亮：《民事执行中破产程序启动难困境与突破》，载《广西民族大学学报》(哲学社会科学版)2018年第3期。

80.卢洪友、刘敏、宋文静:《扩权能否抑制僵尸企业——来自"扩权强县"改革自然实验的证据》,载《当代财经》2020年第11期。

81.鲁春义、丁晓钦:《经济金融化行为的政治经济学分析——一个演化博弈框架》,载《财经研究》2016年第7期。

82.陆晓燕:《运用法治手段化解产能过剩——论破产重整实践之市场化完善》,载《法律适用》2016年第11期。

83.罗英、张智成:《对我国建立市场主体休眠登记制度的探讨》,载《中国市场监管研究》2020年第6期。

84.马俊驹、林晓镍:《有限责任公司股东的法律救济》,载《河南师范大学学报》2001年第4期。

85.马伟坚、胡名态:《"执转破一体化"的实证图景与理性进路——以242份裁判文书为分析视角》,载《法制与社会》2019年第1期。

86.马新啸、汤泰劼、蔡贵龙:《非国有股东治理与国有企业去僵尸化——来自国有上市公司董事会"混合"的经验证据》,载《金融研究》2021年第3期。

87.莫开伟:《金融监管日趋严厉 金融风险得到遏制——我国金融监管工作回顾与展望》,载《杭州金融研修学院学报》2021年第3期。

88.聂辉华等:《我国僵尸企业的现状、原因与对策》,载《宏观经济管理》2016年第9期。

89.聂晶、方资:《供给侧改革背景下破产审判存在的问题及对策研究》,载《河北法学》2018年第2期。

90.彭良军:《僵尸企业认定的经济标准与法律标准探究》,载《财会通讯》2018年第22期。

91.皮天雷:《中国改革三十年来金融制度变迁探析》,载《中国经济问题》2011年第5期。

92.齐明、焦杨:《破产法体系构建的功能主义指向及其市场依赖》,载《当代法学》2012年第5期。

93.齐树洁、陈洪杰:《破产程序与执行程序的冲突及其协调》,载《厦门大学学报》(哲学社会科学版)2007年第3期。

94.钱颖一:《市场与法治》,载《经济社会体制比较》2000年第3期。

95.任容庆:《论公司强制清算制度的完善》,载《现代管理科学》2018年第11期。

96.山东省高级人民法院课题组、李方民:《依法处置僵尸企业有关情况的调研报告》，载《人民司法》2016 年第 13 期。

97. 盛明泉、李永文：《僵尸企业并购重组绩效研究——以宝钢并购武钢为例》，载《财会月刊》2020 年第 11 期。

98. 施金亮、凌云：《企业退出时机和退出障碍浅析》，载《经济师》2008 年第 11 期。

99. 石佑启、陈可翔：《法治化营商环境建设的司法进路》，载《中外法学》2020 年第 3 期。

100. 宋玉池：《论市场主体退出机制的建构与完善》，载《中国工商管理研究》2006 年第 7 期。

101. 苏福：《民事执行中"完成财产调查"的认定标准与运用向度》，载《东方法学》2017 年第 5 期。

102. 孙效敏：《论吊销营业执照的法律效力》，载《现代法学》2004 年第 4 期。

103. 孙长民：《制定〈企业清算法〉非常必要》，载《法人杂志》2007 年第 8 期。

104. 谭语嫣、谭之博、黄益平、胡永泰：《僵尸企业的投资挤出效应：基于中国工业企业的证据》，载《经济研究》2017 年第 5 期。

105. 汤兵生：《公司解散诉讼的现实困境与司法对策》，载《东方法学》2011 年第 4 期。

106. 汤吉军、郭砚莉：《沉淀成本、交易成本与政府管制方式》，载《中国工业经济》2012 年第 12 期。

107. 唐婧：《论我国金融机构破产若干法律问题的思考》，载《许昌学院学报》2012 年第 3 期。

108. 唐应茂：《金融法中的社会科学》，载《北大法律评论》2016 年第 17 期。

109. 唐英茂：《为什么执行程序处理破产问题？》，载《北京大学学报》（哲学社会科学版）2008 年第 6 期。

110. 汪丁丁：《回顾"金融革命"》，载《经济研究》1997 年第 12 期。

111. 汪小娟：《国有企业的能力过剩、退出及退出援助政策》，载《经济研究》1995 年第 2 期。

112. 王春业：《论我国"特定区域"法治先行》，载《中国法学》2020 年第 3 期。

113. 王芳、彭健锋：《泉州市公司简易注销改革制度的思考与实践》，载《中国市场研究》2018 年第 5 期。

114. 王富博:《关于〈最高人民法院关于执行案件移送破产审查若干问题的指导意见〉的解读》,载《法律适用》2017年第11期。

115. 王华:《公司注册资本认缴制下若干法律问题探析》,载《法制博览》2020年第24期。

116. 王怀宇、马淑萍:《产能过剩背景下企业退出政策体系的国际经验研究》,载《发展研究》2014年第1期。

117. 王兰、朱迪:《银行的市场退出路径选择与调整》,载《银行家》2020年第11期。

118. 王启江:《执行工作长效机制建构下的立审执衔接问题研究》,载《法律适用》2019年第11期。

119. 王生:《"公司僵局"的救济与预防——以成品油销售企业长期股权投资项目为例》,载《石油化工管理干部学院学报》2015年第1期。

120. 王伟:《非正常经营企业强制性市场退出机制研究——优化营商环境背景下的行政规制路径》,载《行政法学研究》2020年第5期。

121. 王湘淳:《公司司法解散制度定位重校》,载《河南财经政法大学学报》2017年第4期。

122. 王雪丹:《试论破产程序与执行程序的竞争与共生》,载《江西师范大学学报》(哲学社会科学版)2018年第5期。

123. 王妍、赵杰:《制度金融学范式下商业银行非破产市场退出的制度构建路径》,载《北方法学》2019年第4期。

124. 王妍:《我国企业登记形式审查制的社会福利损失》,载《当代法学》2020年第1期。

125. 王一欢、詹新宇:《僵尸企业与市场资源配置效率——基于全要素生产率分布的视角》,载《当代财经》2021年第4期。

126. 王永钦、李蔚、戴芸:《僵尸企业如何影响了企业创新?——来自中国工业企业的证据》,载《经济研究》2018年第11期。

127. 王展:《"僵局公司"市场退出机制改革》,载《特区经济》2020年第1期。

128. 魏磊:《浅谈市场主体退出机制的重建》,载《工商行政管理》2016年第8期。

129. 魏元钰:《金融企业市场退出的国际比较及对我国的启示》,载《贵州工业大学学报》(社会科学版)2006年第6期。

130. 翁列恩、齐胤植、李浩:《我国法治化营商环境建设的问题与优化路径》，载《中共天津市委党校学报》2021年第1期。

131. 吴军梅、李雄良：《金融机构市场退出的法律问题研究》，载《福建金融管理干部学院学报》2008年第4期。

132. 吴长波：《公司清算中股东民事责任之研究》，载《兰州学刊》2007年第5期。

133. 肖建国、庄诗岳：《参与分配程序：功能调整与制度重构——以一般破产主义为基点》，载《山东社会科学》2020年第3期。

134. 徐晓松：《论我国公司资本制度改革的方向》，载《法学杂志》2003年第2期。

135. 徐阳光、殷华：《论简易破产程序的现实需求与制度设计》，载《法律适用》2015年第7期。

136. 徐阳光：《执行与破产之功能界分与制度衔接》，载《法律适用》2017年第11期。

137. 许德风：《破产法基本原则再认识》，载《法学》2009年第8期。

138. 许江波、白喆：《内部控制有效性、市场化程度与僵尸企业脱困》，载《财会月刊》2020年第14期。

139. 薛智胜、张元琦：《对休眠公司法律规制的路径研究》，载《天津法学》2015年第4期。

140. 严蓓佳：《三资企业中公司僵局问题探讨——我国公司僵局解决中的一个盲点》，载《法制博览》（中旬刊）2013年第3期。

141. 颜运秋：《论经济法的可诉性缺陷及其弥补》，载《当代法学》2000年第1期。

142. 杨慧：《浅析我国商事登记制度的现状、问题及完善》，载《企业科技与发展》2020年第1期。

143. 杨姝玲：《论破产重整中对有财产担保债权的限制与保护》，载《河北法学》2015年第2期。

144. 杨锡慧：《论银行的破产标准》，载《法制博览》2017年第8期。

145. 叶林、徐佩菱：《关于我国公司清算制度的评述》，载《法律适用》2015年第1期。

146. 殷洁、何煊：《论有限责任公司清算义务人范围及立法完善》，载《常州大学学报》（社会科学版）2020年第3期。

147. 余典范、孙好雨、许锐翔：《去产能、生产率与中国式"僵尸企业"复活——基于中国工业企业的证据》，载《财经研究》2020年第7期。

148.余健:《我国市场主体退出制度的问题与对策研究》,载《现代经济信息》2020年第12期。

149.张定法、杨明月:《金融科技发展对金融行业的影响及监管应对》,载《经济研究参考》2018年第48期。

150.张栋等:《中国僵尸企业及其认定——基于钢铁业上市公司的探索性研究》,载《中国工业经济》2016年第11期。

151.张继红:《论银行接管法律的域外经验及我国的制度构建——兼析2010年〈华尔街改革和消费者保护法案〉有序清算机制》,载《求索》2013年第1期。

152.张峤、虞振威:《论公司非破产清算义务人的确立及责任承担》,载《特区经济》2005年第1期。

153.张杰:《金融分析的制度范式:哲学观及其他》,载《金融评论》2013年第2期。

154.张茅:《深化商事制度改革 激发经济发展活力》,载《行政管理改革》2015年第5期。

155.张美欣:《终结本次执行程序案件的彻底终结制度研究》,载《法律适用》2016年第4期。

156.张培根:《中小商业银行破产法立法必要性分析——从包商银行事件谈起》,载《北方金融》2021年第5期。

157.张钦昱:《公司市场退出法律制度的嬗变逻辑与进化路径》,载《政治与法律》2021年第2期。

158.张钦昱:《公司重整中出资人权益的保护——以出资人委员会为视角》,载《政治与法律》2018年第11期。

159.张钦昱:《僵尸企业出清新解:强制注销的制度安排》,载《法学杂志》2019年第12期。

160.张瑞轩:《我国公司注销制度的探究》,载《商法研究》2020年第9期。

161.张世君:《我国金融机构破产制度的反思与重构》,载《经贸法律评论》2019年第1期。

162.张卫平:《中国民事诉讼法立法四十年》,载《法学》2018年第7期。

163.张艳丽:《破产重整制度有效运行的问题与出路》,载《法学杂志》2016年第6期。

164.张璎:《我国公司解散与清算法律制度的不足及完善》,载《华东政法学院学报》2001年第2期。

165.张勇:《参与分配与破产在企业法人债务清偿中的选择适用——以基层法院的司法实践为基础》,载《人民司法》2015 年第 11 期。

166.张元华:《论执行移送破产程序的激励性引导与规制》,载《甘肃政法学院学报》2016 年第 6 期。

167.赵昌文、朱鸿鸣:《持久战新论:新常态下的中国增长战略》,载《中国品牌》2017 年第 1 期。

168.赵树文、王嘉伟:《僵尸企业治理法治化保障研究——以破产法及其实施机制的完善为研究路径》,载《河北法学》2017 年第 2 期。

169.赵旭东:《从资本信用到资产信用》,载《法学研究》2003 年第 5 期。

170.赵吟:《个人破产准入规制的中国路径》,载《政治与法律》2020 年第 6 期。

171.赵泽君、林洋:《"执转破"程序启动模式的分解与重塑》,载《政法论丛》2018 年第 3 期。

172.浙江省温州市瓯海区人民法院课题组:《从"执转破"到"破涉执"——执破双向互通联动机制之司法探索》,载《法律适用》2019 年第 3 期。

173.郑曙光、戴超:《企业组织经营风险的社会化分担制度探析》,载《宁波大学学报》(人文社科版)2018 年第 2 期。

174.郑曙光、童梦琪:《商事主体简易注销制度:制度生成逻辑与实践创新》,载《法治研究》2017 年第 5 期。

175.郑汀、徐战成:《"僵尸企业"处置中的税务难题:国际经验及解决路径》,载《税务研究》2017 年第 10 期。

176.中国政法大学破产法与企业重组中心课题组:《完善市场主体退出制度的路径选择与制度构建》,载《中国市场监管研究》2019 年第 6 期。

177.周斌:《我国企业法人非破产终止问题》,载《法学》2000 年第 4 期。

178.周成:《公司司法解散制度实证研究——基于 100 份公司解散纠纷裁判文书的分析》,载《人民司法》2020 年第 31 期。

179.周德荣:《司法解散诉讼有关问题的实证分析》,载《南京审计学院学报》2010 年第 2 期。

180.周丽丽、陈新月:《为何僵尸企业出清难》,载《河北企业》2021 年第 4 期。

181.朱鹤、何帆:《中国僵尸企业的数量测度及特征分析》,载《北京工商大学学报》(社会科学版)2016 年第 4 期。

182.朱舜楠、陈琛:《"僵尸企业"诱因与处置方略》,载《改革》2016 年第

3 期。

183. 朱昕昱：《执行体制视野下我国参与分配制度之反思——兼与大陆法系参与分配制度相比较》，载《东北大学学报》（社会科学版）2020 年第 6 期。

184. 邹海林：《供给侧结构性改革与破产重整制度的适用》，载《法律适用》2017 年第 3 期。

185. 左斌：《加快"僵尸企业"出清的思考》，载《现代商贸工业》2019 年第 30 期。

三、报刊文献

1. 国家市场监督管理总局法规司：《商事制度改革中的市场主体发展情况分析与建议》，载《中国质量报》2018-11-21。

2. 何生廷：《广州中院发布破产审判白皮书及十大典型案例（2017—2019）》，载《新快报》2019-12-03。

3. 何新、杨林法、章丽美、郑扬、潘黎：《优化执转破审判工作 助力"基本解决执行难"》，载《人民法院报》2019-01-31。

4. 李占国：《浙江省高级人民法院工作报告》，载《浙江日报》2018-02-07。

5. 林丽鹏：《市场主体年均净增长超 1000 万户》，载《人民日报》2021-09-08。

6. 刘兴国：《中国企业平均寿命为什么短》，载《经济日报》2016-06-01。

7. 聂辉华：《清理僵尸企业"两手"不可偏废》，载《经济参考报》2016-12-02。

8. 佘颖：《登记注册改革发生五方面巨大变化 我国市场主体数量 40 年增长 222 倍》，载《新民晚报》2018-12-26。

9. 时斌：《企业注销登记制度改革初探》，载《中国市场监管报》2019-01-15。

10. 舒圣祥：《休眠制度让困难企业"停机保号"》，载《中国审计报》2020-12-14。

11. 魏磊：《着眼主体资格和经营资格分离重构市场主体退出机制——以公司为例》，载《中国工商报》2016-12-22。

12. 吴睿鸫：《企业"休眠"制度有利优化营商环境》，载《经济日报》2020-12-03。

13. 周剑敏等：《努力破解破产案件审理中的难题》，载《人民法院报》2016-07-21。

四、外文文献

1. Arden M. Reforming the Companies Acts—The Way Ahead. Journal of Business Law，2002(11)：580.

2. Caballero R J，Hoshi T and Kashyap A K. Zombie Lending and Depressed Restructuring in Japan[J]. American Economic Review，2008，98 (5).

3. Fukuda S I，Nakamura J I. Why Did "Zombie" Firms Recover in Japan？[J]. The World Economy，2011，34(7).

4. Governance-Company Law Reform [EB/OL]. (2005-01-18)[2005-05-25]. http://www. dti. gov. uk/cld/review. htm.

5. Harada N. Which Firms Exit and Why? An Analysis of Small Firm Exits in Japan[J]. Small Business Economics，2007，29 (4).

6. Hoshi T，Kim Y. Macroprudential Policy and Zombie Lending in Korea[R]. San Diego：University of California，2012.

7. Kokamura K. "Zombie" Banks Make "Zombie" Firms[J]. Social Science Electronic Publishing，2011 (3)：1-32.

8. Kwon H U，Narita F，Narita M. Resource Reallocation and Zombie Lending in Japan in the 1990s[J]. Review of Economic Dynamics，2009，18 (4)：709-732.

9. Paech N P. Contestability Reconsidered：The Meaning of Market Exit Costs[J]. Journal of Economic Behavior and Organization，1998，34 (3).

10. Rawdanowicz L，Bouis R，Watanabe S. The Benefits and Costs of Highly Expansionary Monetary Policy[J]. General Information，2013 (1)：5-41.

11. Xavier Š B A. Determinants of Firm Exit in Slovenian Manufacturing[J]. Industrial Management & Data Systems，2007，107 (5).

后　记

本书是我本人申报的司法部国家法治与法学理论研究项目"企业市场退出新问题及法律治理研究"（项目号16SFB2037）的结题成果,也是比较系统地研究企业退市法律问题的专项成果。

项目申报时,我将研究内容确定为五个方面,分别为:放宽准入条件对企业退市的影响与治理对策;僵尸企业市场退出的新问题及其法律治理;僵局企业司法"解而不散"的新问题及其法律治理;融资性企业市场退出的新问题及其法律治理;企业退市的简易注销制度评述。

立项后将研究内容进行了扩充,即形成本书中的9章框架结构。其中新设第一章"绪论",旨在更好地体现本项研究的现实背景与意义、技术路线与基本结构,并在此基础上呈现研究的特色与创新点。其余8章内容是在原申报内容的基础上进行修改和增补的,其中新增加的内容分别是:企业退市与法律治理(第2章)、执转破制度与企业退市制度对接融会的检视与建构(第8章)、企业清算与清偿的法律制度构建(第9章)。通过以上调整,整个研究内容建立在"点"与"面"结合、"总"与"分"协调之上,较好地去观应研究的结构层次与技术路线,也较好地去回应对该项研究的问题关切、问题思考、问题对策这一研究动因。

本项研究申报于2016年,其时我国推进"宽进严管"市场监管方式已有3年,距2013年的《公司法》修改已有2年之余,国家工商行政管理总局的《关于全面推进企业简易注销登记改革的指导意见》已经出台。在对市场监管法的长期教学与研究实践中,我察觉到在市场主体监管领域出现了过去未曾出现的新问题,即企业退出"难"、退出"贵"问题已成为阻碍市场主体退出的关隘,实务上需要解决但理论证成却相对贫乏。本项选题能被立项实际上就回应了现实需要。

在研期间,国家发改委、最高人民法院等13个部门于2019年6月制定了

《加快完善市场主体退出制度改革方案》，国务院于 2021 年 7 月颁布了《市场主体登记管理条例》，上海市人大常委会于 2021 年 9 月制定了《上海市浦东新区市场主体退出若干规定》，这些都为本项目研究提供了政策指导与立法资源基础。为跟踪这些立法动态，项目研究工作在经申请批准的前提下作了延后结题。

在研期间，课题组成员进行了充分的调研工作，收集整理相关调研数据与案例，还多次参加全国商法年会、浙江省竞争法学年会、浙江省金融法学年会，就《基于商法视角的商事信用法律制度研究》《营商环境优化与〈公司法〉修订研究》《普通注销与简易注销：〈登记管理条例〉统领下的制度分型与融合》《营商环境优化与法治化治理》《职业放贷行为的司法认定与治理探析》与同行专家面对面、点对点交流与探讨，起到了开启新智、弥补问题思考上的失当与不足等实际效果。

在研期间，针对阶段性研究成果，以论文形式予以发表，其中主要有：《论僵尸企业的成因及法治化治理对策》《商事主体简易注销制度：制度生成逻辑与实践创新》《论执转破制度与企业退市制度的融会发展》等。

在研期间，2019 级、2020 级民商法、经济法学的部分硕士研究生同学协助收集了一些资料，在我本人指导下进行了一些研究提纲的写作与案例的整理工作。参与的同学有：杜昱迪、张淑彦、宗思越、陈雪姣、曹健、黄耀锋、蔡欣妍。使我欣慰的是，在我 20 多年的研究生教学实践中，凡是由我主持的国家或省部级以上课题，都会吸纳研究生同学一起参与，通过传帮带，让在读研究生跟踪学术前沿，体验团队合作精神的教研效果，并给他们以课题经费资助，这已成为我自己以导师工作室方式培养研究生的教研风格。

企业退市是市场主体退市的重要组成部分，值得研究的新问题其多。近几年，随着我国经济结构供给侧改革方向的确立以及司法领域基本解决执行难目标的推进，在市场监管中的事中与事后监管功能设定上，越来越突出对"问题性企业"的处置功能。但如何将它们在坚持个性化发展的同时促成部分功能融会性发展，更好地服务于我国经济高质量发展，是一个需要进行探索与思考的话题。综观本项目研究，在对市场主体尤其是企业主体的市场退出问题的研究上开了头，迈了步，顺应了市场经济发展需要解决新问题的要求。但这一领域的研究还需要理论工作者继续关注。如企业强制除名制度（强制注销制度）、企业歇业备案制度、普通注销与简易注销的分型运行制度、执转破制度与企业退市制度的融会发展问题等。

在研究实践中，我时常认为，一项制度的运行总是在制度效益与制度成本的比较中形成相应的制度自觉。而制度自觉本身既需要注重制度内部的规则完善,又必须加强制度间对接机制的规则建设,以期形成制度合力,最大限度地满足制度建构的目标价值。

感谢浙江大学出版社余健波编辑不辞辛劳为本书稿付梓出版所给予的大力支持,感谢学校人文社科处与法学院科研办为本项研究顺利完成所给予的科研条件上的支持,感恩之情铭记于心。

本项研究成果存在的问题与短视之处希冀同人给予批评与指正。

是为后记。

郑曙光

2021 年 9 月 30 日于宁波大学

图书在版编目（CIP）数据

企业市场退出新问题及法律治理研究 / 郑曙光
著. —杭州：浙江大学出版社，2021.12
ISBN 978-7-308-22122-1

Ⅰ. ①企… Ⅱ. ①郑… Ⅲ. ①破产法－研究－中国
Ⅳ. ①D922.291.924

中国版本图书馆 CIP 数据核字（2021）第 253082 号

企业市场退出新问题及法律治理研究

郑曙光　著

责任编辑	余健波
责任校对	汪　潇
封面设计	周　灵
出版发行	浙江大学出版社
	（杭州市天目山路 148 号　邮政编码 310007）
	（网址：http://www.zjupress.com）
排　版	杭州好友排版工作室
印　刷	浙江新华数码印务有限公司
开　本	710mm×1000mm　1/16
印　张	27
字　数	485 千
版 印 次	2021 年 12 月第 1 版　2021 年 12 月第 1 次印刷
书　号	ISBN 978-7-308-22122-1
定　价	95.00 元